e-fellows.net
wissen

inkl. E-Book

„Perspektiven für Juristen 2020" kostenlos als E-Book herunterladen:
www.e-fellows.net/perspektivenfuerjuristen

Das E-Book steht kostenlos auf unserer Webseite zum Download bereit – auch für deine Freunde. Gib ihnen gerne den Link weiter, damit auch sie von unseren Informationen zu Studium und Berufseinstieg profitieren können.

Auf welchen Geräten kann man das E-Book lesen?

- iPad/iPhone: EPUB-Datei mit iBooks öffnen und lesen
- Laptop/Notebook/PC/Tablet: EPUB z. B. mit Adobe Digital Editions lesen, kostenloser Download unter: www.adobe.com/products/digital-editions/download.html
- E-Reader (außer Kindle): EPUB-Datei öffnen und lesen
- Kindle: MOBI-Datei öffnen und lesen. Auch EPUBs kann man z. B. mit dem Freeware-Tool Calibre in eine MOBI-Datei umwandeln.

Perspektiven für Juristen 2020

Berufsbilder, Bewerbung, Karrierewege und Expertentipps zum Einstieg

e-fellows.net wissen

Stand: August 2019

Verlag: e-fellows.net GmbH & Co. KG

Reihenherausgeber: Dr. Michael Hies

Bandherausgeber: Bernhard Güntner
bernhard.guentner@e-fellows.net

Layout: Punkt 8 | Braunwald + Walter GbR,
www.punkt8-berlin.de

Satz und Illustration: Lesotre® / Conceptual Brand Creation, www.lesotre.de

Druck und Bindung: Neografia, 03655 Martin, Slowakei

Printed in Slovakia
September 2018

Bildnachweis: Titelbild: DW labs Incorporated – Adobe Stock; S. 19: PixMedia – Fotolia.com; S. 135: Markus Schieder – Fotolia.com; S. 140: e-fellows.net; S. 145: juris, Verlag C.H.BECK (oben) e-fellows.net (unten); S. 168: e-fellows.net; S. 169: Helder Ameida – Fotolia.com; S. 211: Gina Sanders – Fotolia.com; S. 245: pressmaster – Fotolia.com. Die Fotos auf S. 11–18 und auf S. 212–233 stammen von den jeweiligen Autoren. Fotos und Anzeigen ab S. 246 stammen von den entsprechenden Kanzleien und Unternehmen; sämtliche Grafiken und Illustrationen wurden umgesetzt von Yvonne Hagenbach (Lesotre® / Conceptual Brand Creation).

ISBN-13: 978-3-946706-47-2

Franziskanerstraße 14 2, 81669 München
Telefon: +49 89 23232-300, Fax: +49 89 23232-222
www.e-fellows.net, presse@e-fellows.net

Inhalt

e-fellows.net
Das Online-Stipendium und Karrierenetzwerk

Seit mehr als 15 Jahren unterstützt e-fellows.net Studierende und Doktoranden mit einem Stipendium und bringt sie ihrem Traumjob näher. Mentorenprogramme, Karriereveranstaltungen sowie Angebote für Praktika und Einstiegsjobs bieten einen direkten Draht in die Wirtschaft und garantieren den mühelosen Karrierestart. Zudem sind e-fellows.net-Stipendiaten dank kostenfreier Abos von Zeitungen und Zeitschriften, Zugriff auf fachspezifische Datenbanken und Fachbücher frei Haus immer einen Schritt voraus. In der exklusiven Online-Community und bei regelmäßigen Treffen in zahlreichen Unistädten tauschen sich Studierende untereinander aus. Jetzt informieren: www.e-fellows.net/Stipendiat-werden

e-fellows.net wissen
Die Buchreihe von e-fellows.net

Mit dieser Buchreihe informiert e-fellows.net über attraktive Berufsbilder und interessante Weiterbildungen, darunter das LL.M.-Studium, Berufsperspektiven für Juristen, MINT-Frauen und Informatiker sowie die Tätigkeit in einer Unternehmensberatung, im Investment Banking oder im Asset Management. Die Bücher bieten wertvolle Expertentipps und einen fundierten Überblick über die jeweilige Branche. Persönliche Erfahrungsberichte und ausführliche Unternehmensporträts potenzieller Arbeitgeber helfen bei der eigenen Entscheidungsfindung. Weitere Informationen zu den einzelnen Titeln der Reihe **e-fellows.net** wissen finden Sie auf den Seiten 342–343.

Um die Lesbarkeit zu verbessern, wird in diesem Buch auf geschlechtsspezifische Personenbezeichnungen verzichtet. Alle Angaben beziehen sich jedoch immer auf alle Geschlechter gleichermaßen.

Vorwort

Das Jurastudium ist nicht gerade einfach – viele verschiedene Rechtsgebiete und jede Menge an rechtlichen Fragestellungen wollen betrachtet werden. Wer schließlich beide Examina erfolgreich abgeschlossen hat, kann stolz auf sich sein. Danach steht man vor der wichtigen Frage: Wohin soll der Karriereweg führen? Die Auswahl an Möglichkeiten ist groß: von der Karriere in der Wirtschaftskanzlei über die Beamtenlaufbahn oder eine Tätigkeit in Lehre und Forschung bis hin zur Selbstständigkeit.

Um den richtigen Weg für sich zu finden, sollte man bereits während des Studiums über die eigenen Wünsche und Fähigkeiten nachdenken: In welchen Fachgebieten liegen meine Stärken und Interessen? Will ich später eher beratend oder selbst entscheidend tätig sein? Wie viel will ich verdienen? Sind mir Prestige und Ansehen wichtig? Und wie sieht es mit der Work-Life-Balance aus?

Perspektiven für Juristen gibt Studierenden der Rechtswissenschaften einen umfassenden Branchenüberblick und stellt Berufsbilder im Öffentlichen Dienst, in Wirtschaftskanzleien, Verbänden und Unternehmen vor. Dazu geben wir wertvolle Hinweise zu Studienplanung, Referendariat und Weiterbildungsmöglichkeiten sowie zur Bewerbung und zum Karriereverlauf.

Einen Einblick in den beruflichen Werdegang und Arbeitsalltag erfolgreicher Juristen geben zahlreiche Erfahrungsberichte und Fallstudien. Abschließend stellen Kanzleien und Unternehmen ihre Einstiegsmöglichkeiten für Juristen vor.

Wer zusätzlich persönliche Kontakte zu renommierten Sozietäten knüpfen möchte, kann das bei der Veranstaltung e-fellows.net Perspektive Wirtschaftskanzlei tun. Weitere Informationen erhalten Sie online unter www.e-fellows.net/law.

Sehr gute Studierende, Referendare und Doktoranden der Rechtswissenschaften können sich zudem für das e-fellows.net-Stipendium bewerben, das zahlreiche Extras für Juristen bereithält. Mehr Informationen finden Sie auf Seite 145 sowie online unter www.e-fellows.net/Stipendiat-werden.

Viel Spaß beim Lesen wünscht

Bernhard Güntner
e-fellows.net

Die Autoren

Nicole Beyersdorfer, LL.M., Jahrgang 1981, ist Legal Counsel bei Allianz Automotive in München. Nach dem Studium in München und Würzburg arbeitete sie als wissenschaftliche Mitarbeiterin bei Freshfields Bruckhaus Deringer und absolvierte einen LL.M. am King's College. Insgesamt sieben Jahre war sie als Rechtsanwältin im Bereich Banking/Finance bei Latham & Watkins LLP und Gütt Olk Feldhaus tätig.

Matthias Miguel Braun, LL.M., ist Teamleiter im Bereich Personalentwicklung im Auswärtigen Amt, wo er seit 2006 als Referent tätig ist, mit Stationen in der Politischen Abteilung, der Zentralabteilung und an der Botschaft Bogotá sowie der deutschen NATO-Vertretung in Brüssel. Er studierte Jura, Politikwissenschaft, Osteuropastudien und Baltistik in Greifswald, Riga und Berlin. Referendariat u. a. in Taschkent.

Melanie Budassis, Jahrgang 1975, ist Rechtsanwältin und Steuerberaterin bei der Vierhaus Rechtsanwaltsgesellschaft mbH. Sie absolvierte eine Ausbildung zur Steuerfachangestellten sowie ein Studium der Rechtswissenschaften an der Freien Universität Berlin. Von 2006 bis Juni 2016 war sie im Bereich Tax der KPMG AG Wirtschaftsprüfungsgesellschaft tätig.

Melanie Buhtz, Licence en Droit, Jahrgang 1976, ist Juristin bei der Allianz Lebensversicherungs-AG. Nach dem Studium in Potsdam, Paris, Freiburg und Montreal folgte im März 2003 der Eintritt in die Allianz Versicherungs-AG im Bereich Vertrieb mit anschließendem Wechsel zur Allianz Lebensversicherungs-AG in den Bereich Lebensversicherungen.

Philipp Dawirs, Dr. iur, LL.M., Jahrgang 1984, ist Rechtsanwalt bei GSK Stockmann in München im Immobilienwirtschaftsrecht mit dem Schwerpunkt Hospitality. Nach dem Studium in Münster, Bielefeld und Rom promovierte er und erwarb einen LL.M. im Real Estate Law in Münster. Seine Referendariatsstationen führten ihn nach Düsseldorf, Guangzhou und New York City.

Marc Engelhart, Dr. iur., Jahrgang 1976, ist Forschungsgruppenleiter und Leiter des Bereichs Wirtschaftsstrafrecht am Max-Planck-Institut für ausländisches und internationales Strafrecht in Freiburg. Zuvor war er bis Ende 2011 als Rechtsanwalt bei Gleiss Lutz in Stuttgart tätig. Das Studium der Rechtswissenschaften absolvierte er in Freiburg und Edinburgh.

Klaus Foitzick, Jahrgang 1965, ist Rechtsanwalt, Prüfstellenleiter des Unabhängigen Landeszentrums für Datenschutz Schleswig-Holstein (ULD), zertifizierter Datenschutzauditor (DSZ) und Gründer der Consultingfirma activeMind AG sowie der Kanzlei activeMind.legal. Seit 1999 berät, schult und prüft er Unternehmen und Behörden aus aller Welt zum Datenschutzrecht und zur Informationssicherheit.

Christiane Freytag, Dr. iur., Maître en Droit, Counsel der Sozietät Gleiss Lutz, ist im Bereich des öffentlichen Wirtschaftsrechts im Stuttgarter Büro tätig. Ihre Beratungsschwerpunkte liegen im Vergaberecht, einschließlich der Beratung zu Public Private Partnerships und zur Privatisierung öffentlicher Unternehmen, sowie im Umwelt- und Produkt(sicherheits)recht.

Robert Germund, Dr. iur., Wirtschaftsmediator, Baumediator, Jurist und Prozessmanager, ist Partner der auf Wirtschafts- und Baumediation, Konfliktmanagement und Nachfolgeberatung ausgerichteten Konfliktmanagementkanzlei Lauenroth & Germund in Düsseldorf. Seine Tätigkeitsschwerpunkte sind außergerichtliche Konfliktlösung, Wirtschafts- und Baumediation, Coaching und Unternehmensberatung.

David Hambura, LL.M., ist Berater bei Roland Berger. Er absolvierte sein deutsch-französisches Studium der Rechtswissenschaften in Saarbrücken, Paris und Berlin. Seit 2017 ist er bei Roland Berger tätig und hat sich auf den Personen- und Güterverkehr mit Fokus auf Digitalisierung spezialisiert.

Veris-Pascal Heintz, Jahrgang 1987, ist selbstständiger Rechtsanwalt. Daneben ist er als wissenschaftlicher Mitarbeiter am Lehrstuhl für Bürgerliches Recht, Immaterialgüterrecht, Deutsche und Europäische Rechtsgeschichte der Universität des Saarlandes beschäftigt. Sein Studium schloss er mit Spezialisierung auf dem Gebiet des deutschen und internationalen Steuerrechts ab.

Thomas Hollenhorst, Jahrgang 1969, ist Rechtsanwalt und Gründungspartner von Watson Farley & Williams LLP, Hamburg. Er leitet seit über zehn Jahren die Project & Structured Finance Group in Deutschland und berät Banken und Investoren bei Finanztransaktionen und allen sonstigen Fragen des Bank- und Kapitalmarktrechts.

Kathrin Huber, M.Jur. (Oxford), Richterin am Oberlandesgericht und hauptamtliche Ausbildungsleiterin für Rechtsreferendare. Nach dem Studium in Regensburg, Aberdeen und Oxford war sie mehrere Jahre lang als Staatsanwältin und Richterin am Landgericht in München tätig.

Oliver Michael Hübner, Dr. iur., LL.M. (Edinburgh), Jahrgang 1978, ist Rechtsanwalt und Partner bei Curtis, Mallet-Prevost, Colt & Mosle LLP. Daneben ist er Lehrbeauftragter an der Freien Universität Berlin und der Julius-Maximilians-Universität Würzburg. Außerdem veröffentlicht er regelmäßig in Fachzeitschriften Beiträge zu Themen des Immobilienwirtschaftsrechts und des öffentlichen Baurechts.

Ulrich Hüttenbach, Jahrgang 1954, Volljurist, ist Geschäftsführer der Bundesvereinigung der Deutschen Arbeitgeberverbände und Leiter der Abteilung Verwaltung und Verbandsorganisation. Der Berufseinstieg in die Verbandswelt erfolgte 1983 über das Geschäftsführungsnachwuchs-Programm der BDA.

Lutz Kniprath, Dr. iur., M.A., Jahrgang 1967, ist Gründungspartner von Kniprath Lopez Rechtsanwälte – Complex Disputes. Nach dem Jura- und Sinologiestudium war er von 2000 bis 2006 Rechtsanwalt bei Freshfields Bruckhaus Deringer LLP. Von 2006 bis 2010 arbeitete er in der Zentralabteilung Recht der Robert Bosch GmbH und seither wieder als Anwalt.

Ditmar Königsfeld, Jahrgang 1956, leitet das Büro Führungskräfte zu Internationalen Organisationen (BFIO).

Ina M. Küchler, Jahrgang 1975, Diplom-Kauffrau, Steuerberaterin, Wirtschaftsprüferin und Certified Public Accountant, ist Geschäftsführerin der Dr. Hilmar Noack GmbH Wirtschaftsprüfungsgesellschaft.

Nico Kuhlmann ist Associate bei Hogan Lovells in Hamburg in der IPMT-Praxisgruppe und berät vor allem führende Unternehmen aus dem Technologiebereich. Zudem berät er diverse Projekte aus dem Legal-Tech-Bereich wie das Hamburg Legal Tech Meetup und die Hogan Lovells Legal Tech Competition. Aufgrund seines Engagements hat ihm die Kanzlei den Titel „Master of Innovation" verliehen.

Philipe Kutschke, Dr. iur., ist Rechtsanwalt und Partner bei Bardehle Pagenberg. Beratung, Prozessführung, Vertragsgestaltung in Marken-, Urheber- sowie Design- und Wettbewerbssachen. Er ist Fachanwalt für gewerblichen Rechtsschutz, Wirtschaftsmediator (MuCDR), Lehrbeauftragter an der TU München und Autor von Fachbeiträgen.

Marius Mann, Dr. iur., MBA, M.Jur. (Oxford), ist Rechtsanwalt und Partner bei LUTZ | ABEL. Er leitet die Praxisgruppe Commercial und vertritt Mandanten aus dem In- und Ausland vor staatlichen Gerichten und Schiedsgerichten. Seine Schwerpunkte liegen im Vertrags-, Vertriebs- und Handelsrecht.

Simon C. Manner, Dr. iur, Jahrgang 1976, ist ein auf Konfliktlösung und Prozessführung vor staatlichen Gerichten und Schiedsgerichten spezialisierter Rechtsanwalt und Gründungspartner von MANNER SPANGENBERG. Er berät und vertritt Mandanten in wirtschaftsrechtlichen Streitigkeiten sowie in komplexen Vertragsverhandlungen. Zudem ist er regelmäßig als Schiedsrichter tätig.

Arnd Meier, Jahrgang 1965, Rechtsanwalt, ist nach Stationen in der Rechtsabteilung und in der Unternehmensstrategie Leiter des Vertragsmanagements Einkauf bei BMW. Vor seinem Wechsel in die Wirtschaft hat Arnd Meier in einer großen Anwaltskanzlei gearbeitet.

Lars Mohnke, Dr. iur., Jahrgang 1976, Rechtsanwalt und Fachanwalt für Arbeitsrecht, ist Partner bei Hogan Lovells in München. Er begleitet Akquisitionen und Restrukturierungen von Unternehmen, berät und vertritt seine Mandanten in arbeitsgerichtlichen Streitigkeiten und unterstützt sie bei der Gestaltung von Individual- und Kollektivvereinbarungen.

Christina Motejl ist seit 2013 für das Bundesministerium der Justiz und für Verbraucherschutz in verschiedenen Referaten tätig. Nach dem Jura- und Politikwissenschaftsstudium in Bonn und Lund und dem Referendariat in Köln mit Stationen in Indien und Tansania war sie Anwältin in einer internationalen Wirtschaftskanzlei in Berlin.

Tilman Müller-Stoy, Prof., Dr. iur., ist Rechtsanwalt und Partner bei Bardehle Pagenberg. Beratung, Prozessführung, Vertragsgestaltung in Patent- und Wettbewerbssachen mit technischem Bezug. Er ist Fachanwalt für gewerblichen Rechtsschutz, Wirtschaftsmediator (MuCDR), Dozent für die Referendarausbildung am OLG München sowie Lehrbeauftragter an der TU München.

Damian Wolfgang Najdecki, Dr. iur., Jahrgang 1978, ist Notar in Weiden in der Oberpfalz. Er studierte und promovierte an der juristischen Fakultät der Universität Regensburg. Neben dem Notaramt ist er als Dozent im Fachanwaltslehrgang Handels- und Gesellschaftsrecht sowie als Lehrbeauftragter an der OTH Weiden-Amberg tätig.

Julius Neuberger, Dr., LL.M., Jahrgang 1977, ist Managing Director bei einem Single Family Office. Nach dem Studium folgten eine Promotion am MPI und ein LL.M. am Institute for Law and Finance. Nach dem Referendariat mit Auslandsstation in New York war er drei Jahre als Rechtsanwalt bei Latham & Watkins LLP in den Bereichen Finance und Private Equity tätig.

Sabine Otte-Gräbener, Prof. Dr. iur., LL.M., Jahrgang 1979, ist seit 2015 Professorin für Zivil-, Handels- und Gesellschaftsrecht an der Hochschule Düsseldorf. Zuvor war sie über sieben Jahre Rechtsanwältin in international tätigen großen Wirtschaftskanzleien.

Christoph Poweleit, Jahrgang 1978, ist Rechtsanwalt und Syndikus bei der Commerzbank AG, Group Legal in Frankfurt am Main. Nach einer Ausbildung zum Bankkaufmann studierte er Rechtswissenschaften und Europäisches Recht an der Universität Würzburg. Das Referendariat absolvierte er in Limburg, Darmstadt, Frankfurt am Main und New York.

Ulrich Ränsch, Dr. iur., Jahrgang 1952, ist Diplom-Kaufmann, Rechtsanwalt, Fachanwalt für Steuerrecht und Steuerberater. Seine Tätigkeitsschwerpunkte sind Steuergestaltungsberatung und Steuerstreitverfahren, auch grenzüberschreitend.

Christian Reichel, Dr. iur., Jahrgang 1965, Fachanwalt für Arbeitsrecht, ist als Partner bei Baker & McKenzie Partnerschaft von Rechtsanwälten, Wirtschaftsprüfern und Steuerberatern mbB tätig. Daneben ist er Lehrbeauftragter an der Georg-August-Universität Göttingen sowie der Bucerius Law School Hamburg.

Stefan Reitemeyer, MLE, Jahrgang 1982, ist Associate bei Hogan Lovells International LLP in Frankfurt am Main.

Jörg Risse, Dr. iur., LL.M. (Berkeley), Jahrgang 1967, ist Partner bei Baker McKenzie, wo er Streitigkeiten aus großen Infrastrukturprojekten und Unternehmenskäufen betreut. Daneben ist er oft als Schiedsrichter und Mediator tätig. Er ist Professor an der Universität Mannheim und schriftleitender Herausgeber der *SchiedsVZ – German Arbitration Journal.*

Christian Runte, Jahrgang 1970, Rechtsanwalt, ist Partner in der Sozietät CMS Hasche Sigle. Er berät seit mehr als 15 Jahren deutsche und internationale Unternehmen im Rahmen seiner Spezialisierung auf Rechtsfragen des Medien-, IT- und Datenschutzrechts.

Matthias Scheifele, Dr. iur., Jahrgang 1974, ist Partner im Bereich Steuerrecht bei Hengeler Mueller in München. Er berät vor allem in M&A-Transaktionen, Umstrukturierungen von Unternehmen sowie Finanzierungstransaktionen.

Bastian Schoppe, Dr. iur., Jahrgang 1976, studierte Rechtswissenschaften in Göttingen. Es folgten wissenschaftliche Mitarbeit und Promotion in Bonn sowie die Referendarausbildung in Bonn, New York und Köln. Er ist Leiter des Programmbereichs Gesellschaftsrecht beim Verlag Dr. Otto Schmidt in Köln.

Thomas Schürrle, Dr. iur., Jahrgang 1956, ist Managing Partner bei Debevoise & Plimpton LLP in Frankfurt am Main. Als Mitglied der International Corporate and Defense Practice verfügt er über umfangreiche Erfahrungen bei unternehmensinternen Untersuchungen. Zudem ist er auf den Gebieten M&A, Private Equity und International Dispute Resolution tätig.

Jan Erik Spangenberg, ist ein auf Konfliktlösung und Prozessführung vor staatlichen Gerichten und Schiedsgerichten spezialisierter Rechtsanwalt und Gründungspartner von MANNER SPANGENBERG. Er berät und vertritt Unternehmen, Personen und Staaten bei Streitigkeiten sowie bei Auslandsinvestitionen und völkerrechtlichen Fragen. Er ist als Parteivertreter sowie Schiedsrichter in internationalen Verfahren tätig.

Florian Stork, Dr. iur., LL.M. oec., Syndikusrechtsanwalt, Head of Legal REC bei der Linde AG sowie Lehrbeauftragter an der Hochschule Fresenius (München). Er leitet die Rechtsabteilung der Linde Gases Division in Deutschland, Österreich, der Schweiz und Italien. Bis 2011 arbeitete er bei Linklaters LLP als Rechtsanwalt im Fachbereich Competition/Antitrust.

Britta Süßmann, Jahrgang 1982, ist Rechtsanwältin bei Hengeler Mueller in Frankfurt am Main im Bereich Steuerrecht. Ihre Tätigkeitsschwerpunkte umfassen die steuerrechtliche Begleitung von Kapitalmarkt-Transaktionen sowie die Beratung im Unternehmens- und Investmentsteuerrecht.

Stefan Tüngler, Dr. iur., Jahrgang 1972, ist Rechtsanwalt bei Freshfields Bruckhaus Deringer LLP. Er gehört der Sozietät seit 2001 an (seit 2007 als Counsel) und arbeitet vom Standort Düsseldorf aus in den Bereichen Konfliktlösung und Kartellrecht. Sein Praxisfokus liegt im Energierecht und hier vor allem im Vertrags- und Regulierungsrecht.

Vivien Vacha, Jahrgang 1985, ist Rechtsanwältin im Bereich des Energierechts. Nach beruflichen Stationen bei Linklaters und bei Watson Farley & Williams stellt sie zurzeit ihre Dissertation im Bereich des europäischen Elektrizitätsbinnenmarktes fertig. Sie ist Mit-Autorin eines Buches zur Einführung in das Energierecht.

Christian Vogel, Dr. iur., LL.M., Jahrgang 1977, ist Partner bei Clifford Chance in Düsseldorf. Er berät deutsche und ausländische Mandanten im Übernahmerecht, bei Unternehmenskäufen, Joint Ventures und Umstrukturierungen. Daneben ist er Lehrbeauftragter an der Bucerius Law School sowie an der Universität Münster zum Thema Joint Ventures, Hauptversammlungen und Unternehmungsspaltungen.

Daniel Voigt, Dr. iur., MBA (Durham), Jahrgang 1977, ist Rechtsanwalt und Partner bei CMS Hasche Sigle in Frankfurt am Main. Er studierte in Berlin, Düsseldorf und Durham. Er war Stipendiat des Evangelischen Studienwerks Villigst und ist Autor verschiedener Fachbeiträge.

Olaf Weber, Dr. iur., LL.M. (Edinburgh), ist Richter und Abteilungsleiter am Amtsgericht Saarbrücken. Zuvor war er Mitarbeiter an den Universitäten Heidelberg und Edinburgh, Anwalt bei Gleiss Lutz und nationaler Experte im juristischen Dienst der EU-Kommission.

Kay Weidner, Jahrgang 1971, Volljurist, ist Pressesprecher im Bundeskartellamt. Er absolvierte sein Studium in Freiburg und Toulouse und ist nach einigen Jahren Anwaltstätigkeit in Frankfurt am Main und Athen seit 2003 im Bundeskartellamt tätig.

Christoph Wittekindt, Dr. iur., Jahrgang 1966, ist Leiter von Legal People Germany, einer Executive Search Consultancy mit Büros im In- und Ausland. Nach seinem Studium in Augsburg, Genf, München und Berlin war er als Rechtsanwalt in München tätig und anschließend beim Verlag C. H. Beck mit dem Auf- und Ausbau des Online-Dienstes beck-online betraut.

Joachim Ziegler, Dr. iur., LL.M., Licence en Droit, Jahrgang 1974, ist im Bereich Marktmanagement der AZ Deutschland tätig. Nach Studium und Promotion begann er 2005 als Assistent des Holding-Vorstands für Growth Markets und bekleidete von 2007 bis 2016 verschiedene Führungs- und Managementfunktionen im operativen Vertrieb der Allianz Beratungs- und Vertriebs-AG sowie in der Allianz SE.

1. Branchenüberblick – Perspektiven für Juristen

Entscheidungsfindung – Welcher Berufsweg passt zu mir?

von Dr. Lutz Kniprath

Die Entscheidung für einen Berufsweg ist hochpersönlich. Ratschläge helfen hier allenfalls zufällig. Denkanstöße können jedoch einen sinnvollen Beitrag zur Entscheidungsfindung vor der Berufswahl leisten. Daher sollen hier Fragen gestellt und erläutert werden, mit denen sich jeder Jurist im Laufe seiner Karriere auseinandersetzen wird. Früh gestellt, vorläufig beantwortet und danach immer wieder durchdacht, können sie helfen, überraschende Unzufriedenheit zu vermeiden.

„Welcher Berufsweg passt zu mir?“ fragt nach den eigenen Vorlieben und Grenzen, nicht nach den Anforderungen der Arbeitgeber. Das ist so gewollt. Schließlich muss jeder selbst mit seinem Beruf zufrieden sein und einen langen Zeitabschnitt über mit ihm leben. Die Beschränkungen des Arbeitsmarkts und der eigenen Qualifikationen sollten erst in einem zweiten Schritt herausfiltern, was derzeit nicht geht. Denn vielleicht ist es ja doch oder zu einem späteren Zeitpunkt möglich, etwa nach einem Anlauf über eine andere Stelle.

Wer bin ich?

Die Mehrzahl der Stellen, die Berufseinsteiger heute antreten, fordern einen hohen Einsatz. Sie werden zu einem wesentlichen Teil ihres Lebens. Kann eine Stelle die individuellen Grundbedürfnisse eines Berufstätigen nicht befriedigen oder gehen ihm wesentliche Bedingungen seiner Stelle gegen den Strich, dann ist seine Lebensqualität ernsthaft beeinträchtigt. Daher vorweg die Frage nach dem eigenen Wesen. Dies betrifft zum einen den Stellenwert des Berufs im Verhältnis zum privaten Leben. Manche Stellen fordern einen Zeitaufwand und eine Hingabe, die das Privatleben zum Randereignis degradieren. Familie, Freunde, Sport oder Theaterbesuche finden häufig nur sporadisch und kurzfristig auf Zuruf statt. Die Frage bezieht sich des Weiteren auf Einkommen und Prestige. Die Verdienstmöglichkeiten unterscheiden sich schon bei Einsteigern drastisch. Freilich hat das Geld seinen Preis. Bedeutende Arbeitgeber auf der Visitenkarte verhelfen schon dem Anfänger zu Ansehen. Dem entspricht eine Erwartungshaltung, die dem Berufstätigen besonderen Druck im Alltag beschert. Und schließlich betrifft dies die Bereitschaft zu Ortswechseln, im Land und über Grenzen hinweg. Das ist in frühen Jahren zumeist leichter als später, wenn Haushalt und Kinder immer wieder umgepflanzt werden müssten. „Wer bin ich?“ - Wer kann das zuverlässig beantworten? Der Mensch ändert sich und lernt sich erst mit den Jahren und Jahrzehnten selbst kennen. Doch die eigenen Grenzen zu erforschen und zu respektieren und sich selbst problembewusst zu beobachten, mag die Einschätzung einzelner Stellenanforderungen erleichtern.

Möchte ich juristisch arbeiten?

Die juristische Ausbildung qualifiziert zu einer bunten Palette juristischer Tätigkeiten, aber sie lehrt auch Fähigkeiten wie strukturiertes Denken und legt damit ein solides Fundament für allerlei andere Berufsfelder. Manche Stellen außerhalb der juristischen Sphäre setzen eine Zusatzausbildung, etwa in BWL, voraus. Bei anderen sorgt der Arbeitgeber für die erforderliche Weiterbildung - und sei es durch Training-on-the-Job. Beispiele sind einige Unternehmensberatungen, die Absolventen aus einem breiten Spektrum von Fachrichtungen einstellen oder Abteilungen von Unternehmen, z. B. für Personal oder Controlling.

Deutschland, Ausland, international?

Das Recht ist grundsätzlich national; jeder Staat hat seine eigene Rechtsordnung. Daher ziehen Juristen weniger leicht über die Grenze als Ärzte oder Kaufleute. Dennoch kann die Kenntnis ausländischer Rechtsordnungen oder transnationaler Rechtsnormen und Usancen die juristische Arbeit außerhalb Deutschlands ermöglichen. Hierzu zählen etwa das Völkerrecht, das EU-Recht und Bereiche des internationalen Wirtschaftsrechts, einschließlich der Schiedsgerichtsbarkeit. Zudem können auch Lehrtätigkeiten, etwa zum deutschen Recht, Gelegenheit zu langfristigen Auslandsaufenthalten bieten.

Wie international die Berufstätigkeit werden kann, hängt zum einen von den entsprechenden Qualifikationen ab, die der Einsteiger mitbringt, und zum anderen von seinem individuellen Lebensentwurf. Eine grenzüberschreitende Berufstätigkeit bedeutet zugleich einen gesteigerten Zeitaufwand unterwegs und gegebenenfalls gesundheitliche Belastung, etwa durch häufige Wechsel von Zeit- und Klimazonen.

Wirtschaftsrecht oder ein anderer Fachbereich?

Dieses Buch legt einen Schwerpunkt auf Tätigkeitsfelder im klassischen Wirtschaftsrecht. In diesem Bereich arbeiten nicht nur Anwälte, sondern auch manche Richter, Staatsanwälte und Verwaltungsbeamte. Die Optionen des Juristen sind damit aber bei Weitem noch nicht erschöpft. Die Spanne reicht vom Familien- und Erbrecht bis hinüber zur Rechtsphilosophie. Auch Rechtsgebiete, die einen hohen Grad an Spezialisierung fordern, haben ihren besonderen Reiz, etwa das Kunst- oder das Tierrecht. Die Spezialisierung eines Juristen ist häufig genug das Ergebnis von sonderbaren Zufällen und Gelegenheiten, wenn auch eine persönliche Prädisposition die Zufälle wahrscheinlicher machen kann. Und manche Spezialgebiete erfordern ein Mindestmaß an Leidenschaft für ihre Materie.

Große Organisation oder „freier Beruf"?

Mit der Größe der Organisation nehmen gewöhnlich die Hierarchien und die Regelungsdichte zu. Dies gilt für Unternehmen wie Kanzleien ebenso wie für Verbände. Behörden sind üblicherweise hierarchisch strukturiert und strengen Regeln unterworfen. Eine feste Struktur bietet im Grundsatz Sicherheit und Vorhersehbarkeit. Doch nicht jeder wird darin dauerhaft glücklich. Denn die Sicherheit kann zulasten der Freiheit gehen. Und die Vorhersehbarkeit mag Flexibilität und Spontaneität einschränken. Auch die Zunft der Wirtschaftsanwälte lebt in Teilen längst nicht mehr nach dem Ideal des freien Berufs, sondern arbeitet in Law Firms nach angloamerikanischem Muster entweder angestellt oder als Partner. Und selbst die Partnerschaft bietet nicht die Freiheit des Einzelanwalts alter Schule, sondern bedeutet nicht selten die Unterwerfung unter Mehrheitsentscheidungen und den Zwang zu hoher Profitabilität.

Berater, Entscheider oder Streiter?

Juristen müssen beraten, entscheiden und streiten können. Doch jede Tätigkeit setzt andere Akzente. Während der M&A-Anwalt schwerpunktmäßig strukturiert, entwirft, berät und verhandelt und der Richter vor allem analysiert, ausgeglichen vermittelt und entscheidet, ist der Prozessanwalt am meisten gefordert im Analysieren, Entwerfen von Strategien und im streitigen Auseinandersetzen, aber auch bei der Förderung einer günstigen Einigung. Richter nehmen einen neutralen Standpunkt ein, während Rechtsanwälten die Interessen des eigenen Mandanten besonders nahe sind. Diese Aspekte erscheinen vor dem Berufseinstieg als eher zweitrangig. Im Alltag jedoch kann es belastend werden, wenn die eigene Persönlichkeit anders gestrickt ist.

Was will ich?

Manche der oben angesprochenen Überlegungen können schon früh – bereits im Studium – zu wichtigen Weichenstellungen führen, etwa die zur Internationalität. Denn dann ist noch hinreichend Zeit zum Erlernen von weiteren Fremdsprachen oder zum Verbessern der vorhandenen Kenntnisse. Auch ein Auslandsjahr, gegebenenfalls mit Abschluss, kann dann noch untergebracht werden. Und es lassen sich noch die Voraussetzungen für eine möglichst gute Examensnote schaffen. Dafür müssen häufig genug andere Interessen hintangestellt werden. Ihnen kann hingegen mehr Raum gewährt werden, wenn die angestrebte Richtung keinen herausragenden Abschluss erfordert. Einige Aspekte der Frage „Was will ich?“ können erst zu einem späteren Zeitpunkt gewinnbringend beantwortet werden, etwa im Referendariat oder sogar erst in einer frühen Berufsphase. Andere Einsichten werden im Laufe vertiefter Erfahrungen allmählich herankeimen, sich ganz individuell zu Wort melden oder von Zufällen abhängen. Glücklicherweise lassen sich manche Entscheidungen im Laufe des Berufslebens noch korrigieren. Schließlich aber kann sich der Mensch – in einem gewissen Rahmen – auch seinem Beruf anpassen.

Fazit

Wichtig erscheint eine beständige Beobachtung der eigenen Fähigkeiten und Grenzen, sowohl bezogen auf einzelne juristische Tätigkeitsfelder als auch auf Arbeitsstile und Lebensentwürfe.

Aktuelle Entwicklungen auf dem Arbeitsmarkt für Juristen

von Dr. Christoph Wittekindt

Einstiegsgehälter, Entwicklungsmöglichkeiten, Arbeitsbelastung, Vereinbarkeit von Beruf und Familie sowie alternative Karrieremöglichkeiten – das sind die Themen, die Juristen auch dieses Jahr umtreiben. Wie entwickelt sich der Markt, und wo stehe ich? Hierauf soll im Folgenden eine Antwort gegeben werden.

Überblick über den Gesamtmarkt

Der juristische Arbeitsmarkt in Deutschland zeigt sich auch 2019 in einer guten Verfassung. Die Nachfrage nach Juristen, sei es für Kanzleien, aber auch für Unternehmen und Verbände, verharrt auf hohem Niveau. Auch der juristische Arbeitsmarkt folgt allgemeinen Trends: Stellen werden verstärkt befristet ausgeschrieben, Interimsjuristen – Juristen auf Zeit für bestimmte Projekte, Elternzeitvertretung oder temporäre Unterstützung der Rechts-, Personal- oder Compliance-Abteilung – werden signifikant nachgefragt. Juristische Führungspositionen in Unternehmen sind dagegen nach wie vor rar gesät und werden oft intern besetzt.

Kanzleien jeglichen Zuschnitts und Größe suchen zwar nach wie vor hoch qualifizierte, zu ihnen passende Nachwuchskandidaten, finden sie aber oft nicht: Daher jagt Kanzlei A gerne Kanzlei B nicht nur einzelne Anwälte, sondern gleich ganze Teams ab: Der Teamleiter bringt den Umsatz mit, die Associates sind die willigen Helfer, die man sich gerne mit einkauft. Boutiquen und kleinere Kanzleien fischen verstärkt im Becken der Großkanzleien und können so manchen interessanten Kandidaten für sich gewinnen. In der Regel sind in den Boutiquen oder kleineren Kanzleien die Anforderungen an die Kandidaten, insbesondere bezüglich der Examensnoten, geringer. Aber auch hier gilt es, zu differenzieren: Gefragt sind derzeit vor allem Anwälte mit erster Berufserfahrung und gewisser Expertise in dem einen oder anderen Rechtsgebiet. Gesucht wird nach wie vor querbeet, also vom Arbeitsrechtler über den Bau- und Vergaberechtler bis hin zum klassischen Handels- und Gesellschaftsrechtler; auch die Nachfrage nach jüngeren Kollegen aus dem „grünen" Bereich, IT- und Datenschutzrecht, aber auch Spezialgebieten wie dem Energie-, Kartell- oder Steuerrecht hält unvermindert an. Aber auch Querschnittsbereiche wie z. B. Litigation, also Prozessbegleitung und -vertretung über die Rechtsgebiete hinweg spielen eine immer größere Rolle, vorausgesetzt, man hat die nötige Manpower.

Und: Im Zeitalter von Internet und Social Media gelangen viele offene Positionen gar nicht mehr „auf den Markt". Unternehmen und Kanzleien versuchen verstärkt, potenzielle Kandidaten über diverse Karriereportale (wie XING oder LinkedIn) direkt anzusprechen, oder veranstalten aufwändige Recruitungwochenenden, um bereits Studenten und Referendare frühzeitig für sich zu interessieren. Printanzeigen spielen kaum noch eine Rolle; Stellen werden, wenn überhaupt, nur noch online ausgeschrieben. Es bleibt aber dabei: Der persönliche Kontakt, das individuelle Gespräch, das Praktikum oder die Wahlstation im Referendariat sind nach wie vor Trumpf und oft Eintrittskarte für den erfolgreichen Start.

Einstiegsgehälter

Die skizzierten Entwicklungen spiegeln sich auch in den Gehältern wider. Betrachtet man zunächst die Kanzleien, so sind die Gehaltsunterschiede riesig: Steigt ein frischgebackener Anwalt heute bei kleineren Kanzleien oft mit einem Jahresbruttogehalt von 40.000 bis 60.000 Euro ein, so sind es in den Top-50-Kanzleien in der Regel 75.000 bis 140.000 Euro fix, ggf. zuzüglich Kanzleibonus. In diesen letztgenannten Kanzleien sind 16 Punkte in der Summe beider Examina, ein Doktortitel und/oder ein im Ausland erworbener LL.M. samt entsprechender Fremdsprachenkenntnisse nach wie vor Conditio sine qua non für eine Einstellung. Generell gilt: je besser die Noten, desto höher das (Einstiegs-)Gehalt. Und: Die angloamerikanischen Kanzleien stehen bei den Gehältern nach wie vor an der Spitze. Bei den Boutiquen liegen die Einstiegsgehälter in der Regel zwischen 60.000 und 75.000 Euro, meist ohne irgendwelche Boni, wobei es hier je nach Stadt und Region große Unterschiede gibt. Insgesamt liegen die Einstiegsgehälter mittlerweile teils weit über denen der Boom-Jahre 2005 bis 2008 vor der Finanzkrise. Allerdings sind die Ansprüche gewachsen, auf beiden Seiten.

In Unternehmen hängt das Einstiegsgehalt entscheidend von der Größe und von der Branche ab: DAX-Unternehmen mit größeren Rechtsabteilungen wie Siemens oder BMW zahlen derzeit je nach Zusatzqualifikation 85.000 bis 102.000 Euro – zweimal „vb", Dr. iur. oder LL.M. sind auch hier fast immer obligatorisch. Bei Mittelständlern, wo die Rechtsabteilung nur aus ein bis drei Juristen besteht, muss der angehende Jurist sich oft mit 50.000 bis 60.000 Euro zufriedengeben. Und: Im Bereich Banken und Versicherungen, Technologie, Pharma und Chemie sind die Einstiegsgehälter höher als in den Bereichen IT, Telekommunikation oder im Medienbereich. Man darf dabei aber nicht vergessen, dass Unternehmen ihren Mitarbeitern oft zusätzliche (Sozial-) Leistungen offerieren, welche neben einer Regelarbeitszeit von 40 Wochenstunden für manchen Bewerber den Ausschlag für einen Einstieg geben. Aber auch Unternehmen können sich dem „War for Talents", dem Kampf um die besten Nachwuchsjuristen, nicht entziehen, was dazu geführt hat, dass die Einstiegsgehälter in den letzten Jahren deutlich angehoben wurden.

Gehaltsentwicklungen

Noch viel spannender ist aber die Frage, wie sich die Gehälter im Laufe der Jahre entwickeln. Bei Kanzleien geht damit die Frage der Chancen auf eine spätere Partnerschaft einher. Hier hat sich nicht viel geändert: Während die Gehälter in den Top-20-Kanzleien im zweiten bis sechsten Berufsjahr in der Regel stufenweise steigen, gibt es in Boutiquen oder kleineren Kanzleien solche Entwicklungen meist nicht. Gleiches gilt übrigens auch für die Rechtsabteilungen von Unternehmen, bei denen im Laufe der Jahre neben einem „Inflationsausgleich" eine Bonuskomponente zum Gehalt hinzukommt. Dafür ist die Chance in den Boutiquen und kleineren Einheiten, einmal (Junior-)Partner zu werden, viel höher. Spätestens nach sechs oder sieben Jahren stellt sich aber auch in den größeren Kanzleien die Frage nach dem Schritt Richtung Partnerschaft. Die Gehälter dieser Senior, Principal oder Managing Associates liegen dann oft schon bei stolzen 150.000 bis 200.000 Euro, was in der Regel einen Bonus oder eine Umsatzbeteiligung beinhaltet. Danach gilt: Ob Junior, Salary bzw. Lockstep oder Equity Partner – es zählt allein der Umsatz. Und wer die Umsatzvorgaben verfehlt, fliegt eben auch mal wieder raus, wird sogar „de-equitised". Leiter von Rechtsabteilungen erreichen dagegen irgendwann eine Gehaltsobergrenze, die sie nur noch dann durchstoßen können, wenn sie zusätzliche Aufgaben (z. B. als GF einer Tochtergesellschaft) übernehmen oder in den Vorstand wechseln. Der variable

Gehaltsbestandteil liegt dann oft bei über 50 Prozent; Aktienoptionen und sogenannte Long Term Incentives stellen bei börsennotierten Unternehmen eine zusätzliche Gehaltskomponente dar.

Allgemeine Trends/Work-Life-Balance

Seit 2016 sind die Unternehmensjuristen („Syndici") mit den Kanzleijuristen formal gleichgestellt. Es kam dadurch bisher nicht wieder zu einem stärkeren Wechsel aus den Kanzleien hinein in die Unternehmen, wie es früher einmal zu beobachten war. Zwar werden Unternehmen von Juristen nach wie vor als attraktive Arbeitgeber wahrgenommen; allerdings erfolgen derzeit die Wechsel eher innerhalb der Unternehmen und Kanzleien. Dies hat mehrere Gründe: Ein Quereinstieg in eine Kanzlei aus einem Unternehmen heraus ist oft schwierig, hier wird in der Regel von dem wechselwilligen Kandidaten ein sogenannter transportabler Umsatz erwartet, den er mitbringen soll, aber oft nicht kann. Umgekehrt legen die Unternehmen immer öfter Wert auf Kandidaten, die bei einem Wechsel über „Inhouse"- oder Branchenerfahrung verfügen. Und: Nach wie vor ist die Arbeitsbelastung bei den Kanzleien sehr hoch, die meisten halten nach wie vor am Up-or-Out-Prinzip fest und der Weg zur Partnerschaft ist oftmals wenig transparent – zumal wenn „Committees" darüber entscheiden, die in London oder New York angesiedelt sind und in denen der deutsche Partner nur eine Stimme hat. Die Kanzleien haben auf diesen Trend zum Teil bereits reagiert und bieten verstärkt den Counsel-Status oder die Salary-Partnerschaft als Endstufe der beruflichen Entwicklung in der Kanzlei an. So versuchen sie, gute Anwälte, die nicht Vollpartner werden wollen oder können, dauerhaft an sich zu binden.

Man darf sich aber nicht zu der Annahme versteigen, die Arbeitsbelastung in einem Unternehmen sei stets erheblich geringer; 40-Stunden-Wochen sind auch hier *de facto* mittlerweile eher die Ausnahme. Dennoch sehen viele Juristen die Chance einer ausgeglichenen Work-Life-Balance bei einer Tätigkeit im Unternehmen eher verwirklicht als in einer Kanzlei. Zudem fördern einige Unternehmen mittlerweile außerbetriebliche Aktivitäten ihrer Mitarbeiter, z. B. mittels einer Jahreskarte für das Fitnessstudio. Kanzleien versuchen zunehmend durch „Social Activities" wie das gemeinsame Skiwochenende in Kitzbühel nicht nur den Zusammenhalt der Truppe, sondern auch die sportlichen Ambitionen ihrer Mitarbeiter zu befriedigen. Viel wichtiger sind aber ein eigener Betriebshort oder -kindergarten, wo berufstätige Eltern ihre Kinder in Obhut geben können. Flexible Arbeitszeitmodelle, z. B. Teilzeit- und Heimarbeitstätigkeiten, sind mehr gefragt als je zuvor. Insbesondere bei Kanzleien, auch wenn sie hier in der Praxis nur schwer umsetzbar sind. Für manchen Berufseinsteiger zählen solche Parameter bei der Arbeitsplatzwahl mittlerweile mehr als das Gehalt.

Alternativer Berufseinstieg

Vielen Absolventen, die keine vollbefriedigenden Examina oder sonstigen Zusatzqualifikationen vorweisen können, stellt sich die Frage, welche Alternativen es zum Berufseinstieg bei Staat, Großkanzlei oder Rechtsabteilung eines Unternehmens gibt. Diese Kandidaten kann man beruhigen: Zunächst gibt es sowohl beim Staat (z. B. in der Verwaltung) als auch bei Kanzleien (z. B. Boutiquen) und in Unternehmen (z. B. Mittelstand) durchaus Möglichkeiten, spannende und verantwortungsvolle Positionen zu besetzen. Einen großen Bedarf an Juristen haben nach wie vor die „Big Four" der Wirtschaftsprüfungs- und Steuerberatungsgesellschaften wie Deloitte oder Ernst & Young, die mittlerweile alle auch einen immer gewichtigeren Legal-Bereich unterhalten. Man darf sich hier nur nicht zu sehr auf eine bestimmte Position oder Stadt fixieren, sondern muss eventuell Umwege gehen und Berufserfahrung sammeln, um dann nach einigen Jahren dort anzukommen, wo man vielleicht von vornherein hinwollte. Aber auch Verbände (z. B. BDI, VCI oder der berufseigene DAV), Kammern, die Verwaltung des Deutschen Bundestags, das Auswärtige Amt, die BaFin, die GIZ oder das Bundeskartellamt, europäische oder internationale Organisationen haben einen konstanten Bedarf an jungen Juristen und können ein exzellentes Karrieresprungbrett sein.

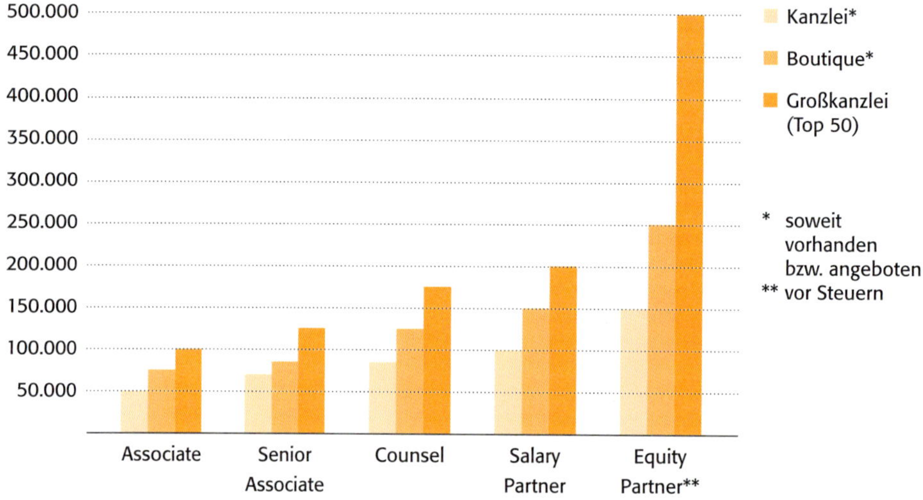

Durchschnittliches Brutto-Jahresgehalt von Rechtsanwälten (in Euro)[1]

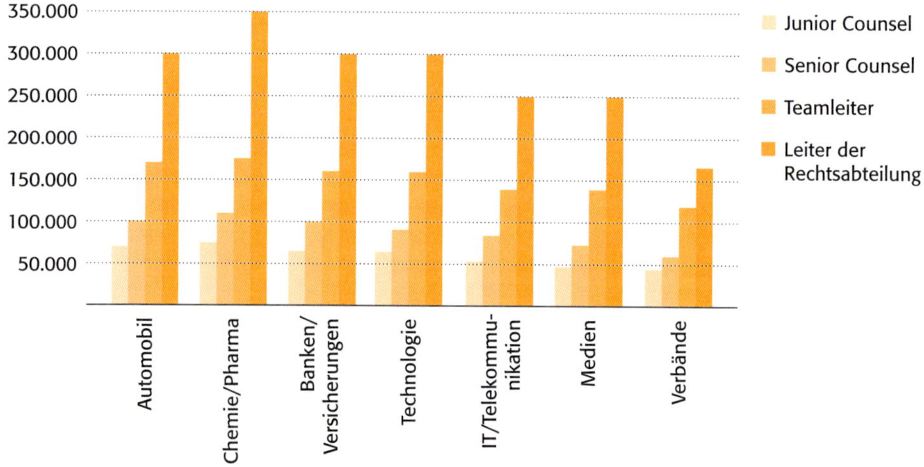

Durchschnittliches Brutto-Jahresgehalt von Unternehmensjuristen (in Euro), Quelle: Legal People

1 Es wurde eine durchschnittliche Kostenquote von 40 % (Kanzleien), 50 % (Boutiquen), 60 % (Großkanzleien) zugrunde gelegt (gesamt, inklusive Boni u. Ä., ohne Umsatzbeteiligung und/oder Akquisitionsprämie, Deutschland gesamt).

Juristische Berufe im Öffentlichen Dienst

Verbeamtung auf Lebenszeit, eine relativ krisensichere Anstellung ohne betriebsbedingte Kündigungen, flexible Arbeitszeiten neben der Kernzeit und die Möglichkeit des Freizeitausgleichs von Überstunden... Eine Anstellung im Öffentlichen Dienst bietet meist viele Vorzüge, die bei einer Tätigkeit in einer Kanzlei oder einem Unternehmen in dieser Konstellation nicht gegeben sind. Teilzeitmodelle, Homeoffice und Jobsharing erleichtern zudem die Vereinbarkeit von Beruf und Familie, was von vielen Juristinnen und zunehmend auch von ihren männlichen Kollegen sehr geschätzt wird. Im Gegenzug können Gehälter und Ausstattung des Arbeitsplatzes dem Vergleich mit Kanzleien und Unternehmen in der Regel nicht standhalten.

Was im Einzelnen den Reiz der Tätigkeit als Jurist im Öffentlichen Dienst ausmacht, zeigen die Beiträge auf den folgenden Seiten. Das Kapitel gibt einen Überblick über klassische Berufe in der Justiz über Tätigkeiten in Politik, Behörden und internationalen Organisationen bis hin zu solchen in Lehre und Forschung.

Berufsbilder in der Justiz

Die klassischen Berufsbilder des Staatsanwalts und Richters sind für viele Juristen nach wie vor eine interessante Option. Das eigenverantwortliche Arbeiten und die Vorzüge der Verbeamtung machen die Justiz zu einem beliebten Arbeitgeber.

Die Entscheidung für eine Tätigkeit als Richter oder Staatsanwalt muss indes nicht unmittelbar nach dem Studium gefällt werden. Auch der Wechsel nach mehrjähriger Tätigkeit in einer Kanzlei ist gut möglich, da die anwaltliche Berufserfahrung eine wertvolle Qualifikation darstellt.

Mehr Informationen zu den Besonderheiten einer Karriere in der Justiz sowie wichtige Hinweise zum Wechsel zwischen Staatsdienst und Wirtschaft finden sich im Kapitel „Einstieg und Karriere“ ab Seite 169.

Richter

von Dr. Olaf Weber

Formale Voraussetzungen: Befähigung zum Richteramt (§ 5 DRiG); deutsche Staatsangehörigkeit; Bewerber mit zwei vollbefriedigenden Examina haben beste Aussichten; wer knapp darunterliegt, hat auch noch Chancen. In der Fachgerichtsbarkeit sind die Anforderungen höher.

Persönliche Qualifikation: Pragmatismus, soziale, kommunikative und psychologische Fähigkeiten, Stresstoleranz, Eigenständigkeit. Erfahrungen als Anwalt helfen. Nicht unbedingt notwendig, aber auch nicht schädlich sind eine Promotion oder Auslandserfahrung.

Einstiegsgehalt: abhängig vom Bundesland, dem (Dienst-)Alter und der Familiensituation

Aufstiegsmöglichkeiten: Es gibt nur eine begrenzte Anzahl von Beförderungsstellen, die, wenn überhaupt, meist erst nach Jahren im Dienst und einer Erprobung an einem Obergericht erreichbar werden. Verwaltungserfahrung oder Abordnungen an ein Obergericht helfen.

Besonderheiten: persönliche und sachliche Unabhängigkeit; Jobsicherheit (Lebenszeitrichter können in der Regel nicht gegen ihren Willen versetzt oder entlassen werden); Vereinbarkeit von Beruf und Familie (flexible Arbeitszeiten, Elternzeit kein Problem)

Rechtliche Grundlagen der richterlichen Tätigkeit

Die rechtsprechende Gewalt ist gemäß Art. 92 GG den Richtern anvertraut. Diese sind nach Art. 97 Abs. 1 GG und § 25 DRiG unabhängig und nur dem Gesetz unterworfen. Diese infolge des Gewaltenteilungs- und Rechtsstaatsprinzips stark abgesicherte richterliche Unabhängigkeit verbietet jede Art von Einflussnahme auf richterliche Entscheidungen durch Behörden – etwa durch den Gerichtspräsidenten, die Justizministerien oder die Dienstaufsicht. Auch persönlich sind Richter unabhängig, also grundsätzlich unkündbar und nur als Assessoren gegen ihren Willen versetzbar. Eine Suspendierung ist nur in absoluten Ausnahmefällen und nur durch das Richterdienstgericht möglich.

Richter stehen in einem öffentlich-rechtlichen Dienstverhältnis eigener Art, das sich aus Normen des Grundgesetzes, des DRiG und den Landesrichtergesetzen definiert; es ist oft an Beamtenrecht angelehnt. Richter sind aber anders als Beamte im Bereich richterlicher Tätigkeit an keinerlei Weisungen, sondern nur an das Gesetz gebunden. Das führt zu einer äußerst begrenzten Dienstaufsicht. Bei spruchrichterlicher Tätigkeit sind sie haftungsprivilegiert. Ansonsten, etwa in der freiwilligen Gerichtsbarkeit, sind Haftungsfälle selten, aber möglich. Richter sind weder an Arbeitszeiten gebunden, noch besteht Präsenzpflicht am Gericht. Man kann sich seine Zeit einteilen und Urteile etwa sonntags zu Hause schreiben. Höhere Anforderungen an schnelle richterliche Eilentscheidungen, der verstärkte Einsatz von EDV, der notwendige Kontakt zur Geschäftsstelle und die telefonische Erreichbarkeit für Anwälte führen aber praktisch zu höheren Präsenszeiten. Nebentätigkeiten sind Richtern wegen ihrer besonderen Neutralitätspflicht nur eingeschränkt möglich. Das jährliche Arbeitspensum wird durch das Präsidium im Geschäftsverteilungsplan ex ante festgelegt; praktisch verteilen die Präsidien die Dezernate oft nach einem Bewertungssystem (Pebb§y), um alle Richter gleich zu behandeln.

Einstellungsverfahren und Probezeit

Das Einstellungsverfahren ist je nach Bundesland teils bei den Oberlandesgerichten, teils bei den Justizministerien, teils bei besonderen Ausschüssen angesiedelt. Auch die Einstellungsverfahren sind unterschiedlich geregelt. Geeignete Kandidaten werden in den meisten Ländern ganzjährig und nicht nur nach Ausschreibungen in eine Liste aufgenommen und bei Bedarf zu Vorstellungsgesprächen geladen, an denen typischerweise Vertreter des jeweiligen Obergerichts, des Justizministeriums und der Personalvertretung (des Hauptrichterrats) teilnehmen. Der Ernennung zum Richter auf Probe durch den Justizminister oder das Landeskabinett geht teilweise eine Wahl durch einen Richterwahlausschuss voraus, dem Vertreter der Landesregierung, des Landesparlaments sowie der Richter- und Anwaltschaft angehören können. Die Ernennung zum Richter auf Lebenszeit erfolgt in der Regel nach drei oder vier Jahren. Eine vorangegangene Tätigkeit, etwa als Rechtsanwalt, kann nach § 10 Abs. 2 DRiG auf die Probezeit angerechnet werden. Während der Probezeit wird der Proberichter regelmäßig in verschiedenen Gerichtsbarkeiten und oft auch bei der Staatsanwaltschaft eingesetzt. Neben dem direkten Einstieg in die Justiz gibt es auch den indirekten Weg über die Verwaltung. Vor allem Finanzrichter werden oft aus den Reihen der Finanzverwaltung rekrutiert.

Arbeitsbelastung

Einen jungen Richter erwartet in den ersten Monaten erfahrungsgemäß eine hohe bis sehr hohe Arbeitsbelastung. Das zu übernehmende Dezernat war oft eine Zeit lang vakant, und der Einsteiger erhält genauso viele neue Akten im Monat wie eingearbeitete Richter. 60 bis 70 Stunden pro Woche sind gleichwohl nicht die Regel. Sobald sich die Richter mit der Arbeitsweise, den maßgeblichen Rechtsgebieten sowie ihrem Aktenbestand vertraut gemacht haben, tritt meist eine spürbare Normalisierung ein. Die schiere Zahl der Akten erfordert immer eine Priorisierung: Aus Zeitgründen ist es etwa unmöglich, als Strafrichter viel Arbeitszeit in Standardfälle wie einen einfachen Diebstahl zu stecken; gleichwohl müssen die Fälle angemessen gelöst werden, denn es geht immer um die Menschen dahinter. Und das Opfer des Diebstahls wird es nicht goutieren, wenn sein Fall „einfach so" eingestellt wird. Im Zivilrecht nützt ein feingeschliffenes 60-Seiten-Urteil den Parteien nichts, wenn es den akuten Nachbarstreit erst nach Jahren entscheidet; andererseits nützt auch ein inhaltsloses, schlecht begründetes Urteil nach wenigen Wochen nichts, denn es vermag den Streit nicht halbwegs befriedigend zu lösen. Diese Abwägung ist wohl der größte Spagat im Beruf des Richters; sie halbwegs zu meistern, tägliche Aufgabe. Aufgrund auch praktisch gut umsetzbarer Ansprüche auf Elternzeit, Teilzeittätigkeit oder mehrjährige Beurlaubung zur Kinderbetreuung erlaubt es die Tätigkeit dennoch, Beruf und Familie oder Freizeit in Einklang zu bringen. Von Vorteil ist hier die flexible Arbeitszeitgestaltung.

Arbeitsalltag

Die tägliche Arbeit des Richters besteht zunächst darin, die von der Geschäftsstelle täglich vorgelegten Akten zu bearbeiten. Diese „Dekretur" besteht darin, eingegangene Schriftsätze zu lesen, weiterzuleiten, Anträge zuzustellen oder Fristen zu bestimmen. Nach einer Einarbeitung in die Akten sind dann Termine zu bestimmen, zu denen Beteiligte geladen werden. Meist ein- oder zweimal die Woche sind dann die so terminierten Sitzungen zu leiten. Im Nachgang sind dann oft lange Entscheidungen, also Urteile oder Beschlüsse zu schreiben. Die täglichen prozessualen und materiellen Rechtsfragen werden mithilfe juristischer Kommentare und Datenbanken geklärt. Wichtig dabei ist ein praktisches Vorgehen, das – anders als an der Universität – vom Ende her denkt und nur die gerade relevanten Fragen beantwortet. Die Schwierigkeit ist, die Zahl der gelösten Fälle und das rechtliche Niveau vertretbar auszubalancieren. Viele Richter sind zudem im Bereich der Juristenausbildung engagiert, etwa indem sie Referendare ausbilden oder Arbeitsgemeinschaften leiten.

Reiz der richterlichen Tätigkeit

Die Arbeit als Richter ist nicht nur anspruchs-, sondern auch verantwortungsvoll. Häufig geht es nicht nur um komplizierte Sachverhalte und Rechtsfragen, sondern um Auswirkungen auf das Leben echter Menschen. Die Tätigkeit ist abwechslungsreich und vielfältig. Als Richter arbeitet man mit einem hohen Maß an Unabhängigkeit und Selbstständigkeit. Man ist in keinerlei Hierarchien eingebunden – auch in der Kammer sind alle Richterstimmen gleich –, wohl aber in eine Organisation. Nach der Ernennung zum Richter auf Lebenszeit kommen dazu die Unkündbarkeit und Unversetzbarkeit. Mögliche Nebentätigkeiten sind wissenschaftliche Veröffentlichungen, Lehraufträge an der Universität oder eine Prüfertätigkeit im Juristischen Staatsexamen; lukrative Tätigkeiten wie Gutachten oder Rechtsberatung scheiden dagegen aus. Zu sozialromantisch sollte man die Arbeit indes nicht sehen, wie auch eine aktuelle Debatte zeigt: Denn Qualität und Quantität der Arbeit sind immer gegeneinander abzuwägen. Die wahrscheinlich wichtigste Eigenschaft des Richters ist es daher, wesentliche und unwesentliche Fragen voneinander zu scheiden und entsprechend unterschiedlich zu behandeln, um sowohl dem Rechtsuchenden gerecht zu werden als auch das Dezernat zu beherrschen. Es geht darum, die Idee des Rechtsstaats umzusetzen, und zwar nicht abstrakt am grünen Tisch der Universität oder des Verfassungsgerichts, sondern im echten Leben unter den Widrigkeiten der Praxis mit ihrer Arbeitsbelastung, den eingeschränkten Möglichkeiten zum Erkenntnisgewinn und den Realitäten der Ökonomie.

Einsteiger im ersten Jahr, Besoldungsgruppe R1 (z. B. Staatsanwalt, Richter am Amtsgericht, Richter am Landgericht), ledig	4.285,05 Euro
Berufsträger im 10. Jahr, Besoldungsgruppe R1 (z. B. Staatsanwalt, Richter am Amtsgericht, Richter am Landgericht), verh., 2 Ki.	5.523,21 Euro
Berufsträger nach Beförderung im 20. Jahr, Besoldungsgruppe R2 (z. B. Oberstaatsanwalt, Vorsitzender Richter am Landgericht), verh., 2 Ki.	7.378,35 Euro
Berufsträger in Endstufe, Besoldungsgruppe R1 (z. B. Staatsanwalt, Richter am Amtsgericht, Richter am Landgericht), verh., 2 Ki.	7.028,64 Euro
Berufsträger nach Beförderung in Endstufe, Besoldungsgruppe R2 (z. B. Oberstaatsanwalt, Vorsitzender Richter am Landgericht), verh., 2 Ki.	7.629,24 Euro

Musterfälle R-Besoldung, exemplarisch: Baden-Württemberg,
Quelle: Deutscher Richterbund, www.richterbesoldung.de

Staatsanwalt

von Kathrin Huber

Formale Voraussetzungen: Zweites Juristisches Staatsexamen (mind. acht Punkte), deutsche Staatsbürgerschaft, Nachweis der Verfassungstreue, Einhaltung der Altersgrenzen nach den Beamtengesetzen der Länder, charakterliche (keine Vorstrafen!) und gesundheitliche Eignung

Persönliche Qualifikation: Entscheidungsfreude, Überzeugungskraft, Durchsetzungsvermögen, Organisationsvermögen, Sozialkompetenz, Kommunikationsfähigkeit, Belastbarkeit

Einstiegsgehalt: R1-Besoldung

Aufstiegsmöglichkeiten: Staatsanwalt als Gruppenleiter, Oberstaatsanwalt, Behördenleiter

Besonderheiten: Verbeamtung, je nach Bundesland im Wechsel mit Richteramt, gute Teilzeitmöglichkeiten

Weitere Informationen: Websites der Justizministerien der Länder

Über den Verlust seines Arbeitsplatzes muss sich der Staatsanwalt auch in Zeiten von Finanzkrisen keine Sorgen machen. Die Staatsanwaltschaft bietet aber noch viel mehr als einen sicheren Arbeitsplatz.

Aufgaben eines Staatsanwalts

Die Staatsanwaltschaft ist zunächst „Herrin" des strafrechtlichen Ermittlungsverfahrens. Sie entscheidet, ob ein Beschuldigter vor Gericht angeklagt oder ein Verfahren eingestellt wird. Die tatsächlichen Ermittlungen werden dabei überwiegend von der Polizei, aber auch dem Zoll oder der Steuerfahndung durchgeführt. Der Staatsanwalt kann allerdings jederzeit selbst ermittelnd tätig werden, also beispielsweise Beschuldigte und Zeugen vernehmen. Auch wichtige Durchsuchungen, vor allem in Wirtschaftsstrafsachen, leitet häufig ein Staatsanwalt. Nach Kapitalverbrechen ist regelmäßig ein Staatsanwalt am Tatort zugegen. Anders als häufig angenommen, ist der Staatsanwalt ein neutrales Organ der Rechtspflege. Er ermittelt sowohl zugunsten als auch zulasten des Beschuldigten.

Wird ein Beschuldigter angeklagt, übernimmt die Staatsanwaltschaft in der gerichtlichen Hauptverhandlung die Anklagevertretung. Der Staatsanwalt verliest die Anklageschrift, stellt nötige Beweisanträge und hält am Ende der Verhandlung ein Plädoyer. Kommt es zu einer Verurteilung des Angeklagten, übernimmt die Staatsanwaltschaft die Vollstreckung der verhängten Strafe. Diese Aufgaben sind allerdings in weitem Umfang den bei der Staatsanwaltschaft tätigen Rechtspflegern übertragen.

Abwechslungsreiche Tätigkeit

Die Arbeit des Staatsanwalts ist sehr vielseitig. Je nach Referat ist er mit verschiedensten Straftaten - aber auch Straftätern - befasst. Auch die gerichtlichen Hauptverhandlungen verlaufen ganz unterschiedlich, je nachdem, ob ein obdachloser Ladendieb oder ein Vorstandsmitglied eines großen Wirtschaftsunternehmens auf der Anklagebank sitzt. Der Staatsanwalt muss sich also immer neu auf sein Gegenüber einstellen. Das Reizvolle daran ist, dass man vertiefte Einblicke in Milieus bekommt, die einem im Alltagsleben oft verschlossen bleiben. Großstadtbehörden arbeiten meist sehr spezialisiert. Es gibt dort Spezialabteilungen für Kapitalverbrechen, Wirtschaftsstrafsachen, Verkehrsstrafsachen, Drogendelikte etc. Man muss also nicht zwingend Leichen sehen können, wenn man Staatsanwalt werden möchte.

Zusammenarbeit mit Kollegen

Die Staatsanwaltschaften sind bei den Landgerichten angesiedelt. Anders als Richter sind Staatsanwälte weisungsgebunden und unterliegen uneingeschränkt der Dienstaufsicht durch Vorgesetzte. Diesen Vorgesetzten muss der sachbearbeitende Staatsanwalt in bestimmten Fällen, die politisch sensibel oder für die Öffentlichkeit besonders interessant sind, über das Verfahren berichten. In der Praxis des Berufsalltags arbeitet der Staatsanwalt aber in vielen Fällen sehr selbstständig und entscheidet in eigener Verantwortung.

Vor allem in den Bundesländern, die einen Wechsel zwischen Richteramt und Tätigkeit als Staatsanwalt kennen (dazu unten), sind bei den Staatsanwaltschaften zahlreiche Berufsanfänger tätig. Das Arbeitsklima ist daher unter den Staatsanwälten im Eingangsamt in der Regel sehr kollegial und locker.

Arbeitszeiten

Die Zeiten, in denen die Justiz als ruhiger Arbeitsplatz galt, sind sicher vorbei. Ganz im Gegenteil: Die große Anzahl an Verfahren und die knappe Personalausstattung führen zu einer hohen Arbeitsbelastung der Staatsanwälte. Hinzu kommt häufig Zeitdruck. Sitzt ein Beschuldigter in Untersuchungshaft, muss das Verfahren so zügig wie möglich betrieben werden. Offiziell gilt für Staatsanwälte die 40-Stunden-Woche. Gerade Berufsanfänger haben aber oft eine deutlich längere Arbeitszeit.

Wie auch in anderen Bereichen des Öffentlichen Dienstes gibt es die Möglichkeit, in Teilzeit zu arbeiten, sei es aus familiären Gründen, sei es zum Zwecke einer Promotion. Inhaltlich unterscheidet sich die Arbeit dann meist nicht von der auf einer vollen Stelle. Die Teilzeitkraft bekommt einfach entsprechend weniger Fälle zugewiesen.

Anforderungsprofil

Die Vielzahl der zu bearbeitenden Verfahren prägt die Arbeit des Staatsanwalts. Wichtig sind fundierte Rechtskenntnisse, ein guter Blick für das Wesentliche eines Falles und Entscheidungsfreude. Der Staatsanwalt sollte einen Blick dafür haben, welche Fälle kritisch sind und eine erhöhte Aufmerksamkeit und Sorgfalt erfordern. Die im Studium mühsam erlernten Meinungsstreitigkeiten zu einzelnen Problemen sind in der Praxis selten relevant. Entscheidend ist, welche Tatsachen nachgewiesen werden können. Im Schriftlichen ist eine knappe und überzeugende Argumentation gefragt, für seitenlange theoretische Erörterungen bleibt keine Zeit.

Formale Voraussetzungen

Staatsanwalt kann nur werden, wer als Volljurist die Befähigung zum Richteramt, also das Zweite Juristische Staatsexamen hat. Die Einstellung erfolgt über die Justizministerien der Bundesländer. Die Auswahlverfahren können sich deutlich unterscheiden. In einigen Ländern finden Assessment-Center statt, in anderen wird überwiegend nach Examensnote eingestellt. Die Websites der Ministerien informieren über die jeweiligen Bewerbungsmodalitäten. Überdurchschnittliche Examensergebnisse (in der Regel mindestens acht Punkte im Zweiten Staatsexamen) werden aber überall erwartet.

Karrierewege für Staatsanwälte

In vielen Bundesländern bedeutet die Entscheidung für den Beruf des Staatsanwalts zugleich die Entscheidung, eine Richterlaufbahn einzuschlagen. Assessoren beginnen ihre Berufstätigkeit – je nach Stellensituation – entweder bei einer Staatsanwaltschaft oder bei einem Gericht und wechseln später. In einigen Bundesländern fällt die endgültige Entscheidung für einen der beiden Berufe dann schon nach wenigen Jahren. Es gibt aber auch Bundesländer, die einen mehrmaligen Wechsel zwischen Staatsanwaltschaft und Gericht wünschen und fördern.

Viele Bundesländer ermöglichen ihren Staatsanwälten Abordnungen für zwei bis drei Jahre zu anderen Behörden, etwa zum Bundesverfassungsgericht, Bundesgerichtshof oder Generalbundesanwalt in Karlsruhe, zum Bundesjustizministerium in Berlin oder zu europäischen Behörden in Brüssel und Den Haag. Daneben gibt es weitere Möglichkeiten bei Landesbehörden oder internationalen Organisationen.

Es ist nicht zwingend nötig, sich gleich nach dem Zweiten Staatsexamen für den Beruf des Staatsanwalts zu entscheiden. Allerdings lassen einige Bundesländer Bewerbungen zu einem späteren Zeitpunkt nur eingeschränkt zu (in Bayern ist eine Bewerbung beispielsweise nur bis zu drei Jahre nach der Zweiten Juristischen Staatsprüfung möglich). Um Enttäuschungen zu vermeiden, sollte man sich rechtzeitig informieren. Zu beachten sind auch die Altersgrenzen in den Beamtengesetzen der Länder.

Notar

von Dr. Damian Wolfgang Najdecki

Formale Voraussetzungen: als Notar im Hauptberuf dreijähriger Vorbereitungsdienst als Notarassessor; als Notar im Nebenberuf (Anwaltsnotar) neben einer allgemeinen und örtlichen Wartezeit das Bestehen einer notariellen Fachprüfung

Persönliche Qualifikation: Unabhängigkeit, Unparteilichkeit, Verschwiegenheit, Freude am Umgang mit Menschen, Organisationsgeschick und herausragende Noten im Zweiten Staatsexamen; bei Anwaltsnotaren zusätzlich sehr gute Ergebnisse in der notariellen Fachprüfung

Einstiegsgehalt: Das Notarassessorengehalt entspricht einer Richterbesoldung der Stufe R 1. Dem Notar fließen die nach dem GNotKG vorgeschriebenen Gebühren zu.

Aufstiegsmöglichkeiten: keine Aufstiegsmöglichkeiten im klassischen Sinne; sofortige Ausstattung mit voller Amtsgewalt und Personalverantwortung

Besonderheiten: gute Vereinbarkeit mit Familie und wissenschaftlicher Lehr- sowie Publikationstätigkeit

Weitere Informationen: www.bnotk.de sowie Websites der Landesnotarkammern

Aufgaben des Notars

Der Notar ist als Träger eines öffentlichen Amts in der staatlichen vorsorgenden Rechtspflege tätig. In seiner Funktion als kompetenter, unparteiischer und unabhängiger Betreuer aller Beteiligten erforscht er den Sachverhalt sowie die Interessen und Wünsche der Vertragsparteien. Anders als der Richter, der tätig wird, wenn Streit entstanden ist, wirkt der Notar im Vorfeld und streitvermeidend. Seine Urkunden haben zudem eine hohe Beweiskraft und sind häufig Vollstreckungstitel.

Zu den Hauptaufgaben eines Notars zählen die Beratung, Vertragsgestaltung und Beurkundung auf dem Gebiet des Gesellschafts-, Familien-, Erb- und natürlich des Sachenrechts. Neben der Mitwirkung bei Immobilientransaktionen oder dem Abschluss von Eheverträgen und Scheidungsvereinbarungen ist der Notar Ansprechpartner bei der Gestaltung von Testamenten, Erbverträgen und Vorsorgevollmachten. Der Notar ist ein Hoheitsträger und somit beispielsweise in Bayern zur Registrierung gleichgeschlechtlicher Lebenspartnerschaften berechtigt. Des Weiteren ist der Notar für die Beglaubigung von Unterschriften zuständig.

Notare leisten aufgrund ihrer neutralen und sachkundigen Beratung beim Erwerb von Grundstücken, bei der Gründung und Umwandlung von Gesellschaften aller Art sowie bei der Übertragung von Gesellschaftsbeteiligungen einen wichtigen Beitrag für das Funktionieren des Gemeinwesens. So können sich die für das Grundbuch- und Handelsregister zuständigen Stellen bei den Amtsgerichten auf die Richtigkeit der notariellen Urkunden verlassen. Gerade deren elektronische Übermittlung an das Handelsregister, verbunden mit der vorherigen Verarbeitung der für das Register relevanten Daten, beschleunigt die Eintragung deutlich. Unterstützt werden alle deutschen Notare durch das in Würzburg ansässige Deutsche Notarinstitut.

Hauptberuflicher Notar und Anwaltsnotar

In Deutschland gibt es neben hauptberuflichen Notaren auch Anwaltsnotare, die neben ihrer Tätigkeit als Rechtsanwalt zugleich das Notaramt ausüben. Zum Teil aufgrund historischer Entwicklungen sind hauptberufliche Notare in ca. zwei Dritteln der Bundesländer tätig (siehe Grafik auf Seite 34).

Um zum hauptberuflichen Notar ernannt zu werden, muss man einen dreijährigen Anwärterdienst als Notarassessor ableisten, der auf das Amt des Notars umfassend vorbereitet. Nähere Informationen zum Bewerbungsverfahren sind auf den Internetauftritten der Landesjustizministerien zu finden. Voraussetzung für die Übernahme in den Anwärterdienst ist ein herausragendes Examensergebnis. In Bayern beispielsweise wird lediglich jeweils den besten fünf bis zehn Absolventen der Zweiten Juristischen Staatsprüfung die Einstellung in den Notardienst angeboten. Notarassessoren stehen in einem öffentlich-rechtlichen Dienstverhältnis zum Staat. Sie werden erfahrenen Notaren zugeteilt, bei denen sie sich die komplexen, für den Notarberuf nötigen Fachkenntnisse aneignen können. Zudem erhalten Notarassessoren Gelegenheit der Teilnahme an zahlreichen Fortbildungsveranstaltungen. Bereits nach einer kurzen Einarbeitungszeit werden durch die Übernahme von Notarvertretungen wertvolle Erfahrungen gesammelt.

Um sich für das Amt eines Anwaltsnotars zu bewerben, muss ein Rechtsanwalt mindestens fünf Jahre zugelassen und seit drei Jahren an dem Ort, wo er als Anwaltsnotar amtieren möchte, hauptberuflich als Rechtsanwalt tätig sein. Neben einer Wartezeit ist das Bestehen einer bundeseinheitlichen notariellen Fachprüfung Voraussetzung für die Ernennung zum Anwaltsnotar. Die Prüfung besteht aus vier fünfstündigen Klausuren und einer mündlichen Prüfung. Für die Bestenauslese sind die Note in der notariellen Fachprüfung zu 60 Prozent und die Note in der Zweiten Juristischen Staatsprüfung zu 40 Prozent ausschlaggebend. Eine Statistik über die letzten Prüfungsergebnisse ist beim Prüfungsamt für die notarielle Fachprüfung zu finden (www.pruefungsamt-bnotk.de).

Zusatzqualifikationen

Zwar sind Fremdsprachen keine notwendige Voraussetzung für den Notarberuf. Sprachkenntnisse sind jedoch von erheblichem Vorteil, da der Notar vielfach mit der Beurkundung in englischer oder einer anderen Sprache konfrontiert ist. Aufgrund des zunehmenden elektronischen Rechtsverkehrs sollte grundsätzlich keine Abneigung gegen den technischen Fortschritt und gegen den Umgang mit Computern bestehen.

Reiz der Tätigkeit als Notar

Entgegen der teilweise anzutreffenden Ansicht ist der Notarberuf spannend und abwechslungsreich. Die Tätigkeit des Notars zeichnet sich durch den Kontakt mit zahlreichen unterschiedlichen Menschen aus. Dabei befasst sich der Notar täglich nicht nur mit verschiedenen juristischen Fragestellungen und Problemen, sondern hat zugleich die Möglichkeit, durch interessante Vertragsgestaltungen, insbesondere im Familien- und Erbrecht sowie Handels- und Gesellschaftsrecht, Mandanten zu helfen. Als unparteiischer Träger hoheitlicher Gewalt hat der Notar ferner Gelegenheit, unerfahrene oder juristisch schlecht beratene Vertragsbeteiligte vor nachteiligen oder gar sittenwidrigen Vereinbarungen zu schützen.

Das Vorlesen der Urkunde ist ein wichtiger Bestandteil der notariellen Tätigkeit. Während der Beurkundung ergeben sich immer zahlreiche Fragestellungen und interessante Diskussionen, was die Qualität der geschlossenen Vereinbarungen sichert und Gelegenheit zu der gesetzlich vorgeschriebenen Aufklärung und Beratung gibt. Wem die Vorstellung unangenehm ist, vorzulesen und dabei komplexe juristische Zusammenhänge im Auge zu behalten und zu lösen, der sollte sich besser nicht für den Notarberuf entscheiden. Den täglichen Kontakt mit Menschen sollten künftige Notare nicht scheuen, da dieser ein Charakteristikum der notariellen Tätigkeit darstellt.

Der größte Reiz des Notarberufs liegt in der Unabhängigkeit. Bei der Gestaltung seiner Urkunden unterliegt der Notar keinen Weisungen von Aufsichtsbehörden, sondern allein der Bindung an Recht und Gesetz. Der Notar übt zwar ein öffentliches Amt aus, jedoch außerhalb der Organisation des Staates. Die notarielle Tätigkeit wird auch attraktiv durch die unternehmerisch-organisatorische Herausforderung, die eigene Geschäftsstelle zu unterhalten, einschließlich der Verantwortlichkeit für das eigene Personal. Wer die fachlichen Voraussetzungen erfüllt, sollte sich auf jeden Fall eingehend mit dem Gedanken auseinandersetzen, die Notarlaufbahn einzuschlagen.

Bestellung zur Notartätigkeit auf Lebenszeit

Bestellung zum Anwaltsnotar (Notartätigkeit neben dem Beruf des Rechtsanwalts)

Formen des Notariats in Deutschland,
Quelle: www.bnotk.de/Notar/Notariatsverfassungen/index.php

Berufsbilder in Politik, Behörden und internationalen Organisationen

Ob in Ämtern, Ministerien oder auf internationalem Parkett in einer europäischen Institution – der Öffentliche Dienst hält eine Vielzahl interessanter Betätigungsfelder für Juristen bereit.

Wer sich für eine Stelle im Bereich der öffentlichen Verwaltung oder in internationalen Organisationen interessiert, sollte jedoch bedenken, dass hier regelmäßig Versetzungen anstehen, was große Mobilität und Flexibilität erfordert. Der Lohn ist eine anspruchsvolle und abwechslungsreiche Tätigkeit in immer wieder neuen Fachgebieten.

Aufgrund der Fülle an Einsatzmöglichkeiten für Juristen auf internationaler, aber auch auf Bundes-, Landes- und Kommunalebene können in diesem Kapitel nur einige exemplarische Berufsbilder überblicksartig dargestellt werden: Die folgenden Beiträge bieten Informationen zu juristischen Stellen in der Politik, im Bundeskartellamt, beim Bundesnachrichtendienst, im Bundesministerium der Justiz sowie in internationalen Organisationen.

Ergänzend bieten die Erfahrungsberichte ab Seite 211 detaillierte Einblicke in einzelne Berufsbilder. Ausführliche Informationen zum Bewerbungsprozess bei internationalen Organisationen finden sich ab Seite 204.

Bundesministerium der Justiz und für Verbraucherschutz

von Christina Motejl

Formale Voraussetzungen: Befähigung zum Richteramt mit erheblich über dem Durchschnitt liegenden Examensergebnissen (für den höheren Dienst)

Einstiegsgehalt: in der Regel Grundgehalt der Besoldungsgruppe A 13 zzgl. Ministerialzulage

Besonderheiten: mehrstufiges Auswahlverfahren bei Neueinstellungen; Einstellung zunächst als Beamter auf Probe; Probezeit von einem Jahr bis zu drei Jahren; nach erfolgreichem Abschluss der Probezeit Ernennung zum Beamten auf Lebenszeit möglich; Möglichkeit vorübergehender Tätigkeit in anderen nationalen und internationalen Institutionen

Weitere Informationen: www.bmjv.de, Referat Z A 1 (Personal höherer Dienst)

Tätigkeitsbereiche des Bundesministeriums der Justiz und für Verbraucherschutz

Das Bundesministerium der Justiz und für Verbraucherschutz (BMJV) ist in erster Linie Gesetzgebungs- und Beratungsministerium. Es erarbeitet Gesetzes- und Verordnungsentwürfe im Bereich seiner Federführung, also im Wesentlichen für das bürgerliche Recht, das Handels- und Gesellschaftsrecht, den gewerblichen Rechtsschutz und das Urheberrecht, das Strafrecht, die Prozessrechte und den Verbraucherschutz. Es wirkt außerdem bei Gesetzes- und Verordnungsentwürfen anderer Ressorts mit und achtet auf die Vereinbarkeit der Entwürfe mit der Verfassung und der Rechtsordnung insgesamt sowie auf eine einheitliche formale Gestaltung und eine möglichst klare Rechtssprache. Sowohl für die federführenden als auch über die in der Federführung anderer Ressorts „mitzuprüfenden“ Bereiche wirken die Fachreferate an der Rechtsetzung auf EU-Ebene mit und vertreten in den jeweiligen Arbeitsgremien die Position der Bundesregierung. Schließlich ist das BMJV auch in Verfahren vor dem Bundesverfassungsgericht beteiligt.

Einsatzmöglichkeiten für Juristen

Der Anteil juristisch ausgebildeter Mitarbeiter im BMJV ist hoch. Von den 766 Beschäftigten sind 296 Volljuristen. Davon sind etwa 37 Prozent nicht dauerhaft im BMJV beschäftigt, sondern für zwei bis drei Jahre aus der Justiz oder der Verwaltung der Länder an das BMJV abgeordnet. Sie sollen den Austausch der Regierungsarbeit mit der Praxis gewährleisten und nehmen während dieser Zeit die Aufgaben eines Referenten in einem Ministerium wahr. Regelmäßig findet ein internes Auswahlverfahren für diejenigen abgeordneten Referenten statt, die dauerhaft an das BMJV versetzt werden möchten. Zusätzlich findet etwa alle zwei Jahre ein externes Auswahlverfahren statt. Teilweise arbeiten – allerdings zeitlich befristet – auch Juristen mit Erstem Juristischen Staatsexamen im BMJV. Stellenangebote werden auf der Internetseite des BMJV veröffentlicht.

Überdurchschnittlich qualifizierten Rechtsreferendaren bietet das BMJV die Möglichkeit, im Rahmen des juristischen Vorbereitungsdienstes eine mindestens dreimonatige Ausbildungsstation abzuleisten. Bewerbungen hierfür sollten spätestens sechs Monate vor Beginn der Ausbildungsstation eingereicht werden.

Das BMJV ist wie jedes Bundesministerium hierarchisch gegliedert. An der Spitze steht die Bundesministerin der Justiz und für Verbraucherschutz. Sie wirkt als Mitglied des Kabinetts an den Entscheidungen der Bundesregierung mit und trägt die politische Verantwortung für das Ressort. Zur Unterstützung stehen der Ministerin zwei Parlamentarische Staatssekretäre und zwei beamtete Staatssekretäre zur Seite. Die Parlamentarischen Staatssekretäre pflegen die Verbindung zum Bundestag, zum Bundesrat und zu den politischen Parteien. Die beamteten Staatssekretäre vertreten die Ministerin als Leiter des Ministeriums nach innen und außen. Die Ministerin und die Staatssekretäre bilden die Hausleitung des Ministeriums.

Das Ministerium selbst gliedert sich in sieben Abteilungen, diese wiederum in Unterabteilungen und Referate. In einer Abteilung werden jeweils sachlich zusammengehörige Aufgaben wahrgenommen. So gibt es zum Beispiel eine Abteilung für Rechtspflege, die sich unter anderem mit Prozessrecht, Richterrecht und Rechtsanwaltsrecht befasst, sowie eine Abteilung für Strafrecht, in der unter anderem materielles Strafrecht, Jugendstrafrecht und internationales Strafrecht bearbeitet werden. Die Leitung der Abteilung obliegt in der Regel einem politischen Beamten. Die Abteilungsleitung überwacht und koordiniert die Arbeiten innerhalb der Abteilung und sichert die wechselseitige Information zwischen Hausleitung und Abteilung. Die Referate sind als organisatorische Grundeinheit des Ministeriums die Träger der Sacharbeit und werden fast immer von einem Juristen geleitet. Neben dem Einsatz in den Fachabteilungen unterstützen Juristen auch die Verwaltungsaufgaben des Ministeriums wie die interne Organisation, Haushalt, Personal und Justiziariat.

Der Reiz der Tätigkeit

Die Arbeit im BMJV ist außerordentlich spannend für Juristen mit breit gefächertem rechtlichem und politischem Interesse. Ihnen bietet sich die reizvolle Möglichkeit, die Rechtslage nicht – wie in den juristischen Tätigkeiten sonst üblich – nur anzuwenden und auszulegen, sondern an ihrer Fortentwicklung mitzuwirken und auch die politische Dimension von Rechtssetzungsvorhaben zu erleben – oft auch im Spannungsfeld verschiedener Interessen. Dabei können Referenten Themen ihrer Arbeitsbereiche häufig in den Nachrichten wiederfinden.

Referenten wechseln regelmäßig innerhalb der verschiedenen Referate und Abteilungen und haben so nicht nur die Gelegenheit, in unterschiedlichen Rechtsgebieten tätig zu werden, sondern auch, das Ministerium aus verschiedenen Blickwinkeln zu sehen. Hinzu kommen vielseitige Tätigkeiten: Referenten erarbeiten Entwürfe von Gesetzen und Verordnungen, prüfen die Entwürfe anderer Ministerien und verhandeln europäische oder internationale Rechtsakte. Daneben beantworten sie Rechtsfragen der Hausleitung, anderer Ressorts, von Mitgliedern des Deutschen Bundestags und von Bürgern zu den inhaltlichen Themen. Sie schreiben Informationspapiere, interne Vermerke und Reden, sie bereiten Gespräche mit den verschiedensten Interessengruppen und mit an Gesetzgebungsverfahren Beteiligten vor oder führen diese Gespräche im Rahmen der Vorbereitung von Gesetzgebungsakten selbst. Die Betreuung der Gesetzgebungsverfahren des Hauses bedeutet, dass Referenten neben der Erarbeitung der Entwürfe auch für diese gegenüber den anderen Ministerien und weiteren Beteiligten werben und streiten müssen, damit sie vom politischen Willen der gesamten Bundesregierung getragen und schließlich vom Deutschen Bundestag und unter Mitwirkung des Bundesrats beschlossen werden, um tatsächlich als Gesetz oder Verordnung in Kraft zu treten.

In vielen Referaten kommt neben der Unterstützung der nationalen Gesetzgebungstätigkeit heute auch die Verhandlung europäischer Rechtsakte hinzu. Referenten haben hier nicht nur die Position der Bundesregierung zum jeweiligen Thema in Abstimmung mit den anderen Ministerien zu erarbeiten, sondern diese auch aktiv in den EU-Gremien zu vertreten. Dementsprechend sind aktive Englischkenntnisse und mindestens passive Französischkenntnisse unverzichtbar; dasselbe gilt für die Fähigkeit, Botschaften klar zu transportieren und die eigenen Zuständigkeiten und Positionen darzustellen. Schließlich führt das BMJV auch die Fachaufsicht über die Gerichte und Behörden in seinem Geschäftsbereich. Die Tätigkeit im BMJV eröffnet daher nicht nur große Gestaltungsmöglichkeiten, sondern ist auch sehr kommunikativ. Referenten im BMJV sind im permanenten Gespräch mit ihren „Spiegel"-Kollegen aus anderen Bundesministerien, aus den Landesjustizverwaltungen, den EU-Kommissionsdienststellen, aus anderen EU-Mitgliedstaaten und mit Vertretern von Verbänden und Unternehmen. Sie vertreten das BMJV in Ausschuss-Sitzungen im Bundesrat, im Bundestag, bei der EU-Kommission und im Rat der Europäischen Union. Innerhalb des BMJV arbeiten Referenten in einem aufgeschlossenen und kollegialen Arbeitsumfeld, größtenteils in Referaten mit ein bis vier Referenten.

Personalstruktur im Bundesministerium der Justiz

Im BMJV arbeiten derzeit 296 Volljuristen (143 Frauen und 153 Männer). Davon sind 90 Richter, Staatsanwälte sowie andere Beamte der Bundesländer oder der Behörden des Geschäftsbereichs, die für eine begrenzte Zeit an das BMJV abgeordnet sind. Umgekehrt ordnet das BMJV regelmäßig Mitarbeiter an andere Ressorts oder Institutionen ab. So sind einige Mitarbeiter beispielsweise auf Zeit bei der Europäischen Kommission oder dem Europäischen Gerichtshof, beim Auswärtigen Amt in den Ständigen Vertretungen Deutschlands (bei der EU in Brüssel, den Vereinten Nationen in Genf oder dem Europarat in Straßburg), am Bundesgerichtshof, Bundesverfassungsgericht oder für den Generalbundesanwalt tätig.

Gleit- und Teilzeitmöglichkeiten erleichtern die Vereinbarkeit von Familie und Beruf. Die Interessen der Mitarbeiter werden durch einen Personalrat, die Gleichstellungsbeauftragte und die Vertrauensperson für schwerbehinderte Menschen vertreten. Seit dem Umzug der Bundesregierung von Bonn nach Berlin im Jahr 1999 sind die meisten Bediensteten am Hauptsitz des Ministeriums in der Nähe des Berliner Gendarmenmarkts tätig. In Bonn befindet sich eine Dienststelle des BMJV mit vier Beschäftigten.

Bundeskartellamt

von Kay Weidner

Formale Voraussetzungen: Die Voraussetzungen für eine Verbeamtung nach dem Bundesbeamtengesetz müssen gegeben sein (www.gesetze-im-internet.de/bbg_2009/__7.html).

Persönliche Qualifikation: überdurchschnittliche Examina, Interesse und Engagement für ordnungspolitische Aufgaben, Einsatzfreude und teamorientiertes Arbeiten, selbstständiges Handeln, gute Englischkenntnisse; Kenntnisse im Kartellrecht und Wirtschaftsrecht sind von Vorteil.

Einstiegsgehalt: Die Einstellung erfolgt zunächst als Tarifbeschäftigter nach Entgeltgruppe 13 TVöD. Eine Übernahme in das Beamtenverhältnis ist vorgesehen.

Aufstiegsmöglichkeiten: Beförderungsmöglichkeiten im Rahmen der Beamtenlaufbahn in einer Bundesoberbehörde

Besonderheiten: interessante, interdisziplinäre Aufgaben, hohes Maß an Selbstständigkeit und entscheidungsorientierter Arbeit, Tätigkeit mit internationalem Bezug

Weitere Informationen: www.bundeskartellamt.de

Tätigkeit und Aufgaben

Den Volljuristen erwartet im Bundeskartellamt eine Vielzahl von interessanten Aufgaben. Die neuen Mitarbeiter erfahren vom ersten Tag an ein hohes Maß an selbstständigem und entscheidungsorientiertem Arbeiten. Die Tätigkeiten haben in fast allen Arbeitsbereichen einen ausgeprägten internationalen Bezug. Gesprächspartner sind Führungskräfte der Wirtschaft, Rechtsanwälte, Behördenvertreter aus dem In- und Ausland sowie Persönlichkeiten aus Wissenschaft und Politik.

Das Bundeskartellamt ist eine selbstständige Bundesbehörde im Geschäftsbereich des Bundesministeriums für Wirtschaft und Energie. Am Dienstort Bonn beschäftigt die Behörde ca. 360 Mitarbeiter, davon 150 mit rechts- bzw. wirtschaftswissenschaftlicher Ausbildung. Aufgabe des Bundeskartellamts ist die Sicherung des Wettbewerbs in Anwendung und Durchsetzung des Gesetzes gegen Wettbewerbsbeschränkungen (GWB). Zu den Instrumenten gehören im Einzelnen die Durchsetzung des Kartellverbots, die Fusionskontrolle, die Missbrauchsaufsicht über marktbeherrschende Unternehmen, der Verbraucherschutz und die Überprüfung der Vergabe öffentlicher Aufträge. Entscheidungen treffen in diesen Fällen die insgesamt 13 Beschlussabteilungen des Bundeskartellamts (in Vergabesachen die zwei Vergabekammern des Bundes). Mit dem Aufbau des neuen Wettbewerbsregisters sollen ab 2020 Unternehmen, die schwerwiegende Wirtschaftsdelikte begehen, von öffentlichen Vergabeverfahren ausgeschlossen werden. Eine Grundsatzabteilung berät die Beschlussabteilungen in speziellen kartellrechtlichen und ökonomischen Fragen, vertritt das Bundeskartellamt in den Entscheidungsgremien der Europäischen Union, begleitet wettbewerbsrelevante

Gesetzesreformen auf nationaler und europäischer Ebene und koordiniert die Zusammenarbeit des Amts mit ausländischen Wettbewerbsbehörden sowie internationalen Organisationen. Sie betreibt die Presse- und Öffentlichkeitsarbeit und unterstützt den Präsidenten des Bundeskartellamts. Die Sonderkommission Kartellbekämpfung unterstützt die Beschlussabteilungen bei der Vorbereitung, Durchführung und Auswertung von Durchsuchungsaktionen im Rahmen von Kartellverfahren. Sie ist zudem Ansprechpartnerin für Unternehmen, die im Rahmen der Kartellverfolgung einen Antrag nach der Bonusregelung stellen wollen. Daneben berät die Prozessabteilung das Amt in juristischen Fragen, begleitet gerichtliche Beschwerdeverfahren vor dem OLG Düsseldorf und vertritt das Bundeskartellamt vor dem BGH in Karlsruhe.

Bewerbung und Ausbildung

Freie Stellen für Referenten werden ausgeschrieben. Im Falle einer erfolgreichen schriftlichen Bewerbung werden die Kandidaten zu einem Vorstellungstermin eingeladen. Die Auswahl erfolgt üblicherweise im Rahmen eines eintägigen Assessment-Centers; dabei gilt es beispielsweise, zu ordnungspolitischen und anderen Themen Aufsätze zu schreiben sowie verschiedene Gespräche und Diskussionen zu führen. Erfolgreiche Bewerber beginnen ihre Tätigkeit im Bundeskartellamt in der Regel in einer der 13 Beschlussabteilungen als Referent. Sie bekommen nach ihrer Anstellung für eine sechsmonatige Probezeit zunächst einen Einführungsberichterstatter zur Seite gestellt. Zumeist wirkt sich hier bereits die interdisziplinäre Arbeitsweise im Bundeskartellamt aus. Das bedeutet für die jungen juristisch geschulten Mitarbeiter, dass ihr unmittelbarer Vorgesetzter oft einen wirtschaftswissenschaftlichen Hintergrund hat. Die neuen Mitarbeiter werden schnell mit der selbstständigen Bearbeitung von Fällen aus den verschiedenen Aufgabenbereichen des Amts – Kartellbekämpfung, Missbrauchsaufsicht, Fusionskontrolle, Verbraucherschutz und Vergaberecht – betraut. Marktermittlungen, Schriftsätze, juristische und ökonomische Bewertungen, Termine mit hochrangigen Wirtschaftsvertretern und Rechtsanwälten sowie die Entscheidungsfindung erfolgen in Zusammenarbeit mit dem Einführungsberichterstatter sowie anderen Kollegen. Nach erfolgreich absolvierter Probezeit werden Volljuristen in das Beamtenverhältnis übernommen.

Weiterer Karriereverlauf

Üblicherweise verbleiben die Mitarbeiter dann noch weitere Monate in der Beschlussabteilung. Nach eineinhalb bis zweieinhalb Jahren besteht die Möglichkeit, die Karriere als Referent in der Grundsatzabteilung, der Prozessabteilung (einschließlich der Sonderkommission Kartellbekämpfung) oder der Zentralabteilung des Hauses fortzusetzen. Üblicherweise folgt danach wieder die Tätigkeit in einer der Beschlussabteilungen oder einer der Vergabekammern des Bundes. Die Mitarbeiter werden bei entsprechender Eignung zum Berichterstatter ernannt. Damit einher geht dann die Verantwortlichkeit für ein bestimmtes, nach Wirtschaftsbereichen ausgerichtetes Dezernat sowie die Möglichkeit, nun auch formell als Teil der Beschlussabteilung, im Verbund mit seinem Vorsitzenden und einem weiteren Berichterstatter, Entscheidungen zu treffen. Auch die weitere Karriere gewährt Einblick in die unterschiedlichsten Wirtschaftsbereiche, da nach gewissen Zeiträumen weitere Wechsel innerhalb der Abteilungen des Hauses erfolgen. Es besteht grundsätzlich auch die Möglichkeit, ein Referat in der Grundsatz- bzw. der Prozessabteilung oder der Verwaltung zu leiten und damit Personalverantwortung zu übernehmen. Inklusive der Vergabekammern, des Wettbewerbsregisters, der Grundsatzabteilung und der Prozessabteilung gibt es im Bundeskartellamt insgesamt 19 Abteilungsleiter/Vorsitzende.

Bundesnachrichtendienst

Formale Voraussetzungen: abgeschlossenes Hochschulstudium und Referendariat (beide Examina sollten mit mindestens 6,5 Punkten abgelegt sein), deutsche Staatsangehörigkeit

Weitere Qualifikationen: gute Fremdsprachenkenntnisse in Englisch und nach Möglichkeit einer weiteren Fremdsprache, berufsbezogene Auslandserfahrung z.B. im Rahmen eines Praktikums oder einer Wahlstation, herausragende Kommunikationsfähigkeit und interkulturelle Kompetenz, ausgeprägtes Interesse an globalen politischen und wirtschaftlichen Entwicklungen

Einstieg/Karrieremöglichkeiten: Der Einstieg erfolgt in das Einstiegsamt der Laufbahn des höheren Dienstes; das Rotationsprinzip eröffnet die Möglichkeit, alle vier Jahre einen Verwendungswechsel anzustreben und u.a. auch abteilungsübergreifend eingesetzt zu werden. Auslandsverwendungen sind nach einer mehrjährigen Mitarbeit möglich.

Weitere Informationen: www.bundesnachrichtendienst.de

Details zur Bewerbung: www.karriere.bnd.de

Kontakt: per Mail unter jobs@bundesnachrichtendienst.de

Auftrag und Tätigkeitsbereiche

Der Bundesnachrichtendienst (BND) ist der Auslandsnachrichtendienst der Bundesrepublik Deutschland. Er bündelt auf Basis einer weltweiten Präsenz und der Einbindung in internationale Kooperationsstrukturen die politische, wirtschaftliche und militärische Auslandsaufklärung und stellt der Bundesregierung Informationen für ihre außen- und sicherheitspolitischen Entscheidungen zur Verfügung. Die größten Standorte des BND befinden sich in Berlin und Pullach bei München. Die neue Zentrale in Berlin Mitte wurde kürzlich bezogen.

Wer sich für den BND als Arbeitgeber interessiert, verlässt vertrautes berufliches Terrain. Gerade hierin liegen Reiz und Herausforderung einer Tätigkeit beim deutschen Auslandsnachrichtendienst, der bevorzugt auch Juristen einstellt und ihnen neben der klassischen juristischen Tätigkeit berufliche Perspektiven außerhalb dieser Aufgabenfelder bietet.

Einstieg und Karrieremöglichkeiten

Üblicherweise beginnen Juristen ihre Tätigkeit beim BND in einem für sie fachspezifischen, also überwiegend juristisch geprägten Bereich. Das kann das Justiziariat oder der Datenschutz sein; weitere typische Einstiegsbereiche finden sich beispielsweise in den Fachreferaten für Personalmanagement, Dienst- und Arbeitsrecht, sicherheitsrechtliche Fragen oder spezielle nachrichtendienstliche Rechtsthemen (z.B. die Anwendung des BND-Gesetzes).

Da der BND mit einer relativ flachen Hierarchie ausgestattet ist, die bewusst versucht, Entscheidungen dort vorzubereiten, wo größtmögliche Sachnähe besteht, sind Nachwuchskräfte zudem in zahlreichen Abteilungsstäben eingesetzt und beraten ihre Abteilungsleiter in allen anfallenden Rechtsfragen. Gemeinsam ist diesen Aufgaben ein hohes Maß an fachlicher Selbstständigkeit sowie die Möglichkeit, Vorgänge und Projekte von Anfang bis Ende juristisch eigenverantwortlich zu betreuen.

Die personalwirtschaftliche Zielsetzung des BND erschöpft sich nicht nur darin, Juristen in ihrer fachlichen Spezialisierung zu belassen. Vielmehr bietet der BND seinen Nachwuchskräften die Perspektive, sich für spezifisch nachrichtendienstliche Aufgaben und Herausforderungen zu interessieren und – nach juristisch geprägten Erstverwendungen – eingesetzt zu werden. Das kann zum Beispiel eine Tätigkeit im Bereich der Quellenwerbung und -führung sein. Auf diese in konventionellen Berufsbildern naturgemäß wenig vertretene Tätigkeit werden die Mitarbeiter in eigenen Ausbildungsmodulen vorbereitet und geschult. Handeln im Team, Belastbarkeit, hohe Flexibilität, interkulturelle Kompetenz und Fremdsprachenkenntnisse sind hier in besonderem Maße gefragt.

Neben der Beschaffung von Informationen mittels Quellen (HUMINT) gibt es auch die Möglichkeit eines Einsatzes in der Auswertung, wo tagtäglich zu vielen internationalen Krisengebieten und aktuellen Schwerpunktthemen Analysen und Berichte erstellt und an die politischen Entscheidungsträger weitergegeben werden. Da nichts so schnell veraltet wie die aktuelle Information, wird hier mit hoher Schlagzahl, aber auch in großer Nähe zu den Bedarfsträgern in den verschiedenen Ressorts der Bundesregierung gearbeitet.

In Einzelfällen finden auch zeitweise Abordnungen zum Bundeskanzleramt oder anderen Bundesressorts statt, um Erfahrungs- und Wissenstransfer zu fördern. In späteren Verwendungen können auch mehrjährige Auslandseinsätze an den zahlreichen Auslandsvertretungen des BND folgen.

Prägendes Merkmal einer Mitarbeit im BND ist die Vielseitigkeit. Es gibt nicht den Karriereweg im BND – so wie es in der internationalen Politik auch nicht den verlässlich prognostizierten Krisenverlauf gibt. Wer an Unwägbarkeiten und den damit verbundenen Abwechslungen im Berufsleben Freude hat, kommt an einer Bewerbung beim BND eigentlich gar nicht vorbei.

Internationale Tätigkeitsfelder für Juristen[1]

von Matthias Miguel Braun

Die Globalisierung und die damit einhergehende Internationalisierung der Arbeitsmärkte gehen auch an den juristischen Berufen nicht spurlos vorüber. Die Welt ruft, und so zieht es auch aus Deutschland angehende Juristen ins Ausland, um dort ihr berufliches Glück zu suchen. Sie gehen in eine Welt, in der in rotes Plastik gebundene Loseblatt-Gesetzessammlungen vielleicht ebenso unbekannt sind wie etwa das Abstraktions- und Trennungsprinzip. Dennoch sind sie nicht verloren und kommen nicht mit leeren Händen. Das juristische Handwerkszeug, wie es in Deutschland in Studium und Referendariat vermittelt wird, ist ein solides. Sachverhalte schnell erfassen, juristische Probleme erkennen, Problemkomplexe zergliedern und Unwichtiges von Wichtigem trennen zu können sowie die Fähigkeit zum selbstständigen Arbeiten und die Befähigung, unbekannte Themengebiete strukturiert und rasch zu durchdringen – deutschen Jura-Absolventen eilt oft der Ruf voraus, all diese Fähigkeiten zu besitzen.

Dies muss allerdings gleich wieder eingeschränkt werden: Eine Tätigkeit außerhalb Deutschlands bedeutet in der Regel, dass man nicht auf Deutsch arbeiten wird und somit auf das zentrale „Arbeitsmittel" des Juristen verzichten muss, denn Recht ist Sprache. Daher ist das frühzeitige und gründliche Erlernen von mehreren Fremdsprachen unerlässlich, wenn man als Jurist im Ausland arbeiten möchte. Und das geht am besten im betreffenden Land. Eigentlich eine Binsenweisheit, aber wer während des Auslandsjahres im Erasmus-Rudel abtaucht oder seinen Studienort nur nach Freizeitwert aussucht, vergibt die Chance, eine Fremdsprache (und die entsprechende juristische Fachsprache) gründlich zu erlernen. Sehr gutes Englisch ist mittlerweile überall Grundvoraussetzung; Pluspunkte kann man nur mit weiteren, vielleicht auch exotischeren Sprachen sammeln, doch das ist abhängig von der jeweiligen Tätigkeit.

Einen Königsweg zum Traumjob gibt es angesichts der Vielzahl der möglichen Einsatzgebiete nicht. Überdurchschnittliche Noten spielen oft nicht die ausschlaggebende Rolle, sondern vielmehr der Nachweis, dass man einschlägige praktische Fähigkeiten erworben hat und neben einem guten Allgemeinwissen auch „Common Sense" mitbringt. Neben den schon erwähnten Fremdsprachenkenntnissen ist ein weiteres Element wichtig: Interessenten sollten versuchen, einen roten „internationalen" Faden in ihren Lebenslauf hineinzuweben. Wer seine Heimatstadt nach dem Abitur auch für Studium und Referendariat nicht verlässt, wird es sehr schwer haben, nach dem Assessorexamen eine Stelle bei den Vereinten Nationen zu bekommen. Wer hingegen frühzeitig damit beginnt, sich neben fachlichen Kompetenzen auch internationale Erfahrungen anzueignen, hat es viel leichter. Das können Summer Schools sein oder Model United Nations, Praktika im Ausland bei NGOs, Internationalen Organisationen oder deutschen Auslandsvertretungen. Auch Aufbaustudiengänge können hier von Nutzen sein, ebenso wie Auslandssemester oder die Spezialisierung in einem international-rechtlichen Gebiet wie Völkerrecht, Europarecht, Rechtsvergleichung oder Internationales Privatrecht.

---

1 Die Beiträge von Seite 43 bis 54 stellen eine persönliche Meinungsäußerung des Verfassers dar.

Supranationale Institutionen

von Matthias Miguel Braun

Formale Voraussetzungen: abgeschlossenes Hochschulstudium, ausgezeichnete Fremdsprachenkenntnisse (Englisch fließend; i.d.R. sehr gute Französischkenntnisse, im Einzelfall auch andere Sprachen)

Persönliche Qualifikation: vor allem Fähigkeit zur interkulturellen Kommunikation, Teamfähigkeit, Einsatzbereitschaft, selbstständiges Arbeiten, internationale Mobilität, u. U. die Bereitschaft, in Krisengebieten zu arbeiten

Einstiegsgehalt: Berufsanfänger, unverheiratet, keine Kinder: bei den VN (Vereinten Nationen) Stufe P 2, ca. 6.440 US-Dollar in New York; bei der EU Stufe AD 5, ca. 5.500 Euro[1]

Aufstiegsmöglichkeiten: unterschiedlich – viele Stellen werden nur noch mit Zeitverträgen besetzt. Bei den VN werden auch Leitungsposten öffentlich ausgeschrieben.

Besonderheiten: Praktische Erfahrungen im internationalen Bereich sind oft ein entscheidender Vorteil. Berufserfahrung ist selbst für Einstiegspositionen häufig Voraussetzung; die Dauer wird in der Stellenausschreibung spezifiziert.

Weitere Informationen: www.auswaertiges-amt.de, www.jobs-io.de, Internetseiten der jeweiligen Organisationen

VN, EU, NATO und mehr – Einteilung internationaler Organisationen

Drei internationale Organisationen seien hier zuvorderst genannt: die Vereinten Nationen, die Europäische Union und die NATO – und mit ihnen ihre zahlreichen nachgeordneten Einrichtungen. Sie fallen auch dem Absolventen, der weder EU- noch Völkerrecht als Schwerpunkt hatte, sofort bei diesem Stichwort ein. Und dies zu Recht: Schon aufgrund ihrer beachtlichen Größe bieten alle drei Institutionen zahlreiche Karrierechancen für Juristen. Hier all diese Möglichkeiten aufzuzählen, würde den Rahmen sprengen, zudem ließe sich Vollständigkeit wohl nie erreichen. Aber auch neben den anderen großen internationalen Organisationen wie OSZE, OECD, Weltbank, Währungsfonds oder Europarat gibt es abseits der ausgetretenen Pfade Nischen, die – sofern die nötige Qualifizierung vorliegt – eine Berufsperspektive bieten können. So mag ein Absolvent aus Deutschland vielleicht noch an die Donaukommission in Budapest denken oder an den Ostseerat in Stockholm, aber was ist mit dem World Vegetable Centre in Taiwan? Auch wenn das letztgenannte Weltgemüsezentrum sich schwerpunktmäßig der Forschung widmet und daher nur wenige Berufschancen für Juristen bietet, zeigt dieses Beispiel doch die Fülle der existierenden Organisationen.

---

1 Da sich die Zahlen durch Anpassungen etc. ändern können, sei hier auf folgende Links verwiesen: www.un.org/depts/OHRM/salaries_allowances/salary.htm und https://eutraining.eu/epso-glossary/salary-of-eu-officials-and-civil-servants#

Ein Überblick über die wichtigsten öffentlichen zwischen- oder überstaatlichen Organisationen und Einrichtungen ist auf der Internetseite des Auswärtigen Amts zu finden. Konkrete Stellenangebote stellt das Auswärtige Amt täglich in seinen Stellen- und Personalpool ein (www.jobs-io.de).

Im Folgenden sollen daher statt einer ohnehin unmöglichen Gesamtdarstellung die Berufsmöglichkeiten unter verschiedenen Aspekten beleuchtet und systematisch vorgestellt werden: nach Art der Organisation, nach Art der Tätigkeit und der Vertragsausgestaltung. Abschließend sollen kurz Hilfestellungen für den Berufseinstieg aufgezeigt werden.

Die eingangs erwähnten internationalen Organisationen lassen sich, was das Dienstrecht (und damit die Zugangsmöglichkeiten) angeht, in vier große Gruppen einteilen: Zunächst sind die Vereinten Nationen mit ihren Unter- und Sonderorganisationen zu nennen, die dienstrechtlich im sogenannten Common System zusammengeschlossen sind. Daneben gibt es Organisationen, die dieses System autonom anwenden (z.B. die OSZE). Die internationalen Finanzinstitutionen, die ihre eigenen Beschäftigungsbedingungen entwickelt haben, kann man in einer zweiten Gruppe zusammenfassen. Die EU-Institutionen bilden eine dritte Gruppe, und schließlich existieren als vierte Gruppe noch die sogenannten koordinierten Organisationen, die sich in einem gemeinsamen Koordinierungsausschuss zur Regelung ihres Dienstrechts zusammengeschlossen haben. Zu ihnen zählen unter anderem OECD, Europarat und NATO. Jede dieser vier Gruppen hat ein eigenes Besoldungssystem, eigene Amts- und Funktionsbezeichnungen und sieht damit auch recht unterschiedliche Karrieremöglichkeiten vor.

Tätigkeitsfelder für Juristen in internationalen Organisationen

Untersucht man internationale Organisationen im Hinblick auf die Jobmöglichkeiten, die sie Jura-Absolventen bieten, so lassen sich drei große Betätigungsfelder ausmachen: Verwaltung, sonstige juristische Tätigkeiten und Referententätigkeiten an den Schnittstellen zu anderen Bereichen wie Menschenrechte oder Politikanalyse.

Auch wenn viele bei UNO und EU zuerst an nächtelanges Feilen an Resolutionen denken oder an einen Verhandlungsmarathon, um eine Einigung bei Agrarsubventionen zu erzielen – diese beiden politischen Organisationen sind zunächst einmal auch Verwaltungen, denn nur so kann das Funktionieren der Organisation als Ganzes sichergestellt werden. Verwaltungen haben jedenfalls immer Bedarf an Spezialisten, sodass sich hier eine nicht unbedeutende Karrieremöglichkeit für deutsche Jura-Absolventen ergibt. Denn neben dem theoretischen Wissen im Verwaltungsrecht haben Juristen mit Zweitem Staatsexamen immer auch praktische Verwaltungserfahrung. Personalabteilungen Arbeitseinheiten für Liegenschaften und der weiterhin an Bedeutung gewinnende Bereich interne Aufsicht, Inspektion, Rechenschaft sind neben den Rechtsabteilungen wichtige Einsatzgebiete für Juristen.

Die zweite Gruppe möglicher Tätigkeiten umfasst die klassischen juristischen Aufgaben, oft auf einem besonderen Rechtsgebiet. Viele Organisationen suchen regelmäßig Legal Officers, die allgemein für juristische Fragen zuständig sind. Anders dagegen bei Organisationen oder Gerichten, die ein bestimmtes Rechtsgebiet zum Gegenstand haben, z.B. für internationales Strafrecht der Internationale Strafgerichtshof, für Völkerrecht der International Court of Justice oder für Europarecht der Europäische

Gerichtshof (EuGH), um nur einige zu nennen. Interessante Einstiegspositionen – die entsprechende Qualifizierung vorausgesetzt – sind Stellen für Referenten und wissenschaftliche Mitarbeiter, die den Richtern zuarbeiten. Ebenfalls interessant sind am EuGH die Stellen der Lawyer-Linguists, die EuGH-Entscheidungen in die EU-Amtssprachen übertragen.

Im dritten Bereich tritt der Jurist in Konkurrenz zu Absolventen anderer Disziplinen, insbesondere der Politikwissenschaft und der Internationalen Beziehungen (IB): Wer hier als Jurist entsprechende Praktika, Zusatzqualifikationen wie einen Master in IB oder auch Engagement bei einem UN-Planspiel wie den National Model United Nations (NMUN) vorweisen kann, hat eher Chancen, sich gegen die Konkurrenz durchzusetzen.

Feste vs. Entsandte vs. Vertragsbedienstete
Eine weitere Kategorisierung der Arbeitsmöglichkeiten kann über die Art der Anstellung vorgenommen werden. Feste, unbefristete Anstellungen sind eher selten, das gilt für fast alle großen internationalen Organisationen, wie die VN und die NATO, wo häufiger mit befristeten als mit festen Verträgen gearbeitet wird. Auch die Europäische Union kennt die Unterscheidung zwischen EU-Beamten und Vertragsbediensteten, für die auch zwei verschiedene Auswahlverfahren (Concours) von der europäischen Personalbehörde EPSO durchgeführt werden. Aber auch wenn man sich für den nationalen Öffentlichen Dienst entscheidet, gibt es später die Möglichkeit, sich an eine internationale Organisation entsenden zu lassen.

Wer keinen „roten Faden“ in seinem Lebenslauf hat, der eine frühe internationale Ausrichtung von Studium und Interessen belegt, wird es schwer haben, nach dem Abschluss in einer internationalen Organisation Fuß zu fassen. Interessenten sollten möglichst früh praktische internationale Erfahrungen sammeln. Das kann in erster Linie über Praktika oder auch Stationen im Referendariat geschehen. Die Internetseiten der jeweiligen Organisationen liefern dazu Informationen. Der Förderung von Praktika in internationalen Organisationen hat sich das Carlo-Schmid-Programm verschrieben, aber auch das Mercator Kolleg für internationale Aufgaben fördert Praktika im Ausland allgemein. Daneben ist das in Bonn angesiedelte Regionale Informationszentrum der Vereinten Nationen für Westeuropa (UNRIC) Ansprechpartner für Praktika im gesamten VN-System. Sinnvoll ist auch die Stipendiendatenbank des DAAD. Aber auch Studentenorganisationen wie EL§A oder die Jungen Europäischen Föderalisten bieten die Möglichkeit, sich ehrenamtlich international-europäisch zu engagieren und so Erfahrungen zu sammeln. Wer sich eher für die NATO und transatlantische Sicherheitspolitik interessiert, der sollte Kontakt mit der Youth Atlantic Treaty Association Germany (YATA) aufnehmen, dem Nachwuchsforum der Deutschen Atlantischen Gesellschaft.

Liegen bereits erste Berufserfahrungen vor, so kann man sich beim Programm der Bundesregierung für Beigeordnete Sachverständige bewerben. Beigeordnete Sachverständige sind international bekannt als Junior Professional Officers (JPOs), Associate Experts (AEs) oder Associate Professional Officers (APOs). Die Einsätze schließen Tätigkeiten in den VN-Zentralen und in Regional- und Feldbüros ein. Die Bundesregierung hat mit vielen internationalen Organisationen Abkommen zur Förderung von deutschen Nachwuchskräften als Beigeordnete Sachverständige geschlossen. Informationen zu aktuellen Ausschreibungen, die in der Regel zweimal im Jahr stattfinden (Januar/Februar und Juli/August), finden sich auf den Seiten des Büros Führungskräfte zu Internationalen Organisationen (BFIO).

Eine nicht zu vernachlässigende Jobmöglichkeit bieten auch internationale Friedenseinsätze, arbeiten derzeit weltweit doch zahlreiche deutsche zivile Fach- und Führungskräfte in über 40 Friedenseinsätzen; dazu kommen die wesensverwandten Wahlbeobachtermissionen. Hier sind erste, oft sogar langjährige Berufserfahrungen allerdings regelmäßig Bewerbungsvoraussetzung. Das Auswärtige Amt hat das Berliner Zentrum für Internationale Friedenseinsätze (ZIF) mit Suche, Vermittlung, Vorbereitung, Betreuung und Qualifizierung von deutschen Fach- und Führungskräften für Friedensmissionen beauftragt. Die Eigenwerbung der ZIF stellt den Servicegedanken in den Mittelpunkt: „Your Gateway to Peace Operations". Ein Einstieg kann auch über Wahlbeobachtungsmissionen erfolgen; das ZIF unterhält für Friedens- und Wahlbeobachtermissionen zwei Expertenpools, in denen sich geeignete Interessenten registrieren lassen können.

Die Erfahrung zeigt: Schwierig ist vor allem der Einstieg. Wenn man als Absolvent erst einmal Arbeitserfahrungen sammeln konnte, schließen sich oft an die erste Anstellung weitere Arbeitsmöglichkeiten an. Deswegen kommt Praktika und Wahlstationen eine wichtige Funktion zu. Hier kann man als Absolvent (oder auch schon als Student oder Referendar) zeigen, was man kann. Im besten Fall ergibt sich dann aus dem Gastspiel eine Festanstellung.

Diplomatischer Dienst

von Matthias Miguel Braun

Formale Voraussetzungen: abgeschlossenes Hochschulstudium (mindestens Master oder vergleichbarer Abschluss wie Erstes Staatsexamen), deutsche Staatsangehörigkeit, sehr gute Kenntnisse in Englisch (vergleichbar Niveau C1) und einer Zweitsprache (Französisch, Arabisch, Bosnisch, Chinesisch, Farsi, Japanisch, Koreanisch, Kroatisch, Polnisch, Russisch, Serbisch, Spanisch oder Türkisch auf Niveau B2/C1), gesundheitliche Eignung. Bis zur Einstellung müssen gute Grundlagenkenntnisse in Französisch nachgewiesen werden (Niveau A2+/B1).

Persönliche Qualifikation: weltweite Versetzungsbereitschaft, Teamfähigkeit, Belastbarkeit, Interesse an Politik, Wirtschaft, fremden Kulturen, gute Kommunikations- und Kontaktfähigkeit

Einstiegsgehalt: Berufsanfänger im höheren Auswärtigen Dienst werden nach A 13 besoldet; im Inland wird eine Ministerialzulage gezahlt; im Ausland kommen Auslandszuschläge hinzu.

Aufstiegsmöglichkeiten: im Ausland Leiter einer Auslandsvertretung, im Inland Leitungsfunktionen in der Ministerialbürokratie, z. B. Referatsleiter. Auch Spitzenpositionen vom Abteilungsleiter bis zum Staatssekretär werden mit Karrierediplomaten besetzt.

Besonderheiten: Das Auswahlverfahren findet einmal im Jahr statt.

Weitere Informationen: www.auswaertiges-amt.de/hoehererdienst

Diplomat – noch immer ein Beruf mit viel Prestige

Die Zeiten, in denen das Auswärtige Amt (und damit die Diplomatie) le domaine réservé der Juristen war, sind vorbei – das Juristenprivileg, das an einen Eintritt in den Auswärtigen Dienst als Bedingung ein Juristisches Staatsexamen knüpfte, fiel bereits Anfang des 20. Jahrhunderts. Heute müssen sich Juristen der direkten Konkurrenz mit anderen hoch qualifizierten Bewerbern stellen, die beispielsweise einen Abschluss in einem geistes- oder sozialwissenschaftlichen Fach erlangt haben. Da es nur den einheitlichen Auswärtigen Dienst gibt, steht Juristen wie allen Bewerbern das allgemeine Auswahlverfahren für die Sonderlaufbahn des höheren Auswärtigen Dienst offen, das einmal jährlich durchgeführt wird. Die Konkurrenz ist sehr groß – von ca. 1.400 Bewerbern werden jedes Jahr am Ende nur zwischen 50 und 70 in den Attaché-Lehrgang aufgenommen, um als neue Crew zwölf Monate auf die künftigen Aufgaben vorbereitet zu werden. Die hohen Bewerberzahlen zeigen, dass Renommee und Prestige des Diplomatischen Dienstes ungebrochen sind. Jura-Absolventen, nach ihrem beliebtesten zukünftigen Arbeitgeber befragt, befördern das Auswärtige Amt jedes Jahr aufs Neue auf Platz eins der Rangliste, noch vor Großkanzleien oder DAX-notierten Industrieunternehmen. Diese Attraktivität ist erfreulich, gleichzeitig machen solche Vorschusslorbeeren auch etwas misstrauisch. Der Verdacht liegt nahe, dass hier viele Befragte eher an das besagte Prestige denken als an den Beruf des Diplomaten an sich.

Weltweite Versetzungsbereitschaft

Die Entscheidung, Diplomat werden zu wollen, ist eine Entscheidung für ein Leben, das auch manche Entbehrung und Belastung mit sich bringt und mit dem leider immer noch verbreiteten Klischee des Champagnerglas schwenkenden Lebemanns wenig zu tun hat. Die von vielen potenziellen Bewerbern zu Recht als spannend empfundenen weltweiten Arbeitsmöglichkeiten an den fast 230 deutschen Auslandsvertretungen gehen einher mit der Verpflichtung zur weltweiten uneingeschränkten Versetzungsbereitschaft, auch in Krisengebiete. Eine zentrale Rechtsvorschrift, die dies wunderbar knapp auf den Punkt bringt, ist § 14 des Gesetzes über den Auswärtigen Dienst (GAD). Dort heißt es lapidar: „Der Beamte des Auswärtigen Dienstes hat sich für Verwendungen an allen Dienstorten bereitzuhalten." Diese weltweite Versetzungsbereitschaft ist die Grundlage für eine ständige weltweite Rotation der Angehörigen des Auswärtigen Diensts. So soll eine faire Lastenverteilung unter allen Bediensteten erreicht werden. Die Rotation macht zweifellos den Reiz des Auswärtigen Dienstes aus, verhindert sie doch ein Erstarren in Routine. Doch sollte man sich vor einer Bewerbung beim Auswärtigen Amt darüber klar werden, ob dieses Nomadenleben wirklich das ist, was man für sich (und seine Familie) will. Alle drei bis vier Jahre gilt es, einen Neuanfang zu wagen, mal in Berlin in der Zentrale, mal irgendwo in der Fremde, auch an ferngelegenen oder schwierigen Dienstorten. Denn nicht nur die Vertretungen in Paris, New York und Rom sind zu besetzen, sondern auch die in Kabul, Bagdad und Abuja. Für den Partner bedeutet dies oft die Aufgabe oder Einschränkung der eigenen Karriere, denn an vielen Dienstorten erlaubt der Diplomatenstatus keine Erwerbstätigkeit der Partner. Für die Kinder bringt es häufige Schulwechsel mit sich, mitunter den Wechsel der Unterrichtssprache inbegriffen.

Stetiger Bedarf an qualifizierten Juristen für weit mehr als nur juristische Aufgaben

Belohnt wird man für das unstete Leben mit einer lebenslangen Anstellung als Beamter und einem sehr abwechslungsreichen Beruf. Eine besondere Laufbahn nur für Juristen gibt es im Auswärtigen Amt nicht. Neben der erwähnten Rotation prägt nämlich ein weiteres Personalprinzip die Tätigkeit beim Auswärtigen Amt – das Generalistenprinzip. Denn mit dem Wechsel des Dienstortes geht in aller Regel auch eine neue Aufgabe einher, sodass jeder Jurist im Auswärtigen Amt im Laufe seines Berufslebens auch auf Stellen eingesetzt werden wird, die keinen juristischen Bezug haben. Aus der Fülle der vielfältigen Aufgaben im Auswärtigen Amt ist beispielsweise an einen Posten als Kulturreferent an einer Botschaft oder einen Posten im Protokoll zu denken, an eine Verwendung in der Wirtschaftsabteilung oder an die klassische Tätigkeit als Länderreferent in der Politischen Abteilung, wo die bilateralen politischen Beziehungen zu anderen Staaten im Mittelpunkt stehen. Trotz all dieser nicht juristischen Aufgaben sind hoch qualifizierte Juristen für das Auswärtige Amt unverzichtbar. Wie andere Bundesministerien hat auch das Auswärtige Amt einen stetigen Bedarf an Juristen im höheren Verwaltungsdienst. Darüber hinaus ergibt sich für das Auswärtige Amt aus seinen spezifischen Aufgaben ein besonderer Bedarf an juristischem Fachwissen. Dazu zählen in erster Linie die Pflege der auswärtigen Beziehungen zu internationalen Organisationen und anderen Staaten sowie das Gewähren von Schutz und Hilfe für Deutsche im Ausland, wie es im GAD festgelegt ist. Daher gibt es Arbeitseinheiten, die für besondere Gebiete des Rechts verantwortlich sind, z. B. für Europa- oder Völkerrecht oder für Verwaltungsstreitverfahren in Visumsachen. Dort wird Recht auf hohem Niveau, mit großem Praxisbezug und sehr spezialisiert angewendet, in der

Regel mit internationalem Bezug (z. B. sind Verfahren vor internationalen und deutschen Gerichten vorzubereiten und zu führen). Eine weitere Besonderheit im Vergleich zu anderen Bundesministerien: Neben den diplomatischen hat das Auswärtige Amt auch konsularische Aufgaben zu erfüllen, die den Auslandsvertretungen durch das Konsulargesetz übertragen sind, z. B. Hilfestellung in Personenstandssachen, Vornahme von Beurkundungen oder auch juristische Schmankerl wie die Verklarung (das ist die Aufnahme eines Seeunfalls). Zu bedenken ist auch, dass ein Drittel aller Mitarbeiter im neu geschaffenen Europäischen Auswärtigen Dienst (EAD) der Europäischen Union von den Mitgliedstaaten als Zeitbeamte abgeordnet werden sollen. Dadurch werden sich künftig weitere spannende Einsatzmöglichkeiten auftun, sowohl in der EAD-Zentrale in Brüssel als auch in den rund 140 Delegationen der Europäischen Union, die ähnliche Aufgaben haben wie eine Botschaft.

Das Auswahlverfahren

Um Diplomat zu werden, muss man sich zunächst dem Bewerbungsverfahren für die Sonderlaufbahn des höheren Auswärtigen Diensts stellen. Ein Seiteneinstieg aus einem anderen Ministerium ist wegen der Sonderlaufbahn nicht möglich. Das Auswahlverfahren gilt zu Recht als sehr anspruchsvoll; daher ist eine gründliche Vorbereitung in den Bereichen Geschichte, Politik, Internationale Beziehungen, Wirtschaft und Recht unverzichtbar. Wer nach politischer Analyse, Multiple-Choice-Wissenstest, Sprachprüfungen und psychologischem Eignungstest zu den ca. 230 Besten zählt, wird zur mündlichen Vorstellung eingeladen, aus der ca. 50 bis 70 neue Attachés hervorgehen. Auf sie wartet ein spannender Mix aus anspruchsvoller Rechtsanwendung, politischer Analyse, Projektmanagement im Bereich der Kultur oder Entwicklungszusammenarbeit und repräsentativen Aufgaben.

Einstiege: Referendariat; Praktika; Arbeiten im Auswärtigen Amt als Zeitvertragskraft (ZVK)

Einen ersten Eindruck vom Auswärtigen Dienst kann man durch Referendariatsstationen in der Zentrale im Auswärtigen Amt oder an Auslandsvertretungen bekommen, ebenso durch studienbegleitende Praktika an Auslandsvertretungen. Neben dem Auswahlverfahren für die Sonderlaufbahn schreibt das Auswärtige Amt immer wieder befristete Referentenstellen (v. a. in der Zentrale in Berlin) aus, v. a. im Zusammenhang mit erhöhtem Personalbedarf für zeitlich begrenzten Aufgaben wie z. B. Übernahme der EU-Ratspräsidentschaft oder der Mitgliedschaft im Sicherheitsrat der Vereinten Nationen. Die Anstellung erfolgt dann befristet als Zeitvertragskraft im vergleichbaren höheren Dienst nach dem Tarifvertrag für den öffentlichen Dienst (TVöD), in der Regel in der Eingruppierung E13. Diese Ausschreibungen stehen regelmäßig den Absolventen verschiedener Fachrichtungen offen und richten sich nicht ausschließlich an Juristen. Eine weitere Möglichkeit speziell für Juristen mit Erstem Staatsexamen (sog. „kleine" Juristen) ist die Verwendung als Visa-Entscheider an einer der deutschen Auslandsvertretungen (Eingruppierung nach E9b TVöD im vergleichbaren gehobenen Dienst). Hier ist voraussichtlich für Herbst 2019 ein Auswahlverfahren geplant. Es lohnt sich also, die Internetseite des Auswärtigen Amts regelmäßig nach solchen Ausschreibungen zu durchstöbern. Die Erfahrung zeigt, dass diese befristeten Anstellungen die Chancen im Auswahlverfahren für die Beamtenlaufbahn durchaus erhöhen können, hat man doch ein bis zwei Jahre Zeit, die Tätigkeitsfelder des Auswärtigen Amts im Arbeitsalltag und die „AA-spezifische" Hauskultur kennenzulernen – und sei es nur, um die Tätigkeit als Diplomat realistisch einschätzen zu können.

1 – Zentralabteilung: Organisationsberatung, Personalverwaltung, Aus- und Fortbildung, int. Diplomatenausbildung, Haushalt, Informationstechnik, Gesundheits- und Sprachendienst, politisches Archiv, Bibliothek

2 – Politische Abteilung: gemeinsame Außen- und Sicherheitspolitik der EU (GASP), europäische Sicherheits- und Verteidigungspolitik (ESVP), Beteiligung Deutschlands an Streitkräfteeinsätzen, NATO und OSZE, Beziehungen zu den USA, Kanada, Russland, Mittel-, Ost- und Südosteuropa, zur Türkei, den EFTA-Staaten und zum Europarat

E – Europaabteilung: Konzeption und Gestaltung der Europapolitik der Bundesregierung in Abstimmung mit den anderen Bundesministerien, Fragen der Erweiterung und Vertiefung, der Außenbeziehungen der EU, bilaterale Beziehungen zu allen EU-Mitgliedstaaten

AP – Abteilung für Asien und Pazifik: Beziehungen zu Asien und den Staaten des pazifischen Raums

3 – Politische Abteilung: Beziehungen zum Mittleren und Nahen Osten, zu Afrika und Lateinamerika

S – Abteilung für Krisenprävention, Stabilisierung, Konfliktnachsorge und Humanitäre Hilfe: Planung von Stabilisierungsmaßnahmen, Frühwarnung und Szenarienplanung, Katastrophenvorsorge, Konfliktnachsorge, humanitäre Hilfe

OR – Abteilung für internationale Ordnung, Vereinte Nationen und Rüstungskontrolle: internationale Zusammenarbeit gegen Terrorismus, Drogenhandel und organisierte Kriminalität, Menschenrechte, Friedensmissionen, Rüstungskontrolle, Cybersicherheit, nukleare Sicherheit

4 – Abteilung für Wirtschaft und nachhaltige Entwicklung: internationale Aspekte im Rahmen der Forschungs- und Energiepolitik, der Luft- und Raumfahrt, des Umweltschutzes, der Kommunikationstechnologie, der Verkehrs- und Tourismuspolitik

5 – Rechtsabteilung: Hilfe für im Ausland in Not geratene Deutsche, Koordinierung der konsularischen Arbeit der dt. Botschaften und Generalkonsulate, int. Gerichtsbarkeit, Ausländer-, Asylrechts- und Völkerrechtsfragen

6 – Abteilung für Kultur und Kommunikation: Planung, Koordination und Steuerung der deutschen Auswärtigen Kultur- und Bildungspolitik, der Kommunikations- und Medienpolitik sowie der politischen Öffentlichkeitsarbeit

7 – Protokoll: Atmosphäre und Rahmen für Politik – bei Besuchen ausländischer Gäste, bei Auslandsreisen des Bundespräsidenten, Bundeskanzlers und des Außenministers sowie bei internationalen Konferenzen

Die elf Abteilungen des Auswärtigen Amts
(basierend auf dem Organigramm des Auswärtigen Amts)

Nichtregierungsorganisationen

von Matthias Miguel Braun

Formale Voraussetzungen: in der Regel ein abgeschlossenes Hochschulstudium

Persönliche Qualifikation: Teamfähigkeit, interkulturelle Kompetenzen, internationale Mobilität, Sprachkenntnisse

Einstiegsgehalt: sehr unterschiedlich, abhängig von der jeweiligen Nichtregierungsorganisation (NGO), den Aufgaben und dem Einsatzgebiet

Aufstiegsmöglichkeiten: ebenfalls sehr unterschiedlich, abhängig von der Personalpolitik der jeweiligen NGO

Besonderheiten: viele Nischen – besondere Qualifikationen können den Ausschlag geben

Weitere Informationen: erhältlich bei der jeweiligen Nichtregierungsorganisation (ein Überblick findet sich bei www.venro.org)

Ohne dass hier auf verschiedene Definitionen eingegangen werden soll: NGOs bzw. zu Deutsch Nichtregierungsorganisationen (NROs) sind – anders als internationale Organisationen – keine Völkerrechtssubjekte. Unter den Begriff NGO fallen zunächst alle Einrichtungen und Organisationen, die weder dem Staat noch der Wirtschaft zugerechnet werden können. Sie sind Träger bürgerschaftlichen Engagements und Ausdruck der Zivilgesellschaft. Hier sollen nur die NGOs interessieren, die international tätig sind. Wie viele es genau sind, kann nur vermutet werden – einige Schätzungen gehen von 40.000 NGOs aus, die international aktiv sind; konservativere Studien sprechen von ca. 8.000 bis 9.000 NGOs, die in mehreren Ländern tätig sind. Nicht nur die bloße Anzahl, auch ihre Bedeutung hat in den letzten beiden Jahrzehnten seit Ende der Blockkonfrontation und der damit einhergehenden Neugestaltung der internationalen Politik stark zugenommen. Ihre gewachsene Bedeutung verdanken die NGOs ihrer Mitarbeit, Expertise und Lobbytätigkeit in fast allen Politikbereichen, sodass NGOs heute ein fester Bestandteil aller Global-Governance-Ansätze sind. Sie können v.a. auf drei Wegen ihre Wirkung entfalten: Neben klassischer Lobbyarbeit ist es vor allem die Teilnahme an Verhandlungen, bei denen globale Normen bzw. Standards geschaffen werden sollen, mit denen NGOs Dinge bewegen können. Schließlich ist noch das Monitoring zu nennen, bei denen NGOs ihre Expertise der Öffentlichkeit zur Verfügung stellen, z. B. Menschenrechts-NGOs durch ihre Jahresberichte.

Parallelen und Unterschiede zu internationalen Organisationen

Vieles von dem, was zu einer Tätigkeit bei einer internationalen Organisation gesagt wurde, trifft auf NGOs ebenso zu. Oft werden dieselben oder sehr ähnliche Themengebiete bearbeitet, die auch von einer internationalen Organisation behandelt werden, so z. B. bei den Menschenrechten. Es gibt aber auch Unterschiede: Die Größe einer NGO und damit die Spezialisierung der Mitarbeiter kann sehr unterschiedlich sein. Es gibt viele NGOs, die nur ein oder zwei bezahlte Mitarbeiter haben, die als Allround-Kraft schalten und walten, ehrenamtliche Mitarbeiter oder Aktivisten koordinieren und Sekretariatsaufgaben übernehmen. In einem solchen Fall ist oft wenig Raum für einen festangestellten Juristen. Es gibt allerdings NGOs, die einen beachtlichen Mitarbeiterstamm haben. Dort ist eine Tätigkeit von Juristen im Verwaltungsbereich vorstellbar. Daneben ist auch hier eine rein juristische Tätigkeit sowie eine Tätigkeit in den Grenzbereichen zu anderen Gebieten denkbar, oft gepaart mit Aufgaben im Projektmanagement. Ein weiterer Unterschied: Während Diplomaten und Angehörige internationaler Organisationen sich bei ihrer Tätigkeit letztlich immer auf ein demokratisch legitimiertes öffentliches Mandat stützen können, sind NGOs in ihrer Natur rein private Zusammenschlüsse von Bürgern. Daraus können sich in der praktischen Arbeit Vor- und Nachteile ergeben. NGOs können sich mit Verve und Idealismus ganz einem Anliegen widmen und müssen nicht ein etwaiges übergeordnetes staatliches oder Allgemeininteresse beachten. Andererseits genießen z. B. Mitarbeiter einer Hilfsorganisation in einem Konfliktgebiet keinen diplomatischen Schutz und können daher leichter Opfer von Übergriffen einer Konfliktpartei werden.

Die Bezahlung kann ebenfalls sehr unterschiedlich sein, abhängig von Ort und Art der ausgeübten Tätigkeit; in den besten Fällen orientiert sie sich am Öffentlichen Dienst, z. B. am TVöD. Die Karriereperspektiven sind oft begrenzt, weil viele Stellen befristet oder an Projekte geknüpft sind, die für eine gewisse Zeit durch öffentliche Zuwendungen gefördert werden. Nur wenige NGOs verfügen über einen solchen Spendenzufluss, dass sie sich einen ständigen umfangreichen Mitarbeiterstamm leisten können.

Beispiel 1: Als Juristin im Projektmanagement

Eine Auflistung von für Juristen relevanten NGOs würde den Rahmen des Beitrags sprengen. Stattdessen sei an den beiden folgenden der Praxis entlehnten Beispielen gezeigt, welche mitunter verschlungenen Wege ein Karriereeinstieg bei einer NGO nehmen kann: Im ersten Beispiel geht es um eine Jurastudentin, die schon vor ihrem Studium während ihres freiwilligen sozialen Jahrs in einem westafrikanischen Staat eine deutsche NGO kennenlernt, die erfahrene Ingenieure und deren Expertise einsetzt, um in Entwicklungsländern im Sinne einer nachhaltigen technischen Entwicklungszusammenarbeit elementare Grundbedürfnisse wie Zugang zu Wasser und Sanitäranlagen zu verbessern. Der Kontakt reißt nie ab, während ihres Studiums ist sie in einer Regionalgruppe als Freiwillige beim Fundraising aktiv. Dieses gesellschaftliche Engagement ist ihr Steckenpferd und noch kann sie sich nicht vorstellen, dass sich daraus eine berufliche Perspektive entwickeln könnte. Im Studium belegt sie die Wahlfachgruppe „Gesellschaftsrecht, Grundzüge des Steuerrechts und des Bilanzrechts" und jobbt nebenbei in einer Steuerkanzlei. Dazu kommt ein Praktikum bei einem Personaldienstleister. Nach dem Ersten Staatsexamen denkt sie zunächst an eine Promotion, doch dann wird sie auf ein Stellenangebot der besagten NGO aufmerksam, die einen Mitarbeiter in der Abteilung Finanz- und Personalwesen sucht. Zu den Aufgaben zählen u. a. die arbeitsrechtliche Vertragsgestaltung sowie das Vorbereiten des Jahresabschlusses, wozu enger Kontakt mit einem Steuerberater gehalten werden muss. Die Stelle wird entsprechend nach dem Landestarifvertrag für den öffentlichen Dienst entlohnt. Die Aussicht, ihr gesellschaftliches Engagement zu einer beruflichen Perspektive ausbauen zu können, reizt sie sehr. Sie bewirbt sich und kann mit ihrer Erfahrung als Freiwillige ebenso punkten wie mit dem gewählten Schwerpunkt im Bereich Steuern und Bilanzen und dem Nebenjob in der Steuerkanzlei. Ihre Bewerbung hat Erfolg; sie fängt bei der NGO an. Sie ist hier v. a. als juristische Allrounderin gefragt und betreut auch Auswahlverfahren für Freiwillige und fest Beschäftigte, immer auch mit Bezug zum Einsatzort der Experten. Da die NGO als eingetragener Verein organisiert ist, bereitet sie die Jahresmitgliederversammlung vor und klärt immer wieder Fragen im Zusammenhang mit der Gemeinnützigkeit. Weil das Büro der NGO eine recht begrenzte Anzahl von Mitarbeitern hat, kann unsere Absolventin oft auch jenseits der Juristerei bei der Projektarbeit aushelfen. Dann ist vor allem ihr Organisationstalent gefragt.

Beispiel 2: Als Jurist in die Menschenrechts-Advocacy

Das zweite Beispiel zeigt, dass es in NGOs auch Positionen gibt, die wesentlich stärker von der juristischen Tätigkeit geprägt sind. Nach dem Ersten Staatsexamen arbeitet unser Absolvent in Südamerika zunächst als Freiwilliger für ein Jahr in einer Menschenrechtsorganisation, die bedrohte Menschenrechtsverteidiger bei ihrer Arbeit begleitet und so schützt. Das ist ziemlich „hands-on" – unser Absolvent macht viel Feldarbeit, nur gelegentlich kann er sein juristisches Fachwissen in Fallstudien zur Anwendung bringen. Wieder zurück in Europa, will er sich eigentlich der Entwicklungspolitik widmen und setzt noch einen Master in Development Studies am Genfer Graduate Institute drauf. Dort macht er ein Praktikum beim UNHCHR, was sein Interesse an den Menschenrechten wieder weckt. Im Referendariat nutzt er die Wahlstation dazu, bei einer NGO, die sich als europäisches Zentrum für Verfassungsrecht und für Menschenrechte versteht, in die juristische Menschenrechtsarbeit einzusteigen. Dort wird mit juristischen Mitteln versucht, Menschenrechten zu ihrer Wirkung zu verhelfen. Das bedeutet vor allem, dass Musterverfahren angestrengt werden, um staatliche und nicht staatliche Akteure für die von ihnen begangenen Menschenrechtsverletzungen zur Verantwortung zu ziehen. Ziel sind Präzedenzfälle, um die Rechtsentwicklung beim Menschenrechtsschutz voranzutreiben. Unseren Absolventen reizt, dass hier oft juristisches Neuland betreten wird. Als bei dem Verein eine befristete Stelle geschaffen wird, bewirbt er sich. Er hat Glück – regionale Erfahrungen in Südamerika, einschlägige Praktika und Sprachkenntnisse geben letztlich den Ausschlag, er bekommt den Job. Und so arbeitet er vom ersten Tag an an Fällen, in denen es um Menschenrechte und europäische Investitionen in Schwellenländern geht. Neben juristischer Analyse bedeutet dies auch Projektmanagement: Netzwerke mit anderen NGOs aufbauen und pflegen, Recherchereisen nach Südamerika unternehmen, Pressearbeit mit Opferverbänden koordinieren.

Gefragt: Idealismus und gesellschaftliches Engagement

Die Beispiele zeigen zweierlei: Zum einen kann sich gerade bei NGOs aus dem gesellschaftspolitischen Engagement, dem Steckenpferd des Jura-Absolventen, mitunter der Traumjob ergeben. Das setzt allerdings voraus, dass man sich neben Jurapaukerei und Examensstress noch Zeit nimmt oder lässt, um ein solches soziales oder gesellschaftliches Engagement zu pflegen. Der Scheuklappenblick auf das Prädikatsexamen um jeden Preis, am besten „zweimal zweistellig", ist hier eher abträglich. Und zum anderen zeigen die Beispiele, dass es in NGOs, vor allem solchen mittlerer Größe, eine rein juristische Tätigkeit selten gibt, sondern eher einen Aufgabenmix aus Projektmanagement und der Anwendung von juristischem Fachwissen auf einem Spezialgebiet, seien es die Menschenrechte oder das europäische Hochschulrecht. Die Stellensuche im NGO-Bereich ist oft eine Suche nach der Nische, und hier geben fast immer spezialisierte Fachkenntnisse und entsprechendes Engagement den Ausschlag.

Berufsbilder in Lehre und Forschung

Sich in einen Fachbereich zu vertiefen, als Experte zu diesem Thema zu publizieren und das eigene Wissen in Vorlesungen und Seminaren weiterzugeben – das lockt einige Juristen nach dem Referendariat zurück an die Universitäten und Max-Planck-Institute. Die Beiträge auf den folgenden Seiten informieren über die Tätigkeit als Hochschulprofessor bzw. als Jurist in einer Forschungsinstitution.

Neben der selbstbestimmten und unabhängigen Arbeitsweise locken vor allem flexible Arbeitszeiten, Vortrags- und Konferenzreisen sowie der (internationale) Austausch mit Kollegen. Für die meisten Juristen stellt die wissenschaftliche Betätigung jedoch ein zeitlich begrenztes Vorhaben dar, oftmals zum Zweck der Promotion. Danach steht meist der Wechsel in ein anderes juristisches Tätigkeitsfeld an, zumal auch die Stellen im Bereich der Forschung und Lehre in der Regel befristet sind. Einige wenige Juristen beginnen mit der Promotion aber auch die akademische Laufbahn, die bis zur Hochschulprofessur und dem Vorsitz eines Lehrstuhls führen kann.

Um sich frühzeitig einen Eindruck davon zu verschaffen, ob die Arbeit an einem Lehrstuhl interessant ist, bietet sich eine Tätigkeit als wissenschaftliche Hilfskraft an. Dies stellt auch eine gute Möglichkeit dar, mit Professoren in Kontakt zu kommen, die gegebenenfalls für eine spätere Betreuung der Promotion infrage kommen.

Abschließend sei noch erwähnt, dass auch Hochschulen und Forschungseinrichtungen in der Regel über Rechtsabteilungen verfügen, in denen Juristen (wenn auch nicht lehrend oder forschend) tätig werden können. Nähere Informationen zur Tätigkeit in einer Rechtsabteilung finden sich ab Seite 105.

Hochschulprofessur

von Prof. Dr. Sabine Otte-Gräbener

Formale Voraussetzungen: überdurchschnittlich abgeschlossenes Hochschulstudium, Promotion, mindestens fünfjährige berufspraktische Tätigkeit, davon mindestens drei Jahre außerhalb der Hochschule (vgl. im Einzelnen Hochschulgesetze des jeweiligen Landes, z. B. § 36 HG NRW), i. d. R. sehr gute Englischkenntnisse in Wort und Schrift

Persönliche Qualifikation: Interesse an Lehre und Forschung, pädagogische Eignung, soziale Kompetenz, gute Kommunikationsfähigkeit

Einstiegsgehalt: Grundgehalt W 2 an (Fach-)Hochschulen (ggf. zzgl. Leistungs- und/oder Familienzulage)

Besonderheiten: Einstellung zunächst befristet oder als Beamter auf Probe, nach erfolgreichem Abschluss der Probezeit Ernennung zum Beamten auf Lebenszeit möglich, hohes Maß an Selbstständigkeit, Jobsicherheit, Vereinbarkeit von Beruf und Familie (flexible Arbeitszeit)

Tätigkeitsbereiche eines (Fach-)Hochschulprofessors

Der (Fach-)Hochschulprofessor hat ein breites und äußerst spannendes Aufgabenspektrum. Im Mittelpunkt der Tätigkeit steht die Lehre, die mit einem Deputat von 18 Semesterwochenstunden mehr Raum einnimmt als an einer Universität und sich auch wegen des besseren Betreuungsschlüssels und der größeren Praxisbezogenheit etwas von der Lehre an einer Universität unterscheidet.

Zudem obliegt dem (Fach-)Hochschulprofessor auch die Forschung nach eigenen Schwerpunkten. Er genießt die Freiheit, seine selbst gesetzten Schwerpunkte sowohl in seine Forschung als auch in die Lehre einzubringen. Darüber hinaus ist der (Fach-) Hochschulprofessor eingebunden in das Hochschulmanagement (Selbstverwaltung), kann Forschungsgelder bei Förderorganisationen beantragen und Forschungsprojekte und/oder internationale Kooperationen initiieren.

Vor- und Nachteile

Den besonderen Reiz der Tätigkeit macht die Freiheit der Lehre aus. Der (Fach-)Hochschulprofessor genießt ein sehr hohes Maß an Flexibilität, Selbstständigkeit und sehr weite eigene Gestaltungsspielräume. Der (Fach-)Hochschulprofessor kann selbstbestimmt eigene Schwerpunkte setzen und bestimmte Themen nach seiner Wahl bearbeiten. Neben der – mitunter auch englischsprachigen – Lehre ist eine intensive wissenschaftliche Betätigung im Bereich der eigenen Spezialisierung möglich und erwünscht. Regelmäßig besteht die Möglichkeit, sich mit anderen Wissenschaftlern und Praktikern auf in- und ausländischen Tagungen auszutauschen. Zudem erlauben die Selbstbestimmtheit und die flexiblen Arbeitszeiten eine hervorragende Planbarkeit der Tätigkeit. Durch die Verbeamtung auf Lebenszeit nach einiger Zeit wird eine finanzielle Sicherheit gewährleistet.

Nachteilig sind die – jedenfalls gegenüber einer internationalen Großkanzlei nicht zu leugnenden – Gehaltseinbußen und die geringen finanziellen Entwicklungsmöglichkeiten. Diese werden jedoch durch die finanzielle Sicherheit, die planbaren Arbeitszeiten sowie die Unabhängigkeit und Flexibilität kompensiert. Darüber hinaus besteht die Möglichkeit, einer Nebentätigkeit nachzugehen, z. B. als Of Counsel einer Kanzlei, als Lehrbeauftragter anderer Hochschulen oder mit Vortragstätigkeiten.

Auf dem Weg zur Professur

Voraussetzung für die Berufung als (Fach-)Hochschulprofessor sind überdurchschnittliche Erste und Zweite Juristische Staatsexamina sowie eine qualifizierte Promotion, vorzugsweise mit Bezug zum Lehrgebiet. Unerlässlich für die Tätigkeit ist die Freude an der Lehre. Ohne Spaß an der Lehre sollte keine (Fach-)Hochschulprofessur angestrebt werden. Durch einen Probevortrag wird auch stets die pädagogische Eignung im Berufungsverfahren getestet. Der Kandidat sollte möglichst über Lehrerfahrung verfügen. Diese kann z. B. durch einen vorhergehenden Lehrauftrag gesammelt werden. Darüber hinaus werden wissenschaftliche Veröffentlichungen vorausgesetzt. Eine Habilitation ist hingegen für die (Fach-)Hochschulprofessur nicht erforderlich. Da das Studium an der Fachhochschule einen hohen Praxisbezug aufweist, wird statt der Habilitation eine mindestens fünfjährige Berufserfahrung auf den Lehrgebieten verlangt. Diese praktische Berufserfahrung sollte in die Lehre miteinfließen. Man sollte mindestens drei Jahre außerhalb des Hochschulbereichs tätig gewesen sein. (Fach-)Hochschulprofessoren im Bereich Wirtschaftsrecht waren meist vor ihrer Berufung in einer Kanzlei oder einer Rechtsabteilung tätig. Der Umstand, dass keine Habilitation für die Tätigkeit vorausgesetzt wird, bietet den Vorteil, dass nicht eine jahrelange Unsicherheit und ein so starker Verdrängungswettbewerb wie bei Universitätsprofessoren bestehen.

Angesichts der begrenzten Anzahl der Professorenstellen kann sich kein Interessent auf die Berufung verlassen. Da jedoch zwingend vorherige Berufserfahrung vorausgesetzt wird, erfolgt die Bewerbung ohnehin aus einem anderen Job heraus, sodass zuvor keine finanzielle Unsicherheit besteht. Die Tätigkeit als (Fach-)Hochschulprofessor ist außerordentlich vielseitig und bietet diverse Vorteile, wie z. B. die enorme Unabhängigkeit, Flexibilität und gute Work-Life-Balance, sodass dies eine wirkliche Alternative zu einer Tätigkeit in einer (Groß-)Kanzlei oder Rechtsabteilung darstellt.

Jurist in einer Forschungseinrichtung

von Dr. Marc Engelhart

Formale Voraussetzungen: überdurchschnittlich abgeschlossenes Hochschulstudium, Befähigung zur Promotion

Persönliche Qualifikation: Sprachkenntnisse (Englisch, ggf. weitere Fremdsprachen), Organisationstalent, Kontaktfreudigkeit, Kreativität, wissenschaftliche Neugierde

Einstiegsgehalt: 1.828,67 Euro Brutto-Monatsgehalt (Teilzeit 50 %, TVöD Bund in der Fassung ab 1.7.2017, Entgeltgruppe E 13, Stufe 1)

Aufstiegsmöglichkeiten: Projektleiter, Forschungsgruppenleiter

Besonderheiten: internationale Tätigkeit, Gelegenheit zur Promotion (ggf. auch zur Habilitation)

Weitere Informationen: www.mpg.de sowie die Seiten der einzelnen juristischen Institute

Art der Tätigkeit

Die Tätigkeit als Jurist in einer Forschungseinrichtung ist in Deutschland insbesondere in den juristischen Instituten der Max-Planck-Gesellschaft möglich. Die Max-Planck-Institute als außeruniversitäre Forschungseinrichtungen bieten die Gelegenheit, intensiv an größeren Forschungsprojekten mitzuwirken. Die Größe der Institute liegt deutlich über der universitärer Lehrstühle. Sie beschäftigen oftmals Wissenschaftler aus verschiedensten Fachrichtungen und Nationen. Die Institute sind international ausgerichtet, sodass eine große Anzahl von Projekten mit Partnern im Ausland oder mit internationalen Organisationen durchgeführt wird. Die Projekte werden grundsätzlich durch die Institutsleitung initiiert und von dieser verantwortet. Die Mitarbeiter wirken vielfach bereits bei der Planung der Projekte mit und sind fast immer in die Durchführung miteinbezogen.

Die Aufgaben variieren je nach Stelle stark: Projektbezogene Stellen beinhalten die Durchführung von Einzel- und Teilprojekten. Bei diesen sind projektspezifische Spezialkenntnisse (z. B. der Empirik oder der Islamistik) von Vorteil. Daneben bestehen Stellen für bestimmte Fachbereiche (z. B. europäisches Strafrecht). Hier verfolgt und begleitet der Referent die jeweilige Rechtsentwicklung. Dies bedingt einen engen Kontakt zu anderen Forschern und Praktikern in der Verwaltung, insbesondere in Ministerien, in der Anwaltschaft und in internationalen Organisationen. Bestandteil der Tätigkeit ist zudem die wissenschaftliche Bearbeitung von Fragen aus dem jeweiligen Referatsbereich, meist mit dem Ziel einer Publikation. Oft werden auch Gutachten für öffentliche Institutionen erstellt. Daneben bestehen länderspezifische Stellen, bei denen der Referent ein oder mehrere Länder bzw. Rechtskreise betreut. Entsprechende Sprachkenntnisse sind hierfür zwingend erforderlich. Der Referent verfolgt die Rechtsentwicklung im jeweiligen Land, arbeitet diese wissenschaftlich auf und hält den Kontakt zur dortigen wissenschaftlichen Community. Häufig steht die Mitarbeit an rechtsvergleichenden Projekten im Mittelpunkt der Tätigkeit.

Vor- und Nachteile

Die Mitarbeit an Forschungsprojekten ermöglicht eine intensive wissenschaftliche Betätigung, die von der Projektplanung bis hin zur Publikation der gewonnenen Ergebnisse reicht. Durch die Interdisziplinarität und den Auslandsbezug eröffnet sie Perspektiven und Denkansätze weit über die Rechtswissenschaft und das nationale Recht hinaus. Dieser Bezug bietet Gelegenheit zu vielfältigen Kontakten mit ausländischen Forschern, einschließlich des kurz- oder längerfristigen Aufenthalts im Ausland. Regelmäßig besteht die Möglichkeit, sich mit anderen Wissenschaftlern auf in- und ausländischen Tagungen auszutauschen. Die täglichen Arbeitszeiten sind gerade bei größeren Projekten weitgehend frei gestaltbar. Allerdings bedingt diese Freiheit ein hohes Maß an Selbstdisziplin, um die Projekte im vorgegebenen Zeitrahmen abzuschließen. Die verschiedenen Aspekte der Tätigkeit setzen zudem eine hohe Flexibilität in der Zeitplanung voraus, Abend- und Wochenendtermine sind nicht selten. Insgesamt ist die Arbeitsbelastung hoch.

Einstieg und Zukunftsperspektiven

Der Einstieg als wissenschaftlicher Mitarbeiter erfolgt grundsätzlich nach Abschluss des juristischen Studiums. Während des Studiums oder des Referendariats ist aber bereits eine Tätigkeit als Hilfskraft möglich, die gegebenenfalls fortgesetzt werden kann. Vielfach werden konkrete Stellen ausgeschrieben, auf die dann eine Bewerbung möglich ist. Initiativbewerbungen sind jedoch nicht unüblich. Zumeist erfolgt die Mitarbeit begleitend zur Durchführung einer Promotion, deren Betreuung der Institutsdirektor oder ein entsprechend qualifizierter Mitarbeiter übernimmt. Voraussetzung ist daher, dass die Befähigung zur Promotion gegeben ist und der Bewerber als Doktorand von seinem Betreuer und der juristischen Fakultät akzeptiert wird. Da die Tätigkeit am Institut neben der Promotion erfolgt, werden zumeist nur Teilzeitstellen (halbe Stellen) vergeben, die im Regelfall auf drei Jahre befristet sind. Alternativ besteht häufig in Research Schools ein strukturiertes Promotionsprogramm mit einer der Teilzeitstelle entsprechenden finanziellen Förderung. Die Gelegenheit zur Mitarbeit an Institutsprojekten besteht in diesem Rahmen nur noch in deutlich geringerem Umfang als bei einer „klassischen" Festanstellung.

Bei wissenschaftlicher Bewährung ist nicht nur eine Mitarbeit an einzelnen Forschungsprojekten möglich, sondern auch deren Leitung und Koordination. Eine befristete, über die Promotion hinausgehende Postdoc-Beschäftigung als wissenschaftlicher Referent ist grundsätzlich möglich. Sie bietet sich insbesondere zur Durchführung einer Habilitation an, die dann zum Ziel hat, einen Lehrstuhl zu erhalten (und so letztlich zurück an die Universität führt). Möglich ist aber auch eine Forschungstätigkeit, zumeist mit Spezialisierung auf einen Fachbereich oder ein Land. Die Durchführung eigenständiger Forschung wird jedoch durch die konzeptionellen Vorgaben der Institutsleitung begrenzt. Zudem stehen vielfach nur wenige Stellen zur Verfügung. Unbefristete Stellen, die eine langfristige Forschungsperspektive ohne Habilitation ermöglichen, sind die Ausnahme. Insgesamt ist eine zunehmende Anzahl von Stellen projektbezogen und drittmittelfinanziert, sodass sie auf die Dauer des Projekts befristet sind. Zumeist wird die wissenschaftliche Tätigkeit daher begleitend zur Weiterqualifikation durch die Promotion genutzt, um nach deren Abschluss in ein anderes juristisches Berufsfeld einzusteigen.

Rechtsanwalt in einer Wirtschaftskanzlei

Für viele Jura-Absolventen führt der erste Weg in eine Kanzlei. Es locken oft hohe Gehälter und abwechslungsreiche Fälle – teilweise in internationalem Umfeld. Doch mit der Entscheidung für die Tätigkeit in einer Kanzlei gehen weitere Fragestellungen einher, die jeder Bewerber für sich persönlich beantworten muss: Welcher Kanzleityp passt zu mir? Ein Job in einer Großkanzlei, verbunden mit all den Vorzügen, die sie bietet, aber auch mit einer oft hohen Arbeitsbelastung? Oder eine Tätigkeit bei einer mittelständischen Kanzlei, mit meist niedrigeren Gehältern, aber auch größeren unternehmerischen Beteiligungsmöglichkeiten? Als letzte Variante bleibt noch die Selbstständigkeit zu nennen, die jedoch – gerade für Berufsanfänger – mit großen finanziellen Risiken verbunden ist. Der folgende Beitrag zeigt wichtige Entscheidungskriterien auf.

Ebenso relevant ist die Frage nach der Spezialisierung auf ein Fachgebiet. Oftmals kristallisieren sich bereits im Studium erste Präferenzen für einen der großen Fachbereiche Zivilrecht, Strafrecht oder öffentliches Recht heraus. Doch auch diese gliedern sich in viele Unterbereiche, aus denen es zu wählen gilt. Dieses Buch beschränkt sich aufgrund des begrenzten Umfangs auf den Tätigkeitsbereich der Wirtschaftskanzleien und kann selbst hier nur überblicksartig einige wichtige Fachgebiete herausgreifen.

Großkanzlei, Mittelstand oder Selbstständigkeit – Welcher Kanzleityp passt zu mir?

von Dr. Marius Mann

Der Volljurist hat die Qual der Wahl. Ihm eröffnet sich ein schier unerschöpfliches Tätigkeitsfeld, vor allem dann, wenn Studium und Referendariat erfolgreich absolviert wurden. Juristen können als Staatsanwalt, Richter oder Notar, selbst als Politiker und Manager tätig sein. Der klassische Beruf des Juristen bleibt aber der des Rechtsanwalts. Wer für sich erkannt hat, dass Neigungen, Interessen und die eigene Lebensplanung mit dem Beruf des Anwalts gut vereinbar sind, sollte sich vor dem Berufseinstieg Gedanken machen, wie und in welchem anwaltlichen Kontext er tätig werden will. Denn es bietet sich ein Spektrum, das von der Tätigkeit als selbstständiger Einzelanwalt bis hin zur international ausgerichteten Großkanzlei reicht. Zwar arbeitet der Rechtsanwalt stets überwiegend als juristischer Berater, es gibt aber signifikante Unterschiede, etwa was Entfaltungs- und Entwicklungschancen oder die persönliche Absicherung betrifft.

Aufgabenspektrum

Die anwaltlichen Aufgabenstellungen können in den einzelnen Kanzleitypen durchaus voneinander abweichen. Der Associate in der Großkanzlei arbeitet üblicherweise ab, was der Partner ihm auf den Tisch legt. Es wird erwartet, dass dies zuverlässig, umsichtig und auf höchstem juristischen Niveau geschieht. Die Arbeitsergebnisse legt der Associate seinem Tutor vor, der sie nach Durchsicht an den Mandanten schickt. Der Berufseinsteiger in der Großkanzlei erlernt zuallererst sauberes anwaltliches Arbeiten. Dazu gehörten u. a. der Umgang mit Mandanten, schnörkellose und klare Darstellung komplexer Sachverhalte und das Vermeiden von typischen Anfängerfehlern.

Wer allerdings Probleme damit hat, in fest vorgegebenen Strukturen und Hierarchien zu arbeiten, sollte sich gut überlegen, ob für ihn die Großkanzlei – in der häufig komplexe Großmandate in Anwaltsteams bearbeitet werden – die richtige Wahl ist. Eine Boutique, in der üblicherweise ebenfalls auf hohem juristischem Niveau an interessanten Mandaten gearbeitet wird, könnte den persönlichen Neigungen eher entsprechen und für Individualisten mehr Entfaltungsmöglichkeit bieten als die Großkanzlei. Vor allem wird sich der anwaltliche Berufseinsteiger dort häufig schneller an der „Beraterfront“ finden. Unter anderem deshalb, weil die Mandate in der Regel etwas überschaubarer sind und daher schneller Verantwortung übernommen werden kann. Verbesserungsvorschläge oder Ideen, um die Kanzlei voranzubringen, werden in mittelständischen Kanzleien und Boutiquen mehr geschätzt als in Großkanzleien, die in der Regel schon sehr professionell organisiert sind. Gleiches gilt für Mandantenpflege und Business Development, die in den Großkanzleien den Partnern überlassen sind.

Wem es indes um Freiheit, Selbstständigkeit und persönliche Entfaltung geht, sollte sich ernsthaft damit auseinandersetzen, ob er als selbstständiger (Einzel-)Anwalt tätig werden will. Allerdings hat diese Selbstständigkeit auch ihren Preis. In der Selbstständigkeit beginnt alles beim Nullpunkt. Wer sein eigenes Geschäft als Anwalt aufbaut, muss zunächst einmal Computer, Drucker und Leitz-Ordner anschaffen. Zudem muss man sich insbesondere in den ersten Jahren auf mühsame Akquise einstellen und darf nicht wählerisch sein. Mit der Selbstständigkeit geht ein unternehmerisches

Risiko einher, das vor allem Berufseinsteiger trifft. Diese tun sich ohnehin schwerer als etablierte Rechtsanwälte, überhaupt an Mandate zu gelangen, geschweige denn an interessante und lukrative. Wer allerdings entspannt bleibt, wenn der Schreibtisch über Tage hinweg auch einmal leer bleibt, und Mut sowie Lust verspürt, sein eigenes Geschäft von der Pike an aufzubauen, kann es durchaus mit einem Kaltstart in der Selbstständigkeit versuchen.

Spezialisierung

Die juristische Ausbildung ist noch immer auf eine Tätigkeit als Einzelanwalt – und dies rechtsbereichsübergreifend – ausgerichtet. Wer Freude daran verspürt, seine breite juristische Ausbildung auch in der Praxis zu erproben, für den sind spezialisierte Boutique- oder Großkanzleien eher nichts. Pflichtverteidigungen sowie miet- und straßenverkehrsrechtliche Mandate sind, insbesondere in den ersten Jahren, das „Brot-und-Butter-Geschäft" beim Berufsstart in der Selbstständigkeit. Derartige kleinere Mandate bieten die Möglichkeit, frühzeitig wichtige Erfahrungen zu sammeln, etwa bei der Vertretung vor Gericht oder bei Verhandlungen mit der Staatsanwaltschaft oder Behörden. Wer selbstständig beraten will, gleichzeitig aber interessante Mandate von eher mittlerer Größe bearbeiten möchte, kann – wenn entsprechende Kontakte bestehen – versuchen, sich mit Steuerberatern oder Wirtschaftsprüfern zusammenzuschließen. In derartigen interdisziplinären Kanzleien fällt für den Juristen der Kanzlei häufig eine Menge an Verweisgeschäft ab (sogenanntes Cross-Selling).

Die Großkanzleien sind demgegenüber bekannt für ihren hohen Spezialisierungsgrad. Zunehmend finden sich in einzelnen Rechtsbereichen sogar Unterspezialisierungen. So fokussiert sich manch ein Gesellschaftsrechtler z. B. allein auf Aktienrecht und im Bereich Aktienrecht ggf. sogar ausschließlich auf Spruchverfahren oder Vorstandsberatung.

Boutique- oder Mittelstandskanzleien zeichnen sich häufig ebenfalls durch eine gewisse Spezialisierung aus. Letztlich ist dies unerlässlich, um auf hohem Niveau überzeugend beraten zu können. Der Spezialisierungsgrad ist in mittelständischen Kanzleien aber häufig weniger hoch als in Großkanzleien. So kann sich in einer mittelständischen Boutique durchaus ein Anwalt finden, der im öffentlichen und im privaten Baurecht berät und der ggf. vertragsgestaltend, baubegleitend und im Rahmen gerichtlicher Auseinandersetzungen vor Verwaltungsgerichten und ordentlichen Gerichten tätig wird. Dies kann auch seinen Reiz haben.

Wer als Jurist umfassender Ansprechpartner für seinen Mandanten sein will, wird als „Allround-Wirtschaftsanwalt" vor allem vom unternehmerischen Mittelstand oftmals geschätzt. Empfindet man also den persönlichen Kontakt zu Geschäftsführern und Gesellschaftern mittelständischer Betriebe als reizvoll, kann man sich in einer Boutiquekanzlei ausleben. Der persönliche Kontakt und die umfassende Beratung in wirtschaftsrechtlichen Angelegenheiten (z. B. gleichzeitig im Gesellschafts-, Handels- und Vertragsrecht) ist letztlich auch ein Markenzeichen mittelständisch ausgerichteter Wirtschaftskanzleien.

Arbeitsklima

Das Arbeitsklima wird beim Berufseinstieg häufig unterschätzt. Die Frage, ob man mit dem Chef und den Kollegen gut kann, spielt insbesondere dann eine wichtige Rolle, wenn man seine beruflichen Stationen nicht nur für ein paar Monate plant. Praktika, Referendarstationen oder eine vorübergehende wissenschaftliche Mitarbeit während der Promotionszeit bieten gute Gelegenheiten, um auszuloten, ob die Atmosphäre in der Kanzlei und die Chemie mit dem künftigen Tutor stimmen. Größere Kanzleien sind stark durch den Umsatzdruck bestimmt, der nicht immer nur vom Kanzleimanagement, sondern genauso auch von der Sozietät selbst und den Kollegen (Partnern) aufgebaut werden kann. Dies kann das Arbeitsklima in großen und mittleren Kanzleien durchaus beeinflussen und auch belastend sein.

Wer indessen in die Selbstständigkeit geht, braucht sich über diese Punkte keine Sorgen zu machen. Vermutlich ist einer der größten Vorteile der Selbstständigkeit, sein eigener Chef zu sein und sich nicht den Erwartungen und Wünschen anderer aussetzen zu müssen. Allerdings gilt dies auch nur eingeschränkt, denn im Ergebnis ist auch der selbstständige Einzelanwalt den Erwartungen seines Mandanten ausgesetzt.

Work-Life-Balance

Wer mit Herzblut Rechtsanwalt ist, wird immer viel arbeiten. Die Selbstständigkeit kann insoweit Fluch und Segen zugleich sein. Wer Einzelkämpfer ist, kann zwar grundsätzlich bestimmen, ob, wann und wie viel er arbeitet. Er hat allerdings in Zeiten guter Auftragslage keine Mitstreiter, die ihm Arbeit abnehmen. Meist ist die Motivationslage aber auch eine andere, denn der erwirtschaftete Umsatz geht direkt in die eigene Tasche.

Work-Life-Balance ist in der Großkanzlei hingegen per se ein Reizthema, denn gerade internationale Großkanzleien sind vom Geschäftsmodell her darauf ausgelegt, dass pro Kopf ein möglichst großer Umsatz erwirtschaftet wird. Zwar bieten Großkanzleien zunehmend Flex-Time-Modelle an. Die Inanspruchnahme derartiger Angebote wirkt sich aber nicht gerade als Karriereturbo aus. Wer also entspannt arbeiten möchte und am Freitag auch einmal um 13 Uhr ins Wochenende starten will, sollte sich entweder eine kleine, örtliche Sozietät suchen oder doch den Sprung in die Selbstständigkeit wagen.

Auch mittelständische Kanzleien können insoweit eine interessante Alternative sein. Der Umsatzdruck ist dort geringer als in Großkanzleien. Schon aus diesem Grund kann es leichter sein, Beruf und Privatleben in einer mittelgroßen Kanzlei unter einen Hut zu bringen.

Fazit

Letztlich kann man bei der Berufswahl wenig falsch machen, denn das Angenehme an der anwaltlichen Berufswahl ist, dass sich persönliche Fehlgriffe meist korrigieren lassen. Dies gilt allerdings nicht zwingend in jede Richtung – und vor allem auch nicht zeitlich unbeschränkt. Wer als selbstständiger Einzelanwalt tätig war, wird mit dem Sprung in die Großkanzlei nach einigen Jahren sicher mehr Probleme haben als umgekehrt.

Dennoch verbieten sich pauschale Empfehlungen. Jeder muss selbst entscheiden, welche Form der anwaltlichen Tätigkeit für ihn mittel- und langfristig erstrebenswert ist. Letztlich spielen auch Noten und Zusatzqualifikationen bei der Berufswahl eine gewichtige Rolle. Die gute Ausbildung, ein weit überdurchschnittliches Gehalt und das enorme Fortbildungspotenzial sprechen sicherlich für den Berufsstart in einer Großkanzlei. Vor allem ist damit der Schritt in eine kleinere Kanzlei oder die Selbstständigkeit keineswegs verbaut, sondern eher geebnet. Wer aber von vornherein etwas mehr Work-Life-Balance wünscht und auch mit einem etwas niedrigeren Gehalt zufrieden ist, der sollte es in einer kleineren Einheit oder einer Boutiquekanzlei versuchen. Für Individualisten eignet sich der Weg in die Selbstständigkeit. Letztlich ergibt aber auch dies nur für denjenigen Sinn, der in den ersten Jahren nicht auf wirtschaftliche Absicherung angewiesen ist und bei dem der Unternehmer-Spirit über alle Zweifel erhaben ist.

Rechtsgebiete in Wirtschaftskanzleien

Arbeitsrecht

von Dr. Lars Mohnke

Klassischerweise vertritt der Rechtsanwalt einer Wirtschaftskanzlei die Arbeitgeberseite. Zudem berät er Vorstände und Geschäftsführer hinsichtlich ihrer Organstellung sowie ihrer Rechte und Pflichten aus dem Dienstvertrag.

Mit wem arbeitet der Associate zusammen?
Bereits als Berufseinsteiger betreut der Associate kleinere Fälle unter Anleitung eines Partners oder eines erfahrenen Associates allein. Hierbei steht er in unmittelbarem Kontakt mit Mitarbeitern der Personalabteilung und der Geschäftsleitung. Mit steigender Seniorität wird der Verantwortungsbereich größer. In komplexeren Angelegenheiten (z. B. Transaktionen, Umstrukturierungen und Compliance-Themen) arbeitet der Associate im Team mit Kollegen der eigenen und anderer Praxisgruppen (z. B. Gesellschafts-, Steuer- und Kartellrecht) zusammen. Bei grenzüberschreitenden Sachverhalten (z. B. mehrere Länder betreffende Transaktionen und Restrukturierungen sowie Auslandsentsendungen) tauscht sich der Associate mit den Kollegen ausländischer Büros oder von Korrespondenzkanzleien aus. Auch steht er in Kontakt mit Ansprechpartnern ausländischer Gesellschaften, die Rechtsrat zu ihren eigenen oder durch Konzerngesellschaften in Deutschland beschäftigten Mitarbeitern suchen.

Was ist das Besondere am Arbeitsrecht in einer Wirtschaftskanzlei?
In einer Wirtschaftskanzlei werden gerichtliche Streitigkeiten häufig durch eine separate Litigation-Abteilung betreut, während der Arbeitsrechtler den Mandanten vor Gericht bis hin zum Bundesarbeitsgericht in der Regel selbst vertritt. Wegen des stark ausgeprägten Arbeitnehmerschutzes ist die Beratung in der Regel darauf ausgerichtet, gerichtliche Auseinandersetzungen zu vermeiden. Hier ist Einfallsreichtum gefragt.

Ein Einzelanwalt ist auf dem Gebiet des Arbeitsrechts meist überwiegend forensisch tätig und berät in individualrechtlichen Rechtsfragen (insbesondere zum Kündigungsrecht). Dies gehört natürlich auch zu den Aufgaben in einer Wirtschaftskanzlei. Den größeren Teil nimmt die arbeitsrechtliche Beratung bzgl. Vertragsgestaltung (Individual- und Kollektivvereinbarungen), Vorbereitung, Verhandlung und Umsetzung von Restrukturierungen, Erwerb und Veräußerung von Unternehmen und Betrieben sowie bei Fragen der Zusammenarbeit mit Arbeitnehmervertretern ein. Dabei sind stets auch ökonomische Auswirkungen des zu erteilenden Rechtsrats gegenüber Unternehmen zu beachten, was ein weiterer interessanter Aspekt dieser Tätigkeit ist. Zudem sind bei größeren Projekten eine Vielzahl von Interessengruppen (Vorstand/ Geschäftsführung, Gesellschafter, andere Konzerngesellschaften, Gewerkschaften, Betriebsräte, verschiedene Mitarbeitergruppen und Öffentlichkeit) zu berücksichtigen. Dies bringt meist eine große Komplexität mit sich, eröffnet aber auch Lösungsräume, um das Ziel des Mandanten zu erreichen.

Die Tätigkeit ist sehr abwechslungsreich und aufgrund einer Vielzahl teilweise auch sehr ausgefallener Rechtsfragen besonders anspruchsvoll. Während Einzelanwälte und Richter mit Fragen zum Streikrecht, zum Betriebsverfassungsrecht, zur Unternehmensmitbestimmung und zur Vertragsgestaltung eher selten befasst sind, gehört dies zur täglichen Arbeit eines Anwalts in einer Wirtschaftskanzlei. Besonders interessant sind die Zusammenarbeit mit namhaften Unternehmen und Konzernen sowie die Möglichkeit, gestaltend tätig zu werden, um die für den Mandanten optimale Lösung zu erarbeiten.

Das Arbeitsrecht steht wie kaum ein anderes Rechtsgebiet unter dem starken Einfluss von politischen Entwicklungen. Die Europäische Union und der deutsche Gesetzgeber sorgen ständig für Beratungsbedarf zu neuen rechtlichen Vorgaben. Die Wirtschaftskanzleien investieren daher viel Zeit und Mühe, um Auswirkungen von Gesetzesänderungen frühzeitig zu erkennen. So können sie den Unternehmen rechtzeitig Handlungsempfehlungen geben, damit die betrieblichen Abläufe angepasst werden können.

Gibt es Unterschiede zwischen den Wirtschaftskanzleien?

Einige Kanzleien beschränken sich auf das Transaktionsgeschäft. Das Arbeitsrecht hat dann häufig nur eine Unterstützungsfunktion. Andere Kanzleien bieten eine Full-Service-Beratung an. Die Tätigkeit deckt dann das gesamte Arbeitsrecht ab und bietet dem Mandanten eine vollumfängliche Beratung. Je nach Größe und Ausrichtung kann es weitere Untergliederungen und Spezialisierungen geben (z. B. für die Themen arbeitsrechtliche Compliance, Mitarbeiterdatenschutz und betriebliche Altersvorsorge).

Was sind die Kehrseiten dieser Tätigkeit?

Nicht selten sind Kosteneinspar- und Personalabbauprogramme Gegenstand der Beratung. Diese Maßnahmen sind mit vielen Einzelschicksalen verbunden. Die Unternehmen sind aufgrund der Wettbewerbssituation gleichwohl gezwungen, sich den aktuellen Marktverhältnissen anzupassen. Gemeinsam mit Geschäftsleitung und Arbeitnehmervertretern können sozial verträgliche und wirtschaftlich tragbare Lösungen entwickelt werden.

Für wen ist diese Tätigkeit geeignet?

Die Tätigkeit im Bereich des Arbeitsrechts einer Wirtschaftskanzlei ist nicht nur für Absolventen mit einschlägigem Schwerpunktbereich geeignet. Arbeitsrechtliche Vorkenntnisse sind zwar wünschenswert, nicht aber zwingende Voraussetzung. Die Größe der Mandate und die Zusammenarbeit mit anderen Fachbereichen sowie ausländischen Büros erfordern eine große Bereitschaft und Fähigkeit, in Teams zu arbeiten. Zudem ist die Bereitschaft wichtig, sich mit den unterschiedlichen Interessen der Arbeitgeber- und Arbeitnehmerseite auseinanderzusetzen. Wer gerne strategische Überlegungen im Hinblick auf die ökonomischen Auswirkungen anstellt, pragmatische Herangehensweisen neben der rein „wissenschaftlichen“ Lösung von Rechtsfällen mag und – das gilt gerade für das Arbeitsrecht – einen Beruf mit hohem Realitätsbezug schätzt, bringt die besten Voraussetzungen für die Tätigkeit als Anwalt einer Wirtschaftskanzlei im Bereich Arbeitsrecht mit.

Bank- und Finanzrecht

von Thomas Hollenhorst

Überblick
Das Bank- und Finanzrecht ist ein breit gefächertes Rechtsgebiet, in dem Wirtschaftskanzleien unterschiedlichen Zuschnitts beraten. Es ist kein eigenes kodifiziertes Recht, sondern vielmehr eine Kombination verschiedener Rechtsgebiete. Dabei spielt das Zivilrecht eine große Rolle, aber auch das Wertpapierrecht, das Handels- und Gesellschaftsrecht, das Insolvenzrecht sowie das öffentliche Recht beeinflussen das Bank- und Finanzrecht.

Insbesondere Großkanzleien bieten in der Regel eine umfassende nationale und internationale Beratung auf den Gebieten des allgemeinen Bank-, Bankaufsichts- und Kapitalmarktrechts an und sind im Zusammenhang mit Finanzierungstransaktionen, bei Restrukturierungen sowie in der Prozessführung tätig.

Mittelgroße Wirtschaftskanzleien und Boutiquen beraten dagegen oft nur in ausgewählten Rechtsgebieten oder haben ihren Schwerpunkt in bestimmten Märkten, wie z. B. im Schifffahrts- oder Energiesektor. Kleinere Kanzleien arbeiten innerhalb des Bank- und Finanzrechts zumeist nur in begrenzten Teilbereichen oder sind spezialisiert auf die Prozessvertretung bei Verfahren zwischen Anlegern und Banken oder im Verbraucherschutzrecht.

Beratungsfelder

Allgemeines Bankrecht
Das allgemeine Bankrecht umfasst die rechtlichen Rahmenbedingungen für die Kontoführung, den Zahlungsverkehr (Überweisungen und Lastschriften, Debit- und Kreditkarten, Online-Banking etc.), das Darlehens- und Kreditsicherungsrecht sowie das allgemeine Wertpapierrecht. Hier unterscheidet sich die Tätigkeit als Rechtsanwalt deutlich nach dem Zuschnitt und dem Mandantenstamm der jeweiligen Kanzlei. Während größere Kanzleien in der Regel auf Bankenseite tätig sind, gibt es zahlreiche kleinere Kanzleien, die schwerpunktmäßig Verbraucher gegenüber Banken vertreten.

Bankaufsichts- und Kapitalmarktrecht
Auf dem Gebiet des Bankaufsichtsrechts spielen überwiegend Themen wie Erlaubnis- und Meldewesen, Organisations- und Verhaltenspflichten, Geldwäsche, Compliance sowie Datenschutz und das Kreditwesensgesetz (KWG), Wertpapierhandelsgesetz (WpHG) und andere Spezialgesetze (GwG, BDG usw.) eine Rolle.

Das Kapitalmarktrecht betrifft zum einen die Emission von und den Handel mit Aktien, Schuldverschreibungen und anderen Wertpapieren (z. B. Investmentfonds) bzw. Derivaten (z. B. Swaps oder Optionen). Zum anderen macht die Regelung der Auflegung, des Vertriebs sowie der Überwachung von alternativen Investments wie Hedgefonds, Private-Equity- und Venture-Capital-Fonds einen wesentlichen Teil des Kapitelmarktrechts aus. Die Beratung im Kapitalmarktrecht umfasst dabei regelmäßig Maßnahmen zur Einhaltung der Prospektpflichten, der Aufklärungs- und Beratungspflichten gegenüber Anlegern sowie der Organisationspflichten zur Vermeidung von

Interessenkonflikten und Insider-Handel. Insgesamt ist das Kapitalmarktrecht stark vom Bankaufsichtsrecht geprägt, insbesondere bezüglich der Genehmigungsanforderungen für Kapitalmarktprodukte und -prospekte, welche sich nach dem Kapitalanlagegesetzbuch (KAGB), Vermögensanlagegesetz (VermAnlG), Wertpapierprospektgesetz (WpPG) und anderen Spezialgesetzen richten.

Eine Schnittstelle zwischen Kapitalmarkt- und Gesellschaftsrecht bildet die rechtliche Begleitung börsennotierter Unternehmen. Hier beraten Spezialisten beider Rechtsgebiete bei der Einhaltung der kapitalmarktrechtlichen Transparenzanforderungen nach dem Aktiengesetz (AktG), dem Wertpapierhandelsgesetz (WpHG) und dem Wertpapiererwerbs- und Übernahmegesetz (WpÜG), beispielsweise bei M&A-Transaktionen.

Die Tätigkeit des Rechtsanwalts hängt auch im Bankaufsichts- und Kapitalmarktrecht sehr stark von der jeweiligen Kanzlei und ihren Mandanten ab. So sind kleinere Kanzleien häufig auf die Vertretung von Bankkunden und Anlegern gegenüber Banken und Finanzdienstleistern spezialisiert. Demgegenüber beraten größere Kanzleien vor allem Kreditinstitute bei der Emission von Wertpapieren, der Prospekterstellung sowie im allgemeinen Bankaufsichtsrecht.

Beratung bei Finanzierungstransaktionen

Die Beratung bei Finanzierungstransaktionen unterscheidet sich danach, was finanziert werden soll: Zumeist wird zwischen Projekt-, Asset-, Akquisitions- und strukturierter Finanzierung unterschieden. Bei größeren Transaktionen ist die Zusammenarbeit von international besetzten Teams aus Großkanzleien die Regel. Wesentliche Tätigkeit eines Rechtsanwalts auf diesem Gebiet ist die Gestaltung und Verhandlung von Kredit- und Sicherheitenverträgen, wobei zumeist die Ergebnisse einer vorausgehenden Due Diligence in den Verträgen berücksichtigt werden. Zur Tätigkeit in diesem Bereich gehört jedoch auch die Durchsetzung von Rechten aus bestehenden Kreditverträgen (z. B. Kreditkündigungen, Sicherheitenverwertung etc.).

a. Die Projektfinanzierung dient der Finanzierung verschiedenster kapitalintensiver Projekte. Ihre Bedeutung ist in den vergangenen Jahren, insbesondere in den Sektoren Energie, Infrastruktur und Rohstoffe, stetig gewachsen. Bei der Projektfinanzierung ist der Rückgriff auf den Träger des Projekts (den Eigentümer der Projektgesellschaft) in aller Regel, wenn überhaupt, nur eingeschränkt möglich (sogenannte Non-Recourse- bzw. Limited-Recourse-Finanzierung). Die Besicherung der Finanzierung beschränkt sich daher auf das Projekt und den daraus generierten Cashflow. Hier liegt der Schwerpunkt der Tätigkeit der Kanzlei in der Gestaltung von Kredit- und Sicherheitenverträgen, aber auch in der Überprüfung der Projektverträge für die finanzierenden Banken.
b. Die Asset-Finanzierung dient der Finanzierung von wertvollen Objekten wie beispielsweise Flugzeugen, Schiffen und Immobilien. Während bei Flugzeugfinanzierungen häufig Leasingverträge Anwendung finden, werden Schiffs- und Immobilienfinanzierungen in der Regel über klassische Bankfinanzierungen durchgeführt. Bei der Asset-Finanzierung spielen neben den für die Projektfinanzierung genannten Themen häufig auch steuerliche Fragestellungen eine große Rolle.

c. Bei der Akquisitionsfinanzierung (z. B. im Rahmen eines Leveraged Buyout) wird der Erwerb eines Unternehmens oder eines Unternehmensteils finanziert. Nur ein Teil des Kaufpreises ist durch Eigenkapital gedeckt. Der überwiegende Teil der Mittel wird als Fremdkapital, in der Regel durch Konsortialkredite verschiedener Banken, zur Verfügung gestellt.

d. Unter das Stichwort „strukturierte Finanzierungen" fallen insbesondere auch sogenannte Mezzanine-Finanzierungen, die eine Mischung von Elementen des Eigen- und Fremdkapitals darstellen. Dies können nachrangige Darlehen sein, aber auch gesellschaftsrechtliche Strukturen wie partiarische Darlehen oder stille Beteiligungen. Diese lassen den Darlehensgeber in verschiedenen Ausprägungen am Unternehmenserfolg teilhaben. Auch die Finanzierung von Unternehmen über Anleihen, die am Kapitalmarkt platziert werden, wird üblicherweise unter dem Begriff „strukturierte Finanzierungen" subsumiert. Die strukturierte Finanzierung weist die engste Verbindung zum Corporate-/M&A-Geschäft der Banken auf und ist stark gesellschaftsrechtlich, aber auch kapitalmarktrechtlich geprägt.

Restrukturierung

Rechtsanwälte in der Restrukturierungspraxis begleiten Unternehmen und Banken in der Krise bei der Entwicklung und Umsetzung von Maßnahmen, um das Unternehmen zu sanieren. Dies umfasst neben der insolvenzrechtlichen Beratung und der Beratung bei Finanztransaktionen auch die gesellschaftsrechtliche Beratung bei Umstrukturierungen sowie Umwandlungen von Gesellschaften. Kennzeichnend für diesen Bereich ist ebenfalls eine enge Zusammenarbeit zwischen Rechtsanwälten verschiedener Fachbereiche, insbesondere aus dem Gesellschafts-, Steuer- und Arbeitsrecht.

Die Insolvenzverwaltung ist demgegenüber häufig ein eigener Tätigkeitsschwerpunkt von bestimmten Kanzleien. Sie wird zwar teilweise auch von Großkanzleien angeboten, in der Regel wird sie aber von mittelgroßen und kleineren spezialisierten Kanzleien durchgeführt, deren Büro-Organisation auf diese Tätigkeit besonders abgestimmt ist.

Anforderungen an Absolventen

Die zahlreichen Spezialthemen im Bank- und Finanzrecht sind allenfalls als Schwerpunktbereich Studiums- oder Examensgegenstand. Bei der Frage nach den Voraussetzungen für einen Einstieg in das Bank- und Finanzrecht gilt daher: Spezialkenntnisse in diesen Rechtsgebieten sind nützlich, aber keine Voraussetzung. So ergibt sich das rechtliche Know-how z. B. in der Transaktionsberatung im Bereich Finanzierung im Wesentlichen aus den ersten drei Büchern des BGB. Eine solide zivilrechtliche Ausbildung ist daher auf diesem Gebiet, aber auch in anderen Bereichen des Bankrechts, sehr wichtig.

Praktische Kenntnisse des Bankgeschäfts, erworben durch Praktika oder idealerweise durch eine Banklehre, sind selbstverständlich gern gesehen, ebenso entsprechende Stationen während des Referendariats. Gerade in größeren Kanzleien sind zudem gute Englischkenntnisse zwingend erforderlich, weil die Dokumentation größerer Konsortialfinanzierungen nahezu ausschließlich auf Englisch erfolgt.

Fazit

Insgesamt lässt sich festhalten, dass das Bank- und Finanzrecht zahlreiche Betätigungsfelder für hoch qualifizierte und fremdsprachenerfahrene Berufseinsteiger bietet – vor allem auch aufgrund der anhaltenden Internationalisierung und Regulierung der weltweiten Finanzmärkte.

Das Anforderungsprofil und die Aufstiegschancen in den einzelnen Bereichen des Bank- und Finanzrechts hängen dann sehr stark vom Zuschnitt der jeweiligen Kanzlei sowie von der gewählten Spezialisierung ab. So ist im allgemeinen Bankrecht, bei Finanzierungstransaktionen sowie in der Restrukturierungsberatung eher der zivil-, gesellschafts- und insolvenzrechtlich bewanderte Generalist gefragt, der keine Berührungsängste mit anderen Rechtsgebieten hat.

Demgegenüber baut ein Rechtsanwalt im Bankaufsichts- und Kapitalmarktrecht nach und nach Spezialkenntnisse in dem von ihm gewählten Bereich auf. Der Einstieg fällt hier mit Vorkenntnissen leichter.

Datenschutzrecht

von Klaus Foitzick

Im deutschen Recht spielt der Datenschutz schon seit Jahrzehnten eine wichtige Rolle; das 1970 in Kraft getretene Hessische Datenschutzgesetz war sogar weltweit das erste seiner Art. Mit der seit Mai 2018 anwendbaren europäischen Datenschutz-Grundverordnung (DSGVO) hat das Datenschutzrecht in der gesamten EU einen neuen Stellenwert gewonnen. Nahezu jedes Unternehmen verarbeitet auf die eine oder andere Art personenbezogene Daten und muss sich deshalb mit dem Datenschutzrecht befassen. Der Bedarf an speziell im Datenschutz juristisch geschulten Beratern hat deswegen massiv zugenommen. Besonders gefragt ist die Position des betrieblichen Datenschutzbeauftragten. Dieser berät die Geschäftsführung, schult Mitarbeiter und kontrolliert die Rechtmäßigkeit aller Datenverarbeitungen und den Schutz der Daten. Zudem ist der Datenschutzbeauftragte Ansprechpartner für Betroffene und Aufsichtsbehörden. Um der oft dramatisch unterschätzten Komplexität dieser Rolle gerecht zu werden, ist es in der Regel einfacher, einen juristischen Experten als externen Datenschutzbeauftragten zu bestellen. Für Absolventen eines rechtswissenschaftlichen Studiengangs bietet eine Spezialisierung auf das Datenschutzrecht also sehr gute Jobaussichten. Wer bei seiner Arbeit gerne direkten Kundenkontakt hat und schnell Projektverantwortung übernehmen will, ist hier genau richtig. Weil die Klienten aus verschiedensten Branchen kommen, ist Abwechslung garantiert. Die juristische Tätigkeit ist primär eine beratende und prüfende. Die gerichtliche Rechtsvertretung spielt (bisher) kaum eine Rolle.

Fachliche und formale Qualifikationen

Das Datenschutzrecht gehört regelmäßig noch nicht zu den Pflichtfächern während der juristischen Ausbildung. Kaum ein Absolvent bringt deshalb die notwendigen Fachkenntnisse bereits mit. Wer sich während des Studiums mit der DSGVO, dem Bundesdatenschutzgesetz (BDSG) und anderen relevanten Rechtsbereichen, wie etwa dem Wettbewerbsrecht, befasst und gegebenenfalls in einem Praktikum weitere Kenntnisse erworben hat, ist vergleichsweise gut aufgestellt. Viele Industrie- und Handelskammern bieten eine sinnvolle Fortbildung zum Datenschutzbeauftragten an, die sich jedoch nicht ausschließlich an Juristen wendet. Die tatsächliche Anwendung bzw. Umsetzung des Datenschutzrechts lässt sich erst in der beruflichen Praxis erlernen. Bei der Auswahl des Arbeitgebers lohnt es sich deswegen, auf ein Mentorenprogramm oder vergleichbare Methoden der Berufseinführung zu achten. Ähnlich verhält es sich aller Erfahrung nach mit den unverzichtbaren technischen Kenntnissen, die ebenfalls kaum ein Jura-Absolvent mitbringt. Gute Arbeitgeber bieten ihren Mitarbeitern deshalb Schulungen z. B. zu Standards der Informationssicherheit wie der ISO 27001 an. Eine gewisse IT-Affinität sollten Berufseinsteiger in jedem Fall haben. Formal gesehen kommen verschiedene Abschlüsse in Betracht. Zugelassene Rechtsanwälte bzw. Volljuristen haben regelmäßig eine bessere Ausgangslage in Kanzleien und im internationalen Kontext auch meist bessere Chancen.

Sonstige Voraussetzungen

Juristen, die zum Datenschutzrecht beraten wollen, sollten auch über ausgeprägte soziale Kompetenzen verfügen. Der Datenschutzbeauftragte geht eine meist langjährige Vertrauensbeziehung mit viel persönlichem Kundenkontakt ein. Gleichzeitig zu prüfen und zu beraten ist dabei eine mitunter schwer zu erfüllende Doppelrolle. Zudem ist ein hoher Problemlösungswille gefragt. Die schnell fortschreitende digitale Transformation der Wirtschaft erfordert eine enorme Vielfalt an kreativen Speziallösungen für die verschiedensten Datenverarbeitungen bei Wertschöpfungsketten und Geschäftsmodellen. Wer sich selbst eher als Bedenkenträger versteht, ist davon höchstwahrscheinlich überfordert. Juristen, die hingegen neu- und querdenken können, finden im Datenschutzrecht einen wirklich spannenden Job.

Perspektiven und Karrierepfade

Wer sich auf das Datenschutzrecht spezialisieren will, wird eher nicht in einer Großkanzlei anfangen. Die dortige starke Arbeitsteilung bei der Betreuung jedes Kunden erschwert eine partnerschaftliche und kontinuierliche Zusammenarbeit mit dem Klienten. Stattdessen bietet sich eine Boutique-Kanzlei mit entsprechender Ausrichtung an. Alternativ gibt es zahlreiche spezialisierte Consultingunternehmen, in denen vorwiegend Juristen arbeiten. Dies liegt vor allem daran, dass ein großer Teil der Tätigkeit des Datenschutzbeauftragten keine Rechtsdienstleistung, sondern eine gewerbliche darstellt. Auch wer Datenschutzfragen lieber in der Compliance-Abteilung eines Konzerns bearbeiten will, ist aufgrund des dafür notwendigen Fach- bzw. Anwendungswissens gut beraten, in einer spezialisierten Kanzlei oder Consultingagentur zu lernen.

Veränderungen des Berufsbilds durch die DSGVO

Durch die DSGVO und die voraussichtlich in den nächsten Jahren in Kraft tretende ePrivacy-Verordnung wird sich das Berufsbild des juristischen Datenschutzberaters in den nächsten Jahren ändern. Der wohl wichtigste Trend dürfte die Internationalisierung sein, weil das Datenschutzrecht überall an Bedeutung gewinnt. Sehr gute Englischkenntnisse sind unabdingbar; weitere Fremdsprachenkenntnisse, Auslandserfahrung und Kenntnisse der Datenschutzgesetze anderer Länder sind von großem Vorteil. Inhaltlich werden sich vor allem drei Aspekte bemerkbar machen: Zum einen wird die Vielfalt der zu betreuenden Branchen zunehmen, wodurch wiederum branchenspezifische Gesetze – etwa bei Krankenhäusern oder kritischen Infrastrukturen – wichtiger werden. Zum anderen wird weltweit der Datenschutz bei der Verarbeitung von (personenbezogenen) Daten im Auftrag wichtiger. Denn mit der DSGVO kommt datenschutzrechtlich das Marktortprinzip zum Tragen – das heißt: Auch Anbieter aus China, Indien oder den USA müssen die Vorgaben der DSGVO beachten, wenn in der EU befindlichen Personen Waren oder Dienstleistungen angeboten oder deren Daten sonst verarbeitet werden. Im direkten Zusammenhang damit gibt es als dritte wichtige Entwicklung die neue Position des Vertreters in der Union für alle Unternehmen, die selbst keinen Sitz in der EU haben, aber hier Produkte bzw. Dienstleistungen anbieten. Dieser EU-Vertreter ist Ansprechpartner für europäische Aufsichtsbehörden sowie alle von Datenschutzfragen Betroffenen und dient der tatsächlichen Durchsetzbarkeit der DSGVO auch außerhalb der EU.

Ausblick

Gerade im Bereich der Datenverarbeitung wird der Automatisierungsgrad in den nächsten Jahren immer weiter zunehmen. Weil dabei aber immer wieder vom Gesetz nicht unmittelbar geregelte und im internationalen Kontext divers gehandhabte Datenschutzfragen auftreten, ist nicht davon auszugehen, dass Datenschutz-Juristen bald durch IT ersetzt werden. Trotzdem sollten insbesondere im Datenschutzrecht tätige Anwälte einen leistungsorientierten Arbeitsstil entwickeln und die Herausforderung von Legal Tech nutzen, um Standardprozesse zu automatisieren.

Energierecht

von Vivien Vacha

Willkommen im Energierecht!
Junge Kollegen, die in einem äußerst facettenreichen, sich ständig wandelnden, mitunter technischen und tagespolitisch aktuellen Rechtsgebiet arbeiten wollen, sind im Energierecht genau richtig und herzlich willkommen.

Energierecht – was ist das überhaupt?
Das Energierecht ist ein vergleichsweise junges Rechtsgebiet. Denn obwohl ein erstes, knappes Energiegesetz in Deutschland schon 1935 erlassen wurde, genügten im Übrigen die allgemeinen zivilrechtlichen und öffentlich-rechtlichen Gesetze zur Regelung der damaligen Marktstrukturen und Vertragsverhältnisse.

Erst mit der Deregulierung der Strom- und Gasmärkte durch europarechtliche Vorgaben in den 1990er-Jahren hat sich nach und nach ein eigenes Energierecht herausgebildet. Es wird heute, in Zeiten unter anderem der deutschen Energiewende und der Verwirklichung eines europäischen Energie-Binnenmarktes, durch viele eigene europäische und nationale Regelungen kodifiziert, sodass ein eigenständiger Beratungsmarkt entstanden ist. Zugleich bietet das Energierecht aber weiterhin zahlreiche Schnittstellen zu anderen Rechtsbereichen, etwa zum allgemeinen Vertragsrecht, Gesellschaftsrecht, Kreditrecht, Wettbewerbsrecht, Baurecht, Umweltrecht und Steuerrecht.

Jobperspektiven zwischen Großkanzlei und Boutique
Einerseits verfügen heute fast alle großen Wirtschaftskanzleien über Teams, die sich (auch) mit dem Energierecht beschäftigen. Hier gibt es oft innerhalb der großen Praxisgruppen (zum Beispiel „Banking", „Corporate" oder „Litigation and Arbitration") eine mehr oder weniger starke energierechtliche Spezialisierung. Typische Mandate sind beispielsweise die Gestaltung von Projekt- und Kreditverträgen für große Energieprojekte (Großkraftwerke, Windparks etc.) im In- und Ausland sowie die rechtliche Beratung rund um die Planung, Genehmigung und Regulierung. In Zeiten der Energiewende betrifft dies jedenfalls für den deutschen und europäischen Markt vor allem Solar- und Windparks. Weiterhin ist durch die politisch vorgegebene Auflösung der früheren Monopol-Unternehmen ein Markt für den Kauf und Verkauf von Erzeugungsanlagen, Netzen und Speichern entstanden, der mitunter auch stark von den Vorgaben des Wettbewerbsrechts beeinflusst wird. Ein weiteres Arbeitsgebiet ist die Führung von Rechtsstreitigkeiten vor ordentlichen Gerichten und Schiedsgerichten. Ein prominentes Beispiel sind etwa die Verfahren im Zusammenhang mit dem Atomausstieg und der zwangsweisen Abschaltung von Atomkraftwerken 2011. Mandanten sind in der Regel (Energie-)Unternehmen, Banken und andere institutionelle Investoren.

Andererseits sind viele Boutiquen und mittelständische Kanzleien entstanden, die zahlreiche Facetten des Energierechts bearbeiten: Dazu gehört beispielsweise die Begleitung von Ausschreibungen nach dem Erneuerbare-Energien-Gesetz als Grundlage für die Realisierung neuer Projekte; die Beratung bei Ausschreibungen der öffentlichen Hand als Teil des Vergaberechts; die Strukturierung des Kaufs und Verkaufs von Strom, Wärme, Biogas u. a. im Rahmen des Energiehandels; die Gestaltung von Energielieferverträgen und die Begleitung von Netzübernahmen durch Kommunen im Zuge der Rekommunalisierung. Hier sind die Mandanten oft Projektentwickler, Energieerzeuger und -abnehmer, Energieversorger, Energiehandelsunternehmen, Stadtwerke und Kommunen.

Hinzu kommt eine – zunehmend wachsende – Anzahl von Stellen als Transaction Lawyer/Practice Support Lawyer, die auch für Bachelor-/Master-Absolventen ohne Zweites Staatsexamen geeignet sind. Sie unterstützen innerhalb der Kanzlei, wenn es um die Bearbeitung großer Mengen an standardisierten Verträge geht (zum Beispiel die Flächensicherung bei Windpark-Projekten). Zudem finden sich in großen Kanzleien Anwälte im Bereich Know-how-Management. Diese Kollegen arbeiten nicht auf dem Mandat, sondern sind zum Beispiel für das Entwerfen von Vertragsmustern, die Pflege von Datenbanken mit Transaktionsdokumenten und die Erstellung von internen und externen Newslettern verantwortlich.

Einstieg – Aufstieg – Ausstieg

Der Berufsweg eines Energierechtlers hängt vor allem von der Frage ab, welche Art von Kanzlei für den Berufseinstieg gewählt wird bzw. auf Grundlage der Examensnoten in Betracht gezogen werden kann.

In großen Wirtschaftskanzleien gilt auch für Energierechtler das eher auf ein Up-or-Out angelegte Modell. Es mündet – nach in der Regel arbeits- und erfahrungsintensiven Jahren – nur in seltenen Fällen in eine Partnerschaft. Gerade in den ersten Berufsjahren ist zudem eher mit einem „Schreibtischjob" zu rechnen, denn der Kontakt zu Mandanten und die selbstständige Führung von Mandaten ergeben sich zumeist erst über die Jahre. Dafür besteht allerdings die Möglichkeit, auf großen, spannenden, mitunter globalen Transkationen zu arbeiten und vielleicht im Rahmen von Secondments Mandanten oder andere Standorte der Kanzlei kennenzulernen. Wie schon erwähnt, arbeitet man allerdings in der Regel innerhalb einer breiter aufgestellten Praxisgruppe, sodass man beispielweise eher Corporate-Anwalt mit einer Spezialisierung im Energierecht ist als ein reiner Energierechtler.

Kleinere Kanzleien verfügen dagegen typischerweise über ein weniger klares Hierarchiesystem, sodass die Zusammenarbeit stärker langfristig ausgelegt ist. Gerade die wiederholte Begleitung ähnlicher, kleinerer Mandate ermöglicht Einsteigern schneller ein eigenverantwortliches Arbeiten mit Mandantenkontakt. Zudem mag es hier einfacher sein, über eine Spezialisierung ein eigenes Profil zu entwickeln und sich so im Markt bzw. bei den Mandanten zu positionieren.

Für diejenigen, die dem Anwaltsleben nach einigen Jahren den Rücken kehren wollen, bieten sich beispielsweise bei Energieunternehmen, Projektentwicklern, Beratungsgesellschaften, Kommunen, Verbänden, Lobbygruppen, bei der Bundesnetzagentur und im Umfeld der Bundesministerien sowie der Europäischen Union neue Perspektiven mit energierechtlichem Bezug. Hinzu kommt, dass Deutschland im Bereich der erneuerbaren Energien international noch immer zu den Vorreitern gehört und ein großes Interesse an der „German energy transition" besteht. Für einen in Deutschland qualifizierten Energierechtler können sich dadurch auch am internationalen Arbeitsmarkt spannende Perspektiven ergeben.

Voraussetzungen

Die Materie des Energierechts gehört nicht zum Kanon der juristischen Ausbildung, sodass entsprechende Fachkenntnisse beim Berufseinstieg nicht vorausgesetzt werden. Allerdings bieten einige Universitäten mittlerweile Einführungsvorlesungen an, zudem bestehen zum Beispiel an den Universitäten in Berlin, Köln und Jena eigene Institute mit einem vertieften energierechtlichen Angebot. Und auch diverse Master- bzw. LLM-Programme sind im In- und Ausland rund um das Thema Energierecht entstanden. Wer so und/oder durch Praktika, Nebenjobs oder Referendarsstationen in Energierechts-Kanzleien oder im Umfeld der Energiewirtschaft Grundlagenwissen erworben hat, ist sicher ein interessanter Bewerber.

Der Berufseinstieg wird in nahezu jedem Fall von der Notwendigkeit geprägt sein, sich ein ausreichendes rechtliches, wirtschaftliches und technisches Verständnis zu erarbeiten. Denn ohne Kenntnisse der Besonderheiten des Marktes zwischen Wettbewerb und Regulierung, seiner vielfältigen Akteure und deren Kompetenzen, der Funktionsweise von Erzeugungsanlagen und Netzen etc. und natürlich der energierechtlichen Regelungen auf deutscher und europäischer Ebene, kann ein Energierechtler nicht erfolgreich arbeiten. Hier kann und muss man sich gerade am Anfang Wissen anlesen und es mit der Erfahrung aus der Mandatsarbeit verknüpfen. Zudem sind, jedenfalls in den großen Wirtschaftskanzleien, sichere Englischkenntnisse unabdingbar, die um das nötige energierechtliche Fachvokabular angereichert werden müssen.

Wichtig ist zudem die Freude an sich häufig ändernden oder neu entstehenden gesetzlichen Grundlagen, insbesondere im Bereich der erneuerbaren Energien, in die man sich immer wieder neu einarbeiten muss, und etwas Pioniergeist. Denn viele Fragestellungen sind bislang weder (höchst)richterlich entschieden noch in der Literatur (ausführlich) kommentiert oder besprochen und müssen mittels des klassischen juristischen Handwerkszeugs erarbeitet werden. Das ist – gerade für Berufseinsteiger – manchmal knifflig, schafft aber zugleich viel Spielraum für eigene Gedanken und Lösungsansätze, sodass Langeweile und allzu viel Routine eher die Ausnahme sein werden. Hinzu kommt, dass sich für diejenigen, die Freude am Publizieren haben, viel Stoff für Aufsätze, Artikel, Bücher und Kommentare bietet, was ein guter Baustein bei der Entwicklung eines eigenen Profils ist.

Gesellschaftsrecht

von Dr. Christian Vogel

„Eintrübung im M&A-Markt?", „Der Boom am deutschen Midmarket geht weiter – die Multiples haben ein neues Allzeithoch erreicht" – so oder so ähnlich wurde und wird über die gegenwärtige Situation auf dem europäischen M&A-Markt berichtet. Was aber machen eigentlich Anwälte in diesem Umfeld?

Die Tätigkeit des Anwalts im Gesellschaftsrecht geht über die „klassische" gesellschaftsrechtliche Beratung hinaus. Vielmehr ist die Tätigkeit geprägt von einer Querschnittsfunktion, bei der der Anwalt nicht nur gesellschaftsrechtlich berät, sondern die Transaktion strukturiert und die Beratung durch das Anwaltsteam koordiniert. Das Berufsbild des Anwalts im Gesellschaftsrecht lässt sich anhand der folgenden Kernbereiche näher beleuchten: M&A, öffentliche Übernahmen, Private Equity und Venture Capital sowie Restrukturierung und Insolvenz.

M&A

Der „M&A" (Mergers and Acquisitions) genannte Tätigkeitsbereich befasst sich mit dem Erwerb bzw. der Veräußerung von Unternehmen und Unternehmensteilen. Bei einer M&A-Transaktion ist der Rechtsanwalt umfassend als Berater eingebunden, die Tätigkeit geht damit deutlich über die rein rechtliche Beratung hinaus und umfasst häufig auch Funktionen des Transaktionsmanagements bei Vorbereitung und Durchführung der Transaktion.

Phasen einer M&A-Transaktion

Die Tätigkeit des M&A-Anwalts lässt sich am besten an einem Beispiel zeigen. Möchte beispielsweise die A-AG alle Anteile an der B-GmbH, einem Tochterunternehmen der B-AG, erwerben, so gliedert sich eine solche Transaktion üblicherweise in fünf Schritte: Vorbereitung/Getting Started, Due Diligence, Vertragsverhandlung bis Signing, Vorbereitung und Durchführung des Closings, Implementierung.

In der Vorbereitungsphase kommt es zu ersten Sondierungsgesprächen zwischen der A-AG und der B-AG. Solche Sondierungsgespräche werden häufig initiiert durch Finanzberater, etwa durch Investmentbanken. Frühzeitig werden auch Anwälte in den Prozess einbezogen, um eine Vertraulichkeitserklärung zwischen der A-AG und der B-AG vorzubereiten und gegebenenfalls auch weitere vorbereitende Dokumente zu erstellen:

- Wenn – wie hier – tatsächlich die B-AG nur mit der A-AG spricht, würde es sich anbieten, die ersten Ergebnisse der Gespräche in einer nicht bindenden Absichtserklärung (sogenannter Letter of Intent oder Term Sheet) niederzulegen, um so der weiteren Verhandlung eine Struktur zu geben.
- Wenn hingegen die B-AG zur Sondierung der bestmöglichen Verkaufsoptionen mit mehreren potenziellen Käufern spricht (sogenanntes Auktionsverfahren), wird die B-AG die A-AG zur Abgabe eines indikativen, nicht bindenden Angebots auffordern. Dies ermöglicht es der B-AG, die einzelnen Bieter im Auktionsverfahren zu beurteilen und eine erste Indikation hinsichtlich des möglichen Kaufpreises zu erzielen.

Nach Abschluss eines Letter of Intent oder Abgabe eines indikativen Angebots würde der A-AG die Möglichkeit eingeräumt, die in den vorherigen Gesprächen mitgeteilten Informationen im Rahmen einer Due Diligence zu überprüfen. Hierbei wird das Unternehmen umfassend auf wirtschaftliche (Financial Due Diligence) und rechtliche (Legal Due Diligence) Risiken untersucht. Anwälte arbeiten dabei eng mit den Finanzberatern zusammen, um insbesondere die Auswirkungen der gefundenen Risiken auf die Kaufpreisfindung zu diskutieren. Zu diesem Zeitpunkt sind häufig kurzfristig große Teams aufseiten des Erwerbers gleichzeitig tätig, um in einer oft nur sehr kurzen Datenraumphase die großen Datenmengen zu sichten, zu systematisieren und die dabei gefundenen Risiken zu bewerten. Bei der Bewertung der Risiken ist von den Anwälten neben der rechtlichen Beurteilung auch eine wirtschaftliche gefordert: Sind die Risiken so gravierend, dass es sich um Deal Breaker handelt (also um Risiken, die so hoch sind, dass bei Realisierung die Transaktion undurchführbar wird)? Welchen Einfluss haben die Risiken auf die Kaufpreisfindung, wenn sie nicht einen solchen Umfang haben, dass die Transaktion insgesamt gefährdet wird?

Sind Anwälte auf Veräußererseite tätig, gilt es zunächst, den Datenraum vorzubereiten. So kann es erforderlich werden, besonders sensible Informationen für die ersten Verhandlungsrunden zu schwärzen oder auch die Vollständigkeit und Aussagekraft der zur Verfügung gestellten Unterlagen zu analysieren. Immer öfter gehen Veräußerer auch dazu über, zunächst selbst eine Anwaltskanzlei mit einer Due Diligence zu beauftragen (Vendor Due Diligence), um so bereits vorher die möglichen Risiken der Transaktion zu identifizieren und zudem die Abwicklung der Transaktion nach Beginn der Auktion zu beschleunigen. Außerdem ermöglicht das dem Veräußerer in stärkerem Maße, den zu erzielenden Kaufpreis realistisch einzuschätzen.

Im Anschluss an die Due Diligence gilt es, den Kaufvertrag zu verhandeln. Dabei müssen die Ergebnisse so eingearbeitet werden, dass eine für beide Seiten akzeptable Risikoverteilung gefunden wird. So kann beispielsweise ein Risiko bewertet und diese Bewertung vom Kaufpreis abgezogen werden. Ebenso ist es möglich, dass sich der Käufer vom Verkäufer hinsichtlich dieses Risikos freistellen lässt oder dieses Risiko sogar extern versichert. In Auktionsverfahren wird die Vertragsverhandlung zunehmend harmonisiert.

Nach Abschluss des Kaufvertrags (sogenanntes Signing) muss dessen Vollzug (sogenanntes Closing) vorbereitet werden. Hierfür liegt es zumeist in der Hand der Anwälte aus dem M&A-Bereich, diese Vorbereitungen zu koordinieren, während die Kollegen aus dem Kartellbereich die Anmeldungen bei den zuständigen Kartellbehörden vorbereiten. Die Koordination umfasst dabei auch den Abschluss etwaiger noch ausstehender Verträge und die Vorbereitung der Integration des Kaufobjekts in den Konzern.

Nach Vollzug des Kaufvertrags ist die Transaktion aber weder aufseiten des Erwerbers noch aufseiten des Verkäufers beendet. Vielmehr muss der Verkäufer nunmehr die noch vertraglich vereinbarten Übergangsleistungen erbringen, bevor er endgültig die Verbindungen zum Kaufobjekt kappen kann. Der Erwerber hingegen muss nun das neu erworbene Unternehmen in seinen Konzern integrieren.

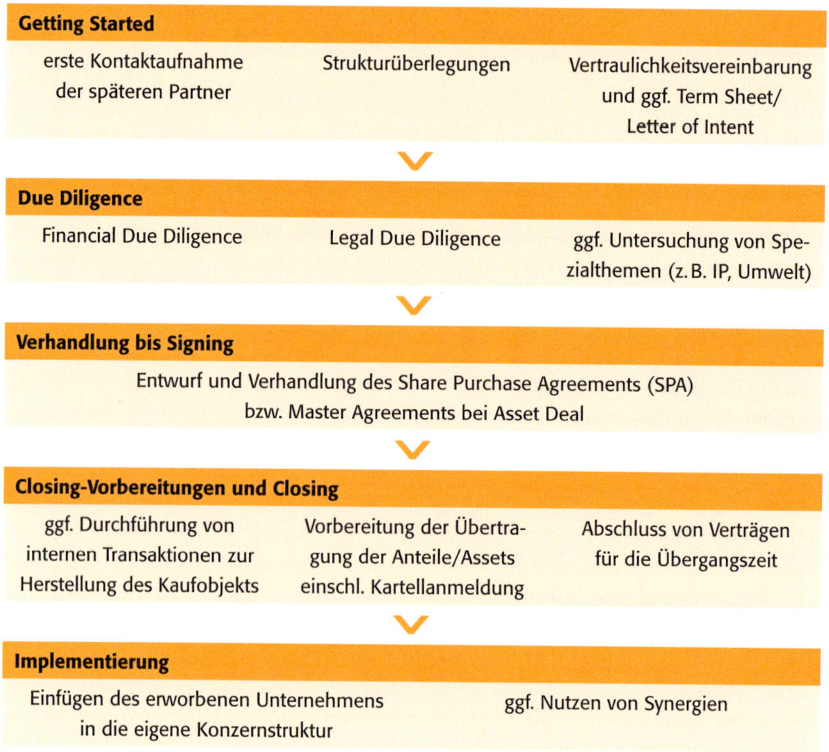

Phasen einer M&A-Transaktion

Tätigkeit des Rechtsanwalts

Die Begleitung einer Transaktion über diese fünf Stadien ist spannend, aber auch zeitlich herausfordernd. Fachlich erforderlich sind Kenntnisse im deutschen Kapital- und Personengesellschaftsrecht, aber auch Grundkenntnisse in den von der Transaktion berührten Rechtskreisen. Gerade bei internationalen Transaktionen ist zudem ein Grundverständnis für die Besonderheiten der benachbarten Rechtsordnungen unumgänglich, da nur so die Verhandlungen effizient und für beide Seiten erfolgreich durchgeführt werden können.

Die zeitliche Belastung ist vom jeweiligen Stand der Transaktion abhängig – es kann vorkommen, dass eine Transaktion wochenlang ruht, bevor sie plötzlich und unvermittelt wieder zum Leben erweckt wird. Ebenso kann es passieren, dass eine Transaktion, die gerade noch in der heißen Phase intensiv verhandelt wurde, urplötzlich abgesagt wird, weil es zu grundlegenden Differenzen zwischen Erwerbsinteressent und Veräußerer gekommen ist.

Spannend ist diese Tätigkeit, weil der Anwalt im Bereich M&A einen tiefen Einblick in das zu erwerbende Unternehmen, aber auch in vielfältige rechtliche Problemstellungen erhält. Dabei ist M&A keine Tätigkeit für hoch spezialisierte Einzelkämpfer, sondern Teamwork. So sind neben den Kollegen aus dem Gesellschaftsrecht Kollegen aus den Bereichen Arbeitsrecht, Steuerrecht, Umweltrecht, IP/IT, Real Estate, Versicherungsrecht sowie gegebenenfalls weiteren Spezialbereichen wie Healthcare oder Energierecht tätig.

Die Transaktion gewinnt noch mehr an Komplexität, sobald grenzüberschreitende Bezüge enthalten sind. In diesem Fall gilt es zusätzlich, die Arbeit der ausländischen Kollegen (Local Counsel) zu koordinieren, die entweder aus eigenen Büros oder von externen Kanzleien aus an der Transaktion mitwirken. Außerdem müssen die Besonderheiten anderer nationaler Rechtsordnungen beachtet und verstanden werden. Die Aufgabe des einzelnen Anwalts wechselt dabei mit zunehmender Seniorität: Während junge Kollegen ihre ersten Erfahrungen im Rahmen der Due Diligence, bei der Koordination der Local Counsel und der Vorbereitung von Kaufvertrag und Closing sammeln, übernehmen ältere Kollegen die Koordination der Due Diligence und wirken an den Vertragsverhandlungen mit.

Öffentliche Übernahmen

Eine weitere Besonderheit gegenüber klassischen M&A-Transaktionen stellen öffentliche Übernahmen dar. In diesem Fall interessiert sich ein Bieter für den Erwerb von mindestens 30 Prozent der Stimmrechte an einer börsennotierten Gesellschaft. Besonderheiten ergeben sich insbesondere daraus, dass der Transaktionsablauf durch das WpÜG und die entsprechenden Umsetzungsvorschriften stark reglementiert ist und zudem der Aufsicht durch die BaFin unterliegt. Anders als bei einer privaten Transaktion wird daher der Kaufvertrag nicht mit einem oder mehreren Verkäufern abgeschlossen, sondern der Bieter bereitet ein öffentliches Angebot vor, das an alle Aktionäre gerichtet ist und diese davon überzeugen soll, die Anteile an den Bieter zu veräußern. Gerade im Jahr 2017 hat die Aktivität im Bereich öffentlicher Übernahmen stark zugenommen.

Private Equity und Venture Capital

Die Beratung von Finanzinvestoren und Venture-Capital-Gebern stellt ein weiteres spannendes Betätigungsfeld für Juristen dar.

Venture Capital

Venture-Capital-Finanzierungen bezeichnen die Finanzierung von Wachstum durch Finanzinvestoren bei jungen Unternehmen. Technisch handelt es sich dabei um Kapitalerhöhungen gegen Bar- oder (seltener) Sacheinlagen, die bei Erreichen bestimmter wirtschaftlicher Milestones gewährt werden (etwa Produktentwicklung/klinischer Test/Marktreife). Ziel ist dabei, das Unternehmen nach Ablauf der Finanzierungsphase zu veräußern und darüber den Return on Investment (ROI) zu erreichen. Zu beachten ist, dass bei Weitem nicht alle Venture-Capital-Finanzierungen erfolgreich sind, vielmehr nimmt der Risikokapitalgeber in Kauf, dass er zahlreiche Gesellschaften finanzieren muss, damit sich wenigstens eine erfolgreich durchsetzt.

Neben den im Rahmen des Unternehmenskaufs erforderlichen Tätigkeiten gilt es hier vor allem, im Rahmen der Finanzierungsrunden zwischen den Investoren eine Einigung über Art und Umfang der jeweiligen Einlagen zu erzielen. Sobald diese Investments über eine Fremdfinanzierung erfolgen, muss zudem enger Kontakt mit den Kollegen aus dem Finanzierungsbereich gehalten werden, damit diese die Finanzierungsdokumentation zeitnah vorbereiten können.

Private Equity

Bei Private-Equity-Investments geht es im Kern um den Erwerb oder die Veräußerung von Unternehmen, also um klassisches M&A, allerdings mit einer Reihe von Spezialthemen:

- **Management-Beteiligung:** Ziel des Private-Equity-Investors ist es regelmäßig, die Interessen des Managements mit denen der Gesellschafter in Einklang zu bringen. Dies geschieht durch eine Beteiligung des Managements am von ihm geleiteten Unternehmen, um so den Gesellschaftern einen wirtschaftlichen Hebel für die gemeinsame wirtschaftliche Zielerreichung an die Hand zu geben.
- **Finanzierung:** Der Großteil des Kaufpreises oder der Investition wird nicht aus Eigenmitteln erbracht, sondern fremdfinanziert. Daher müssen Strukturen geschaffen werden, die den finanzierenden Banken eine Sicherung des Darlehens ermöglichen und zugleich eine steueroptimierte Ausschüttung zulassen.
- **Gewährleistung:** Beim Erwerb der Unternehmen von einem Finanzinvestor ist zu beachten, dass dieser in der Regel nur in geringem Umfang Gewährleistungen geben kann. Hintergrund ist, dass der Finanzinvestor nach Veräußerung des Unternehmens möglichst kurzfristig den Erlös an die Investoren seines Fonds auskehren muss, um so eine möglichst hohe Rendite für den Fonds zu erreichen. Um gleichwohl den Erwerbern einen ausreichenden Schutz zu gewährleisten, wird in einer stetig wachsenden Zahl von Transaktionen auf Versicherungslösungen (sogenannte W&I Insurances) zurückgegriffen.

Restrukturierung und Insolvenz

Zwar wird die eigentliche Insolvenzverwaltung aufgrund des erheblichen Personaleinsatzes von einigen hierauf spezialisierten Kanzleien durchgeführt, doch ist gerade die Beratung von Unternehmen in insolvenznahen Situationen Kernbestandteil der gesellschaftsrechtlichen Beratung:

- Im Rahmen der Restrukturierungsberatung unterstützen Anwälte beispielsweise die Gesellschaft bei Verhandlungen mit den Gläubigern, etwa zur Umgestaltung von Darlehensforderungen in Eigenkapital oder zum (Teil-)Verzicht auf Darlehensforderungen, verbunden mit Besserungsscheinen.
- Beim Kauf aus der Insolvenz beraten Anwälte hinsichtlich der Besonderheiten des Erwerbs von Unternehmensteilen, nachdem das entsprechende Mutterunternehmen Insolvenz angemeldet hat. In diesem Fall erfolgt die Verhandlung nicht mehr mit dem Eigentümer, sondern mit dem Insolvenzverwalter. Wesentliches Kennzeichen hierbei ist, dass häufig nur begrenzte Informationen über das Unternehmen zur Verfügung stehen und auch keine oder nur sehr begrenzte Gewährleistungen durch den Insolvenzverwalter genehmigt werden können.

Gewerblicher Rechtsschutz und Urheberrecht

von Dr. Philipe Kutschke und Prof. Dr. Tilman Müller-Stoy

Der gewerbliche Rechtsschutz ist eine Spezialmaterie mit vielen Facetten. Er umfasst das Patent- und Markenrecht, das Recht der geografischen Herkunftsangaben, das Recht der Gebrauchs- und Geschmacksmuster sowie den Sorten- und Halbleiterschutz. Schutzgegenstand ist in aller Regel eine besondere, gewerblich verwertbare technische oder gestalterische Leistung (z.B. eine Erfindung oder der Name eines Produkts), für die in einem amtlichen Registrierungsverfahren oder von Gesetzes wegen ein Monopolrecht erlangt werden kann. Dritten kann dadurch die Nutzung der geschützten Leistung untersagt werden, gegebenenfalls kommen bei unberechtigten Nutzungen dieser Leistung Schadensersatzansprüche in Betracht. Flankierend ist das Kartell- bzw. Wettbewerbsrecht zu nennen, welches das Marktverhalten im Wettbewerb und insbesondere Fragen der irreführenden bzw. unlauteren Werbung regelt. Zusammenfassend betrifft der gewerbliche Rechtsschutz also eine spezifische, wirtschaftsrechtliche Materie an den Schnittstellen zwischen Recht und Technik bzw. der Vermarktung von Produkten, Dienstleistungen sowie Forschungs- und Entwicklungsergebnissen. Als Nachbargebiet ist auch das Urheberrecht zu erwähnen, das eine eigenständige zivilrechtliche Tradition aufweist und ebenso wie der gewerbliche Rechtsschutz immaterielle Güter, nämlich die kreative Leistung des Schöpfers bzw. Autors, schützt.

Auf diesem Gebiet tätige Juristen sehen sich daher mit vielschichtigen strategisch-wirtschaftlichen Fragestellungen konfrontiert. Sie begleiten typischerweise die Entwicklung der „Idee" bis zu deren Marktreife, den Schutzerlangungsprozess und die Durchsetzung der Schutzrechte, gegebenenfalls im Eilverfahren. Fortlaufende strategische Beratung, Schutzrechtsmanagement und Schutzrechtsbewertung sowie Verhandlung und Gestaltung von Lizenzverträgen, Forschungs- und Entwicklungsvereinbarungen sind dabei gleichermaßen bedeutsam, insbesondere auch im Zusammenhang mit schutzrechtsrelevanten Unternehmenstransaktionen.

Ein besonderes Wesensmerkmal des gewerblichen Rechtsschutzes ist dessen Internationalität. Welt- und europaweite Harmonisierungsbestrebungen wurden bereits in signifikantem Umfang umgesetzt. Der persönliche und fachliche Austausch sowie eine gewisse „Beweglichkeit" im internationalen Umfeld sind daher unabhängig von dem jeweiligen Spezialgebiet innerhalb des gewerblichen Rechtsschutzes charakteristisch. Als Vorreiter der Globalisierung gewinnt der gewerbliche Rechtsschutz insbesondere in der internationaler werdenden Wissensgesellschaft an Bedeutung und ist aus dem modernen Wirtschaftsleben nicht mehr wegzudenken. Es handelt sich um ein nachhaltiges und vergleichsweise krisenresistentes Rechtsgebiet, da mit dem Schutz von Ideen und kreativen Konzepten langfristige Strategien umgesetzt werden.

Berufsbilder, berufliches Umfeld, Weichenstellungen und Anforderungen

Der gewerbliche Rechtsschutz eröffnet Juristen eine ganze Reihe von unterschiedlichen Einsatzgebieten. Im privatwirtschaftlichen Bereich sind in erster Linie die Anwaltschaft sowie die Rechts-, Patent- und Markenabteilungen aller Industriezweige zu nennen. Die im gewerblichen Rechtsschutz tätige Anwaltschaft ist hauptsächlich in mittelständischen, hoch spezialisierten Boutiquen, in wachsendem Umfang aber auch in Großkanzleien bzw. großen Wirtschaftsprüfungsgesellschaften organisiert. Das Mandantenspektrum ist weit gefächert und reicht vom Einzelerfinder bis zu internationalen Konzernen.

Im gewerblichen Rechtsschutz stehen Juristen auch eine Vielzahl nationaler und internationaler Stellen im Staatsdienst zur Verfügung, vor allem bei den in Deutschland spezialisierten Instanzgerichten und BGH-Senaten, dem Bundespatentgericht, dem EuG und EuGH, dem Deutschen Patent- und Markenamt oder dem Europäischen Patentamt. Interessante Tätigkeitsfelder eröffnen sich Juristen auch bei der WIPO und dem europäischen Harmonisierungsamt für den Binnenmarkt, sowie in Einzelfällen bei den betroffenen Bundes- und Staatsministerien (Justizministerien, Ministerien für Wirtschaft und Technologie) oder in der Wissenschaft, z. B. Max-Planck-Institut für Geistiges Eigentum, Wettbewerbs- und Steuerrecht.

Ein beruflicher Wechsel zwischen Kanzleien, Unternehmen und staatlichen Stellen findet zwar gelegentlich statt, ist aber eher selten und nicht ohne Weiteres möglich. Am gewerblichen Rechtsschutz interessierte Juristen sollten daher sorgfältig überlegen, welchen Einstieg sie für ihr Berufsleben wählen, weil sie ihren späteren Werdegang damit in aller Regel festlegen. Die genannten Positionen und die in allen Fällen notwendige Spezialisierung spiegeln gleichsam den täglichen Umgang im gewerblichen Rechtsschutz wider: Zwischen Anwaltschaft (Beratung und Verfahrensführung; Kommunikation mit ausländischen Kollegen), Industrie (Management, strategische Planung und Entscheidung), Ämtern und Gerichten (Verfahrensentscheidung) findet ein intensiver Austausch statt. Dies gilt nicht nur in Bezug auf konkrete Fälle, sondern auch im Hinblick auf Modernisierungsinitiativen und Fachkonferenzen. Man kennt sich in aller Regel, auch auf internationaler Ebene.

Vor diesem Hintergrund erklären sich die folgenden, meist unerlässlichen Qualifikationsanforderungen: hervorragende Fremdsprachenkenntnisse (vor allem Englisch) und internationale Flexibilität; die Fähigkeit, komplexe rechtliche, technische oder gestalterische Gesichtspunkte präzise und verständlich auszudrücken; Kreativität und ausgeprägtes analytisches Denken; Effizienz bei Liebe zum Detail und die Ausdauer, den Dingen auf den Grund zu gehen; Fähigkeit zur Teamarbeit. Zudem sei darauf hingewiesen, dass neben den bereits etablierten Qualifikationsmöglichkeiten durch Absolvierung eines Master-Studiengangs (LL.M.) auch ein Fachanwaltstitel für gewerblichen Rechtsschutz erworben werden kann.

Faszinierend?

Wer für sein Berufsleben auf Spezialisierung, Internationalität, Interdisziplinarität, Abwechslungsreichtum, Technizität, Produkt- und Sachnähe Wert legt, der wird am gewerblichen Rechtsschutz dauerhaft Gefallen finden. Die Arbeit ist aufregend und findet auf hohem Niveau am Puls der Zeit statt; routinemäßiges „business as usual" ist eher selten. Speziell aus anwaltlicher Sicht sei nicht zuletzt auf gute Verdienstmöglichkeiten und vergleichsweise krisenresistente Zukunftsperspektiven bei noch vernünftiger Work-Life-Balance hingewiesen. Mandantenkontakt und das Einbringen eigener Konzepte ist Anwälten oft bereits in den ersten Berufsjahren möglich.

Immobilien- und Baurecht

von Dr. Philipp Dawirs, LL.M.

Der Beruf des Rechtsanwalts für Bau- und Immobilienrecht ist äußerst abwechslungsreich und bietet so viele Schnittmengen mit anderen Rechtsbereichen wie kaum ein anderer Fachbereich. Gegenstand der rechtlichen Beratung ist immer ein physisch erlebbares Objekt, was den ganz speziellen Reiz einer Tätigkeit in dieser Branche ausmacht. Jeder Erwerb und jedes Bauprojekt ist – auch für erfahrene Beteiligte aus der Immobilien- und Baubranche – eine neue, spannende Herausforderung. Bei jedem Projekt in dieser speziellen Warenklasse wirken die verschiedensten Akteure eng zusammen und müssen eine Vielzahl von Einzelfragen klären und Risiken bedenken.

Immobilienwirtschaftliche Beratung

Die Immobilienwirtschaft beschäftigt sich – stark vereinfacht ausgedrückt – mit dem Erwerb von und der Wertschöpfung durch Immobilien. Diese werden entweder im Wege eines Asset (Erwerb des Grundstücks selbst) oder Share Deals (Erwerb der Anteile der Objektgesellschaft) erworben. Immobilien haben einen eigenen Lebenszyklus, der an den verschiedensten Stellen rechtlichen Beratungsbedarf aufwirft. Viele Objekte werden über die Jahre hinweg mehrfach wertsteigernd verkauft. Bei der Gestaltung des Kaufvertrags (entweder des Grundstücks selbst oder der Anteile der Objektgesellschaft) sind neben kaufrechtlichen Fragen auch alle Bereiche des Immobiliarsachenrechts relevant, wie z.B. das Grundbuchverfahren, Dienstbarkeiten, Grundpfandrechte oder Erbbaurechte. Dazu müssen bei der Ankaufprüfung auch die baurechtliche Situation aus privat- und öffentlich-rechtlicher Sicht evaluiert und die jeweiligen Miet- beziehungsweise Pachtverträge geprüft werden. Je nach Standort, Beschaffenheit und Nutzungsart einer Immobilie variiert die Gestaltung der individuellen Transaktion, weswegen sich der Grundstücksverkehr durch einen besonderen Facettenreichtum auszeichnet. Soll ein größeres Immobilienportfolio oder eine komplexe Struktur angekauft oder verkauft werden, können sich die Prüfung der Bestandssituation und die Ausarbeitung der jeweiligen Verträge sehr aufwendig gestalten. Umso interessanter ist es, die Durchführung des für das Projekt entworfenen Vertragswerks später live mitzuerleben. Der Kaufpreis beim Erwerb einer Immobilie wird in den meisten Fällen fremdfinanziert. Hierbei spielen hybride Mezzanine-Finanzierungen und Joint-Venture-Strukturen eine immer größere Rolle. Die entsprechenden Kredite werden anschließend mit Mitteln abbezahlt, die durch die Nutzung der Immobilie erwirtschaftet werden.

Baurechtliche Beratung

Kern der Beratung im privaten Baurecht, insbesondere bei der Entwicklung von größeren Bauprojekten, ist die Verteilung der Aufgaben und die Abgrenzung von Verantwortlichkeitsbereichen unter den verschiedenen Beteiligten. Bauherr, Architekt, Bauunternehmer, Ingenieure und andere Involvierte – wie finanzierende Banken und teilweise sogar der zukünftige Nutzer – regeln schon vor dem ersten Spatenstich ihre Rechtsbeziehungen untereinander. Der Bauherr muss beispielsweise entscheiden, ob er den Bau einem Generalunternehmer überträgt oder ob er die einzelnen Aufträge jeweils getrennt vergibt. Der Vertrag mit dem oder den Bauunternehmen kann wiederum auf viele verschiedene Arten strukturiert werden. Je nachdem, auf der Seite welches Beteiligten die Beratung stattfindet, kann der Anwalt bei der Gestaltung und

Verhandlung der Verträge schon im Vorfeld viele Weichen zugunsten seines Mandanten stellen. Auch während der anschließenden Bauausführung muss auf etwaige Änderungen, Verzögerungen und Spannungen zwischen den Baubeteiligten schnell und richtig reagiert werden. Das etablierte System aus Behinderungsanzeigen, Mängelrügen, Bedenkenanmeldungen und Sicherungsrechten ist sehr komplex, sodass bei größeren und komplizierteren Bauprojekten die Bauausführung oft von vornherein im Rahmen eines spezifischen Claim-Managements rechtlich begleitet wird.

Schnelle Einbindung von Berufsanfängern in die Mandatsarbeit

Bei der Bearbeitung bau- und immobilienrechtlicher Mandate spielen immer auch solche Fragen eine zentrale Rolle, die mit aus der Ausbildung bekannten Rechtsgebieten gelöst werden können. Auch ohne besondere Vorkenntnisse oder Spezialisierung kann man als Berufseinsteiger das bisher Gelernte gleich anwenden. Deswegen begünstigt das Bau- und Immobilienrecht wie kein anderes Feld die schnelle Integration in die tägliche Mandatsarbeit. Ein Berufsanfänger kann sich so von Anfang an in die Mandate einbringen und seine Ergebnisse gegenüber dem Mandanten präsentieren. Während ein Berufsanfänger im Bereich des privaten Baurechts schnell forensisch tätig wird, unterstützt ein Berufsanfänger im Immobilienwirtschaftsrecht anfangs bei Transaktionen und berät den Mandanten zunehmend unmittelbar zu miet- und kaufrechtlichen Fragestellungen. Mit weiterer Berufserfahrung übernimmt er immer mehr Verantwortung und koordiniert Projekte und Deals im Interesse des Mandanten.

Über die Jahre hinweg gewinnt der Immobilienanwalt nicht nur fachliche Kenntnisse, sondern auch ein wirtschaftliches Verständnis für den Immobilienmarkt insgesamt und für die jeweilige Spezialimmobilie. So ist die Kenntnis des Hotelmarkts für einen im Hospitality-Bereich tätigen Rechtsanwalt unerlässlich und macht ihn für den Mandanten besonders wertvoll.

Immobilienwirtschaftsrecht im Team

Das Immobilienrecht bietet ein immenses Spektrum an Berührungspunkten mit anderen Rechtsgebieten. Gerade bei größeren Investitionen werden häufig nicht direkt Immobilien gekauft, sondern die Anteile der Objektgesellschaften erworben, die die jeweiligen Immobilien in ihrem Vermögen halten, sodass hier gesellschaftsrechtliche Expertise gefragt ist. Bei vielen Spezialimmobilien (etwa im Hospitality- oder Pflegesektor) spielen öffentlich-rechtliche Gesichtspunkte eine Rolle. Auch steuerliche Aspekte und Einflüsse des Investmentrechts sind stets von großer Bedeutung. Dies ist neben Fällen der Prüfung von Investments vor allem dann von Bedeutung, wenn das Investment für den Mandanten strukturiert wird (zum Beispiel in Joint-Venture-Strukturen) und hierbei auch Fragen der Finanzierung eine Rolle spielen (wie eine hybride Finanzierung durch Mezzanine-Kapital). Zudem ist es sehr wichtig, den Mandanten für den Fall der Insolvenz eines anderen Beteiligten abzusichern und im Fall der Insolvenz eines Beteiligten wirkungsvoll zu reagieren. Im Laufe seiner Berufstätigkeit erlangt der Immobilienanwalt immer mehr interdisziplinäre Kenntnisse und lernt mit der Zeit, das immobilienrechtliche Mandat aus den unterschiedlichen rechtlichen Blickwinkeln vollumfänglich zu beraten. Bei sehr komplexen Fallkonstellationen ist es außerdem üblich, Spezialisten aus den jeweiligen Rechtsgebieten in die Fallbearbeitung einzubinden und eng als Team zusammenzuarbeiten. Dies erhöht einerseits den Grad des Verständnisses aller relevanten Fragen, andererseits trägt es einmal mehr dazu bei, dass der Arbeitsalltag selten eintönig oder routinemäßig verläuft, sondern stets neue Herausforderungen für die anwaltliche Tätigkeit bereithält.

Kartellrecht

von Dr. Florian Stork

„Kaufen, was einem die Kartelle vorwerfen; lesen, was einem die Zensoren erlauben; glauben, was einem Kirche und Partei gebieten. Beinkleider werden zur Zeit mittelweit getragen. Freiheit gar nicht." (Kurt Tucholsky, *Schnipsel*, 1932)

So hat Kurt Tucholsky auf den Zusammenhang zwischen Kartellrecht und (wirtschaftlicher) Freiheit hingewiesen. Kartellrecht soll durch das Öffnen und Offenhalten von freien Märkten für einen funktionierenden Wettbewerb sorgen. In der Praxis hängt der Erfolg von Unternehmenskäufen oder die Gründung von Gemeinschaftsunternehmen oft von der kartellrechtlichen Durchführbarkeit ab. Auch im laufenden Betrieb eines Unternehmens, z. B. bei der Preis-, Lizenz- oder Lieferpolitik, gilt es, kartellrechtliche Klippen zu umschiffen, ohne bei den wirtschaftlichen Zielen unnötige Abstriche zu machen. Aktivitäten einzelner Mitarbeiter, die gegen das Kartellverbot verstoßen, können Unternehmen hohe Bußgelder kosten und die Reputation schädigen. Kunden oder Wettbewerber erheben bei Kartellverstößen zunehmend private Schadensersatzklagen. Nachwuchsjuristen erwartet somit ein international geprägtes, wirtschaftsnahes Tätigkeitsfeld, das wegen seiner hohen Risiken große Bedeutung für die Unternehmensführung hat.

Kartellrecht: mehr drin, als draufsteht

In seinen Anfängen wandte sich das Kartellrecht nur gegen wettbewerbsbeschränkende Absprachen, d. h. gegen die Bildung von Kartellen. Oder wie Wolfgang Kartte, ehemals Präsident des Bundeskartellamts, formulierte: „In einer strategischen Allianz will einer der beiden Partner oder aber wollen beide sicherstellen, dass der andere keine Affäre mit einem Außenstehenden eingeht. Wir vom Kartellamt sind mehr für die freie Liebe." Mittlerweile verteidigen die Wettbewerbsbehörden längst nicht mehr nur die „freie Liebe". Weltweit steht das Kartellrecht in der Regel auf drei sich ergänzenden Säulen: dem Kartellverbot (Art. 101 AEUV, § 1 GWB), der Missbrauchsaufsicht (Art. 102 AEUV, § 19 f. GWB) und der Zusammenschlusskontrolle (FKVO, §§ 35 ff. GWB).

Als Rechtsanwalt im Kartellrecht

Große Kartellrechtspraxen beraten heute in der Regel nicht nur in den drei Säulen Kartellverbot, Missbrauchsaufsicht und Zusammenschlusskontrolle, sondern auch in den Bereichen Compliance, staatliche Beihilfen sowie allgemeines Europarecht. Wie in internationalen Wirtschaftskanzleien üblich, steht dabei die Interessenvertretung vor Gericht nicht im Vordergrund. Die meiste Arbeit fällt stattdessen in der präventiven und außergerichtlichen kartellrechtlichen Beratung an, z. B. bei Risikoanalysen und bei der Bearbeitung von Anmeldungen in der Fusionskontrolle.

Wenn z. B. das Unternehmen X die Firma Y kaufen möchte, ist eine Anmeldung beim Bundeskartellamt oder der Europäischen Kommission erforderlich, wenn bestimmte Umsatzschwellen überschritten werden. Die zuständige Wettbewerbsbehörde prüft, ob durch den Zusammenschluss wirksamer Wettbewerb erheblich behindert werden könnte. Der Anmeldepflicht kommt in der Praxis eine hohe wirtschaftliche Bedeutung zu: Nicht nur entscheiden die dargelegten Fakten über die Machbarkeit einer Unternehmenstransaktion; auch drohen bei einer unvollständigen oder unterlassenen Anmeldung hohe Bußgelder und die Unwirksamkeit der Kaufverträge.

Der kartellrechtliche Berater setzt sich intensiv mit dem Tagesgeschäft der beratenen Unternehmen auseinander. Egal ob es um Autos oder Versicherungen geht: Um einen Markt sinnvoll abgrenzen zu können, ist es unerlässlich, das Geschäftsmodell und die angebotenen Produkte des Mandanten zu verstehen. Das macht auch den Reiz des Kartellrechts aus. Man arbeitet in der Regel branchenübergreifend und wendet die kartellrechtliche Methodik auf die unterschiedlichsten Wirtschaftsbereiche an. Essenziell hierfür sind neben der Auswertung des veröffentlichten Case Law auch Gespräche mit den unternehmensinternen Fachabteilungen und die Recherche öffentlich zugänglicher Informationen. Referendare und wissenschaftliche Mitarbeiter übernehmen mit der Sichtung der nationalen und europäischen Fallpraxis sowie der Erarbeitung von Vermerken zu Unternehmensdaten und kartellrechtlichen Einzelproblemen wichtige Aufgaben.

Die kartellrechtliche Compliance rückt immer mehr in den Fokus der rechtlichen Beratung. Wurde darunter zunächst nur regelkonformes Verhalten verstanden, gilt Compliance mittlerweile als Synonym für ein umfassendes System der Risikokontrolle und Haftungsvermeidung. Mithilfe von externen Rechtsanwälten schulen Unternehmen ihre Mitarbeiter und erarbeiten Verhaltensregeln für die Praxis, um kartellrechtliche Reputations- sowie finanzielle Schäden zu vermeiden. Preis, Menge und Gebiet sind z. B. Themen, über die man sich mit Wettbewerbern nicht austauschen darf – weder auf Verbandstreffen noch abends an der Hotelbar. Kanzleien führen zudem sogenannte Mock Dawn Raids durch, die die theoretischen Schulungen ergänzen. Die Angestellten des Mandanten sehen sich dann beim Eintreffen der Rechtsanwälte (oft verstärkt durch Referendare und wissenschaftliche Mitarbeiter) mit einer unangemeldeten „Durchsuchung im Morgengrauen" konfrontiert, die das Unternehmen auf entsprechende Aktionen der Wettbewerbsbehörden vorbereiten soll.

Kartellrecht für Nachwuchsjuristen

Die kartellrechtliche Beratung eröffnet ein interessantes und zukunftsträchtiges Feld für Nachwuchsjuristen. Kartellrecht verlangt nicht nur – wie die Tätigkeit in einer Wirtschaftskanzlei generell – unternehmerisches Verständnis, sondern auch Interesse an der Ökonomie. In den Wettbewerbsbehörden arbeiten typischerweise Wirtschaftsfachleute und Juristen, sodass ein gegenseitiges Verständnis für das andere Fach unabdingbar ist. Kartellrecht ist in Gesetze gegossene Ökonomie, was sich insbesondere bei Marktabgrenzungs- und Marktbeherrschungsfragen zeigt.

Kartellrecht ist zudem sehr international. Das deutsche Recht kann nicht mehr ohne Bezug zum europäischen Wettbewerbsrecht verstanden und angewandt werden und ist in weiten Teilen auch bereits voll harmonisiert. Die Kartellbehörden arbeiten sowohl auf europäischer Ebene als auch weltweit immer enger zusammen. Oftmals wirkt sich das wirtschaftliche Handeln von Konzernen nicht nur national, sondern auch im europäischen Binnenmarkt oder sogar international aus. Trotz vielfältiger Abweichungen im Einzelfall hat sich doch in den meisten Ländern der Erde ein vergleichbares Regelwerk herausgebildet, um mit Fusionen, Absprachen und dem Missbrauch von Marktmacht umzugehen.

Legal Tech

von Nico Kuhlmann

Die digitale Transformation verändert langsam aber sicher die Art und Weise, wie wir leben und arbeiten. Im juristischen Bereich wird diese Entwicklung gegenwärtig unter dem Begriff „Legal Tech“ diskutiert. Im Ergebnis werden diese bereits stattfindenden Veränderungen dazu führen, dass juristische Prozesse verbessert und der Rechtsmarkt wahrscheinlich insgesamt wachsen wird. Die Entwicklung hat aber auch Auswirkungen auf die Beschreibungen und Anforderungen von juristischen Jobs.

Begriffsbestimmung: Legal Tech

Obwohl Legal Tech mittlerweile weltweit ein viel verwendeter Begriff ist, existiert keine einheitliche Definition. Wenn man sich diesem Schlagwort als geschulter Rechtswissenschaftler mit dem juristischen Auslegungskanon annähert, kann der Anwendungsbereich schnell auf das Spannungsfeld zwischen Recht und Technologie abgesteckt werden. Legal Tech ist dabei aber kein Bestandteil des Informationstechnologierechts, sondern dient vielmehr als Oberbegriff für die Nutzbarmachung von Informationstechnologie für das Recht.

Laut Wikipedia bezeichnet Legal Tech beispielsweise „Software und Online-Dienste, die juristische Arbeitsprozesse unterstützen oder gänzlich automatisiert durchführen“. Das Problem an dieser und ähnlichen Definitionen ist, dass sie sich an gegenwärtigen Prozessen und somit am Status quo orientieren. Dies führt von vornherein zu einer Selbstbeschränkung und verhindert, dass neue Arbeitsweisen und Abläufe in den Blick genommenen werden können. Stattdessen sollte unter Legal Tech vielmehr die umfassende Nutzbarmachung von Technologie für die Befriedigung von verschiedensten rechtlichen Bedürfnissen verstanden werden.

Bei Legal Tech kann zur Präzisierung und als eine gedankliche Kategorisierung zwischen Legal Tech für Juristen und Legal Tech für nicht-juristische Endnutzer unterschieden werden. Bei Legal Tech für Juristen geht es sowohl um technologiebasierte Verbesserungen von Arbeitsschritten aus dem beruflichen Alltag, als auch um neue Arbeitsschritte, die vorher nicht möglich waren und einen bisher nicht zur Verfügung stehenden Mehrwert generieren. Demgegenüber werden unter Legal Tech für Endnutzer neuartige Ideen verstanden, die technologiebasiert unmittelbar, teilweise unter Umgehung traditioneller Organe der Rechtspflege, die rechtlichen Bedürfnisse der Rechtssuchenden befriedigen.

Marktentwicklung: Neue Akteure, mehr Wettbewerb und mehr Arbeitsteilung

Die digitale Transformation führt unter anderem dazu, dass sich viele Kanzleien neu erfinden und neue Beratungsprodukte anbieten. Zudem drängen auch immer mehr Unternehmen auf den Rechtsmarkt, die keine Kanzleien sind, aber ebenfalls Dienstleistungen anbieten, die zumindest teilweise Substitute von klassischer anwaltlicher Rechtsberatung darstellen. Der Rechtsmarkt vergrößert sich somit und wächst vor allem auch immer mehr mit anderen Märkten zusammen. Die Grenzen verwischen. Schließlich sind juristische Gesamtprozesse mittlerweile so umfangreich und komplex, dass es sinnvoll ist, diese in kleinere Einheiten zu zerlegen und diese Teilaspekte dann im Rahmen einer sinnvollen Arbeitsteilung gebündelt von Spezialisten bearbeiten zu lassen. Diese Marktentwicklung führt insgesamt zu neuen Jobbeschreibungen und neuen Jobanforderungen.

Neue Jobbeschreibungen

Den klassischen Anwalt und Volljuristen, der glaubt, alles zu können, wird es auch in naher Zukunft noch geben. Und wer die Befähigung zum Richteramt beziehungsweise die Zulassung zur Anwaltschaft haben möchte, kommt in Deutschland auch an der Absolvierung von zwei Staatsexamina nicht vorbei. Daneben können aber auch andere Karrierepfade einschlagen werden.

Der sogenannte Legal Engineer ist mittlerweile auch in Deutschland ein Begriff. Dieser Job umfasst allgemein gesprochen die Erstellung und Betreuung von Software für juristische Problemstellungen. Dies kann die seit Jahrzehnten bekannten regelbasierten Expertensysteme umfassen oder moderne datenbasierte Ansätze oder auch alles andere dazwischen. Im Ergebnis geht es immer um die zumindest teilweise Automatisierung bestimmter Prozesse aus der juristischen Welt. Diese Jobs findet man bereits in einigen Kanzleien und Unternehmen. Aber auch in Behörden und der Justiz gibt es diese Jobs gelegentlich bereits, auch wenn sie dort oft noch einen anderen Namen haben. Der Bedarf an entsprechend ausgebildeten und qualifizierten Legal Engineers besteht somit schon heute und wird sich in Zukunft nur noch verstärken.

Weitere Vorschläge für neue Jobbeschreibungen reichen vom Legal Process Analyst bis zum Legal Risk Manager. Wie man diese Jobs am Ende auch nennen wird, die Jobbeschreibungen entfernen sich bereits vom Einheitsjuristen und werden vermutlich immer spezieller werden. Dies bietet große Chancen für all diejenigen, die nicht alles an Jura interessant finden, sondern sich vielmehr auf einzelne Aspekte konzentrieren wollen, um dort die eigenen Stärken gezielt auszuspielen.

Neue Jobanforderungen

Wenn Juristen ihre Dienstleistungen mit den Instrumenten des 21. Jahrhunderts erbringen und unabhängig von der konkreten Jobbeschreibung die enormen Chancen der digitalen Transformation verwirklichen sollen, dann müssen diese auch entsprechend ausgebildet werden.

Eine solche Ausbildung bedeutet nicht, dass jeder Jurist eine Programmiersprache beherrschen muss. Das ist zwar durchaus hilfreich, aber bei weitem nicht zwingend. Es geht vielmehr darum, dass alle Juristen neugierige und kreative Problemlöser der digitalen Welt werden, die verstanden haben, was ein Computer ist und was man damit anfangen kann. Insbesondere müssen Juristen aufhören, den Computer als bloßes Accessoire des Berufsstandes zu behandeln, sondern akzeptieren, dass es in jedem Job das Kernwerkzeug zur Erbringung von Rechtsdienstleistungen darstellt, dessen Funktionsweise und Einsatzmöglichkeiten verstanden werden müssen.

Vor diesem Hintergrund gehört zu den grundlegenden Jobanforderungen neben einem soliden Verständnis der juristischen Welt sowie Grundkenntnissen in Informatik und Betriebswirtschaft vor allem eine an den digitalen Möglichkeiten orientierte und damit zukunftstaugliche Denkweise (Schlagwort: digitales Mindset). Juristen müssen verstehen, wie man juristische Prozesse durch den sinnvollen Einsatz von digitaler Technologie beschleunigen, ausbauen und insgesamt verbessern kann. Zu diesem Verständnis gehört ausdrücklich auch die Fähigkeit, zu erkennen, wo ein entsprechender Einsatz Probleme verursachen und man die damit zusammenhängenden Risiken minimieren kann.

Zudem müssen Juristen vielmehr als zuvor auch in der Lage sein, in interdisziplinären Teams zu arbeiten und vor allem auch innerhalb dieser Teams zielgerichtet zu kommunizieren. Dies setzt voraus, bis zu einem gewissen Grad die Sprache und die Herangehensweise der anderen zu verstehen und sich darauf einzulassen.

Ausblick: Die Konkurrenz ist menschlich

Technologie ist Erfolgsfaktor. Chatbots, Vertragsgegeratoren und allgemein Computer werden die juristische Arbeit nicht vollständig übernehmen, aber doch grundlegend verändern. Juristen werden trotzdem gefragte Experten bleiben und auch in Zukunft unter dem Strich nach wie vor eine Arbeit finden.

Der Taschenrechner hat schließlich auch nicht dazu geführt, dass alle Mathematiker arbeitslos geworden sind, sondern dazu, dass diese viel mehr Berechnungen in viel weniger Zeit und in einer viel höheren Qualität durchführen können. Mit den neuen Möglichkeiten sind parallel auch die Bedürfnisse gestiegen. Dasselbe wird in der Zukunft auch auf Juristen zutreffen. Man darf nur keine Angst vor dem Taschenrechner haben, sondern muss diesen zum eigenen Vorteil einsetzen können.

Juristen brauchen darum nicht den Computer zu fürchten, sondern vielmehr den menschlichen Konkurrenten, der weiß, wie man mit einem Computer umgeht.

Medien- und IT-Recht

von Christian Runte

Anders als die „klassischen" Rechtsgebiete wie Arbeitsrecht oder Gesellschaftsrecht sind Medien- und Informationstechnologierecht keine einheitlichen Materien, sondern Querschnittsbereiche, die Elemente aus verschiedenen Rechtsgebieten berühren. Das Medien- und IT-Recht bewegt sich dabei stets im Rampenlicht der neuesten Trends in der Informationsgesellschaft. Dies kann man an der Beratung von Start-ups sowie an der Beratung zu Themen wie Internet of Things oder Industrie 4.0 ablesen. IT-Recht lässt sich daher ebenso wie Medienrecht weniger als Rechtsgebiet, sondern vielmehr als Tätigkeitsgebiet oder Beratungsschwerpunkt verstehen. Dies bedeutet einerseits, dass Ausbildung und Einarbeitung mehr Aufwand und Zeit erfordern können, als das in anderen, klassischen Rechtsgebieten der Fall ist. Andererseits bieten wenige Bereiche so vielfältige Möglichkeiten und zukunftsweisende Fragestellungen wie das IT- und Medienrecht. Wer sich etwa für Arbeitsrecht entscheidet, kann jedes Unternehmen rechtlich betreuen – dies wird aber immer nur den gleichen, sehr speziellen Ausschnitt betreffen. Wer als Anwalt im IT- oder Medienrecht tätig ist, kann Unternehmen aus dieser Branche hingegen sowohl als Rechtsanwalt als auch als Jurist in der Rechtsabteilung umfänglich im Kernbereich ihrer unternehmerischen Tätigkeit betreuen.

Tätigkeitsfeld, Mandanten und Mandate

Als Jurist auf dem Gebiet des IT- und Medienrechts hat man es mit den unterschiedlichsten Mandanten zu tun. Rechtsfragen stellen sich hier nicht nur für Technologie- und Medienunternehmen, die ausschließlich als Anbieter tätig sind, sondern auch für deren Kunden, die wiederum aus allen Branchen stammen. Die Fragen des Datenschutzrechts, das es mittlerweile aus der Versenkung in die Chefetagen geschafft hat, betreffen ebenfalls Unternehmen aller Branchen und Größen. Als IT-Anwalt berät man daher etwa nicht nur Hersteller von Software, sondern zum Beispiel auch Luftfahrtunternehmen, eine Brauerei, die eine neue Spezialsoftware einführen will, oder eine gemeinnützige Organisation, die Opfer eines Hackingangriffs auf von ihr gespeicherte personenbezogene Daten wurde. Die Mandantenstruktur in der Medien- und IT-Rechtsberatung reicht damit von Großunternehmen über Social-Media-Plattformen bis hin zu kleinen Start-ups, Freelancern und auch Verbrauchern. Der Beratungsbedarf im Medien- und IT-Recht wird insbesondere in den Zentren der Medien- und IT-Branche von den großen Wirtschaftskanzleien abgedeckt, daneben genießen aber auch spezialisierte Einzelanwälte und Boutiquen in beiden Branchen eine große Akzeptanz. Auch Unternehmen sind verstärkt auf der Suche nach Juristen, die auf den Bereich Medien- und/oder IT-Recht spezialisiert sind. In der Regel handelt es sich dabei um größere Unternehmen, die bereits eine gewisse Berufserfahrung voraussetzen. Aber auch in kleineren, auf Nischen fokussierten Unternehmen besteht Nachfrage nach spezialisierten Juristen.

Interesse an der Branche

Um als Jurist auf dem Gebiet des IT- und auch des Medienrechts beraten zu können, ist es hilfreich, wenn man bereits als Berufseinsteiger mit den technischen Zusammenhängen oder der Medienwelt vertraut ist. Insbesondere in größeren Kanzleien oder Unternehmen wird jedoch nicht erwartet, dass ein Berufseinsteiger auch notwendigerweise Programmierer ist oder bereits über andere fundierte Branchenkenntnisse verfügt. Auch wenn Technik heute allgegenwärtig ist und sich auch im Studium ohne Notebook, Smartphone und Internet nicht viel bewegen lässt, ist es in der Praxis häufig die dahinterliegende Infrastruktur und Technik, mit der man als Berater vertraut sein muss. Der erforderliche technische Hintergrund und die nötige Branchenerfahrung lassen sich jedoch erarbeiten, und wer ausschließlich auf diesem Gebiet tätig ist, wird sich auch als Berufsanfänger sehr schnell in die Zusammenhänge und praktischen Aspekte einfinden.

Unverzichtbar ist es jedoch, Neugier für die Branche und die relevanten praktischen und technischen Fragen und keine Berührungsängste zu haben. Zum einen, weil es in der Natur der Sache liegt, dass etwa IT-Recht auch immer mit Technik zu tun hat und man diesen Fragen daher nicht dauerhaft ausweichen könnte. Zum anderen, weil man ohne ein entsprechendes Interesse nie wirklich Spaß an der Materie haben oder erfolgreich in der rechtlichen Tätigkeit oder der Akquisition von Mandanten sein wird. Deutlich wichtiger als in anderen Bereichen sind perfekte Englischkenntnisse, da viele – auch inländische – Mandanten englischsprachige Verträge und Stellungnahmen nachfragen, und zudem die Technik durchweg von englischen Fachbegriffen geprägt ist.

Anerkannte Fachrichtungen

Sowohl IT-Recht als auch Medienrecht sind sehr dynamische Gebiete, auf denen nicht nur die Rechtsprechung, sondern auch die Gesetzgebung stets den Innovationen hinterherhinkt. Mehr noch als in anderen Rechtsgebieten ist es daher erforderlich, sowohl mit den technischen Neuerungen Schritt zu halten, als auch rechtlich immer auf dem neuesten Stand zu bleiben. Gleichzeitig eröffnet einem dies aber auch die Möglichkeit, eigene Lösungsansätze zu entwickeln und kreativ mit bislang ungelösten Rechtsfragen umzugehen. Für beide Bereiche werden fachspezifische Ausbildungen und Fachstudiengänge angeboten. Wer sich auf eines der Gebiete oder auf beide spezialisieren will, kann einen Fachanwaltstitel für Informationstechnologierecht oder für Urheber- und Medienrecht erwerben. Die hierfür angebotenen Kurse können für den noch unentschlossenen Berufsanfänger auch eine gute Möglichkeit sein, den Einstieg in das jeweilige Fachgebiet zu finden.

Zukunftsperspektiven

Medien- und IT-Recht sind vielfältige Beratungsfelder am Puls von Innovationen, die interessante Berufsperspektiven bieten. Als Arbeitgeber für Rechtsanwälte kommen sowohl große Sozietäten als auch sogenannte Boutiquen in Betracht. Wer als Jurist im Medien-, IT- oder Datenschutzrecht in einem Unternehmen tätig sein möchte, wird dazu nicht nur bei Software- oder Medienunternehmen eine Möglichkeit haben, sondern auch in großen branchenfremden Unternehmen spezialisiert arbeiten können.

Öffentliches Wirtschaftsrecht

von Dr. Christiane Freytag

Tätigkeitsbereiche im öffentlichen Wirtschaftsrecht

Der Begriff des öffentlichen Wirtschaftsrechts ist ein Oberbegriff für ein breit gefächertes Spektrum an Beratungsfeldern. In diesen Bereich fällt die anwaltliche Beratung im Bau- und (Fach-)Planungsrecht sowie in der öffentlichen Projektentwicklung und im Umweltrecht, das selbst wieder verschiedene Unterbereiche wie das Immissionsschutzrecht, Abfallrecht, Bodenschutz- und Wasserrecht etc. umfasst. Daneben zählen zum öffentlichen Wirtschaftsrecht das Verfassungs- und Wirtschaftsverwaltungsrecht, aber auch speziellere Bereiche wie das Energiewirtschaftsrecht, Telekommunikationsrecht, Beihilferecht, Vergaberecht, Privatisierungsrecht bzw. die Beratung bei Public-private-Partnerships, im Gesundheitsrecht, Luftverkehrsrecht, Produktsicherheitsrecht etc. Anwälte, die im Bereich des öffentlichen Wirtschaftsrechts tätig sind, spezialisieren sich in der Regel auf einen oder einige der vorgenannten Bereiche.

Mandanten und Tätigkeitsspektrum

Die anwaltliche Tätigkeit im öffentlichen Wirtschaftsrecht bezieht sich einerseits auf die Beratung der öffentlichen Hand (einschließlich öffentlicher Unternehmen), andererseits auf die Beratung privater Unternehmen oder von Verbänden. Zur Vermeidung von Interessenkonflikten positionieren sich Wirtschaftskanzleien üblicherweise eher auf der einen oder der anderen Seite. Die anwaltliche Tätigkeit selbst ist breit gefächert und reicht von der Beratung des Mandanten oder dessen Vertretung in Vertragsverhandlungen oder Verwaltungsverfahren über die Erstellung von Rechtsgutachten bis hin zur forensischen Tätigkeit. Auch die Beratung des Gesetzgebers bei neuen Gesetzesvorhaben gewinnt für Wirtschaftsanwälte zunehmend an Bedeutung.

Zur Tätigkeit des Anwalts im öffentlichen Wirtschaftsrecht gehört gerade in großen Wirtschaftskanzleien außerdem die transaktionsbegleitende Beratung. Hier wirkt der Anwalt im Team mit Gesellschaftsrechtlern (und Anwälten anderer Fachbereiche) bei Unternehmens(ver)käufen oder der Bildung von Joint Ventures mit. Seine Aufgabe ist es, öffentlich-rechtliche Risiken (z. B. Altlasten, fehlende oder mit Auflagen versehene Genehmigungen, die drohende Rückforderung von Beihilfen etc.) zu identifizieren und durch entsprechende Klauseln im Unternehmenskaufvertrag bzw. Joint-Venture-Vertrag interessengerecht zu regeln.

Besonderheiten der anwaltlichen Tätigkeit im öffentlichen Wirtschaftsrecht

Die anwaltliche Tätigkeit im öffentlichen Wirtschaftsrecht ist außerordentlich vielseitig und abwechslungsreich. Es gibt sehr wenige Tätigkeiten, die nach festen Routinen ablaufen oder organisatorischer Art sind. Vielmehr steht zumeist die Lösung komplexer und/oder neuer Rechtsfragen im Vordergrund (bis hin zur Unterstützung von Gesetzgebungsvorhaben oder dem gerichtlichen Vorgehen gegen gesetzliche Neuregelungen). Interesse an sorgfältiger juristischer Arbeit und Kreativität sind hier wichtig.

Hinzu kommt, dass sich regelmäßig neue Beratungsfelder im Bereich des öffentlichen Wirtschaftsrechts entwickeln, häufig angestoßen durch die Gesetzgebung der Europäischen Union – z. B. im Bereich des Datenschutzrechts, der erneuerbaren Energien, der Fortentwicklung des Umweltrechts, zuletzt beispielsweise im Bereich des Emissionshandelsrechts oder des Chemikalienrechts (REACH), aber auch im Bereich des Wirtschaftsverwaltungsrechts, so etwa im Glücksspielrecht oder im Zusammenhang mit der Finanzkrise im Bereich des Bank(aufsichts)rechts im weiteren Sinne. Auch der Bereich der umwelt- und produktrechtlichen Compliance, also die Frage, ob Produkte den gesetzlichen Anforderungen an Herstellung, Inhaltsstoffe und Kennzeichnung entsprechen, hat in den letzten Jahren zunehmend an Bedeutung gewonnen. Vom Anwalt im öffentlichen Wirtschaftsrecht sind hier Flexibilität und Weitblick bei der Erschließung neuer Mandatsfelder gefordert.

Die Tätigkeit des Anwalts im öffentlichen Recht ist nur teilweise Teamarbeit, so insbesondere bei der transaktionsbegleitenden Beratung oder bei der Begleitung großer Projekte (große Projektentwicklungen und Planungsverfahren, Vergabeverfahren o. Ä.). In weiten Bereichen eignet sich die Tätigkeit dagegen nicht dazu, größere Teams zu bilden. Hier vertieft sich der Anwalt eher als Einzelkämpfer oder in kleinen Teams in komplizierte Rechtsfragen.

Ansprechpartner des Anwalts aufseiten der Mandanten sind – neben der Geschäftsführung und/oder der Rechtsabteilung – sehr häufig auch Fachabteilungen bzw. Techniker. Die anwaltliche Arbeit setzt daher Interesse und ein Grundverständnis für technische Sachverhalte voraus, außerdem die Fähigkeit, komplexe juristische Themen auch Nichtjuristen verständlich zu machen.

Im Gegensatz zu einigen anderen Rechtsgebieten in Wirtschaftskanzleien, in denen der Beratungs- bzw. Verhandlungsanteil an der Tätigkeit deutlich überwiegt, führen Anwälte im öffentlichen Wirtschaftsrecht häufig auch Prozesse. Nicht selten geht es dabei um grundlegende Rechtsfragen, die bis vor die obersten Bundesgerichte oder sogar den Europäischen Gerichtshof getragen werden. Angesichts der langen Dauer verwaltungsgerichtlicher Verfahren zeigt sich das Ergebnis der anwaltlichen Arbeit in solchen Mandaten häufig erst nach Jahren. Wer zur Motivation schnelle Erfolgserlebnisse sucht, ist hier nicht unbedingt richtig.

Auch ist die Tätigkeit in vielen Teilbereichen des öffentlichen Wirtschaftsrechts wegen des Fokus auf das deutsche öffentliche Recht (insbesondere die öffentliche Hand als Mandant oder Verhandlungspartner oder die Tätigkeit vor deutschen Gerichten) deutlich weniger international geprägt als die Tätigkeit in anderen Rechtsgebieten. Dennoch bietet sich gerade im Transaktionsbereich, bei der Beratung ausländischer Mandanten zum deutschen öffentlichen Recht oder bei internationalen Projektentwicklungen Gelegenheit zu im Wesentlichen englischsprachiger Beratungstätigkeit.

Prozessführung und Schiedsgerichtsbarkeit

von Dr. Jan Erik Spangenberg und Dr. Simon C. Manner

Die anwaltliche Tätigkeit im Bereich Prozessführung (Litigation) und Schiedsverfahren (Arbitration) unterscheidet sich von der beratenden oder transaktionsbegleitenden Tätigkeit. Prozessanwälte sind in unterschiedlichen Rechtsgebieten tätig und nicht auf einen Bereich festgelegt. Die „streitige" Tätigkeit zeichnet sich dadurch aus, dass kein Fall und kein Gericht dem anderen gleichen. Prozessführung und die Tätigkeit in Schiedsverfahren erfordern daher Maßarbeit, die strategische Erfahrung und psychologisches Talent ebenso voraussetzt wie die juristische und wirtschaftliche Durchdringung des Falls.

Der Arbeitsalltag eines Prozessanwalts

Der Arbeitsalltag eines Prozessanwalts ist abwechslungsreich. Am Anfang steht die Sachverhaltsaufklärung. Die oft komplexe Materie muss gemeinsam mit dem Mandanten aufgearbeitet werden. Aufgabe des Anwalts ist es, die entscheidungsrelevanten Tatsachen zu identifizieren und zu sammeln. Dazu gehören die Recherche direkt vor Ort sowie Gespräche mit Zeugen und die Zusammenarbeit mit Sachverständigen. Das Tätigkeitsfeld beschränkt sich daher keineswegs auf das Büro und den Gerichtssaal. Die Arbeit als Prozessanwalt erlaubt vielmehr immer wieder spannende Einblicke in ganz unterschiedliche Sachverhalte, Unternehmen und Industrien.

Parallel zur Aufarbeitung des Sachverhalts werden die rechtlichen Fragen geprüft und aufbereitet. Dabei sind eigene, kreative Lösungsansätze gefragt. Bei der Entwicklung der rechtlichen Argumentation arbeiten Prozessanwälte auch regelmäßig mit Kollegen aus unterschiedlichen Fachgebieten und Büros zusammen. Schließlich müssen Sachverhalt und Argumente schriftlich und mündlich präsentiert werden. Der Prozessanwalt muss in der Lage sein, komplexe Sach- und Rechtsfragen verständlich und überzeugend auf den Punkt zu bringen.

Durch die Fristen zur Einreichung von Schriftsätzen lässt sich die Tätigkeit im Bereich der Prozessführung und Schiedsgerichtsbarkeit vergleichsweise gut und vorausschauend einteilen, auch wenn Arbeitsspitzen im Vorfeld wichtiger Schriftsatzfristen oder Verhandlungstermine nicht zu vermeiden sind.

Interessenvertretung vor staatlichen Gerichten

Ein Höhepunkt der Tätigkeit ist die mündliche Verhandlung vor Gericht. Im Termin ist volle Konzentration und Aufmerksamkeit gefragt. Der Prozessanwalt muss nicht nur den Sachverhalt und den Vortrag der Parteien bis ins Detail kennen. Er muss auch über sichere Kenntnisse der Zivilprozessordnung verfügen, um auf neue prozessuale Situationen schnell reagieren zu können. Gefragt sind zudem Allgemeinwissen, die Fähigkeit zur Argumentation und Verhandlungsgeschick. Bei der Befragung von Zeugen, aber auch im Umgang mit Gericht und Gegnern sind Einfühlungsvermögen und die Fähigkeit, auf Menschen einzugehen, unerlässlich.

Streitbeilegung durch Schiedsverfahren

Die Streitbeilegung durch Schiedsverfahren erfreut sich zunehmender Beliebtheit. Zwar ist die Schiedsgerichtsbarkeit jüngst in der öffentlichen Diskussion auch kritisiert worden. Dabei wird jedoch nicht immer hinreichend differenziert. Schiedsverfahren sind nicht nur eine schon seit Jahrhunderten gepflegte traditionelle Form der Streitbeilegung. Sie haben auch im Schiedsverfahrensrecht, etwa im zehnten Buch der ZPO, eine gesetzliche Grundlage. Insbesondere bieten Schiedsverfahren gegenüber staatlichen Gerichten den Parteien größere Freiräume bei der Gestaltung des Verfahrens. So kann auf die Besonderheiten des Einzelfalls Rücksicht genommen werden und etwa ein Schiedsgericht aus spezialisierten Fachleuten berufen werden. Dies ist beispielsweise bei Streitigkeiten im Zusammenhang mit Transaktionen oder komplexen Verträgen von Vorteil. Zudem werden Schiedsgerichtsverfahren regelmäßig unter Ausschluss der Öffentlichkeit geführt und können auch insgesamt vertraulich sein. So können wichtige Geschäfts- und Betriebsgeheimnisse geschützt werden.

In internationalen Rechtsstreitigkeiten sind Schiedsverfahren eine oft gewählte Alternative zur staatlichen Gerichtsbarkeit, weil viele Parteien sich ungern ausländischen Gerichten unterwerfen. Ein Schiedsgericht bietet beiden Parteien eine neutrale Alternative.

Zu unterscheiden ist grundsätzlich zwischen institutionellen Schiedsgerichtsverfahren, bei denen eine Institution wie die Deutsche Institution für Schiedsgerichtsbarkeit (DIS) oder der Internationale Schiedsgerichtshof bei der Internationalen Handelskammer in Paris (ICC) das Verfahren verwaltet, und Ad-hoc-Schiedsverfahren, bei denen das Verfahren und die anwendbaren Schiedsregeln entweder zwischen den Parteien vereinbart werden oder sich aus dem Gesetz am Sitz des Schiedsgerichts (lex loci arbitri) ergeben. Neben den Schiedsregeln finden bei der Gestaltung des Verfahrens regelmäßig Usancen und Grundsätze Anwendung, die sich in der Praxis entwickelt haben. Bestes Beispiel sind die IBA Rules on the Taking of Evidence in International Arbitration, die die Beweisaufnahme in internationalen Schiedsverfahren regeln und dabei versuchen, einen Kompromiss zwischen dem kontinentaleuropäischen Verständnis und der angloamerikanischen Praxis zu finden. Schließlich bietet die Schiedsgerichtsbarkeit Anwälten die Möglichkeit, selbst als Schiedsrichter tätig zu werden. Junge Prozessanwälte unterstützen erfahrene Schiedsrichter häufig zunächst einige Zeit als sogenannte Sekretäre des Schiedsgerichts.

Einstieg über Praktika und Referendariat

Da das Prozessrecht im Studium meist nur eine untergeordnete Rolle spielt, empfiehlt es sich, frühzeitig über Praktika und Referendarstationen praktische Erfahrungen im Bereich der Prozessführung zu sammeln. Erste Kenntnisse der ZPO sind dabei hilfreich. Insbesondere im Bereich der Schiedsgerichtsbarkeit sind ferner sichere Englischkenntnisse unabdingbar. Denn auch in Deutschland werden Schiedsverfahren oft auf Englisch geführt.

Perspektiven für Berufseinsteiger

Für Berufseinsteiger, die die angesprochenen Voraussetzungen mitbringen, sind die Aussichten im Bereich der Prozessführung und Schiedsgerichtsbarkeit gut. Durch den anhaltenden Trend zur Spezialisierung und die Zunahme der Streitbeilegung durch Schiedsverfahren ist davon auszugehen, dass dieser Bereich auch künftig weiter wachsen wird.

Steuerrecht

von Dr. Matthias Scheifele und Britta Süßmann

Warum Steuerrecht bei einer Großkanzlei?

Dem Steuerrecht wird nach wie vor nachgesagt, es sei trocken und langweilig. Selbst unter Juristen hat es den zweifelhaften Ruf einer „Geheimwissenschaft". Mit seinen zahlreichen Einzelgesetzen und Verwaltungsvorschriften, in denen die Finanzverwaltung ihre Sicht auf die Auslegung der Steuergesetze darlegt, ist es eines der umfangreichsten Rechtsgebiete. Die bekannten roten Beck'schen Textausgaben umfassen im Steuerecht vier (!) Bände (Steuergesetze, Steuerrichtlinien, Steuererlasse, Doppelbesteuerungsabkommen). Zudem wird das Steuerrecht wie kaum ein anderes Rechtsgebiet durch politische Einflüsse geprägt und unterliegt damit der ständigen Rechtsfortbildung.

Obwohl oder vielleicht gerade weil das Steuerrecht so komplex ist, handelt es sich um ein spannendes und abwechslungsreiches Rechtsgebiet. Als Steuerrechtler in einer Großkanzlei lernt man sehr schnell, dass eine steuerrechtliche Beratung nicht nur bedeutet, sich in dem komplexen steuerrechtlichen Normengeflecht zurechtzufinden. Vielmehr müssen auch andere Aspekte, wie insbesondere die zivilrechtlichen und wirtschaftlichen Hintergründe der zu beurteilenden Sachverhalte, berücksichtigt werden. Zudem wird von einem Steuerrechtler erwartet, Bilanzen lesen und verstehen zu können. Auf den ersten Blick mag dies eher abschreckend als anziehend wirken. Bei näherem Hinsehen macht aber gerade die Vielschichtigkeit den Reiz des Steuerrechts aus. Transaktionen im Bereich M&A, Corporate oder Finance müssen regelmäßig auch unter steuerrechtlichen Gesichtspunkten betrachtet werden. Dies kann auch schon mal dazu führen, dass ein Deal aus steuerlichen Gründen platzt. Dem Steuerjuristen kommt daher oft eine zentrale Gestaltungsrolle zu. Der Mehraufwand im Rahmen der Ausbildung zahlt sich hier aus.

Als Steuerrechtler in einer Großkanzlei bekommt man einen Eindruck davon, welche Bedeutung das eigene Rechtsgebiet für die Struktur oder den Ausgang einer Transaktion haben kann. Zudem ist man im Hinblick auf die ständige Rechtsfortbildung am Puls der Gesetzgebung. Durch die Teilnahme an Fortbildungen und Diskussionen in Fachkreisen hört man schon früh von geplanten Gesetzesänderungen oder Auslegungstendenzen der Verwaltung und kann diese Informationen in eine vorausschauende Beratung einfließen lassen.

Der Ausbildungsweg eines Steuerjuristen

Eine Spezialisierung auf das Steuerrecht bedeutet für junge Anwälte zumeist einen Mehraufwand, da dieses Rechtsgebiet im Studium und Referendariat – je nach Bundesland – grundsätzlich keine oder nur eine Nebenrolle spielt. Auch wenn dies für eine berufliche Karriere im Steuerrecht keineswegs zwingend ist, lohnt es sich, sich die Materie schon vor dem Berufseinstieg von ihren Grundlagen her zu erschließen (z. B. durch eine entsprechende Schwerpunktwahl).

Spätestens mit dem Berufseinstieg beginnt die Ausbildung im Steuerrecht mit dem Training-on-the-Job. Nachdem die Steuerrechtskenntnisse durch die praktische Arbeit vertieft wurden, bietet sich eine Fortbildung zum Fachanwalt für Steuerrecht oder zum Steuerberater an. Weder das eine noch das andere ist zwingende Voraussetzung für eine Tätigkeit als Steuerjurist. Sinnvoll sind derartige Zusatzqualifikationen jedoch allemal, weil dadurch die steuerrechtlichen Kenntnisse weiter ausgebaut und abgerundet werden. Außerdem dienen sie dem Nachweis einer fundierten theoretischen und praktischen steuerlichen Ausbildung gegenüber Mandanten und (potenziellen) Arbeitgebern. Zahlreiche Arbeitgeber fördern das Steuerberaterexamen durch eine bezahlte Freistellung und/oder eine Übernahme der Kosten der Prüfungsvorbereitung.

Der Alltag eines Steuerjuristen

Durch den hohen Spezialisierungsgrad – teilweise sogar auf eine bestimmte Steuerart – berät der Steuerjurist nur selten umfassend auch auf anderen Rechtsgebieten. Hierin unterscheidet sich der Steuerrechtler nicht von anderen Spezialisten wie z. B. Kartell- oder Arbeitsrechtlern. Es besteht aber wenig Anlass zur Sorge, dass man im Steuerrecht „versauert". Es gibt zahlreiche Berührungspunkte mit anderen Rechtsgebieten, wie insbesondere dem Handels- und Gesellschaftsrecht. Dadurch kann sich der Steuerjurist auch abseits seines eigenen Rechtsgebiets fundierte Kenntnisse aneignen und einen regen Austausch nicht nur mit Kollegen innerhalb des eigenen Steuerteams, sondern auch – interdisziplinär – mit denen anderer Praxisgruppen pflegen.

Steuerjuristen beraten tagtäglich bei der Gestaltung der unterschiedlichsten Lebenssachverhalte. An einem Tag strukturieren sie eine Unternehmensakquisition und verhandeln die steuerlichen Regelungen eines Unternehmenskaufvertrags. Am nächsten Tag schreiben sie ein Gutachten zur steuerlichen Behandlung von Lizenzzahlungen und Entschädigungszahlungen einer deutschen Firma an ein französisches Unternehmen und telefonieren dazu mit den steuerlichen Beratern ihres Mandanten in Frankreich.

Zu den Aufgaben des Steuerjuristen in einer wirtschaftsberatenden Kanzlei zählen neben der Gestaltungsberatung z. B. bei Unternehmenskäufen, Reorganisationen oder Sanierungen sowie bei Immobilien- und Kapitalmarkttransaktionen auch die Begleitung finanzverwaltungsrechtlicher Verfahren wie Betriebsprüfungen, Einsprüche und die Beantragung sogenannter verbindlicher Auskünfte sowie die Begleitung finanzgerichtlicher oder steuerstrafrechtlicher Verfahren. Die Tätigkeit im Steuerrecht ist mannigfaltig und kreativ und führt dazu, dass Steuerrechtler typischerweise eine größere Anzahl und Bandbreite von Mandaten gleichzeitig betreuen.

Internationalität der Tätigkeit im Steuerrecht

Eine Tätigkeit im Steuerrecht ist in besonderem Maße international geprägt. Abgesehen von den Urteilen des Europäischen Gerichtshofs, den gemeinschaftsrechtlichen Richtlinien und den als Doppelbesteuerungsabkommen bezeichneten internationalen Verträgen liegt dies auch daran, dass sich heutzutage kaum ein Sachverhalt auf das Inland beschränkt. Eine umfassende Gestaltungsberatung kann die steuerlichen Folgen und damit die Kosten einer Transaktion im Ausland nicht außer Acht lassen. Ihre Planung und Durchführung muss daher mit den steuerlichen Beratern vor Ort abgestimmt werden, sodass ein enger Austausch mit Beratern im Ausland erfolgt.

Anforderungen an den Steuerjuristen und seine Berufsaussichten

Der Beruf des Steuerjuristen eignet sich für all diejenigen, die Interesse an einer analytisch anspruchsvollen Aufgabe, an der Beschäftigung mit Rechtsvorschriften und wirtschaftlichen Sachverhalten sowie an einer beratenden Tätigkeit mit internationalem Bezug haben. Wegen des hohen Komplexitätsgrads sollte man Spaß daran haben, sich täglich neuen intellektuellen Herausforderungen zu stellen. Der Globalisierung und der zunehmenden Normendichte, gerade auch auf internationaler Ebene, ist es zu verdanken, dass sich der steuerliche Beratungsbedarf auch in Zukunft weiter erhöhen wird. Durch die vielen steuerlichen Beratungsfelder schwächen wirtschaftliche Krisenzeiten den Bedarf an qualifizierten Steuerjuristen nicht, sie verlagern allenfalls die Schwerpunkte der steuerlichen Beratungstätigkeit.

Unternehmensinterne Untersuchungen

von Dr. Thomas Schürrle

Wann kommen unternehmensinterne Untersuchungen zum Einsatz?

Ein Szenario
Der Schlussbericht der Untersuchung ist eindeutig: Die Gesellschaft hat jahrelang Preise mit der Konkurrenz abgesprochen. Gefährliche Produktmängel wurden aus Kostengründen in Kauf genommen, illegale Zahlungen geleistet, die Bücher falsch geführt, kein ausreichendes internes Kontrollsystem aufrechterhalten.

Wie ist Licht in das Dunkel zu bringen?
Angesichts der Dimension der Vorwürfe ist schon zu Beginn klar, dass die interne Revision hier nicht tätig werden kann. Die stattdessen damit beauftragte unabhängige internationale Anwaltskanzlei leistet ganze Arbeit: Weltweit werden Zeugen vernommen und Dokumente ausgewertet. Der Sachverhalt wird bis ins Detail aufgearbeitet. Vernichtete Dokumente und gelöschte Festplatten werden mithilfe von Forensikern wiederhergestellt, Kontenbewegungen rund um den Globus nachvollzogen. Die Untersuchung erfolgt unter Beachtung aller rechtlichen Vorgaben – insbesondere des Arbeits- und Datenschutzrechts.

Wie läuft eine unternehmensinterne Untersuchung ab?

Sachverhaltsermittlung
Die Anwälte helfen, das Puzzle zusammenzufügen. Multinationale Teams arbeiten den Sachverhalt Stück für Stück auf. Das Vertrauen der Mitarbeiter zu gewinnen und den Betriebsablauf nicht zu unterbrechen, gehört dabei zu den größten Herausforderungen.

Rechtliche Analyse
Dabei stellen sich komplexe Fragen: Welche Gesetze wurden in welchen Ländern verletzt? Drohen Bußgelder – dem Unternehmen, den Mitarbeitern? Wer hat sich strafbar gemacht? Können Dritte Schadensersatzansprüche gegen das Unternehmen geltend machen? Droht der Ausschluss von Regierungsaufträgen? Müssen die Bilanzen korrigiert werden? Hat der Aufsichtsrat seine Pflichten verletzt? Hat das Unternehmen Schadensersatzansprüche gegenüber verantwortlichen Organmitgliedern und Mitarbeitern? Müssen neue Kontrollen geschaffen, vorhandene korrigiert werden?

Entscheidungen nach der unternehmensinternen Untersuchung
Auf Basis der Ergebnisse der unternehmensinternen Untersuchung müssen Vorstand und Aufsichtsrat schwierige Entscheidungen treffen. Soll man mit den Behörden kooperieren? Wie geht man mit Gerüchten in der Presse um? Was tut man, wenn immer wieder vertrauliche Informationen an die Öffentlichkeit gelangen?

In dieser schwierigen Situation sind Vorstand und Aufsichtsrat auf ihre Berater angewiesen. Hier zahlt sich eine sorgfältige Auswahl aus. Die Ermittler müssen wirklich unabhängig, fachlich exzellent und in der Sache ausgewiesene Experten sein. Erfahrung und Logistik sind unendlich wertvoll, und nur wenige Kanzleien haben sie wirklich. Nur wer schon Stürmen getrotzt hat, kann andere sicher durch den Sturm führen.

Compliance-Kompetenz – Überprüfung der internen Kontrollsysteme

Letzteres gilt auch für die Überprüfung der internen Kontrollsysteme im Zusammenhang mit einer unternehmensinternen Untersuchung. Sind die Mitarbeiter ausreichend über den rechtlichen Rahmen ihres Handelns informiert, oder bedarf es weiterer Schulungen? Funktioniert die interne Revision? Sind die Verantwortlichkeiten im Unternehmen klar definiert? Besteht ein verlässliches Berichtssystem? Können verdächtige Zahlungen identifiziert werden? Gelangen alle relevanten Informationen an Vorstand und Aufsichtsrat? Werden diese über Compliance-Verstöße hinreichend informiert? Werden solche Verstöße auch sanktioniert? Bestehen Kontrolldefizite, so müssen die Sicherheitslücken geschlossen werden. Gegebenenfalls ist in enger Zusammenarbeit mit dem Unternehmen und anderen Beratern ein umfassendes und maßgeschneidertes Compliance-Konzept zu entwickeln und zu implementieren.

Was zeichnet die Tätigkeit in diesem Bereich aus?

Herausforderung jenseits des Kartellrechts

In Deutschland gibt es im Kartellrecht schon seit einigen Jahren unternehmensinterne Untersuchungen. Grund dafür sind insbesondere die Vorschriften des europäischen und deutschen Kartellrechts. Die Kronzeugenregelung im EG-Kartellrecht sieht einen Bußgelderlass bei Selbstanzeige und Zusammenarbeit mit den Behörden bei der Aufklärung vor. Haben die Behörden bereits Kenntnis, kommt bei entsprechender Kooperation noch eine Reduzierung des Bußgeldes in Betracht. Ähnliche Möglichkeiten eröffnet die Bonusregelung des Bundeskartellamts. Doch längst geht die Bedeutung unternehmensinterner Untersuchungen weit über das Kartellrecht hinaus. Jüngste Beispiele belegen das eindrucksvoll. Herausragende US-Litigation-Kompetenz der anwaltlichen Ermittler ist deshalb oft ein entscheidender Vorteil. Die Ermittlungen gleichen in ihren Anforderungen in vieler Hinsicht komplexen M&A-Transaktionen. Sie erfordern exzellente juristische Kenntnisse, hohe soziale und Prozessmanagementkompetenz sowie ein hervorragendes Gespür.

Anforderungen und Einstieg

Materiell-rechtlich braucht der anwaltliche Ermittler für unternehmensinterne Untersuchungen ein breites Querschnittswissen. Dabei geht es vor allem um Fragen des Wirtschaftsstrafrechts, des Gesellschaftsrechts, des Kapitalmarktrechts und des öffentlichen Wirtschaftsrechts. Des Weiteren stellen sich eine Vielzahl datenschutz- und arbeitsrechtlicher Probleme. Die enge Einbindung in Teams erleichtert dem Berufsanfänger den Einstieg. Mit zunehmender Seniorität wird der Anwalt immer stärker zum unmittelbaren Ansprechpartner der Führungsgremien auf Mandantenseite. Kompetenz schafft Vertrauen, und Erfahrung macht den Lotsen – insbesondere bei rauer See.

Juristische Berufsbilder in Wirtschaft und Verbänden

Wer sich gegen eine Tätigkeit im Öffentlichen Dienst oder in einer Kanzlei entscheidet, hat immer noch die Qual der Wahl. Ob in Banken, Versicherungen oder in der Industrie – nahezu jedes größere Unternehmen bietet Einsatzmöglichkeiten für Juristen, angefangen bei der klassischen Rechtsabteilung über die Personalabteilung bis hin zum Bereich Compliance.

Auch die sich stetig erhöhende Anzahl an Verbänden in Deutschland bietet vielfältige Beschäftigungsmöglichkeiten in den unterschiedlichsten Fachbereichen. Der Beitrag ab Seite 125 ermöglicht einen ersten Eindruck vom Beruf des Verbandsjuristen.

Wer lieber beratend tätig sein möchte, den führt der Weg vielleicht in die Wirtschaftsprüfung oder Unternehmensberatung, wo Juristen aufgrund ihres analytischen Denkvermögens gern gesehen sind. Die Beiträge ab den Seiten 116 und 120 informieren über die entsprechenden Berufsbilder.

Auch der juristische Fachverlag kann ein spannendes Betätigungsfeld für Juristen mit Organisations- und Kommunikationsgeschick darstellen. Dass dabei nicht nur ein sicheres Sprachgefühl, sondern auch Interesse an betriebswirtschaftlichen Aspekten gefragt ist, zeigt der Beitrag ab Seite 129.

Die Übernahme von Leitungsfunktionen, sei es als Abteilungs- oder Bereichsleiter, als Geschäftsführer oder Vorstand bis hin zum Aufsichtsratsmandanten, ist für Juristen sicher verlockend. In jedem Fall wird ein Jurist in Wirtschaft und Verbänden in der Regel viel mit Menschen (möglicherweise mit Angehörigen verschiedenster Berufsgruppen) zu tun haben. Dann gilt es, juristische Inhalte verständlich zu vermitteln, Kompromisse zwischen verschiedenen Positionen zu finden und Entscheidungsträger für den besten Lösungsweg zu gewinnen. Eine anspruchsvolle Aufgabe für leistungsstarke Juristen!

Unternehmensjurist

von Arnd Meier

Es gibt wohl ca. 50.000 Unternehmensjuristen in Deutschland.[1] Dies entspräche in etwa der Summe der Verwaltungsjuristen (35.000) und der Richter und Staatsanwälte (25.000). Damit stellen die Wirtschaftsjuristen ca. 20 Prozent der rund 235.000 juristisch tätigen Beschäftigten in Deutschland.

Eine Laufbahn als Unternehmensjurist ist attraktiv für denjenigen, dem die öffentliche Verwaltung und Rechtspflege zu bürokratisch erscheint und der zugleich mehr Sicherheit und eine bessere Work-Life-Balance sucht, als ein freiberuflicher Rechtsanwalt üblicherweise erwarten kann. Wer zudem noch Interesse für wirtschaftliche Zusammenhänge mitbringt und vielleicht auch eher mitgestalten als nur beraten will, für den kann eine Tätigkeit als Jurist in einem Unternehmen das Richtige sein.

Allerdings lassen sich allgemeingültige Aussagen über Unternehmensjuristen nur sehr schwer treffen. Ihre Arbeitsumstände hängen wesentlich davon ab, wie groß das Unternehmen ist, für das sie arbeiten, in welcher Position sie dort tätig sind und in welcher Branche.

Tendenziell lässt sich sagen, dass die Tätigkeit der Unternehmensjuristen umso anspruchsvoller (und besser honoriert) ist, je größer das Unternehmen und seine Rechtsabteilung sind. Allerdings nimmt der Spielraum des Einzelnen oft im selben Maße ab. Der Unternehmensjurist im kleinen oder mittelständischen Unternehmen hat häufig den direkteren Zugang zur Geschäftsführung und den größeren Einfluss.

Im Folgenden werden vier typische Tätigkeitsfelder von Wirtschaftsjuristen näher betrachtet: Rechtsabteilung, Vertragsmanagement, Personalabteilung und Compliance. Dies sind jedoch bei Weitem nicht alle Bereiche, in denen Juristen in Unternehmen juristisch tätig sind. Zu nennen wären auch Steuerabteilung, Revision, Patent-/Markenabteilung, Regulierung, Lobbying und, je nach Organisation und Branche des Unternehmens, viele andere mehr.

Seit 2011 gibt es in Deutschland auch einen eigenen Verband für Unternehmensjuristen, den Bundesverband der Unternehmensjuristen (BUJ) mit einer eigenen Zeitschrift (*Unternehmensjurist*) und speziellen Seminarangeboten; Näheres unter www.buj.net.

---

1 Genaue Statistiken hierzu existieren wohl nicht. Der Gesetzentwurf für die Neuordnung des Rechts der Syndikusanwälte (Bundestagsdrucksache 18/5201), spricht in der Begründung (S. 13) davon, dass es 40.000 zugelassene Rechtsanwälte gebe, die als Angestellte in Unternehmen arbeiten. Hierzu käme noch eine sicher erhebliche Zahl an nicht als Rechtsanwalt zugelassenen Diplom-Wirtschaftsjuristen.

Rechtsabteilung

von Arnd Meier

Formale Voraussetzungen: Zweites Juristisches Staatsexamen (für Syndikuspositionen, für Sachbearbeiterstellen ggf. auch Diplomjurist oder Erstes Staatsexamen) in der Regel ab „befriedigend", teilweise erst ab „vollbefriedigend"; Berufserfahrung (v.a. in einer Anwaltskanzlei) oft erwünscht, aber meist nur für bestimmte Spezialisierungs- oder Führungspositionen erforderlich

Persönliche Qualifikation: englische Fachsprachenkenntnisse, Verständnis für wirtschaftliche Zusammenhänge, Lösungsorientierung, Fähigkeit zur interdisziplinären Zusammenarbeit (mit Kaufleuten u.a.)

Einstiegsgehalt: 45.000 bis 80.000 Euro Brutto-Jahresgehalt

Aufstiegsmöglichkeiten: Leiter der Rechtsabteilung, in großen Rechtsabteilungen Leitung von Unterabteilungen; Wechsel in die nicht juristische Laufbahn bis hin zu Geschäftsführer- und Vorstandspositionen

Besonderheiten: gute Work-Life-Balance (verglichen mit großen Anwaltskanzleien), frühe Einbindung in Projekte, Mitgestaltungsmöglichkeiten, in großen Unternehmen hierarchische Einflüsse

Weitere Informationen: www.syndikusanwaelte.de, www.ecla.org, www.acc.com, www.wjfh.de

Die Arbeit des Syndikusanwalts

Warum leisten sich Unternehmen eine eigene Rechtsabteilung bzw. einen eigenen Hausjuristen (im Folgenden „Syndikusanwalt") und greifen nicht einfach auf die Dienste der freiberuflich tätigen Rechtsanwälte zurück? Ein Grund dürften die Höhe und die Kalkulierbarkeit der Kosten sein. Zumindest ab einem gewissen regelmäßigen juristischen Beratungsvolumen – das oft schon bei einigen Millionen Euro Umsatz gegeben ist – wird die fallweise oder stundenweise Abrechnung der externen Anwälte teurer als die Anstellung eines Syndikusanwalts.

Wichtiger aber noch ist die Beratungsqualität. Gemeint ist damit nicht die juristische Qualifikation oder die Qualität der juristischen Fallbearbeitung im engeren Sinne (also die Anwendung der Rechtsnormen auf einen gegebenen Fall), sondern die Erfassung und das Verständnis der wirtschaftlichen Sachverhalte sowie die präventive Identifikation und Vermeidung juristischer Risiken. Durch seine kontinuierliche und ausschließliche Tätigkeit für ein Unternehmen kann der Syndikusanwalt dessen Geschäft und typische juristische Probleme besser verstehen als ein externer Anwalt, der nur fallweise herangezogen wird (und je teurer er ist, desto seltener wird er beauftragt; bei Großkanzleien wird zudem in häufig wechselnder Besetzung gearbeitet). Er kann eine Vertrauensbeziehung zu den fachlichen Ansprechpartnern im Unternehmen aufbauen und viele Fragen in einem kurzen Telefonat klären, die sonst gar nicht oder erst nach umständlicher Einschaltung einer Anwaltskanzlei geklärt würden, schlimmstenfalls erst dann, wenn aus einer Frage ein Problem geworden ist. Wie gut dies funktioniert, hängt wesentlich davon ab, wie weit der Syndikusanwalt sich aus einer rein passiven Rolle löst („bring mir den Sachverhalt, und ich gebe dir die Lösung“) und auf die nicht juristischen Ansprechpartner zugeht. Dafür ist es nützlich, sich zumindest ein Grundverständnis für Produkt, Produktion, Vertrieb und andere wesentliche Aspekte des eigenen Unternehmens anzueignen und mit den Nichtjuristen im Unternehmen auch in einer nicht juristischen Sprache zu kommunizieren. Wenn der Syndikusanwalt intern akzeptiert ist, dann wird er viel früher in Projekte eingebunden als ein externer Berater und kann dementsprechend auch viel eher mitgestalten als nur nachträglich zu beurteilen und zu korrigieren.

Vom Syndikusanwalt wird, anders als vom externen Rechtsberater, oft auch eine unternehmerische Risikowürdigung und Entscheidung erwartet, selbst wenn nicht alle maßgeblichen Fakten vollständig geklärt bzw. sicher prognostiziert werden können. Es genügt also nicht zu sagen: „Die Mindermeinung in der Literatur sagt dies, die derzeitige Rechtsprechung sagt das, auf hoher See und vor Gericht ist man in Gottes Hand ...“ Man muss sich auch trauen, zu sagen: „Die Chancen, dass wir juristisch auf die Nase fallen, schätze ich auf 40:60, aber die kommerziellen Vorteile, wenn wir diesen Weg einschlagen, sind das meines Erachtens wert.“ Die gute Nachricht ist, und hierin ist die oft vorsichtigere Praxis der externen Rechtsanwälte gerechtfertigt: Der interne Syndikusanwalt haftet nicht für solche Aussagen (was nachteilige Konsequenzen für seine Karriere natürlich nicht ausschließt).

Aus ähnlichen Gründen kann der Syndikusanwalt es sich leisten, anders mit seiner Zeit und seinen Ressourcen zu wirtschaften als externe Kanzleien. Es kann durchaus sinnvoll sein, einen Sachverhalt oder auch die Rechtslage nur zu 80 Prozent zu klären, wenn die Klärung der verbleibenden 20 Prozent einen Aufwand verursachen würde, der zum Wert der Sache in keinem vernünftigen Verhältnis steht. Der externe Rechtsberater muss in einem solchen Fall entsprechende Vorbehalte in seiner Beurteilung machen. Außerdem liegt es in seinem Interesse – zumal wenn er nach Stunden abrechnet – durch Identifikation zusätzlicher Probleme zusätzlichen Beratungsbedarf zu schaffen. Überspitzt gesagt: Das ideale Gutachten aus Sicht des externen Beraters kostet viel Zeit und enthält trotzdem viele Vorbehalte und keine (haftungsrelevanten) klaren Aussagen.

Der Syndikusanwalt kann und sollte auch proaktiv tätig werden und bei den Fachstellen im Unternehmen, die er als Bedarfsträger identifiziert hat, Aufklärungsarbeit durch Schulungen leisten, geeignete Formulare und Vertragsmuster erstellen und Abläufe definieren, die helfen, juristische Probleme schon im Ansatz zu vermeiden. Auf diese Weise kann der Syndikusanwalt einen Beitrag zur Kostensenkung und Wertsteigerung im Unternehmen leisten, der weit über die bloßen Rechtsberatungskosten hinausgeht.

Insgesamt spielt die kautelarjuristische Tätigkeit beim Syndikusanwalt typischerweise eine weitaus größere Rolle als beim externen Rechtsanwalt. Standesrechtlich kann ohnehin auch der zugelassene Syndikusanwalt das eigene Unternehmen nicht vor Gericht vertreten (soweit Anwaltszwang besteht).

Zusammenarbeit mit externen Rechtsanwälten

Nicht nur deshalb können ein Syndikusanwalt und auch eine noch so große Rechtsabteilung die Einschaltung externer Rechtsanwälte nie völlig ersetzen. Deren Vorteile liegen in höherer Spezialisierung (zumindest bei großen Kanzleien), breiterer Erfahrung und Unabhängigkeit sowie im Falle großer Transaktionen schlicht in größeren Ressourcen. Selbst für ein großes Unternehmen wäre es unwirtschaftlich, eine Vielzahl von Juristen mit unterschiedlichsten Spezialisierungen dauerhaft zu beschäftigen, wenn die betreffenden Rechtsfragen oder die mengenmäßige Spitzenbelastung nur einmal im Jahr auftreten.

Daher ist die Auswahl und Führung externer Rechtsanwälte ein weiterer wesentlicher Aspekt des Syndikusprofils. Die Aufgabe des Syndikusanwalts liegt hier vor allem darin, mit seiner Kenntnis des Unternehmens, der Strukturen und der richtigen Ansprechpartner schnell und umfassend die vom externen Anwalt benötigten Informationen zusammenzutragen und die Umsetzung eventuell notwendiger Verhaltensänderungen sicherzustellen. Außerdem sollte der Syndikusanwalt die Anwaltsszene kennen und wissen, welche Kanzlei er für welche Aufgabe zu welchen Preisen engagieren kann. Auch deshalb ist Berufserfahrung als externer Anwalt, gerade auch im streitigen Bereich, äußerst hilfreich, um die „andere Seite“ besser zu verstehen und effektiver mit ihr zusammenzuarbeiten. Der Wechsel vom Syndikusanwalt (zurück) in die freie Rechtsanwaltschaft ist in Deutschland übrigens (leider) noch vergleichsweise selten.

Was den Einsatz externer Kanzleien angeht, gibt es sehr unterschiedliche Philosophien. Diese reichen von „nur wenn es gar nicht anders geht“ bis zu „eigentlich immer“. Beim letzteren Ansatz wird der Syndikusanwalt mehr zum Manager of Legal Affairs, der nicht mehr selbst juristisch arbeitet und dessen eigene Fachkenntnis dementsprechend zu verkümmern droht. Dieses Berufsbild ist besonders in angelsächsisch geprägten Unternehmen verbreitet. Dort ist allerdings auch das juristische Beratungsaufkommen oft wesentlich höher als das traditionell in Deutschland der Fall ist, sodass die komplette Inhouse-Abwicklung gar keine realistische Alternative wäre. Aber Deutschland holt in dieser Hinsicht auf …

Trends und Karrierechancen

Generell ist zu sagen, dass der Stellenwert von guter und vor allem rechtzeitiger Rechtsberatung für Unternehmen in den letzten Jahren gestiegen ist und noch weiter steigt. Die Berufung des Chefsyndikus (US-amerikanischer Herkunft) in den Vorstand der Siemens AG ist dafür nur ein aktuelles Indiz. Die Regelungstiefe im Wirtschaftsleben nimmt zu, die Internationalität auch, und das Risiko unberatenen Vorgehens steigt dementsprechend. Dabei gibt es natürlich Branchen, die immer schon besonders beratungsintensiv waren (z. B. Versicherungen, Banken) und andere, in denen selbst für Millionenbeträge noch vor Kurzem ein Handschlag ausreichte (z. B. Industrie, Schifffahrt). Damit nehmen in der Regel auch der Stellenwert der Rechtsabteilung im Unternehmen, ihre Größe und die internen Aufstiegschancen der Juristen zu.

Was die Aufstiegschancen außerhalb der Rechtsabteilung angeht, sind diese in den vergangenen Jahrzehnten in Deutschland wohl eher gesunken. Früher gehörte es in den Vorständen der DAX-Unternehmen zum guten Ton, zumindest einen Juristen an Bord zu haben, bei Banken und Versicherungen bestand der Vorstand teilweise mehrheitlich aus Juristen. Heute ist es sehr selten, dass Juristen eine Karriere in der Rechtsabteilung beginnen und sich von dort über verschiedene Fachpositionen an die Spitze vorarbeiten.

Vorteile der Tätigkeit als Syndikusanwalt

Was sind also die Vorteile einer Tätigkeit als Syndikusanwalt gegenüber der freien Anwaltschaft? Nicht die Bezahlung. Ein gut bezahlter Syndikusanwalt kann zwar durchaus mehr verdienen als ein schlecht verdienender Wald-und-Wiesen-Rechtsanwalt mit eigener Kanzlei. Aber bei vergleichbarer Qualifikation und Seniorität dürfte in der Regel das Einkommen des freien Rechtsanwalts deutlich höher sein als das des Syndikusanwalts.

Nur gilt in den meisten Großkanzleien weiterhin das Prinzip des Up-or-Out, das heißt, oftmals hat der Betreffende gar nicht die Wahl, ob er nun lieber Partner in der Kanzlei werden möchte oder Syndikusanwalt. Nicht umsonst speisen sich die Rechtsabteilungen der großen Unternehmen vielfach aus Abgängern („Alumni") der Kanzleien.

Diese Wechsel haben aber oft durchaus auch ein anderes, freiwilliges Motiv, nämlich die Suche nach einer fachlich anspruchsvollen, fordernden, aber zugleich nicht völlig verzehrenden Tätigkeit, also nach einer vernünftigen Work-Life-Balance. Diese gewinnt gerade auch bei hoch qualifizierten Juristen zunehmend an Bedeutung, und hier liegt der wesentliche Vorteil des Syndikusanwalts. Er wird nicht an der Zahl seiner „billable hours" gemessen, sondern an der Erledigung seiner Aufgaben.

Syndikusanwälte werden zwar üblicherweise nicht nach Tarif bezahlt und haben dementsprechend keinen Anspruch auf Vergütung von Überstunden. Sie arbeiten oftmals 40 bis 50 Stunden pro Woche – in besonderen Situationen auch mehr. Aber dies ist eben die Ausnahme und nicht die Regel. Auch der interne Konkurrenzdruck dürfte geringer sein als in der typischen Großkanzlei – die Aufstiegschancen sind es allerdings auch. Die Hierarchien der Rechtsabteilungen sind meist flach. Leitungspositionen sind dementsprechend ebenso rar wie Partnerstellen.

Außer in sehr stark rechtsaffinen Unternehmen oder solchen mit einer sehr großen Rechtsabteilung sind Juristen Exoten, und als solche werden sie meist für Positionen außerhalb der Rechtsabteilung gar nicht in Betracht gezogen. Nur wer seine nicht juristischen Qualifikationen so stark ausbauen und demonstrieren kann, dass er allein auf dieser Basis konkurrenzfähig ist, wird außerhalb der Rechtsabteilung Aufstiegschancen haben. Auch was fachliche Fortentwicklung angeht, wird eine mittlere oder große Kanzlei in der Regel mehr zu bieten haben als selbst eine bedeutende Rechtsabteilung.

Vertragsmanagement

von Arnd Meier

Formale Voraussetzungen: Erste Juristische Prüfung, Diplomjurist oder anderer akademischer Abschluss

Persönliche Qualifikation: Verständnis und Interesse für Prozesse und wirtschaftliche Zusammenhänge, IT-Kenntnisse, englische Sprachkenntnisse, Fähigkeit zur interdisziplinären Zusammenarbeit

Einstiegsgehalt: 36.000 bis 60.000 Euro Brutto-Jahresgehalt

Aufstiegsmöglichkeiten: allgemeine Managementfunktionen

Besonderheiten: wachsende Bedeutung in den meisten Unternehmen

Abteilungen mit der Bezeichnung „Vertragsmanagement" gibt es erst seit rund zehn Jahren. Inzwischen gehören sie jedoch zumindest in mittleren und größeren Unternehmen zum Standard; ihre Größe und Bedeutung wächst. Besonders für Diplom-/Wirtschaftsjuristen ist das Vertragsmanagement ein sehr interessantes Betätigungsfeld, denn hier ist ihre interdisziplinäre Ausbildung ein echter Vorteil und die fehlende Rechtsanwaltszulassung kein Manko. Volljuristen sehen im Vertragsmanagement dagegen meist wohl keine adäquate Beschäftigung – vielleicht zu Unrecht.

Worum geht es im Vertragsmanagement?

Anders als bei der rein juristischen Vertragsgestaltung geht es im Vertragsmanagement um die Optimierung eines Prozesses, nicht des Einzelfalls; die wirtschaftlichen Resultate stehen im Vordergrund. Folglich spielt Vertragsmanagement immer dort eine Rolle, wo eine Vielzahl gleicher oder ähnlicher Verträge abgeschlossen werden muss. Das betrifft heute im Grunde fast jedes Unternehmen. Ein gutes Vertragsmanagement bringt dem Unternehmen Rechtssicherheit bei niedrigem Aufwand und hoher Transparenz. Das Eingehen von Verträgen ist klar und einfach strukturiert. Vertragliche Verpflichtungen werden erfasst und ihre Einhaltung überwacht. Schlechtes oder fehlendes Vertragsmanagement führt dagegen dazu, dass mit hohem Aufwand und geringer Rechtssicherheit immer wieder dieselben Aufgabenstellungen mit individuellen und unterschiedlichen Verträgen gelöst werden. Die Folge: Vertragsdokumente sind nicht oder schwer auffindbar, vertragliche Verpflichtungen lassen sich nicht zuverlässig überwachen und in Summe recherchieren oder bilanzieren.

Die Aufgaben des Vertragsmanagements lassen sich in drei Themenbereiche gliedern: die Gestaltung von Vertragsmustern und Vertragsprozessen, das Vertragscontrolling und die Vertragsarchivierung.

1) Gestaltung von Vertragsmustern und Vertragsprozessen

Im Massengeschäft, z. B. in einer Einkaufsabteilung oder Versicherung, geht es nicht nur darum, dass der Vertrag gültig und durchsetzbar ist. Er muss auch so gestaltet sein, dass die nicht juristischen Anwender ihn verstehen und selbstständig gebrauchen können. Ein Vertrag, den selbst die eigenen Sachbearbeiter nicht verstehen, ist ein schlechter Vertrag (und mag er noch so vorteilhaft sein). So sollten möglichst wenige Auswahloptionen zwischen Klauselalternativen angeboten werden, denn dies ist immer eine potenzielle Fehlerquelle. Wo eine solche Auswahl nicht vermeidbar ist, muss der Anwender mit einfachen, klaren Fragen zur richtigen Auswahl geführt werden. Hierfür gibt es heute besondere IT-Lösungen unter dem Stichwort „Klauselmanagement". Solche IT-Lösungen zur Verfügung zu stellen, gehört zu den Aufgaben des Vertragsmanagements. Die prozessuale Gestaltung des Vertragsschlusses ist ein weiterer wesentlicher Aspekt. Ein traditioneller Vertrag in Papierform benötigt mehr Zeit für die Erstellung, den Unterschriftenumlauf und die Ablage als ein elektronischer Vertrag, der per Klick geschlossen wird. Der elektronische Vertrag ist zudem weniger anfällig für fehlerhafte individuelle Änderungen und kann automatisch in einen internen Genehmigungs-Workflow und ein Ablagesystem überführt werden.

2) Vertragscontrolling

Welche vertraglichen Rechte, Pflichten und Risiken hat ein Unternehmen zu einem gegebenen Zeitpunkt insgesamt? Ohne ein Vertragsmanagementsystem, d. h. die vollständige Erfassung aller Verträge eines Unternehmens, kann niemand diese Fragen beantworten. Dafür gibt es vielfältige IT-Lösungen am Markt, die aber immer mehr oder weniger auf die individuellen Gegebenheiten und Bedürfnisse des Unternehmens angepasst werden müssen. Die Auswahl des richtigen Systems, seine Anpassung, Weiterentwicklung und interne Durchsetzung sind typische Aufgaben des Vertragsmanagements. Meist kann das Vertragsmanagementsystem auch Prozesse automatisieren, z. B. interne Genehmigungs-Workflows und Überwachungsfunktionen anbieten (z. B. Warnung vor Fristabläufen).

3) Vertragsarchivierung

Die langfristige, unveränderbare – und damit revisionssichere – Ablage von Verträgen und der dazugehörigen weiteren Unterlagen (E-Mails, Verhandlungsprotokolle, Vorentwürfe) ist eine weitere wichtige Aufgabe des Vertragsmanagements. Dies wird in der Regel ebenfalls über eine IT-Lösung ermöglicht (idealerweise ein integriertes System, das auch Vertragscontrolling und -gestaltung unterstützt).

Perspektiven

Bisher wird Vertragsmanagement als reine Support-Funktion verstanden, die im Hinblick auf internes Prestige und Entlohnung eher niedrig angesiedelt ist. Mit Zunahme der Gestaltungsmöglichkeiten ändert sich dies jedoch. Vertragsmanagement in einem internationalen Konzern mit Hunderttausenden Verträgen und Dutzenden Rechtsordnungen umzusetzen, ist keine triviale Aufgabe. Sie erfordert gleichermaßen juristischen Sachverstand, Kreativität, tiefes Verständnis der Geschäftsprozesse und die Fähigkeit zur unternehmensinternen Durchsetzung von Veränderungen (Change Management). Wer dies meistert, der empfiehlt sich automatisch auch für andere anspruchsvolle Managementaufgaben.

Personalabteilung

von Arnd Meier

Formale Voraussetzungen: Erstes Juristisches Staatsexamen (Zweites Staatsexamen ist natürlich vorteilhaft); möglichst Schwerpunkt Arbeitsrecht

Persönliche Qualifikation: Kommunikationsfähigkeit, Durchsetzungs- und Konfliktfähigkeit (gegenüber teils widersprüchlichen Forderungen von unterschiedlichen Seiten), Menschenkenntnis (Vorstellungsgespräche mit Bewerbern!), Interesse an verschiedenen fremden Fachrichtungen (um die Qualifikation von z.B. Physikern beurteilen zu können)

Einstiegsgehalt: 36.000 bis 60.000 Euro Brutto-Jahresgehalt

Aufstiegsmöglichkeiten: Leiter einer Personalabteilung, verschiedene Stabspositionen im Personalbereich, grundsätzlich auch Managementpositionen im gesamten Unternehmen

Besonderheiten: sehr breiter Einblick in das eigene Unternehmen, vielseitige Entwicklungsmöglichkeiten

Wäre es nicht schöner, Vorstellungsgespräche von der anderen Seite des Tisches aus zu führen? Wen diese Vorstellung reizt und wer lieber mit Menschen als mit Akten arbeitet, für den ist vielleicht eine Tätigkeit als Personalreferent das Richtige. Der Personalreferent ist der Generalist im Personalbereich. Diese Stelle dient meist als Einstiegsjob für Berufsanfänger. Der Personalreferent betreut umfassend bestimmte Abteilungen eines Unternehmens in der Rekrutierung und der laufenden Personalarbeit. Das sind oft mehrere Hundert Mitarbeiter, manchmal sogar mehr als tausend (je höher qualifiziert die Mitarbeiter sind, desto niedriger ist in der Regel der Betreuungsschlüssel).

Tätigkeitsspektrum eines Personalreferenten

Das Tätigkeitsspektrum und damit auch die Anforderungen an Kenntnisse und Fähigkeiten der Personalreferenten sind extrem breit: Wie wird ein Mitarbeiter eingestuft? Ist eine Beförderung oder Höhereinstufung gerechtfertigt? Wie kann ein Mitarbeiter gefördert/entwickelt werden? Was ist bei einer Entsendung ins Ausland zu beachten? Fragen zur Einzelfallanwendung von Tarifverträgen und Arbeitsgesetzen sowie innerbetrieblichen Regelungen sind zu beantworten, Verhandlungen mit dem Betriebsrat zu führen und Betriebsvereinbarungen umzusetzen. Auch disziplinarische Fragen spielen immer wieder eine Rolle: Ist eine Abmahnung gerechtfertigt? Welche Voraussetzungen sind für eine Kündigung zu beachten?

Viele dieser Fragen sind juristischer Natur, deshalb werden Juristen auch meist gerne im Personalbereich eingesetzt. Andererseits sind natürlich auch andere Fachrichtungen – z.B. Psychologie, Betriebswirtschaft oder Pädagogik – wichtig, um die vielfältigen Aufgaben einer Personalabteilung optimal zu bewältigen. Daher wird kaum ein Personalleiter seine Abteilung nur mit Juristen besetzen wollen, aber eben auch nicht ganz ohne sie.

Entwicklungspositionen für Juristen im Personalwesen

Neben der Tätigkeit als Personalreferent gibt es, zumindest in den größeren Unternehmen, auch eine Reihe von Stabsfunktionen im Personalbereich, die für Juristen infrage kommen. Dazu kann zum Beispiel die Entwicklung von Vergütungssystemen gehören, die Betreuung von Führungskräften oder das internationale Personalwesen. Allerdings wird man auf diesen strategischen Positionen meist nicht Berufsanfänger einsetzen, sondern eher Personalreferenten mit einigen Jahren Berufserfahrung.

Eine andere typische Entwicklungsposition für Juristen im Personalwesen ist die Arbeitsrechtsabteilung – sofern es eine solche, wie in größeren Unternehmen üblich, gibt. Bedarf an Arbeitsrechtlern, gerne auch mit Personalerfahrung aus Unternehmen, besteht oft auch bei den größeren Arbeitgeberverbänden, die für ihre Mitgliedsunternehmen als Dienstleister in diesem Bereich arbeiten, d. h. beispielsweise Arbeitsrechtsstreitigkeiten als Prozessvertreter übernehmen.

Referendarstation im Personalbereich

Ein nahezu idealer Berufseinstieg für Juristen im Personalbereich – wie im Übrigen auch für die meisten anderen juristischen Berufe – ist die Ableistung einer Referendariatsstation in der Personalabteilung eines Unternehmens. Auf diese Weise kann man das Unternehmen und die Tätigkeit besser kennenlernen als irgendwie sonst. Umgekehrt kann sich natürlich auch der künftige Arbeitgeber ein viel besseres Urteil bilden und ist dann möglicherweise sogar gewillt, für einen wirklich vielversprechenden Bewerber eine Stelle zu schaffen oder sonstige Wege zu ebnen.

Compliance

von Arnd Meier

Formale Voraussetzungen: Juristisches Staatsexamen, Diplomjurist

Persönliche Qualifikation: Verständnis für wirtschaftliche Zusammenhänge, Fähigkeit zur interdisziplinären Zusammenarbeit; englische Sprachkenntnisse

Einstiegsgehalt: 42.000 bis 70.000 Euro Brutto-Jahresgehalt

Aufstiegsmöglichkeiten: Chief Compliance Officer (CCO)

Besonderheiten: wachsende Bedeutung in den meisten Großunternehmen; internationale Bandbreite

Weitere Informationen:
www.compliancemagazin.de, www.compliance-plattform.de

Vor zehn oder auch noch vor fünf Jahren hätten die meisten Vorstände und Unternehmensjuristen wahrscheinlich noch nicht viel mit dem Begriff Compliance anfangen können. Heute, nach den großen Skandalen bei Daimler und Siemens, die die betreffenden Unternehmen Hunderte Millionen Euro kosteten, ist er in aller Munde. Compliance-Codes und Compliance-Abteilungen gehören, zumindest für börsennotierte Unternehmen, zur Best Practice und werden in Windeseile aufgebaut. Gute Berufschancen also für diejenigen, die Erfahrungen oder zumindest Kenntnisse im Bereich Compliance vorzuweisen haben. Das sind allerdings nicht sehr viele, denn da das ganze Thema in Deutschland noch so neu ist, gibt es kaum spezielle Ausbildungsgänge und wenig Erfahrungswissen.[1]

Compliance Officers müssen nicht Juristen sein, aber Juristen haben anerkanntermaßen sehr gute Voraussetzungen für diese Position. Geht es doch unter anderem um die Durchsetzung von Regeln, wenn auch nicht immer gesetzlichen, und die Zusammenarbeit mit Behörden (insbesondere auch Strafverfolgungsbehörden).

Was ist Compliance, und was sind die Aufgaben eines Compliance Officers?

Compliance ist die Einhaltung von Gesetzen und, soweit anwendbar, nichtgesetzlichen Richtlinien und Regeln. Das ist einerseits eine Selbstverständlichkeit, und man könnte fragen, warum es dafür gesonderter Organisationen bedarf. Andererseits ist die Regelungsbreite und -tiefe so groß geworden, dass ohne besondere Informations-

---

1 Die FH Deggendorf bietet seit dem Sommersemester 2008 mit dem Kooperationspartner TÜV Süd und dem Internetportal Risinet einen Master-Studiengang Risiko- und Compliancemanagement an (https://www.th-deg.de/de/weiterbildung-1288/master/master-risiko-und-compliancemanagement). Bei der School of Governance Risk and Compliance an der Steinbeis-Hochschule in Berlin wird ebenfalls ein (zweijähriges) MBA-Programm angeboten, das im Oktober beginnt.

und Schulungsmaßnahmen von normalen Mitarbeitern kaum noch erwartet werden könnte, dass sie alle Regeln kennen und befolgen. Gerade für international tätige Unternehmen und speziell für solche, die auch an der New Yorker Börse notiert sind, ist dies der Fall. Zugleich ist die Sanktionierung von Regelverstößen enorm verschärft worden, und die öffentliche Kritik ist ebenfalls stark gewachsen. Compliance-Verstöße sind deshalb für Unternehmen heute ein hohes Risiko, das erhebliche Anstrengungen zur Vermeidung rechtfertigt.

In Abgrenzung zur Tätigkeit der Rechtsabteilung oder internen Revision liegt der Schwerpunkt der Compliance-Abteilungen in der Prävention, und zwar weniger durch konkrete Einzelfallmaßnahmen als durch Definition von Abläufen und detaillierten Regeln, Information und Schulung. Daneben gehört zur Compliance die Bearbeitung von Beschwerden und Hinweisen und die Begleitung von Fällen, die bereits an die Öffentlichkeit bzw. die Behörden gelangt sind. Dabei gibt es immer wieder Überschneidungen mit der Tätigkeit der Rechtsabteilungen (an die die Compliance-Abteilungen im Übrigen oftmals angegliedert sind). Die genaue Abgrenzung ist hierbei von Unternehmen zu Unternehmen unterschiedlich geregelt. Im Einzelnen lassen sich folgende Bestandteile einer Compliance-Organisation beschreiben:

- **Identifikation von Risiken und anwendbaren Regeln:** Welche Regeln gelten beispielsweise in Brasilien für die Annahme von Geschenken durch Beamte? Welche Regeln des amerikanischen Sarbanes-Oxley-Act müssen auch bei der deutschen Muttergesellschaft beachtet werden? Welche öffentliche und behördliche Reaktion ist in welchen Ländern zu befürchten, wenn wir Waren in den Iran liefern? Welche sozialen Standards sollte das Unternehmen weltweit von seinen Tochtergesellschaften und Lieferanten verlangen, selbst wenn sie nicht überall rechtlich vorgeschrieben sind?
- **Internes Informationssystem:** Reichen die bestehenden internen Regelungen aus, um die identifizierten Risiken zu vermeiden? Welcher Schulungsbedarf besteht bei welchen Mitarbeitern in dieser Hinsicht? Welche Informationsmaßnahmen sind notwendig (Broschüren, Intranet, E-Mails, Tests)?
- **Internes und externes Kommunikationssystem:** Welche Abläufe sind zu definieren für die Behandlung von internen und externen Beschwerden über Compliance-Verstöße? Ist ein internes Meldesystem notwendig? Kontakte mit Behörden sind zu definieren und zu pflegen.
- **Internes Kontrollsystem:** Die Einhaltung der compliancerelevanten Regeln ist zu überwachen und die Adäquanz der bestehenden Mechanismen regelmäßig zu überprüfen. Hierzu wird in der Regel ein Compliance-Beauftragter oder ein entsprechendes Gremium mit hinreichenden Ressourcen (Mitarbeitern) einzurichten sein.

Durch die Vermeidung von Strafen und Haftungstatbeständen (teilweise auch persönlich für die Vorstände und Geschäftsführer) leistet Compliance einen unmittelbaren Beitrag zum wirtschaftlichen Erfolg des Unternehmens.

In der Praxis ist die Bandbreite der Compliance-Aktivitäten sehr groß. Am höchsten ist die Compliance-Intensität sicherlich in der Finanzindustrie und bei den Unternehmen, die der amerikanischen Börsenaufsicht (SEC) unterliegen. Hier gibt es Compliance-Abteilungen mit mehreren Hundert Mitarbeitern auf verschiedenen Kontinenten. Andererseits gibt es weiterhin auch DAX-Unternehmen, bei denen Compliance einfach der Rechtsabteilung oder Revision als zusätzliches Aufgabengebiet zugewiesen wurde, ohne zusätzliche Stellen zu schaffen.

Dementsprechend unterschiedlich sind auch die Tätigkeitsprofile und Berufsaussichten. Während im einen Unternehmen alle Verträge ab einer bestimmten Wertgrenze von der Compliance-Abteilung durchgesehen und abgezeichnet werden müssen (was natürlich viel Routinearbeit für viele junge Mitarbeiter verursacht), beschränkt man sich in anderen Unternehmen darauf, Broschüren und Richtlinien herauszugeben.

Für eine anspruchsvollere Compliance-Position ist sicherlich Berufserfahrung Voraussetzung, sei es in der Rechtsabteilung oder in mehreren Linienfunktionen. Es geht vielfach um sehr sensible, personalrelevante Sachverhalte, bei denen Augenmaß und Fingerspitzengefühl gefragt sind. Außerdem spielt Kommunikationsfähigkeit eine große Rolle. Der ideale Compliance Officer sollte in der Lage sein, gleichermaßen mit den Fachleuten des eigenen Unternehmens und der Geschäftsführung, aber auch mit Journalisten und mit Behördenvertretern (zudem noch aus anderen Ländern) zu kommunizieren. Dafür muss er zuerst in der Lage sein, den Sachverhalt hinreichend zu klären und ihn rechtlich wie „politisch“ zu würdigen.

Wer all dies kann - und das wird sicher nicht von einem Berufsanfänger erwartet –, dem bietet Compliance ein aufregendes Tätigkeitsfeld und ausgezeichnete Karriereaussichten. Wenngleich im Zeichen der Wirtschaftskrise vielleicht Compliance vorübergehend etwas in den Hintergrund der öffentlichen Aufmerksamkeit rückt, ist es sicherlich auch in Zukunft ein Wachstumsfeld für Juristen.

Jurist in Steuerberatung und Wirtschaftsprüfung

von Melanie Budassis

Formale Voraussetzungen: Volljurist, Kenntnisse im Steuerrecht sind von Vorteil

Persönliche Qualifikation: Einsatzbereitschaft, Teamfähigkeit, solide Fremdsprachenkenntnisse (Englisch); Bereitschaft, sich mit Zahlen auseinanderzusetzen

Einstiegsgehalt: branchenüblich

Aufstiegsmöglichkeiten: nach Steuerberaterexamen Managerposition und später Partnerposition möglich

Besonderheiten: Die Bereitschaft, das Steuerberaterexamen abzulegen, wird in der Regel vorausgesetzt. Eine internationale Tätigkeit ist möglich.

Weitere Informationen: www.stbk-berlin.de, www.bstbk.de

Berufschancen für Juristen sind vielfältig. Erfahrungsgemäß sind die Möglichkeiten der juristischen Arbeit in der Steuerberatung und Wirtschaftsprüfung leider nur wenigen Juristen bekannt. Dies dürfte auch daran liegen, dass Steuerrecht im Studium selten ein Pflichtfach ist und auch nur wenige Jurastudenten Steuerrecht als Wahlfach belegen. Im Gegensatz zu den Wirtschaftswissenschaftlern kommen die meisten Juristen in ihrem Studium daher nur selten mit Steuerrecht in Berührung. Umso wichtiger erscheint es, an dieser Stelle die Berufsmöglichkeiten für Juristen in der Steuerberatung und Wirtschaftsprüfung vorzustellen.

Das Steuerrecht und die Wirtschaftsprüfung sind viel zu interessante und vielseitige Gebiete, um sie alleine den Wirtschaftswissenschaftlern zu überlassen!

Freier Beruf

Die Tätigkeit im Bereich der Steuerberatung und Wirtschaftsprüfung bietet die Möglichkeit, als Jurist einen freien Beruf auszuüben, ohne das klassische Berufsbild eines Rechtsanwalts zu verfolgen. Im Gegensatz zur klassischen Tätigkeit eines Rechtsanwalts stellt die Beratung von Mandanten auf dem Gebiet des Steuerrechts und der Wirtschaftsprüfung in der Regel eine laufende Beratung oder Projektberatung meist ohne Bezug zu Streitigkeiten dar. Der Mandantenstamm setzt sich dabei aus Wirtschaftsunternehmen der verschiedensten Branchen zusammen.

Berufliches Tätigkeitsfeld

Die Hauptaufgaben eines Juristen in der Steuerberatung und Wirtschaftsprüfung liegen darin, Mandanten steuerlich zu beraten und deren Jahresabschlüsse zu prüfen. Zu den typischen Aufgaben eines Juristen in der Steuerberatung gehört es nicht nur, Stellungnahmen und Gutachten zu verschiedenen steuerlichen Themen anzufertigen. Vielmehr umfasst diese Tätigkeit beispielsweise auch das Erstellen von Steuererklärungen, das Aufstellen von Steuerbilanzen, die Prüfung von Steuerbescheiden, die Begleitung und Unterstützung der Mandanten bei Betriebsprüfungen des Finanzamts, die Vertretung der Mandanten im außergerichtlichen sowie im finanzgerichtlichen Verfahren, die Entwicklung von Steueroptimierungsmodellen und die steuerliche Beratung bei Umstrukturierungen oder Transaktionen. Entscheidend ist, dass bei der Beratung stets die wirtschaftliche Gesamtsituation der Unternehmen und die Besonderheiten der einzelnen Branchen berücksichtigt werden.

Tagesablauf

Grundsätzlich können die Tätigkeiten des Juristen in der Steuerberatung und Wirtschaftsprüfung aus dem Büro heraus erbracht werden. Darüber hinaus sind im üblichen Rahmen Termine beim Mandanten oder im Finanzamt bzw. Finanzgericht wahrzunehmen. Dies ermöglicht grundsätzlich einen flexiblen Tagesablauf. Nur bei der Jahresabschlussprüfung ist es aufgrund der erforderlichen Nähe zum Mandanten in der Regel nötig, die Prüfung in den Räumlichkeiten der Mandanten durchzuführen. Dies setzt dann eine hohe Bereitschaft zum Reisen sowie Flexibilität voraus.

Berufliche Anforderungen

An dieser Stelle könnte man als Voraussetzungen für die Tätigkeit in der Steuerberatung und Wirtschaftsprüfung logisch-analytisches Denkvermögen, Sorgfalt, Genauigkeit, die Fähigkeit, Zusammenhänge herzustellen etc. anführen. Dies dürften aber Kompetenzen sein, die ein Jurist ohnehin spätestens in der Zweiten Juristischen Staatsprüfung unter Beweis stellen muss.

Bei der Entscheidung für eine Tätigkeit im Bereich der Steuerberatung bzw. Wirtschaftsprüfung ist aber zu berücksichtigen, dass diese eine hohe Bereitschaft zur Spezialisierung und Weiterbildung voraussetzt. Aufgrund der stark spezialisierten Beratung wird bei der Einstellung von Juristen grundsätzlich die Absicht verlangt, nach zwei- bis dreijähriger Berufspraxis das Steuerberaterexamen zu absolvieren. Sofern es sich um eine auf die Wirtschaftsprüfung ausgerichtete Tätigkeit handelt, kann später gegebenenfalls auch noch das Wirtschaftsprüferexamen abgelegt werden.

Steuerberatung ist ohne Kenntnisse im Gesellschaftsrecht ebenso wenig denkbar wie ohne wirtschaftlichen Sachverstand und die Bereitschaft, mit Zahlen umzugehen. Zur erfolgreichen Berufsausübung sind daher Kenntnisse auf den Gebieten des Steuer- und Handelsrechts, des Gesellschaftsrechts und der Betriebswirtschaftslehre erforderlich.

Vorteilhaft sind daneben gute Fremdsprachenkenntnisse, da oft international tätige Konzerne beraten werden. Um es beispielsweise den Gesellschaftern im Ausland zu ermöglichen, auf Grundlage eines steuerlichen Gutachtens eine Entscheidung zu treffen, sind die Gutachten oftmals auf Englisch bzw. der Sprache am Hauptsitz des Konzerns zu verfassen.

Einstiegsmöglichkeiten und Bewerbungsverfahren

Der Einstieg in den Beruf erfolgt in der Regel als Assistent in der Steuerberatung bzw. Wirtschaftsprüfung bei einer Beratungs-/Prüfungsgesellschaft. Sofern man bisher keine Kenntnisse auf dem Gebiet des Steuerrechts sammeln konnte, bietet sich für Juristen die Möglichkeit, einen Fachanwaltskurs für Steuerrecht zu besuchen. Durch das Ablegen der schriftlichen Fachanwaltsprüfung vor dem Berufseinstieg können Grundkenntnisse auf den verschiedenen Gebieten des Steuerrechts erworben werden, die den Einstieg in das Berufsleben deutlich erleichtern.

Nicht zu unterschätzen sind aber auch Praktika im Bereich der Steuerberatung und Wirtschaftsprüfung. Auf diese Weise kann der Jurist frühzeitig in den Berufsalltag der Steuerberatung bzw. Wirtschaftsprüfung hineinschnuppern. Ein Praktikum ist dabei nicht nur während des Studiums oder nach der Ersten Juristischen Prüfung denkbar. Auch die Wahlstation des Referendariats kann in diesem Bereich absolviert werden, da stets Juristen als Ausbilder zur Verfügung stehen. Die meisten Wirtschaftsprüfungs- und Steuerberatungsgesellschaften bieten die Möglichkeit, bezahlte Praktika über einen Zeitraum von zwei bis drei Monaten zu absolvieren. Ein gutes Praktikumszeugnis kann zur Aufnahme in ein Förderprogramm und nach Abschluss der Zweiten Juristischen Staatsprüfung zum Angebot einer Festanstellung führen.

Besonderheiten im Bewerbungsverfahren existieren grundsätzlich nicht. In der Regel folgen auf die schriftliche Bewerbung individuelle Bewerbungsgespräche, die von Partnern und Managern geführt werden. Im Gespräch werden dabei nicht nur allgemeine Fragen, sondern oft auch Fragen zum Steuerrecht gestellt. Zwar bestehen grundsätzlich bessere Einstellungschancen, wenn bereits eine Spezialisierung auf dem Gebiet des Steuerrechts nachgewiesen werden kann, doch auch ein Quereinstieg ist möglich, wenn der Jurist glaubhaft darlegen kann, weshalb nunmehr eine Tätigkeit in der Steuerberatung bzw. Wirtschaftsprüfung angestrebt wird.

Perspektiven und Karriereweg

Die beruflichen Perspektiven in der Steuerberatung bzw. Wirtschaftsprüfung sind grundsätzlich als sehr gut zu bezeichnen. Wenn nach dem Einstieg als Assistent in der Steuerabteilung das Steuerberaterexamen erfolgreich absolviert worden ist, steht dem Juristen der Karriereweg offen. Im Gegensatz zu Rechtsanwaltskanzleien existiert in den Steuerberatungs- bzw. Wirtschaftsprüfungsgesellschaften ein feingliedrigeres Hierarchiesystem. So sind auf dem Weg zur Partnerschaft meistens die Karrierestufen Assistant, Senior Assistant, Assistant Manager, Manager, Senior Manager und Partner zu durchlaufen. Vorteile bieten sich in diesem System dadurch, dass die Aufgabenbereiche sich je nach Hierarchiestufe verbreitern und man frühzeitig lernt, auch jüngere Teammitglieder in die Tätigkeiten einzubinden. Zusätzlich steht einem in der Regel ein Mentor zur Seite, der die persönliche Entwicklung und z. B. auch eine Auslandsentsendung für eine bestimmte Zeit fördert und unterstützt.

Steuerberaterexamen

Um sich nach dem Zweiten Juristischen Examen im Bereich der Steuerberatung und Wirtschaftprüfung weiterzuqualifizieren, können das Steuerberaterexamen und/oder das Wirtschaftsprüferexamen als Berufsexamina abgelegt werden. In der Praxis treten viele Juristen nach einer zwei- bis dreijährigen Berufspraxis die Prüfung zum Steuerberater an. Das Steuerberaterexamen besteht aus drei sechsstündigen bundeseinheitlichen Klausuren Anfang Oktober eines jeden Jahres und einer anschließenden mündlichen Prüfung. Es wird von den Steuerberaterkammern in Zusammenarbeit mit den Finanzverwaltungen der Länder abgenommen. Zur Vorbereitung des Steuerberaterexamens können bei verschiedenen Repetitoren Präsenz- oder Fernkurse gebucht werden. Insbesondere um die Teilnahme an Präsenzkursen zu ermöglichen, gewähren viele Arbeitgeber vor den Klausuren eine Freistellungszeit. Diese kann über Examensbudgets, Freizeitguthaben sowie Urlaubstage finanziert werden und beträgt bei großen Gesellschaften bis zu vier Monate. Nicht abschrecken lassen sollte man sich übrigens von den hohen Durchfallquoten des Steuerberaterexamens. Gerade als Jurist hat man gegenüber anderen Prüfungskandidaten immerhin einen klaren Startvorteil: Durch die bereits absolvierten Staatsexamina ist man geübter im Klausurenschreiben, hat bereits trainiert, auch unbekannte Gesetzestexte auszulegen und beherrscht die Subsumtionstechnik!

Vor- und Nachteile

Das breite Aufgabenspektrum des Juristen in der Steuerberatung bzw. Wirtschaftsprüfung macht den Reiz dieser Tätigkeit aus. In die steuerlichen Überlegungen sind stets auch gesellschaftsrechtliche und betriebswirtschaftliche Aspekte einzubeziehen. Dabei bietet die enge Verzahnung mit der Betriebswirtschaft in der Praxis die Chance, gemeinsam mit Wirtschaftswissenschaftlern ein für die Mandanten aus juristischer und betriebswirtschaftlicher Sicht optimiertes Ergebnis zu erarbeiten.

Der einzige Nachteil einer juristischen Tätigkeit im Steuerrecht könnte darin zu sehen sein, dass viele – oft politisch motivierte – Rechtsänderungen im Blick behalten werden müssen. Darin liegt allerdings auch gleichzeitig ein großer Vorteil: Das Steuerrecht wird nie langweilig, und aufgrund der rechtlichen Änderungen bieten sich immer neue Beratungsansätze, die den Beruf spannend machen. Gerade für Juristen bestehen im Bereich der Steuerberatung und Wirtschaftsprüfung sehr gute Zukunftsperspektiven.

Jurist in einer Unternehmensberatung

von David Hambura

Formale Voraussetzungen: sehr gute Studienleistungen (mindestens Erstes Staatsexamen „vollbefriedigend"), Praktikums- und Auslandserfahrung

Persönliche Qualifikation: analytische Fähigkeiten, Ergebnisorientierung, unternehmerisches Denken, gewinnende Persönlichkeit und hohe Teamfähigkeit

Einstiegsgehalt: attraktives Gehalt plus leistungsabhängige Boni

Aufstiegsmöglichkeiten: Junior Consultant, Consultant, Senior Consultant, Project Manager, Principal, Partner

Besonderheiten: vielfältige Projekte, steile Lernkurve, Zusammenarbeit mit internationalen Kunden und Kollegen, Kontakt zum Topmanagement, z.T. Förderung von Promotion oder MBA

Weitere Informationen: im Buch *Perspektive Unternehmensberatung* aus der Reihe e-fellows.net wissen

Was macht ein Unternehmensberater eigentlich?

Mit dem Beruf Unternehmensberater ist ein breites und vielseitiges Aufgabenspektrum verbunden. Der Kunde, meist ein mittleres bzw. großes Industrieunternehmen oder eine öffentliche Institution, beauftragt ein Beraterteam, ein bestimmtes Thema zu beleuchten und einen Konzeptvorschlag abzuleiten. Ein Projekt ist immer mit Beratern und Mitarbeitern des Auftraggebers besetzt und läuft durchschnittlich drei bis sechs Monate. In dieser Zeit recherchieren die Berater branchen- oder unternehmensspezifische Informationen und führen Workshops oder Interviews mit Experten und Mitarbeitern des Kunden durch. Aus den Ergebnissen entwickelt das Projektteam tragfähige Vorschläge für die gestellte Aufgabe.

Die Fragestellungen, mit denen ein Kunde sich an ein Beratungshaus wendet, sind sehr unterschiedlich. Sie reichen von Eintrittsstrategien in neue Märkte über Markenstrategien bis hin zur Reorganisation von Unternehmensteilen oder ganzen Unternehmen. Um diese Aufgaben erfolgreich zu lösen, muss das Projektteam die jeweilige Industrie sehr gut kennen und hat idealerweise bereits ähnliche Problemstellungen bearbeitet. Für die Entwicklung einer Strategie sind kreative Ideen gefragt und der Mut, anders zu denken und neue Wege zu gehen. Darüber hinaus ist eine enge Zusammenarbeit mit dem Kunden sehr wichtig.

Was ist das Besondere an dem Beruf?

Die Vielfalt der Aufgaben macht die Faszination des Berufs aus. In den Projekten setzen sich Berater mit unterschiedlichen Inhalten auseinander und können dadurch Kompetenzen in verschiedenen Bereichen, wie zum Beispiel Marketing, Organisationslehre oder Finanzen, erwerben. Die Lernkurve ist insbesondere in den ersten zwei bis drei Jahren extrem steil. So lernen Berater verschiedene Industrien, unterschiedliche Unternehmenskulturen und eine Vielzahl von Kollegen kennen. Allein innerhalb der ersten Monate durfte ich mich mit Themen wie dem Schienengüterverkehr zwischen China und Europa, den Einfluss von autonomem Fahren auf den öffentlichen Personenverkehr und die Anwendungsfälle der Blockchain-Technologie im Tourismus beschäftigen.

Unternehmensberater arbeiten meist an Fragestellungen, die für den Vorstand und die Zukunft des Unternehmens von hoher Relevanz sind. Das bringt oft einen starken Zeitdruck mit sich. Der Auftraggeber erwartet, dass die Berater zusammen mit dem Topmanagement in sehr kurzer Zeit Lösungsvorschläge erarbeiten. Das ist insbesondere der Fall, wenn ein Unternehmen aufgrund einer schwierigen wirtschaftlichen Entwicklung unter Druck steht. Als Berufsanfänger lernt man schnell, mit diesem Zeitdruck umzugehen, da Berater meist im Projektteam arbeiten und die Kollegen ihnen mit Rat und Tat zur Seite stehen.

Durch die Globalisierung finden die Projekte zunehmend im Ausland statt, und die Teams sind international besetzt. Berater sind viel unterwegs. Die Reisen zu den verschiedenen Terminen und Kunden müssen alle unter einen Hut gebracht werden. Auf der anderen Seite sind die Reisetätigkeit und der Aufenthalt an den verschiedenen Projektstandorten für Berater eine Bereicherung. Sie erhalten Einblicke in unterschiedliche Kulturräume und Arbeitsweisen, die sie bei einem Einsatz in Deutschland oder während Urlaubsreisen nicht bekommen.

Wie wird man als Jurist Unternehmensberater, und wie entwickelt man sich weiter?

Für einen Einstieg wird von den Unternehmensberatungen meist ein Prädikat im Ersten bzw. Zweiten Staatsexamen vorausgesetzt. Zudem sind auch Praktika in Industrieunternehmen sowie industrienahen Verbänden von großem Vorteil. Teilweise bieten die Beratungen Einsteigern mit juristischem Hintergrund Seminare zur Einführung in die Betriebswirtschaftslehre an, um ihnen komprimiert wertvolles Handwerkszeug zu vermitteln.

In Unternehmensberatungen steigen Absolventen in der Regel als Junior Consultant ein. Die Weiterentwicklung zur nächsten Karrierestufe vollzieht sich – im Vergleich zu einer Karriere in der Industrie oder einer größeren Sozietät – meist sehr schnell. Nach wenigen Jahren besteht oftmals die Möglichkeit, Projektmanager zu werden, das heißt Kunden- und Beraterteams zu leiten und bereits erste Akquiseverantwortung zu übernehmen. Wer erfolgreich Kunden gewinnt und zur Unternehmensentwicklung beiträgt, kann bis zum Partner befördert werden. Damit ist er für ein eigenes Geschäftsfeld oder einen Kundenstamm verantwortlich.

Wie gestaltet sich der Wechsel von einer Kanzlei in die Unternehmensberatung?

Während meist mehrtägiger Onboarding-Seminare werden alle neuen Kollegen mit den wichtigsten methodischen, fachlichen und IT-Kenntnissen vertraut gemacht. Zudem sind die Seminare oft auf die jeweilige Karrierestufe abgestimmt, damit die Berater an der neuen Verantwortung erfolgreich wachsen können. Im Projektalltag werden Einsteiger und Fachfremde durch erfahrene Kollegen unterstützt und an die Herausforderungen der „neuen" Arbeitswelt herangeführt.

Ein signifikanter Unterschied zum typischen Alltag eines klassischen Anwalts besteht darin, dass Berater meistens vor Ort beim Kunden arbeiten. Ein Unternehmensberater handelt in der Regel nicht anstelle seines Kunden, sondern muss ihm dabei helfen, selbst die richtigen Entscheidungen für sein Unternehmen zu treffen. Das erfordert ein erhöhtes Maß an Kundenkontakt: Das Projektteam oder auch einzelne Berater führen dazu regelmäßig schon in den ersten Berufsjahren mit den Kundenmitarbeitern Workshops und Meetings durch.

Work-Life-Balance – ein Fremdwort in der Unternehmensberatung?

Unternehmensberatung ist ein anspruchsvolles Berufsfeld, und die zu bearbeitenden Fragestellungen erfordern oftmals vollen Einsatz, um die Ergebnisse trotz des engen Zeitrahmens zu erreichen. Die Arbeitszeiten in der Unternehmensberatung hängen stark von der Zeitplanung des Kunden sowie der Intensität der Projektphase ab, sodass es große Unterschiede geben kann. Um langfristig und nachhaltig erfolgreich zu sein, ist es unerlässlich, für sich Ruhephasen bewusst zu planen und intensiv zu nutzen. Nur so kann neue Energie getankt und Kreativität entwickelt werden. Die meisten Beratungsunternehmen unterstützen die Work-Life-Balance ihrer Berater zusätzlich durch Seminare zu Themen wie mentale Fitness oder Stressmanagement, durch Kooperationsvereinbarungen mit Fitnessstudios sowie durch flexible Arbeitszeitmodelle, etwa durch Teilzeitangebote und Sabbaticals.

Welche Rolle spielt das während des Jurastudiums erworbene Wissen?

Als Unternehmensberater arbeitet man in der Regel an topaktuellen Themen und Entwicklungen. Dies bringt mit sich, dass man häufig mit neuartigen Fragestellungen konfrontiert wird, für die es noch keinerlei Lösungsansätze gibt. Juristen profitieren hier von ihrer methodischen Fähigkeit, komplexe Sachverhalte systematisch zu analysieren, zu bewerten und rasch Lösungsmöglichkeiten herauszuarbeiten. Entscheidend ist dabei die im Jurastudium erworbene Fähigkeit, Wissen und Erkenntnisse auf neue Situationen zu transferieren, um dadurch neue Ansätze zu entwickeln. Ein Berater muss auch oft das relevante Wissen verschiedener Fachexperten identifizieren und bündeln, um dem Topmanagement die wichtigsten Inhalte verständlich zu vermitteln. Juristen profitieren dabei sowohl von der Fähigkeit, eine Vielzahl von Informationen schnell auffassen und strukturieren zu können, als auch von der Fähigkeit, präzise zu formulieren. Darüber hinaus ist es hilfreich, dass Juristen oft frühzeitig die rechtliche Machbarkeit von Lösungsvorschlägen einschätzen.

In welchen Bereichen können gerade Juristen mit ihrem Wissen punkten?

Das juristische Fachwissen besitzt vor allem dort Relevanz, wo die Implementierung wirtschaftlich sinnvoller Maßnahmen im hohen Maße von rechtlichen Rahmenbedingungen abhängt. Als Beispiele seien hier größere Reorganisationen oder Sanierungen genannt, bei denen Themen wie Arbeitsrecht und Insolvenzrecht eine große Rolle spielen. Ebenso bedingen aufsichtsrechtliche Anforderungen oftmals den Zuschnitt von Optimierungsmaßnahmen. Außerdem verschwimmen die Grenzen zwischen Wirtschaft und öffentlicher Hand immer mehr, sodass Kenntnisse im öffentlichen Recht auch in Beratungsprojekten immer wichtiger werden.

Bankjurist

von Christoph Poweleit

Formale Voraussetzungen: Volljurist mit überdurchschnittlichen Examina

Persönliche Qualifikation: gute Kenntnisse des Zivil-, Bank- und Kapitalmarktrechts, ausgeprägtes Verständnis für wirtschaftliche Zusammenhänge, sehr gute Englischkenntnisse; internationale Erfahrung und Kenntnisse einer angelsächsischen Rechtsordnung von Vorteil, Bankausbildung hilfreich

Einstiegsgehalt: je nach Unternehmen, ca. 50.000 bis ca. 70.000 Euro Brutto-Jahresgehalt sind realistisch

Aufstiegsmöglichkeiten: innerhalb der Rechtsabteilung (Justiziar, Führungsfunktion, Chefjustiziar bzw. Leiter der Rechtsabteilung) oder Wechsel in operative Einheiten bzw. andere Steuerungseinheiten

Besonderheiten: internationales Arbeitsumfeld, Arbeiten am Puls der Zeit, nah an der Entwicklung des Unternehmens, vielseitige und anspruchsvolle Tätigkeit

Juristen können nicht nur als Richter, Staats- oder Rechtsanwalt arbeiten, sondern werden auch in der Wirtschaft gebraucht. Die meisten Absolventen wünschen sich heutzutage, als Anwalt zu arbeiten. Die Tätigkeit als Syndikusrechtsanwalt in der Rechtsabteilung einer Bank stellt eine interessante Alternative dar. Hierbei können die Vorzüge einer festen Anstellung meist mit der Möglichkeit einer Zulassung zur Rechtsanwaltschaft als Syndikusrechtsanwalt kombiniert werden. Syndikusrechtsanwälte können zumeist auch die Befreiung von der gesetzlichen Rentenversicherungspflicht zugunsten der berufsständischen Versorgungswerke erlangen.

Bei Banken lenken zentrale (meist am Unternehmenssitz ansässige) Steuerungseinheiten weltweit das Bankgeschehen. Die meisten Juristen finden in den Rechtsabteilungen ein interessantes und spannendes Tätigkeitsfeld. Daneben gibt es auch Juristen in anderen Bereichen einer Bank, wie z. B. in der Compliance-, Steuer- oder Personalabteilung oder im Risikomanagement. So breit wie die Geschäftsbereiche einer deutschen Großbank sind, so vielfältig sind auch die Tätigkeitsfelder innerhalb der Rechtsabteilung. Das Spektrum der Aufgaben reicht von der Produktentwicklung über die Verhandlung und den Abschluss von Verträgen bis hin zur gerichtlichen Durchsetzung oder Abwehr von Ansprüchen. Klassisch ist die Aufteilung in Fachbereiche, denen die Rechtsanwälte zugeordnet sind und die jeweils unterschiedliche Produkte bzw. Geschäftsbereiche der Bank juristisch betreuen. Insbesondere gibt es Unterscheidungen zwischen Firmen- und Privatkundengeschäft. Wenn es erforderlich ist, werden auch interdisziplinäre Teams gebildet.

Zentrale Aufgaben der Rechtsabteilung

Eine zentrale Aufgabe der Rechtsabteilung ist die weltweite Steuerung der Rechtsrisiken der Bank. Hierbei sollen mögliche Verluste aus rechtlichen Risiken frühzeitig erkannt und Lösungsmöglichkeiten zur Minimierung oder Vermeidung dieser Risiken aufgezeigt und erarbeitet werden. In diesem Zusammenhang erstellt die Rechtsabteilung Richtlinien und Standardverträge, die in enger Zusammenarbeit mit den Geschäftsbereichen umgesetzt werden. Insbesondere werden innerhalb der Rechtsabteilung rechtliche Fragen zu den folgenden Gebieten bearbeitet: Arbeitsrecht, Börsengänge, Mergers & Acquisitions, Beteiligungen, Restrukturierungen, Joint Ventures, Fusionskontrollen und Kartellrecht. Die Rechtsabteilung betreut zudem die Hauptversammlung und bearbeitet alle gesellschaftsrechtlichen Angelegenheiten des Konzerns. Die Erstellung der Dokumentation von Finanzderivaten sowie das Netting für Eigenkapitalzwecke, zusammen mit den beim Handel, Vertrieb, Verkauf und der Verwahrung von Wertpapieren entstehenden Rechtsfragen zählen ebenfalls zu den Aufgabenbereichen. Weiterhin werden die Erstellung der Dokumentation, aber auch die Lösung aller Rechtsfragen zu syndizierten Krediten (Konsortialgeschäft), bilateralen Darlehensverträgen im nationalen und internationalen Bereich, dokumentärem Auslandsgeschäft, Sonderfinanzierungen mit Firmenkunden, Projektfinanzierungen, Akquisitionsfinanzierungen, Export- und Handelsfinanzierungen sowie Anleihen oder Schuldscheinen mit allen Fragen zur Börseneinführung und dem Wertpapierprospektrecht bearbeitet. Banken sind zudem mit einer Vielzahl von Rechtsfragen des Kreditgeschäfts mit privaten Kunden, des Wertpapiergeschäfts und der Anlageberatung, des Avalgeschäfts, des Einlagengeschäfts sowie des Wettbewerbsrechts konfrontiert. Zu entscheiden sind auch Fragen zu nationalen und internationalen Kreditsicherheiten, Sicherheitenpoolverträgen sowie Fragen des Insolvenzrechts. Zudem sind alle im Zusammenhang mit der Kontoführung sowie dem Zahlungsverkehr, dem Bankgeheimnis und dem E-Commerce entstehenden rechtlichen Anfragen zu erledigen. Bankjuristen pflegen darüber hinaus den fachlichen Austausch zwischen Kollegen und mit externen Rechtsberatern, Verbänden und Behörden. Einschlägige nationale und europäische Gesetzgebungsverfahren werden begleitet und in der Bank umgesetzt.

Direkteinstieg oder Einstieg über ein Trainee-Programm

Für Volljuristen ohne Berufserfahrung ist der Direkteinstieg in die Rechtsabteilung möglich. Viele Unternehmen bieten auch den Einstieg über ein Trainee-Programm an. Die Ausbildung ist entsprechend den Vorkenntnissen auf eine Dauer von ca. zwölf Monaten ausgelegt, üblicherweise erhält man jedoch vom ersten Tag an einen unbefristeten Arbeitsvertrag. Die Ausbildung erfolgt grundsätzlich in einem Training-on-the-Job, in dem die Rechts- und Produktkenntnisse vertieft werden und man auf die Aufgaben in der Rechtsabteilung vorbereitet wird. Als Bankjurist übernimmt man sehr schnell Verantwortung und darf einzelne Themenkomplexe bereits nach kurzer Zeit eigenverantwortlich betreuen.

Perspektiven für 2020

In den letzten Jahren haben sich die rechtlichen Rahmenbedingungen für das Bankgeschäft beständig geändert. Grundsätzlich besteht immer Bedarf an guten Nachwuchsjuristen, und die Chancen auf einen Einstieg sind besser, als viele angehende Juristen meinen. Insbesondere die Rechtsabteilungen sind bei der Umsetzung von neuen rechtlichen Rahmenbedingungen und regulatorischen Anforderungen innerhalb der Banken gefragt und mit einer Vielzahl von neuen, spannenden und herausfordernden Aufgaben konfrontiert.

Verbandsjurist

von Ulrich Hüttenbach

Formale Voraussetzungen: Zweites Staatsexamen, mindestens ein Examen „befriedigend" oder besser

Persönliche Qualifikation: politischer Gestaltungswille, Kommunikationsstärke, gesellschaftliches Engagement, gute Englischkenntnisse in Wort und Schrift

Einstiegsgehalt: 37.200 Euro Brutto-Jahresgehalt im Mentorenprogramm für den Geschäftsführungsnachwuchs in den Arbeitgeberverbänden (GFN)

Aufstiegsmöglichkeiten nach Absolvierung des Programms: Hauptgeschäfts-/ Geschäftsführer eines Arbeitgeberverbands

Besonderheiten: Mentorenprogramm: Training-on-the-Job mit wechselnden Einsätzen bei Mitgliedsverbänden im gesamten Bundesgebiet; Ausbildungszeit in einzelnen Stationen drei bis vier Monate

Weitere Informationen: BDA | Bundesvereinigung der Deutschen Arbeitgeberverbände www.arbeitgeber.de > Über uns > Karriere

Welches sind die Hauptaufgaben in diesem Berufsbild?
Arbeitgeberverbände und Gewerkschaften führen den Auftrag des Grundgesetzes aus, die Arbeits- und Wirtschaftsbedingungen zu gestalten (Art. 9 Abs. 3 GG). Die BDA vertritt über ihre in freiwilliger Mitgliedschaft verbundenen Arbeitgeberverbände rund eine Million Betriebe mit zwei Millionen Beschäftigten.

Bei den regionalen Verbänden steht die umfassende juristische Beratung und Vertretung der Mitglieder im Vordergrund. In Rundschreiben werden die Personalabteilungen über neueste Änderungen in der Gesetzgebung oder Rechtsprechung informiert. Die Herausforderung liegt in der praxisnahen und verständlichen Sprache, die auch von Lesern ohne juristische Vorbildung verstanden wird. In Personalleiterkreisen werden mit den Personalverantwortlichen aktuelle Probleme erörtert und gemeinsam Lösungen entwickelt. Bei Problemen mit den Beschäftigten werden die Verbände häufig um Rat gefragt. So werden sie vielfach auch als Berater bei Verhandlungen eines Interessenausgleichs tätig, oder sie vertreten ihre Mitglieder bei rechtlichen Auseinandersetzungen vor den Arbeits- und Sozialgerichten.

Bei den Fachverbänden auf Landes- oder Bundesebene stehen rechtliche Grundsatzfragen sowie die Vorbereitung von Tarifvertragsverhandlungen und die Umsetzung der Ergebnisse im Vordergrund. Je nach Komplexität müssen ergänzend zu den Vertragsinformationen umfangreiche Kommentierungen ausgearbeitet und Schulungen durchgeführt werden. In tariflichen Eingruppierungsfragen arbeiten die Juristen eng mit den Betriebsleitern und Verbandsingenieuren zusammen, um Arbeitnehmer korrekt einzustufen.

Im Zusammenwirken mit der BDA setzen sich die Juristen der Bundesfachverbände und Landesvereinigungen dafür ein, die gesetzlichen Rahmenbedingungen für die Unternehmen zu verbessern. Die Kenntnisse über die politischen Abläufe im Gesetzgebungsverfahren auf Bundes- wie auch auf europäischer Ebene müssen mit der betriebspraktischen Erfahrung der vor Ort beratenden Juristen zusammengeführt werden. Diese Aufgabe wird insbesondere in den Ausschüssen und Arbeitskreisen geleistet und ist die Basis der politischen Arbeit der BDA. So zeichnen sich die Stellungnahmen der BDA gegenüber der EU-Kommission, den Abgeordneten des Deutschen Bundestags, den Vertretern der Bundesregierung und der Ministerialbürokratie durch eine hohe Praxisrelevanz aus.

Worin liegt der Reiz dieser Tätigkeit?

Der besondere Reiz der juristischen Arbeit im Verband liegt in der ganzheitlichen Betreuung durch die Arbeitgeberverbände und der sich daraus ergebenden Vielseitigkeit der Aufgabenstellung in einem klar umrissenen Zuständigkeitsbereich. Von dem Verbandsjuristen wird sowohl eine hohe fachliche Kompetenz als auch eine hohe Lösungs- und Gestaltungskompetenz jenseits des rein Juristischen erwartet. Wenn mit dem Instrumentarium der normalen Rechtsanwendung eine zufriedenstellende Lösung nicht erreicht werden kann, müssen neue Wege gefunden werden. In anderen Fällen geht es darum, in der Öffentlichkeit für betriebliche Maßnahmen zu werben bzw. die Haltung der Arbeitgeber zu bestimmten rechtspolitischen Fragestellungen zu begründen.

Verbandsjuristen sind Teamarbeiter. Um dem Mitglied die beste Lösung anbieten zu können, stimmen sich die Juristen mit den relevanten Fachleuten in den Verbänden ab. Manchmal sind die Probleme so komplex, dass mehrere Verbände mit ihren jeweiligen Kompetenzen zusammenarbeiten.

Wie wird man Jurist in Verbänden? Welche Aufstiegsmöglichkeiten gibt es?

Neben dem Direkteinstieg bei den Verbänden bietet sich das Geschäftsführungsnachwuchs-Programm für Arbeitgeberverbände (GFN) für den Berufseinstieg in die Arbeitgeberverbände an. Während des bis zu zwei Jahre laufenden Programms werden die Teilnehmer in drei- bis viermonatigen Stationen in verschiedenen regionalen und fachlichen Verbänden eingesetzt. Hier lernen sie die unterschiedlichen Verbandskulturen kennen und bauen das für die Verbandsarbeit unerlässliche persönliche Netzwerk und Erfahrungswissen auf. Die Arbeitgeberverbände rekrutieren einen Großteil ihrer juristischen Mitarbeiter über das GFN-Programm der BDA.

Bedingt durch Aufbau und Arbeitsweise der Arbeitgeberverbände ist der Karriereweg zum Geschäftsführer eines Verbands vielfach nur über einen Verbandswechsel möglich. Da sich die Verbandsmitarbeiter und -geschäftsführer kennen, sind solche Wechsel meist problemlos. Gleiches gilt für den Wechsel von Verbandsmitarbeitern in die Personalabteilungen von Mitgliedsunternehmen.

Wie sind die Zukunftsperspektiven einzuschätzen?

Die Regelungsdichte nimmt im Arbeitsrecht weiter zu. Damit einher geht ein sich vergrößernder Betreuungsbedarf bei den Mitgliedsunternehmen. Deshalb kommt den Arbeitgeberverbänden und den hier beschäftigten Juristen langfristig eine große Bedeutung bei der Regelung der Arbeitsbeziehung zwischen Arbeitgebern und Arbeitnehmern zu.

Jurist in einem Versicherungskonzern

von Melanie Buhtz und Dr. Joachim Ziegler

Formale Voraussetzungen: Volljurist mit Prädikatsexamen, Promotion und/oder LL.M. von Vorteil

Persönliche Qualifikation: ausgeprägte analytische Fähigkeiten, Problemlösungskompetenz, Kommunikationstalent, leistungs- und zielorientierte Arbeitsweise, zusätzliche juristische Fachsprachenkenntnisse in Englisch

Einstiegsgehalt: abhängig von Examensnote, Vorqualifikation und Einsatzgebiet; teilweise zzgl. betrieblicher Altersvorsorge, speziellen Versicherungsleistungen und Mitarbeiter-Aktienprogramm

Aufstiegsmöglichkeiten: Fach- oder Führungskarriere möglich

Besonderheiten: vielfältige Entwicklungs- und Qualifizierungsangebote, internationale Aufgaben und Einsatzmöglichkeiten, flexible Arbeitszeiten, gute Vereinbarkeit von Beruf und Familie

Die Einstiegsmöglichkeiten für Juristen in einem Versicherungskonzern sind vielfältig. Ob in der Rechtsabteilung, dem Bereich Personal oder den operativen Einheiten - juristischer Rat ist gefragt. Die juristische Ausbildung ermöglicht indes auch eine Tätigkeit abseits der klassischen juristischen Pfade. Analytischer Sachverstand ist beim Führungskräftenachwuchs eine gefragte Kompetenz.

Tätigkeit als Versicherungsjurist

Die Hauptaufgaben eines Versicherungsjuristen liegen in der Bearbeitung von Rechtsstreitigkeiten. Dies beinhaltet die Vorbereitung von Gerichtsprozessen und die Verhandlung mit Anwälten. Intern steht der Versicherungsjurist bei juristischen Fragen mit Rat und Tat zur Seite. Gibt es Neuerungen in der Rechtsprechung, die für das Unternehmen relevant sind, sondieren Versicherungsjuristen die Auswirkungen für das Unternehmen und bereiten Entscheidungsvorlagen für den Vorstand vor. Kommt es zu einer Entscheidung von rechtlicher Tragweite, zeichnen sie zudem für die Umsetzung verantwortlich. Aber auch für die Fachabteilungen sind Versicherungsjuristen wichtige Ansprechpartner: Sie erarbeiten Verträge und schlagen Vorgehensweisen und Antworten vor.

Der Reiz der Tätigkeit liegt in der Vielfältigkeit. Fragen, die an Versicherungsjuristen herangetragen werden, tangieren fast alle großen Rechtsgebiete - vom allgemeinen Zivilrecht bei Fragen zum Vertragsschluss über das öffentliche Recht bis hin zum Strafrecht bei Versicherungsbetrug. Langeweile und Routine treten nicht auf, da sich Versicherungsjuristen immer wieder in neue Rechtsgebiete einarbeiten müssen. Besonders hervorzuheben ist auch die konzeptionelle Arbeit an neuen Produkten. Dies erfordert Kreativität und juristischen Sachverstand zugleich. Spannend sind die Gerichtstermine - gemeinsam mit dem Rechtsanwalt nehmen die Juristen hier zu unternehmensinternen Prozessen und Abläufen Stellung. Anders als im Studium heißt es nun, schnelle, praktikable und dennoch juristisch saubere Lösungen zu präsentieren. Es ist eine große Herausforderung, die tägliche Arbeit an Fällen, die Teilnahme an Projektsitzungen und die regelmäßigen Telefonkonferenzen unter einen Hut zu bringen. Daher ist es für Versicherungsjuristen wichtig, Prioritäten zu setzen und einen klaren Kopf zu bewahren.

Voraussetzungen

Besonders gute Chancen haben Studenten, die sich bereits in Studium oder Referendariat mit dem Versicherungs- und Versicherungsaufsichtsrecht beschäftigt haben. Auch die Teilnahme am Fachanwaltslehrgang Versicherungsrecht wird gern gesehen. Darüber hinaus sind – gerade in einem international tätigen Unternehmen – englische Fachsprachenkenntnisse erforderlich, beispielsweise um Telefonkonferenzen, Schriftwechsel und Präsentationen in englischer Sprache zu bestreiten.

Jurist als Vorstandsassistent und Führungskraft im Vertrieb

Einstieg als Vorstandsassistent

Der Einstieg als Vorstandsassistent bietet Absolventen mit Schwerpunktinteresse in der Betriebswirtschaft eine spannende Herausforderung im direkten Kontakt mit dem Topmanagement. Zu den Hauptaufgaben des Assistenten gehört die Unterstützung des jeweiligen Vorstandsmitglieds – je nach Ressort in unterschiedlicher Ausprägung. Dies beinhaltet etwa, finanzielle Analysen zu Unternehmensbereichen und lokalen Organisationseinheiten zu erstellen, die strategische Planung zu begleiten, Vorstandspräsentationen und Entscheidungsvorlagen zu entwerfen sowie Analysten- und Investorenmeetings vorzubereiten. Neben diesem Tagesgeschäft besteht die Möglichkeit, an Projekten aktiv mitzuwirken, die bei einem internationalen Konzern oftmals weltweit aufgesetzt sind.

Erste Führungsfunktion im Vertrieb

Im Anschluss an die Assistentenzeit, die in der Regel eineinhalb bis zwei Jahre dauert, stehen zahlreiche Möglichkeiten offen. Eine attraktive Option, die ein aktives Gestalten an der operativen Basis ermöglicht, ist der Vertrieb. Ein Vertreterbereichsleiter ist beispielsweise für ca. 20 bis 30 Agenten sowie weitere angestellte Mitarbeiter verantwortlich. Neben dem Erreichen der Vertriebsziele steht in dieser Funktion der unternehmerische Ausbau der Vertriebsstruktur im Mittelpunkt: Konzeption und Umsetzung von neuen Vertriebsansätzen, Qualifizierung und Coaching der Vertriebsmannschaft, Neugründung und Beratung von Agenturen etwa bzgl. der digitalen Transformation, Personal-Recruiting und Personalentwicklung sowie Umsetzung der Konzernstrategie. Herausforderung und besonderer Reiz gleichermaßen liegen darin, dass ein Vertreterbereichsleiter nur mit und durch seine Vertriebsmannschaft erfolgreich sein kann. Fachwissen alleine genügt nicht, sondern muss begleitet werden von Führungskompetenz.

Der weitere Karrierepfad kann im Vertrieb liegen und zusätzliche Personal- und Umsatzverantwortung bedeuten. Die Karriere kann aber auch in einen anderen Bereich des Konzerns im Inland oder gar zu einer ausländischen Tochtergesellschaft führen.

Jurist im Verlagswesen

Dr. Bastian Schoppe

Formale Voraussetzungen: überdurchschnittliche Examina, universitäre Lehrstuhltätigkeit und/oder Promotion sind vorteilhaft

Persönliche Qualifikation: Organisations- und Kommunikationstalent, sicheres Rechts- und Sprachgefühl, ökonomisches und technisches Verständnis

Einstiegsgehalt: sehr individuell, stark abhängig von formaler und persönlicher Qualifikation sowie Berufserfahrung

Aufstiegsmöglichkeiten: sehr individuell, je nach Unternehmensgröße und -struktur (z. B. Schriftleiter, Programmbereichsleiter)

Besonderheiten: kaum klassisch rechtsanwendende oder -beratende Tätigkeit, viele betriebswirtschaftliche und technische Querschnittsaufgaben

Die Faszination der Tätigkeit in einem juristischen Fachverlag besteht darin, an der Planung, Entwicklung und Realisierung von Arbeitsmitteln mitzuwirken, die Juristen jeglicher Couleur täglich verwenden. Ob klassische Printformate (Kommentar, Handbuch, Fachzeitschrift) oder moderne Online-Medien - beim Fachverlag und seinen juristischen Mitarbeitern laufen alle Fäden zusammen, um Fachwissen für Rechtsanwender nutzbar zu machen. Sehr reizvoll ist zudem, dass man regelmäßig mit namhaften Autoren zusammenarbeitet, die sich aus allen juristischen Bereichen rekrutieren (Wissenschaftler, Rechtsanwälte, Unternehmens- und Verwaltungsjuristen, Richter). Die Tätigkeit als Jurist im Fachverlag lässt sich grob aufgliedern in das Buchlektorat und die Zeitschriftenredaktion, wobei die Grenzen herkömmlicher Berufsbilder angesichts der wachsenden Bedeutung des digitalen Umfelds heute praktisch durchlässig sind.

Lektoren und Redakteure als juristische Content-Manager

Die Bezeichnungen Lektor bzw. Redakteur sind ein wenig irreführend, treffender wäre Produkt- oder Content-Manager. Der Lektor steuert den gesamten Entstehungs- und Entwicklungsprozess eines Buchtitels - vom ersten Konzept bis hin zu den Neuauflagen. Die dabei anfallenden Aufgaben sind außerordentlich breit gefächert, sie umfassen z. B. die Konzeption neuer und die Fortentwicklung bestehender Werke, die Akquise von Autoren, die Planung und Durchführung von Autorenkonferenzen und die Ausarbeitung von Verlagsverträgen. Außerdem stellen sich viele abteilungsübergreifende Aufgaben, die stark betriebswirtschaftlich geprägt sind (z. B. im Marketing und im Vertrieb). Stets gilt es, die ökonomische Seite der Produkte im Auge zu behalten: Faktoren wie Druckauflage und Verkaufspreis entscheiden zusammen mit den Absatzzahlen darüber, ob ein Titel auch kommerziell erfolgreich ist - schließlich ist ein Fachverlag ein Wirtschaftsunternehmen. Neben alldem sind umfangreiche Manuskripte zu bearbeiten, wobei der Lektor gleichsam als „Testleser" fungiert. Hierbei geht es weniger um fachliche Feinheiten, sondern zuvörderst um einen aktuellen, sachlich vollständigen, nachvollziehbar gegliederten, inhaltlich kohärenten und sprachlich einwandfreien Text. Der Lektor agiert stets am juristischen Puls der Zeit und sollte die einschlägige aktuelle Rechtsprechung und Literatur ebenso kennen wie relevante Gesetzgebungsverfahren. Angesichts einer mitunter langen Zeitspanne von der ersten Planung bis zum Erscheinen eines Werks und den regelmäßig vielköpfigen Autorenteams sollte der Lektor zudem eine gute Koordinierungsfähigkeit mitbringen sowie in der Lage sein, zukünftige Rechtsentwicklungen vorausschauend einzuplanen.

Verglichen mit dem Lektorat und seinen längerfristigen Planungs- und Produktionszyklen verläuft die Tätigkeit in der Redaktion einer juristischen Fachzeitschrift wesentlich schnelllebiger. Zwar geht es auch hier vor allem um die inhaltliche und administrative Gesamtkoordination, die Beitragsakquise und das Redigieren von Aufsatzmanuskripten - dies allerdings vor dem Hintergrund fester Redaktions- und Publikationstermine. Abhängig vom Erscheinungsrhythmus der Zeitschrift - monatlich, 14-täglich oder gar wöchentlich - entsteht eine hohe Arbeitstaktung. Neben die Abwicklung des operativen Tagesgeschäfts tritt bei Periodika in besonderem Maße das Erfordernis, ein Gespür für aktuelle und zukünftige Themen und Trends zu entwickeln.

Digitalisierung und Crossmedialität

Die Verlagsbranche agiert in einem sich stark ausdifferenzierenden Produktumfeld, das im Fachmedienbereich längst nicht mehr nur Print-, sondern auch vielfältige digitale Medienformate umfasst. Die Nutzungsgewohnheiten der Zielgruppen verändern sich rasch und werden durch neue Technologien beeinflusst (z. B. „Legal Tech"). Daher sind - auch von den im Verlag tätigen Juristen - regelmäßig Ideen zur strategischen Ausrichtung, crossmedialen Weiterentwicklung und zielgruppenorientierten Vermarktung der Verlagsprodukte gefragt, die zunehmend als reine Online-Angebote konzipiert sind. Dies erfordert ein hohes Maß an Kreativität und technischem Verständnis für die medienneutrale Aufbereitung des juristischen Contents, sowohl im eigenen Unternehmen als auch in Zusammenarbeit mit externen Kooperationspartnern.

Fazit

Die Tätigkeit in einem juristischen Fachverlag hält eine breite Palette an juristischen, betriebswirtschaftlichen und technischen Aufgaben bereit. Wer Vorstellungen von einem beschaulichen Dasein als Korrekturleser hegt, liegt falsch: Eine enge terminliche Taktung im Zeitschriftengeschäft, hohe koordinatorische Anforderungen im Buchlektorat und zahlreiche begleitende Querschnittsaufgaben verlangen dem juristischen Mitarbeiter vielseitige Fähigkeiten ab. Als Jurist im Fachverlag sitzt man auch keineswegs im stillen Kämmerlein: Ein wichtiger Teil der Arbeit ist die ständige Kommunikation - ob schriftlich, telefonisch oder persönlich - mit den Autoren, die ein wesentliches Kapital jedes Verlags sind. Hinzuweisen ist jedoch darauf, dass eine Verlagstätigkeit ungeeignet erscheint für den Juristen, der selbst gerne im Rampenlicht steht, denn als juristischer Content-Manager bleibt man stets in der zweiten Reihe. Auch ist im Fachverlag kaum genuin juristische, d. h. rechtsanwendende oder -beratende Tätigkeit gefragt. Nach einer gewissen Tätigkeitsdauer im Verlag erscheint daher der Wechsel bzw. die Rückkehr in einen klassischen juristischen Beruf nicht unproblematisch. Die Vergütung bleibt hinter den in großen Kanzleien und Unternehmen gezahlten Salären zurück, im Gegenzug winken flexible Arbeitszeiten und eine verträgliche Work-Life-Balance.

Mediation – clevere Konfliktlösung mit Perspektive

von Dr. Stefan Tüngler und Dr. Robert Germund

Mediation (lat. „mediare") bedeutet vermitteln. Der Mediator unterstützt die Parteien bei der Suche nach einer für beide Seiten akzeptablen Lösung, wobei er – anders als ein Richter – grundsätzlich weder Entscheidungsgewalt hat, noch konkrete Lösungsvorschläge unterbreiten darf. Ihm obliegt die moderierende Begleitung der Verhandlungen zwischen den Parteien, um diese an die selbstständige Entwicklung von Lösungsansätzen heranzuführen.

Was kennzeichnet ein Mediationsverfahren?
Mediationsverfahren zeichnen sich durch ihre (a) Freiwilligkeit, (b) Strukturiertheit und (c) Vertraulichkeit aus.

a. Mediationsverfahren sind freiwillig. Genauso wie die Parteien allein darüber entscheiden, ob sie ein solches Verfahren überhaupt durchführen wollen, steht es ihnen jederzeit frei, es wieder zu beenden. Auch die Rahmenbedingungen werden von den Parteien selbst festgelegt. Jedes Mediationsverfahren beginnt mit dem Abschluss einer (privatrechtlichen) Mediationsvereinbarung, die den zeitlichen Ablauf ebenso regeln kann wie die Art der Verhandlungsführung durch den Mediator, einen möglichen Schlichtungsspruch, die Hemmung laufender Verjährungsfristen und nicht zuletzt die Vergütung des Mediators.
b. Mediationsverfahren haben eine klare Struktur. Die Mediation beginnt mit einer Schilderung des Konflikts durch beide Parteien. Anschließend geht es um die Ermittlung der hinter diesem Konflikt stehenden Interessen und Beweggründe der Parteien. Alsdann erfolgt eine Analyse und Bewertung dieser Interessen vor dem Hintergrund des in Rede stehenden Konflikts. Die Mediation schließt mit der Zusammenfassung der entwickelten Lösungsmöglichkeiten, teilweise in der Form eines Vergleichsvertrags.
c. Mediationsverfahren beruhen auf Vertraulichkeit. Die vom Mediator und von den in das Mediationsverfahren eingebundenen Personen erlangten Informationen müssen – auch im Falle eines späteren Gerichtsverfahrens – vertraulich behandelt werden.

Das Tätigkeitsfeld eines Mediators
Das Tätigkeitsfeld eines Mediators ist vielschichtig. Zum einen gibt es kaum einen Wirtschaftsbereich, in dem Auseinandersetzungen einer Mediation nicht zugänglich sind. Zum anderen steht im Vordergrund eines Mediationsverfahrens nicht – wie in herkömmlichen Streitverfahren – die Beantwortung von Schuld- und Beweisfragen in Bezug auf einen abgeschlossenen Sachverhalt, sondern der Blick wird in die Zukunft gerichtet: Was wollen die Parteien künftig erreichen? Wem sind welche Punkte besonders wichtig, welche weniger? Welche Lösungsansätze kommen in Betracht? Der Mediator motiviert dabei zur unbefangenen Ideensammlung, genauso wie er zur realistischen Einschätzung des Ausgangs eines alternativ denkbaren Gerichtsverfahrens mahnt.

Außerdem muss er bei den Parteien das Interesse an der Entwicklung einer ebenso kreativen wie zielführenden Lösung wecken und durch eine führende und lenkende Begleitung der Gespräche zwischen den Parteien diese bei der eigenständigen Suche nach Einigungsmöglichkeiten unterstützen.

Durch die Tätigkeit als Mediator kann der Anwalt daher seine juristischen Kenntnisse um psychologische Fertigkeiten, insbesondere um spezielle Kommunikationstechniken, ergänzen. Er kann individuell auf den konkreten Konflikt und die jeweiligen Konfliktparteien eingehen, sodass die Tätigkeit ebenso kreativ wie abwechslungsreich ist. Im Idealfall gelingt es ihm, den Blick der Parteien auf die Planung der künftigen Zusammenarbeit zu lenken, sodass nach Abschluss der Mediation die Beziehung zwischen ihnen noch gestärkt wird. Selbst derjenige, der die Mühen einer Mediationsausbildung auf sich genommen hat, später dann aber doch in einem ganz anderen Bereich tätig ist, wird vielfach auf die im Rahmen der Ausbildung gewonnenen Kenntnisse zu Verhandlungsstrategien und -techniken zurückgreifen können.

Warum ist die Mediation noch nicht so verbreitet?

In vielen Fällen besteht die Schwierigkeit weniger in der Durchführung des eigentlichen Mediationsverfahrens, als vielmehr darin, die Parteien an ein solches Verfahren überhaupt erst heranzuführen. Dabei geht es zunächst ganz allgemein darum, Mediationsverfahren als Alternative zu Gerichtsverfahren stärker in den Blickpunkt der Öffentlichkeit zu rücken. Im konkreten Konflikt muss es dem Anwalt darüber hinaus aber auch gelingen, die regelmäßig konfrontative Ausgangslage so zu entschärfen, dass eine kooperative Arbeitsatmosphäre entsteht. Erleichtert wird dies in Fällen der Co-Mediation. Co-Mediation bedeutet, dass die Mediationsverhandlung von zwei Mediatoren geführt wird. Der Vorteil eines solchen Verfahrens liegt darin, dass sich die Mediatoren hinsichtlich ihrer persönlichen und fachlichen Eigenschaften ergänzen und auf diese Weise gemeinsam das Vertrauen der Parteien gewinnen können.

Hinzu kommt, dass keinesfalls jeder Konflikt für ein Mediationsverfahren geeignet ist. Insbesondere bei nur flüchtigen geschäftlichen Kontakten ist ein Mediationsverfahren häufig zu aufwendig. Ebenso bleiben nicht verhandelbare Bereiche hoheitlichen Handelns – wie etwa das Steuerrecht – einer mediativen Konfliktlösung verschlossen.

Schließlich stellt die Mediation auch eine Herausforderung für den Mediator dar. Er darf Argumente grundsätzlich nicht selbst bewerten und den Parteien nicht die von ihm bevorzugte Lösung aufdrängen, sondern muss diese inhaltlich selbstständig handeln lassen. Die Schwierigkeit für den Mediator besteht somit darin, Distanz zu wahren und auf die Einhaltung des Verfahrensgerüsts zu achten. Das fällt Anwälten, die als unabhängiges Organ der Rechtspflege vornehmlich als Parteivertreter agieren, nicht immer leicht.

Co-Mediation: Chance zur fächerübergreifenden Zusammenarbeit

Die steigende Komplexität der Konflikte stellt hohe Anforderungen an Kenntnisse und Fähigkeiten der Mediatoren. Die fächerübergreifende Kooperation, das heißt eine Zusammenarbeit von Mediatoren ungleicher Grundberufe, wird immer bedeutsamer. Diese Zusammenarbeit wiederum ermöglicht die Nutzung von Synergiepotenzialen.

Zugleich erfordert die erfolgreiche mediative Konfliktbewältigung neben der theoretischen Vertrautheit mit den Arbeitsweisen eines Mediators praktische Erfahrungen. Diese können auch in Form einer Co-Mediation durch die Zusammenarbeit eines erfahrenen Mediators mit einem Ausbildungskandidaten erfolgen.

Wenn auch mit dem Begriff der Co-Mediation weder ein feststehendes noch ein einheitliches Tätigkeitsbild in Deutschland verbunden ist, so zeigt sich dennoch, dass sich auch in Mediationsverfahren spannende und herausfordernde Aufgaben an der Schnittstelle von Recht und verbundenen Disziplinen ergeben.

Ausbildung

Die Ausbildung zum Mediator ist gesetzlich nicht geregelt. Das Mediationsgesetz beschränkt sich auf die Pflicht des Mediators, in eigener Verantwortung durch geeignete Ausbildung und regelmäßige Fortbildung sicherzustellen, dass er über die theoretischen Kenntnisse und praktischen Erfahrungen verfügt, um die Parteien sachkundig durch eine Mediation zu führen. Für den zertifizierten Mediator werden strengere, in einer separaten Rechtsverordnung mittlerweile festgelegte Anforderungen gelten (Verordnung über die Aus- und Fortbildung zertifizierter Mediatoren/ ZMediatAusbV). Für Rechtsanwälte gilt die Reglementierung des § 7a BORA. Hiernach darf sich als Mediator nur bezeichnen, wer durch geeignete Ausbildung nachweisen kann, dass er die Grundsätze des Mediationsverfahrens beherrscht.

Fazit

Mediation ist mehr als ein unkonventionelles Streitbeilegungsverfahren. Sie kann eine gewinnbringende Alternative zu traditionellen Gerichtsverfahren sein, weil sie die Parteien stärker einbezieht und den Schwerpunkt der Konfliktlösung auf die Gestaltung der Zukunft legt. Zwar ist die Mediation kein Allheilmittel für jeden Konflikt, allerdings räumt sie den Konfliktparteien in geeigneten Fällen eine zusätzliche Möglichkeit zur Konfliktbereinigung ein. Für Juristen ist die Mediation ein weites Betätigungsfeld, das ihnen vielseitige Perspektiven bietet.

2. Studium und fachspezifische Ausbildung

Die Weichen stellen – Studienplanung für die spätere Karriere

von Nicole Beyersdorfer, Veris-Pascal Heintz und Dr. Julius Neuberger

Schwerpunktsetzung im Studium

Wann und nach welchen Kriterien sollte die Schwerpunktsetzung erfolgen?
Hinsichtlich der Schwerpunktsetzung im Studium sollten sich Studenten zu Beginn keinem Druck aussetzen. In den ersten Semestern ist es wichtig, sich einen guten Überblick zu verschaffen und das juristische Handwerkszeug zu erlernen. So kann man einerseits herausfinden, wo die eigenen Interessen und Stärken liegen. Andererseits ist es auch für die juristische Ausbildung sinnvoll, das Studium breit gefächert zu beginnen. Ein umfassendes Wissen hilft später, Details richtig einzuordnen und Zusammenhänge zu erkennen. Im weiteren Verlauf des Studiums erfordern die neuen Studienordnungen der verschiedenen Bundesländer ohnehin eine stärkere Spezialisierung, als dies in der Vergangenheit der Fall war.

Die universitären Schwerpunktbereiche reichen dabei vom Arbeitsrecht bis zum Zivilverfahrensrecht. Je nachdem, an welcher Universität man studiert, können die Auswahlmöglichkeiten allerdings stark variieren. Besonders beliebt sind Schwerpunktbereiche, die unternehmensrechtliche Fragestellungen abdecken, da hier eine Spezialisierung insbesondere von Großkanzleien und Verbänden gerne gesehen wird. In erster Linie sollte die Wahl des Schwerpunktbereichs nach den eigenen Stärken und Interessen getroffen werden. Das Prüfungsergebnis des „Schwerpunktexamens" fließt nämlich in die Gesamtnote der Ersten Juristischen Prüfung ein - insofern will die Entscheidung wohlüberlegt sein und sollte sich an den größtmöglichen Erfolgschancen orientieren. Es empfiehlt sich deshalb, vor der Wahl des Schwerpunktbereichs (auch) einen Blick in die Notenstatistiken der letzten Jahre zu werfen.

Welchen Einfluss hat die Schwerpunktsetzung auf den späteren Berufseinstieg?
Es ist hilfreich, den Schwerpunkt schon in dem Bereich gesetzt zu haben, in dem man später praktizieren möchte. Bewusst gesetzte Schwerpunkte können ein echtes Interesse vermitteln und im Bewerbungsprozess von Vorteil sein. Diese Aspekte sollten aber nicht überschätzt werden: Keinesfalls sollten Absolventen sich davon abhalten lassen, sich für einen bestimmten sie interessierenden Bereich zu bewerben, nur weil der Schwerpunkt bisher in einem anderen Gebiet gesetzt wurde.

Meist achten Großkanzleien bei der Auswahl der Bewerber darauf, dass diese juristisch hoch qualifiziert sind und sich für die Tätigkeit in einer internationalen Wirtschaftskanzlei eignen. Sind diese Voraussetzungen erfüllt, wird davon ausgegangen, dass die Kandidaten auch eine entsprechend schnelle Auffassungsgabe besitzen, die ihnen die zügige Einarbeitung in unbekannte Rechtsfragen ohne Weiteres ermöglicht. Absolventen legen sich daher durch die Schwerpunktsetzung nicht bezüglich eines späteren Berufseinstiegs fest. Eine Orientierung am Schwerpunktfach kann Absolventen allerdings den Berufseinstieg erleichtern - auch, weil sie gerade durch Praktika ein Gefühl dafür entwickeln können, ob ihnen die spätere Tätigkeit, das Rechtsgebiet und das Umfeld liegen. Ob und inwieweit eine Schwerpunktsetzung Einfluss auf den späteren Berufseinstieg hat, bemisst sich aber überwiegend nach den Ergebnissen in den beiden Staatsexamen. An Bedeutung gewinnt die Schwerpunktsetzung nämlich dann, wenn die Staatsexamen mit niedrigeren Punktzahlen bestanden werden.

Die Bedeutung der Studienleistungen

Welche Bedeutung kommt dem Ergebnis im Ersten und Zweiten Staatsexamen zu?

Dass der Note des Ersten und Zweiten Staatsexamens nur eine untergeordnete Bedeutung zukommt, trifft – im Gegensatz zu anderen Studienfächern – nicht zu. Klar ist aber auch, dass unter Juristen aus der Bewertung nach Noten kein Geheimnis gemacht wird. Der Staat hat bezüglich der Berücksichtigung anderer Kriterien schon aus rechtlichen Gründen nur einen eingeschränkten Spielraum. Aber auch große Kanzleien haben festgelegte Leitlinien, von denen – wenn überhaupt – nur in Ausnahmefällen abgewichen wird. Ob eine solche formale Bewertung jedem Einzelfall gerecht wird, sei dahingestellt. Jedenfalls wird kein Absolvent von der Erkenntnis, dass gute Noten in den Examina Türen öffnen können, überrascht sein. Mit Blick auf die neue Studienordnung ist zu beachten, dass Großkanzleien der Note im staatlichen Teil der Prüfung besonderes Gewicht beimessen. Liegt das Ergebnis im staatlichen Teil deutlich unter der Prädikatsnote, wird das Anforderungsprofil der Großkanzleien häufig nicht erfüllt. Studenten sollten den Schwerpunkt ihrer Vorbereitung daher auf den staatlichen Prüfungsteil legen. Wer hier ein solides Ergebnis erzielt, hat in größeren Kanzleien gute Chancen.

Welche Chancen eröffnet ein vollbefriedigendes Examen?

Für einige Berufsbilder sind Prädikatsexamina nahezu eine zwingende Voraussetzung. Kleinere Ausreißer nach unten können mitunter durch Zusatzqualifikationen ausgeglichen werden. Da die Zahl derer, die beide Staatsexamina mit Prädikat bestehen, verhältnismäßig gering ist, haben Berufseinsteiger mit zwei Prädikatsexamina in aller Regel vielfältige Möglichkeiten. Mit zwei Prädikatsexamina steht der Weg in Kanzleien jeglicher Größe, zu Gerichten und Staatsanwaltschaft oder auch zu Unternehmensberatungen offen. Gleichwohl sind gute Staatsexamina nur eine notwendige, aber noch keine hinreichende Voraussetzung für einen erfolgreichen Einstieg in diese Berufsfelder. Bewerber sollten insoweit darauf achten, nicht allein aufgrund ihrer guten Examina zu selbstsicher aufzutreten. Im Bewerbungsprozess wird man sich allein durch gute Examina nicht mehr abheben können, da die Mehrzahl der Kandidaten diese Voraussetzung erfüllt.

Welche Möglichkeiten haben Absolventen mit niedrigeren Punktzahlen?

Auch Absolventen mit niedrigeren Punktzahlen stehen viele Wege offen. Zunächst haben mittelgroße und kleinere Kanzleien im Hinblick auf Examensnoten in der Regel weniger strenge Maßstäbe. Wichtiger kann es hier sein, im persönlichen Gespräch einen guten Eindruck zu hinterlassen und Interesse am jeweiligen Fachgebiet zu haben. Deshalb sollte der Lebenslauf auch bereits ein Interesse für das Fachgebiet, in dem man sich bewirbt, erkennen lassen. Eine entsprechende Schwerpunktsetzung, insbesondere in „Nischengebieten" (z. B. Steuer- oder Arbeitsrecht), ist für Absolventen ohne Prädikatsexamen von größerer Bedeutung und kann letztlich ein ernstzunehmender „Türöffner" sein. Weniger zufriedenstellende Noten können zudem durch Zusatzqualifikationen, etwa eine Promotion, eine Fachanwaltschaft oder einen LL.M.

(Master of Laws), ausgeglichen werden. Allerdings sollte man diese Möglichkeit nicht überschätzen: Sowohl größere Kanzleien als auch der Staat rechnen solche Zusatzqualifikationen – wenn überhaupt – nur in geringem Umfang auf die Note an.

Wie bereite ich mich am besten auf die Erste Juristische Prüfung vor?
In der Examensvorbereitung stellt sich die Frage, ob man ein Repetitorium besuchen sollte. Ein Repetitorium gibt in der Vorbereitung im Wesentlichen Sicherheit. Durch das Durchlaufen des Programms ist garantiert, dass man im vorgesehenen Zeitraum sämtliche examensrelevanten Bereiche einmal behandelt hat, ohne sich in Details zu verlieren und so in Verzug zu geraten. Zudem werden oft hilfreiche Tipps zu Klausur- und Lerntechnik gegeben. Selbstverständlich kann das Repetitorium jedoch das eigentliche Lernen nur ergänzen. Der gesamte Stoff muss unter Berücksichtigung der individuellen Stärken und Schwächen verinnerlicht werden. Entscheidet man sich für ein Repetitorium, sollte man sich Zeit für die Wahl des richtigen Repetitors nehmen. Es gibt sowohl gute universitäre als auch kommerzielle Anbieter. Es empfiehlt sich, durch Probehören herauszufinden, welches Programm den eigenen Lerngewohnheiten am besten Rechnung trägt.

Neben dem Einstudieren des Prüfungsstoffs sollten Übungsklausuren nicht zu kurz kommen. Das schafft Routine sowohl in Aufbaufragen als auch im Anwenden des Gutachtenstils und schärft das Bewusstsein für eine sinnvolle Zeiteinteilung in der Klausur. Letzterer Punkt ist in der Prüfungssituation nicht zu unterschätzen. Mangelndes Zeitmanagement führt häufig dazu, dass in der Prüfung die Zeit davonläuft, bevor der Kandidat seine Ausführungen beendet hat. Viele Prüfer erwarten jedoch eine abgeschlossene, in sich stimmige Lösung. Dies trifft in der Ersten Juristischen Prüfung zu und gewinnt in der Zweiten Juristischen Staatsprüfung noch deutlich an Gewicht. Daher ist es ratsam, möglichst viele Übungsklausuren unter Examensbedingungen zu schreiben und die vorgegebenen fünf Stunden tatsächlich einzuhalten. Zudem sollte sich das Klausurenschreiben nicht auf die Rechtsbereiche konzentrieren, die dem einzelnen Studenten ohnehin gut liegen. Gerade in Gebieten, in denen noch Schwächen bestehen, sollte man sich um Routine bemühen, um in der Prüfungssituation nicht allzu leicht aus dem Konzept zu geraten.

Darüber hinaus haben sich Lerngruppen für viele Studenten und Referendare als äußerst hilfreich erwiesen. Besonders in der fortgeschrittenen Phase der Examensvorbereitung bietet es sich an, das Erlernte in Diskussionen zu vertiefen. Indem verschiedene Ansätze zu Problemstellungen dargestellt, hinterfragt und diskutiert werden, ergibt sich ein tieferes Verständnis einzelner Rechtsfragen und größerer Zusammenhänge. Abgesehen davon bietet das Arbeiten in der Gruppe eine willkommene Abwechslung zu dem sonst recht monotonen Vor-sich-hin-Lernen.

Tipp: Rechtsprechungsübersichten
Erfahrungsgemäß lohnt es sich, einen Blick in die Rechtsprechungsübersichten zu werfen. Inzwischen gibt es zahlreiche Anbieter, welche die aktuellen Urteile für die Examensvorbereitung im Gutachtenstil aufbereiten und besprechen. Regelmäßiges Lesen dieser Formate vermittelt neben einem Überblick über die jüngste Rechtsprechung gleichzeitig ein besseres Gefühl für Aufbaufragen und das Verfassen gutachterlicher Klausuren. Es sei jedoch betont, dass das Schreiben von Übungsklausuren dadurch nicht ersetzt werden kann.

Praktische Arbeitserfahrung

Wie viele und wie lange Praktika sollten absolviert werden?

Praktika eignen sich nur sehr begrenzt, um Prüfungswissen für das Erste Staatsexamen zu erwerben. Wichtig sind sie jedoch, um Kontakte zu knüpfen und um herauszufinden, welches Fachgebiet und welche Art von beruflichem Umfeld den eigenen Wünschen und Stärken entspricht. Praktika eignen sich außerdem in beschränktem Umfang dafür, durch erste praktische Erfahrung den späteren Berufseinstieg zu erleichtern. Sowohl im Rahmen des Studiums als auch im Rahmen des Referendariats sind Praktika bzw. Stationen in verschiedenen Bereichen vorgesehen. Studenten und Referendare sollten sich bemühen, diese ohnehin notwendige praktische Erfahrung sinnvoll zu sammeln, d. h. in Bereichen, in denen ein späterer Berufseinstieg vorstellbar erscheint. Wichtig ist in dem Zusammenhang, sich frühzeitig um Praktika zu bemühen, da beispielsweise Kanzleien und Botschaften vielfach lange Vorlaufzeiten für die Vergabe von Praktikumsplätzen haben. Soweit die Länge der Praktika nicht ohnehin durch die Studienordnung vorgeschrieben ist, sollten keine zu kurzen Zeiträume gewählt werden, da eine gewisse Dauer sinnvoll ist, um sich einzuarbeiten.

Wann und wo sollte praktische Erfahrung gesammelt werden?

Je später man den Zeitpunkt für ein Praktikum im Rahmen des Studiums wählt, desto mehr juristisches Fachwissen kann man einbringen und desto größer verspricht der fachliche Gewinn zu werden. Man sollte jedoch gleichzeitig darauf achten, dass die Praktika nicht zulasten der Examensvorbereitung gehen. Dementsprechend bieten sich Praktika während des Studiums zwischen dem dritten und dem sechsten Semester an. Während des Referendariats sind Dauer und Abfolge der Stationen in den allermeisten Bundesländern vorgegeben. Bei der letzten Station vor den Klausuren des Zweiten Staatsexamens ist es wichtig, dass eine effektive Prüfungsvorbereitung möglich bleibt. Die Vorbereitung auf die mündliche Prüfung kann erfahrungsgemäß auch gut während einer Referendarstation im Ausland erfolgen. Die Wahlstation ist für einen längeren Auslandsaufenthalt auch sonst ein günstiger Zeitpunkt: Kanzleien warten bei sehr guten Bewerbern kurz vor dem Berufseinstieg mit guten Angeboten auf, Fremdsprachenkenntnisse lassen sich nach der Examensvorbereitung auffrischen, und es fällt einem durch den Orts- und Umfeldwechsel leicht, während des Wartens auf die Klausurergebnisse Abstand zu gewinnen. Zu guter Letzt sollte man sich vor Augen führen, dass Auslandstätigkeiten für Juristen eine Ausnahme bilden. Auch internationale Kanzleien bieten solche Auslandstätigkeiten zwar häufig in Form eines sogenannten Secondments für einen begrenzten Zeitraum an, dies allerdings zumeist erst nach einigen Jahren Berufstätigkeit. Insofern ist die Wahlstation eine hervorragende Gelegenheit, mit begrenztem Aufwand juristische Erfahrung im Ausland zu sammeln.

Wie findet man eine attraktive Praktikumsstelle?

Nahezu alle Arbeitgeber, die nach Abschluss der Ausbildung infrage kommen, bieten auch im Vorfeld die Möglichkeit, Praktika zu absolvieren. Dies gilt für Kanzleien, Gerichte, Staatsanwaltschaften, Rechtsabteilungen von Unternehmen, Unternehmensberatungen, aber auch für Botschaften und Behörden im Inland. Studenten und Referendare können bei Praktikumsbörsen nach ausgeschriebenen Praktikumsplätzen suchen. Erfahrungsgemäß sind aber Initiativbewerbungen bei Kanzleien oder Unternehmen sinnvoller. Solche Initiativbewerbungen haben insbesondere den Vorteil, dass man sich gezielt für einen bestimmten Bereich und meist sogar bei einer bestimmten

Person bewerben kann. Zudem muss man sich nicht gegen mehrere andere Mitbewerber durchsetzen, was der Fall ist, wenn die Stelle bereits ausgeschrieben ist. Eine Initiativbewerbung setzt allerdings voraus, dass man sich frühzeitig um einen Praktikumsplatz bewirbt. Hier sollten Studenten mit Vorlaufzeiten von bis zu einem Jahr rechnen. Gute Gelegenheiten, einen interessanten Praktikumsplatz zu finden, ergeben sich auch bei Karriere-Events wie beim e-fellows.net Karrieretag Jura (vgl. Seite 144).

Fremdsprachen

Wie wichtig sind Fremdsprachen für Juristen?

Wie wichtig Fremdsprachen für Juristen sind, hängt sehr stark von dem angestrebten Tätigkeitsfeld ab. Im Staatsdienst sind Fremdsprachen willkommen, jedoch im Rahmen der beruflichen Tätigkeit nach wie vor von eher untergeordneter Bedeutung, denn die Gerichts- und Amtssprache ist Deutsch. Auch in kleineren Kanzleien haben Rechtsanwälte vorwiegend mit deutschen Mandanten und nur verhältnismäßig selten mit grenzüberschreitenden Sachverhalten zu tun. Nichtsdestoweniger werden vor allem gute Englischkenntnisse vermehrt auch in kleineren, spezialisiert arbeitenden Kanzleien vorausgesetzt. Unerlässlich sind sie in großen Kanzleien. Sowohl für Telefonkonferenzen oder die Korrespondenz mit den Mandanten als auch für die Verträge sind sie in der Regel unverzichtbar. Das Fehlen sehr guter Englischkenntnisse stellt ein echtes Problem dar, denn Englischkenntnisse auf reinem Schulniveau sind für die anspruchsvolle Arbeit in vielen Fachbereichen nicht ausreichend. Eine gute Möglichkeit, sich die englische Rechtssprache anzueignen, bietet natürlich ein LL.M. im englischsprachigen Ausland. Wer ein solches LL.M.-Studium nicht plant, sollte während des Studiums versuchen, fachspezifische Englischkurse an der Universität zu besuchen und Praktika im Ausland zu absolvieren. Wie bereits erwähnt, bietet auch die Wahlstation eine gute Möglichkeit, vor dem Berufseinstieg die Sprachkenntnisse noch einmal zu verbessern.

Welche Fremdsprachen stellen eine sinnvolle Zusatzqualifikation dar?

Aus beruflicher Sicht ist Englisch eine Fremdsprache, deren Bedeutung keine andere Sprache auch nur annähernd erreicht. In Wirtschaftskanzleien hat sich Englisch für die grenzüberschreitende Kommunikation als gemeinsamer Nenner herausgebildet. Englisch wird jedoch nicht nur vorausgesetzt, weil die Korrespondenz mit ausländischen Mandanten und Kollegen auf Englisch erfolgt. Teilweise werden auch Transaktionen mit deutschen Parteien in englischer Sprache dokumentiert, weil ausländische Investoren oder Banken am Rande beteiligt sind. Vor diesem Hintergrund ist Englisch in internationalen Kanzleien unerlässlich. Andere Fremdsprachen sind aus beruflicher Sicht dagegen keine notwendige, aber sicher eine stets willkommene Zusatzqualifikation. Und für die Arbeit in Kanzleien, die sich auf die Beratung von französisch- oder spanischsprachigen Mandanten spezialisiert haben, sind selbstredend entsprechende Fremdsprachenkenntnisse erforderlich.

Wie sollten Fremdsprachenkenntnisse nachgewiesen werden?

Fremdsprachenkenntnisse lassen sich in allererster Linie durch Auslandsaufenthalte nachweisen. Es muss, wie bereits erwähnt, nicht notwendigerweise ein LL.M. sein; der Nachweis sollte sich jedoch auch nicht in einem vierwöchigen Sprachkurs erschöpfen. Andere Nachweise wie TOEFL, Universitätskurse oder Leistungskurse belegen für sich genommen noch nicht ausreichend, dass der Absolvent die Fremdsprache beherrscht.

Wirtschaftswissenschaftliches Zusatzwissen

Wie wichtig ist wirtschaftswissenschaftliches Wissen?

Im Gegensatz zu Fremdsprachenkenntnissen und guten Examina werden wirtschaftswissenschaftliche Zusatzqualifikationen nicht zwingend vorausgesetzt. So gehen beispielsweise Unternehmensberatungen bei Juristen (und anderen Berufseinsteigern, die kein wirtschaftswissenschaftliches Studium absolviert haben) davon aus, dass sich wirtschaftswissenschaftliche Grundlagen in ein- bis zweiwöchigen Kursen vermitteln lassen. Wirtschaftliches Hintergrundwissen ist bei einer späteren Tätigkeit in einer Wirtschaftskanzlei jedoch wichtig. Für eine Vielzahl von Bereichen sind Grundkenntnisse der Rechnungslegung unverzichtbar. Als Jurist sollte man also keine Scheu haben, den Konzern- und Jahresabschluss eines Unternehmens verstehen und analysieren zu lernen. Ob weiteres Detailwissen erforderlich ist, hängt stark von dem Bereich ab, in dem man tätig ist. Generell kann man sagen, dass im wirtschaftsrechtlichen Bereich die Kenntnis der betriebswirtschaftlichen Grundlagen immer wichtiger wird. So erfordern z. B. komplexe Kaufpreisanpassungsklauseln in M&A-Transaktionen von Anwälten vertiefte Kenntnisse im Bereich der Rechnungslegung, denn anders lassen sich die von den Parteien verfolgten wirtschaftlichen Ziele weder angemessen verstehen noch im Unternehmenskaufvertrag zutreffend umsetzen. Unabhängig vom jeweiligen Rechtsgebiet ist für die Tätigkeit in einer Kanzlei eine valide wirtschaftliche Allgemeinbildung notwendig. In dieser Hinsicht hilft es, frühzeitig damit zu beginnen, den Wirtschafts- und Finanzmarktteil der großen Zeitungen zu lesen.

Wie kann wirtschaftswissenschaftliches Wissen erworben und nachgewiesen werden?

Betriebswirtschaftliche Kenntnisse können etwa über Zusatzkurse oder wirtschaftswissenschaftliche Nebenfächer erworben werden. Dies ist zwar mit einem überschaubaren Aufwand zu bewerkstelligen, entsprechend begrenzt ist jedoch auch die Aussagekraft derartiger Nachweise. Alternativ kommt eine wirtschaftswissenschaftliche Zusatzausbildung in Betracht. Die Universität Bayreuth bietet eine (in Deutschland einmalige) wirtschaftswissenschaftliche Zusatzausbildung für Juristen an, nach deren Abschluss die Absolventen den Titel „Wirtschaftsjurist/-in (Univ. Bayreuth)“ führen dürfen. Immer häufiger stößt man auch auf Anwälte, die neben dem Jurastudium ein wirtschaftswissenschaftliches Studium absolviert haben. Zu guter Letzt bietet sich auch für Juristen die Möglichkeit, einen MBA (Master of Business Administration) zu erwerben. Durch die Teilnahme an einem internationalen MBA-Programm lassen sich der Erwerb von wirtschaftswissenschaftlichen und Fremdsprachenkenntnissen miteinander verbinden. Ein renommiertes MBA-Programm bietet zudem den Vorteil, dass man frühzeitig mit dem Aufbau eines persönlichen Netzwerks beginnen kann. Es gilt allerdings zu beachten, dass angesehene MBA-Programme meist mit hohen Studiengebühren verbunden sind, vielfach mehrere Jahre Berufserfahrung voraussetzen und – im Gegensatz zu einem LL.M. – unter Juristen nach wie vor einen etwas exotischen Ruf haben.

Welche Perspektiven haben (Diplom-)Wirtschaftsjuristen in Wirtschaftskanzleien?

Immer mehr renommierte Wirtschaftskanzleien stellen (Diplom-)Wirtschaftsjuristen ein. Sie werden je nach Kanzlei in den unterschiedlichsten Praxisgruppen eingesetzt und leisten inhaltlich ganz unterschiedliche Arbeit (daher variiert ihre Bezeichnung auch zwischen Project Associate, Transaction Lawyer, Legal Support Lawyer etc.). Aufgrund ihrer Qualifikation kann ihr Tätigkeitsbereich unterstützende Transaktionsarbeit, außergerichtliche Mandatsarbeit sowie organisatorische Aufgaben umfassen. Mit zunehmender Anzahl der (Diplom-)Wirtschaftsjuristen sind in einigen Großkanzleien bereits eigene Betreuungsprogramme für dieses Berufsbild geschaffen worden, und in Zukunft sind auch eigene Karrieremodelle zu erwarten.

Schlüsselqualifikationen

Warum sollte man Schlüsselqualifikationen erwerben?

Juristische Berufe warten oftmals mit Situationen auf, die man nicht allein mit dem durch das Studium erworbenen Fachwissen lösen kann. Vorteile haben hier Absolventen, die bereits in ihrer Ausbildung Schlüsselqualifikationen erworben haben. So sind etwa Mandantengespräche, Vertragsverhandlungen oder die vor allem in Großkanzleien wichtige Teamarbeit ohne gewisse Kenntnisse im Verhandlungsmanagement oder in der Gesprächsführung kaum möglich.

Welche Schlüsselqualifikationen gibt es?

Die für Juristen besonders wichtigen Schlüsselqualifikationen nennt § 5a Abs. 3 Satz 1 des Deutschen Richtergesetzes (DRiG): Verhandlungsmanagement, Gesprächsführung, Rhetorik, Streitschlichtung, Mediation, Vernehmungslehre und Kommunikationsfähigkeit. Doch nicht nur diese Fähigkeiten sind für den (angehenden) Juristen von Nutzen, auch Lesetechniken wie die SQ3R-Methode sollten als Schlüsselqualifikation erworben werden.

Wie können Schlüsselqualifikationen erworben werden?

Schlüsselqualifikationen können nicht allein durch theoretisches Wissen erworben werden. In erster Linie muss es um die praktische Einübung gehen. Hierfür bieten sich Rollenspiele an, wie beispielsweise simulierte Mandantengespräche und Zeugenvernehmungen oder ein Spontanreferat zu einem vorher unbekannten Thema. Auf jeden Fall sollte man so früh wie möglich mit dem Erwerb von Schlüsselqualifikationen beginnen. Bereits im Studium erworbene Kompetenzen können schon im Referendariat wertvolle Dienste leisten, z. B. bei einem Aktenvortrag. Viele Universitäten bieten hierzu eigene Programme oder Lehrveranstaltungen an. Eine weitere Möglichkeit besteht darin, Workshops zu besuchen, die regelmäßig von Großkanzleien angeboten werden. Daneben gibt es zahlreiche weitere außeruniversitäre Veranstaltungen, die sich in den letzten Jahren etabliert haben. Client Interviewing oder Contract Competitions, Legal Debates oder Essay Competitions sind nur einige davon.

Tipp: Moot-Court-Teilnahme
Den Königsweg zum Erwerb – und vor allem Nachweis – von Schlüsselqualifikationen stellt die Teilnahme an einem Moot Court dar. Die inhaltliche Schwerpunktsetzung des Wettbewerbs ist dabei zunächst zweitrangig. Möchte man jedoch zeitgleich seine Fremdsprachenkenntnisse ausbauen, sei zu einem fremdsprachigen Wettbewerb wie etwa dem zivilrechtlichen Willem C. Vis Commercial Arbitration Moot Court oder dem völkerrechtlichen Philip C. Jessup International Law Moot Court geraten. In deutscher Sprache wird dagegen zum Beispiel der ELSA Deutschland Moot Court alljährlich vor dem BGH ausgetragen.

In erster Linie geht es darum, das Recht einmal praktisch anwenden zu können und seine Argumente vor „Gericht“ zu verteidigen. Den Teilnehmern eines Moot Court wird die Möglichkeit gegeben, ihre rhetorischen und kommunikativen Fertigkeiten zu erproben sowie in einem Team zusammenzuarbeiten. Ehemalige „Mooties“ werden somit zu begehrten Hochschulabsolventen.

Stipendien

Warum sollte man sich um ein Stipendium bewerben?

Die Frage nach der Finanzierung des Studiums stellt einen ganz wesentlichen Aspekt der Studienplanung dar. Studenten, die bereits gute schulische Leistungen erbracht haben und sich sozial engagieren, sei deshalb schon gleich zu Studienbeginn empfohlen, eine Bewerbung um ein Stipendium in Betracht zu ziehen. Neben der finanziellen Unterstützung sprechen vor allem die vielseitigen (Weiter-)Bildungsmöglichkeiten und die Chance, Teil eines weltweiten Stipendiatennetzwerks zu werden, für eine Bewerbung.

Worauf wird bei der Bewerbung geachtet?

Nicht nur die „harten Fakten“, nämlich die entsprechenden Studienleistungen, sind für eine erfolgreiche Bewerbung entscheidend. Auch die Persönlichkeit des Bewerbers spielt eine Rolle. Ohne gesellschaftliches Engagement – sei es im politischen, kirchlichen oder sozialen Bereich – wird eine Bewerbung um ein Stipendium kaum Erfolg versprechend sein. Weitere Informationen zu Anforderungen und Ablauf der Bewerbung finden sich auf den Websites der einzelnen Stipendiengeber.

Wie Sie als Mitglied von e-fellows.net Ihre Karriere voranbringen

Einladung zu exklusiven Karriere-Events
Info-Veranstaltungen mit den besten Law Schools und Kanzleien:
- LL.M. Day für Studenten, Referendare und Volljuristen
- Perspektive Wirtschaftskanzlei für Absolventen
- Karrieretag Jura für Studenten

www.e-fellows.net/Events

Große LL.M.-Bewerbungsdatenbank
- Welche Noten braucht man für die besten Law Schools?
- Wann ist der richtige Zeitpunkt für die Bewerbung?
- Welche Law Schools kommen mit meinen Noten infrage?

www.e-fellows.net/ LLM-Bewerbungsdatenbank

Sie sind ein kluger Kopf?
Von noch mehr Leistungen profitieren Sie, wenn Sie sich erfolgreich für das e-fellows.net-Stipendium bewerben.

Karriereratgeber als E-Book
Kostenlose Karriereratgeber der Reihe *e-fellows.net wissen* zum Download:
- *Der LL.M.*
- *Perspektive Unternehmensberatung*
- *Perspektive Trainee*

Aktuelle Jobs und Praktika in Kanzleien und Unternehmen
- 3.000 Stellen für Studenten, Absolventen und Young Professionals
- passende Praktikums- und Jobangebote zu Ihrem Profil per E-Mail, z. B. von Freshfields oder BMW

Kostenlos als Mitglied anmelden: www.e-fellows.net/Mitglied-werden

Das Referendariat

von Stefan Reitemeyer, MLE[1]

Das Rechtsreferendariat bzw. der juristische Vorbereitungsdienst ist die zweijährige praktische Ausbildung, die mit der Zweiten Juristischen Staatsprüfung (Assessorexamen) abgeschlossen wird. Erst mit Bestehen des Zweiten Staatsexamens wird man zum Volljuristen und erwirbt die Befähigung zum Richteramt. Das Zweite Staatsexamen ist aber auch Zugangsvoraussetzung für nahezu alle anderen juristischen Berufe, zum Beispiel den des Staatsanwalts, des Rechtsanwalts oder des Notars (mit Zusatzausbildung).

Da die Juristenausbildung Ländersache ist, bestehen zwischen den einzelnen Bundesländern erhebliche Unterschiede in Bezug auf Bewerbungs- und Auswahlverfahren zum Rechtsreferendariat, Vergütung, Aufbau der einzelnen Stationen sowie Umfang und Gewichtung der Prüfungsleistungen. Die Einzelheiten entnimmt man am besten den aktuellen Juristenausbildungsgesetzen des jeweiligen Bundeslands und den Internetseiten der zuständigen Landesjustizprüfungsämter. Das Bundesamt für Justiz (www.bundesjustizamt.de) stellt unter der Rubrik „Bürgerservice" jährlich Ausbildungsstatistiken für das Erste und Zweite Juristische Staatsexamen zusammen, die einen Überblick über die Entwicklung der Referendarszahlen, Prüfungsergebnisse und Gewichtung der Prüfungsleistungen geben.

Die aktuellsten Statistiken aus dem Jahr 2015 zeigen, dass sich der nach der Einführung der universitären Schwerpunktbereichsprüfung beim Ersten Staatsexamen feststellbare Trend zu besseren Examensnoten beim Zweiten Staatsexamen nicht fortsetzt. Zwar bestehen im Schnitt deutschlandweit ca. 86 Prozent aller Referendare die Zweite Juristische Staatsprüfung, davon haben 2015 jedoch nur ca. 18 Prozent mit der Note „vollbefriedigend" oder besser abgeschlossen. Die Mehrheit der Referendare erhielt die Note „befriedigend" (39,6 Prozent), weitere 28,4 Prozent wurden mit „ausreichend" bewertet.

Die Wahl des Ortes, an dem man sein Referendariat absolviert, kann sich durchaus auf die Examensnote auswirken. Orte, an denen viele Referendare ausgebildet werden, lassen etwa einen größeren Austausch untereinander zu. Die Möglichkeit, Fälle und Klausuren gemeinsam zu besprechen und Lerngruppen zu bilden, sind in der Ausbildung von großem Wert. Ebenso kann es für das persönliche Abschneiden von Bedeutung sein, wie das jeweilige Prüfungsrecht aufgebaut ist. So variiert nicht nur die Anzahl der Klausuren, sondern auch die Klausurtypen. In Niedersachsen liegt der Fokus der Aufgabenstellungen der Klausuren zum Beispiel eher auf der staatlichen Sicht, in Berlin eher auf der anwaltlichen. Daneben variiert auch die Bedeutung der mündlichen Prüfung für die Examensnote. So fließt diese in Bayern zum Beispiel nur zu 25 Prozent in die Gesamtnote ein, während dies in Hessen und Nordrhein-Westfalen zu 40 Prozent der Fall ist.

---

1 Für Anregungen dankt der Verfasser Prof. Dr. Sarah Progin-Theuerkauf, Lehrstuhl für Europarecht und europäisches Migrationsrecht an der Universität Fribourg (Schweiz) und Matthias Murr, Referendar bei Hogan Lovells International LLP.

Entgegen einer weitverbreiteten Ansicht unter Referendaren ist das Prüfungsniveau in den einzelnen Bundesländern weitgehend vergleichbar. Die meisten Prüfungsämter beteiligen sich am sogenannten Ringtausch der Prüfungen. Dabei sprechen sich die jeweils Prüfungsverantwortlichen untereinander ab, sodass bei gleichzeitigen Prüfungsdurchgängen nahezu im gesamten Bundesgebiet die gleichen Fälle in den Prüfungen zu lösen sind. Die Sachverhalte der Prüfungen werden lediglich auf die jeweiligen landesrechtlichen und örtlichen Gegebenheiten angepasst.

Dennoch variieren die Examensergebnisse in den einzelnen Bundesländern zum Teil stark. So erhielten 2015 in Hamburg ca. 46 Prozent der Referendare das ersehnte „vollbefriedigend" oder sogar ein „gut". An zweiter Stelle lag Berlin mit ca. 25 Prozent. Umgekehrt sind die Quoten für ein „vollbefriedigend" oder besser in Mecklenburg-Vorpommern mit 9,5 Prozent bundesweit am geringsten. Diese Unterschiede lassen sich durch mehrere Faktoren erklären. Einige Länder bilden nur wenige Referendare aus, sodass dort eine geringere Anzahl erfahrener Ausbilder zur Verfügung steht und auch unter den Referendaren geringere Austauschmöglichkeiten bestehen. Die guten Ergebnisse aus Hamburg und Berlin sind dagegen zum Teil dem Zulassungsverfahren und der Beliebtheit der Städte geschuldet. Sowohl Hamburg als auch Berlin verzeichnen ein hohes Bewerberaufkommen und gestalten die Zulassung nach einer Bestenauslese. Dies trägt statistisch zu besseren Noten bei.

Zulassung und Einstellung

Voraussetzung für die Zulassung zum Referendariat ist das bestandene Erste Juristische Staatsexamen, teilweise zusätzlich das Verstreichen einer bestimmten Wartezeit, die je nach Bundesland unterschiedlich lang ausfallen kann. Ist die Wartezeit am gewünschten Ort besonders lang, sollte man eine Promotion oder einen Auslandsaufenthalt (LL.M.) in Erwägung ziehen oder versuchen, mit einer juristischen Tätigkeit bereits erste Kontakte in die Arbeitswelt zu knüpfen. In vielen Bundesländern gibt es gar keine Wartezeit, sodass man auch einen Bundeslandwechsel bedenken sollte, um nicht zu viel Zeit zu verlieren.

Die Einstellung zum Referendariat erfolgt je nach Bundesland zweimal jährlich bis monatlich. Bei den zuständigen Oberlandesgerichten oder Justizministerien kann man sich darüber informieren, innerhalb welcher Fristen die Bewerbungsunterlagen eingereicht werden müssen. Unter Umständen werden kurzfristig Restplätze vergeben. So meldet sich z. B. das Kammergericht Berlin bei Bewerbern, die bereits in Berlin vor Ort sind, falls Plätze zu Beginn des Referendariats nicht angetreten wurden und somit frei sind.

In beliebten Städten übersteigt die Zahl der Bewerber oft die der vorhandenen Plätze. Dort muss man damit rechnen, nicht dem gewünschten Gericht zugeteilt zu werden. Die Zuteilung des Ausbildungsortes erfolgt innerhalb der Kapazitäten meist nach sozialen Kriterien (z. B. Behinderung, unterhaltspflichtige Personen etc.). In den Flächenstaaten erfolgt die erste Zuweisung an ein Landgericht, in dessen Bezirk man dann wiederum an die weiteren Stellen abgeordnet wird. Wer sichergehen will, dass er einem bestimmten Ort zugeteilt oder gerade nicht zugeteilt wird, sollte sich für einen Einstellungsmonat bewerben, in dem an diesem Ort sehr viele bzw. gar keine Referendare eingestellt werden. So kann man die Ortsauswahl ein wenig steuern. Beispielsweise werden im OLG-Bezirk Düsseldorf nur in den Monaten Mai und Oktober Referendare dem Landgericht Kleve zugeteilt, im Februar, August und November erfolgen hingegen keine Zuteilungen zum Landgericht Düsseldorf.

In einigen Bundesländern gibt es Plätze, die über die sogenannte Leistungsliste privilegiert an Bewerber mit besonders guten Noten im Ersten Staatsexamen vergeben werden. In Berlin werden z. B. 20 Prozent der Referendarstellen an Bewerber mit mindestens zehn Punkten im Ersten Staatsexamen vergeben. In Hamburg werden die Plätze nur anhand der Note des Ersten Staatsexamens vergeben, wobei sechs Monate Wartezeit als halber Bonuspunkt auf die Abschlussnote hinzugerechnet werden (im Dezember 2016 erfolgte das niedrigste einem Bewerber verbindlich unterbreitete Angebot bei 11,36 Punkten aus dem Ersten Staatsexamen samt Bonuspunkten).

Während des Referendariats darf man die Bezeichnung „Rechtsreferendar/-in" führen. Thüringen ist das einzige Bundesland, das Referendare zu Beamten auf Widerruf ernennt; in den übrigen Bundesländern ist das Referendariat als besonderes öffentlich-rechtliches Ausbildungsverhältnis ausgestaltet. Große Bedeutung hat diese Unterscheidung jedoch nicht, allerdings haben Beamte auf Widerruf die Möglichkeit, eine private Krankenversicherung abzuschließen.

Vergütung

Referendare erhalten eine sogenannte Unterhaltsbeihilfe; diese beträgt aktuell je nach Bundesland zwischen 950 (in Hamburg) und 1.309 (in Thüringen) Euro brutto. In einigen deutschen Großstädten kommt man mit der Unterhaltsbeihilfe nur sehr knapp über die Runden. Referendare sind deswegen oft auf Unterstützung durch Eltern oder Partner angewiesen. Eine Nebentätigkeit, z. B. in einer Anwaltskanzlei oder an der Uni, kann hier eine deutliche Entlastung bedeuten. Meistens ist diese jedoch nur im Umfang von acht bis zehn Stunden pro Woche erlaubt und muss vor Aufnahme genehmigt werden. Darüber hinaus bestehen in vielen Bundesländern (z. B. Berlin und Hamburg) Grenzen für Nebeneinkünfte. Bei Überschreitung der Grenzen müssen die Referendare mit Abzügen auf die Unterhaltsbeihilfe rechnen. Eine Nebentätigkeit hat in beruflicher Hinsicht viele Vorteile, etwa weil man bereits Kontakte zu potenziellen Arbeitgebern knüpfen kann. Allerdings kostet sie auch zusätzliche Energie – und vor allen Dingen Zeit –, sodass man weniger Aufwand in die Vor- oder Nachbereitung der Arbeitsgemeinschaften (AGs) und die Erstellung von Schriftsätzen, Urteilsentwürfen etc. stecken kann. Gerade im ersten Jahr des Referendariats spricht aber nichts gegen eine Nebentätigkeit von etwa acht Stunden pro Woche.

Die Zweite Juristische Staatsprüfung

Das Referendariat endet mit dem Bestehen oder endgültigen Nichtbestehen der Zweiten Juristischen Staatsprüfung. Der schriftliche Teil der Prüfungen wird in der Regel zwischen dem 19. und dem 21. Ausbildungsmonat absolviert. Je nach Bundesland müssen zwischen sieben und elf fünfstündige Klausuren im Zivilrecht, öffentlichen Recht und Strafrecht (in Bayern auch im Arbeits- und Steuerrecht) geschrieben werden. Aufgrund der Reform der Juristenausbildung werden inzwischen vermehrt anwaltliche Aufgabenstellungen geprüft.

In einigen Bundesländern sind für die Aufsichtsarbeiten bestimmte Kommentare oder Formularsammlungen zugelassen. Diese muss man selbst besorgen, wobei man unbedingt die neueste Auflage verwenden sollte. Bei Klausurterminen am Anfang eines Kalenderjahrs kommen manchmal noch unmittelbar vor den Klausuren neue Auflagen auf den Markt. Inzwischen haben auch Buchhandlungen oder Online-Anbieter den Markt für Leihkommentare entdeckt („Juristenkoffer“ etc.), sodass sich der finanzielle Aufwand reduzieren lässt.

Die mündliche Prüfung, die meist vier bis acht Wochen nach dem Ende der Wahlstation ansteht, besteht regelmäßig aus einem Akten- bzw. Kurzvortrag (aus den Bereichen Zivilrecht, Strafrecht und öffentliches Recht sowie im IPR, Arbeits-, Steuer- und Europarecht) und einem Prüfungsgespräch (Zivilrecht, Strafrecht, öffentliches Recht). In Bundesländern mit Schwerpunktbereich kommt eine mündliche Prüfung in diesem Bereich hinzu. Der Schwerpunktbereich wird dabei durch die inhaltliche Ausrichtung der Wahlstation festgelegt. In einigen Bundesländern wird das Rechtsgebiet, in dem der Aktenvortrag zu halten ist, ausgelost und erst zwei Wochen vor der mündlichen Prüfung mitgeteilt, in anderen Bundesländern darf man wählen. Oft sind (teilweise auch bei kommerziellen Anbietern) Prüfungsprotokolle erhältlich, mit denen man sich gezielt auf Lieblingsgebiete der Prüfer vorbereiten kann. Die Protokolle erleichtern die Vorbereitung erheblich. Selbstverständlich ist hier aber auch ein gesundes Misstrauen angezeigt; viele Prüfer kennen ihre Protokolle und prüfen absichtlich abseits der bereits behandelten Themen. Manche Protokolle enthalten zudem Fehler.

In vielen Bundesländern gibt es auch bei der Zweiten Juristischen Staatsprüfung einen Notenverbesserungsversuch, für den jedoch in der Regel Gebühren zwischen 400 und 600 Euro fällig werden. Wer beim ersten Mal durchfällt, kann/muss teilweise eine dreimonatige Repetenten-AG besuchen und wird in dieser Zeit erneut einem Richter zugewiesen (so zum Beispiel in Nordrhein-Westfalen). „Durchfaller“ erhalten in einigen Bundesländern nur noch ein gekürztes Referendarsgehalt. In der Regel hat man zwei Versuche, das Zweite Staatsexamen zu bestehen. Teilweise gibt es aber auch die Möglichkeit eines „Gnadengesuchs“, um ein drittes Mal zur Prüfung antreten zu dürfen.

Gestaltung der Referendariatsstationen

Das Referendariat gliedert sich in verschiedene Stationen, die je nach Bundesland in unterschiedlicher Länge und Abfolge aneinandergereiht werden. In allen Bundesländern müssen Referendare die folgenden vier Stationen durchlaufen:

- Zivilgerichtsbarkeit (Amts- oder Landgericht)
- Staatsanwaltschaft oder Strafjustiz
- öffentliche Verwaltung/Verwaltungsgerichtsbarkeit
- Rechtsanwalt

Als letzte Station schließt sich eine Wahl- oder Wahlpflichtstation an. Je nach Bundesland sind innerhalb bestimmter Stationen auch Auslandsaufenthalte möglich (vgl. Seite 152 f.).

Für jede Station erhält der Referendar ein Zeugnis des Einzelausbilders. Die Noten fallen in der Regel sehr gut aus, sodass sie nur beschränkte Aussagekraft haben. Unter Umständen können sie aber bei der mündlichen Prüfung und im späteren Bewerbungsverfahren, z. B. bei der Staatsanwaltschaft, noch einmal zur Sprache kommen bzw. bei der Stellenvergabe eine Rolle spielen. Eine auffallend schlechte Note sollte man daher möglichst vermeiden.

Zivil- und Strafgerichtsstationen

Auf die genaue Gestaltung der praktischen Ausbildung in den Zivil- und Strafgerichtsstationen hat man nur geringen Einfluss. Zum Teil kann man thematische Wünsche äußern oder die Zuteilung zu einem bestimmten Richter beantragen. Sofern man diese Möglichkeit hat und einen bestimmten Richter kennt, sollte man sie auch nutzen. Die Tätigkeit bei einem Richter ist relativ überschaubar, da dieser oft nur ein bis zwei Sitzungstage pro Woche hat, zu denen man ihn begleiten darf. Den Rest der Woche ist man sich selbst überlassen, sodass man – neben dem AG-Tag – in der Regel noch zwei Arbeitstage zur freien Verfügung hat. Eine Nebentätigkeit ist daher sehr gut machbar. Idealerweise sollte man noch mindestens einen Tag pro Woche zur Vor- oder Nachbereitung seiner AG und zum Verfassen von Entwürfen für den Ausbilder einplanen.

In der Zivilgerichtsbarkeit beschränkt sich die Tätigkeit des Referendars auf das Entwerfen von Urteilen, Beschlüssen und Voten. Teilweise darf man auch eine Beweisaufnahme durchführen, eine mündliche Verhandlung leiten oder muss das Sitzungsprotokoll erstellen.

Stationen in der Staatsanwaltschaft oder Strafjustiz

Bei der Staatsanwaltschaft muss man damit rechnen, an wöchentlich wechselnden Tagen Sitzungsvertretungen durchzuführen, bei denen man die Rolle des Staatsanwalts innehat. Das heißt, man verliest die Anklage und schlägt zum Schluss ein bestimmtes Strafmaß vor, das man im Idealfall vorher mit seinem Ausbilder erörtert hat. Haben sich während der Hauptverhandlung neue Tatsachen ergeben, ist Improvisation gefragt. Das eigene Judiz und der anwesende Richter leiten den Referendar aber meist in eine gute Richtung. Zusätzlich muss man zu Hause mehr oder weniger umfangreiche Akten bearbeiten und Anklageschriften oder staatsanwaltschaftliche Verfügungen entwerfen. Die Tätigkeiten sind somit extrem variabel und teilweise sehr arbeitsintensiv.

In einigen Bundesländern kann man auf die Zuteilung bei der Staatsanwaltschaft Einfluss nehmen. So kann man teilweise zwischen der Abteilung für Kapitalverbrechen, Betäubungsmittel, organisierte Kriminalität, Wirtschaftsstrafsachen, allgemeine Strafsachen und Jugendsachen wählen. Eine gute Wahl ist es, sich den Jugendsachen zuteilen zu lassen. Hier lernt der Referendar die größte Bandbreite an Delikten kennen, da in der Regel nicht nur die gesamte Jugendkriminalität bearbeitet wird, sondern auch der Jugendschutz. So lassen sich mit Blick auf die späteren Prüfungen bereits in der Praxis viele Erfahrungen sammeln. Die übrigen Abteilungen sind entweder auf eine Deliktgruppe spezialisiert oder enthalten – wie die allgemeinen Strafsachen – lediglich Betrugsstraftaten, Schwarzfahrten und leichte Körperverletzung. Die Abteilungen für Kapitalverbrechen behandeln zwar die „großen" Fälle, zeichnen sich aber auch durch eine relativ geringe Anzahl an Fällen aus.

Wer einen Nebenjob hat und über eine Wahlmöglichkeit verfügt, sollte sich besser einem Strafrichter zuweisen lassen. Die festen Sitzungstage machen die Wochenarbeitszeiten planbarer. In diesem Fall muss man jedoch etwas mehr Zeit investieren, um sich auf staatsanwaltschaftliche Klausuraufgaben vorzubereiten. Vorteile hat man dafür beim Verfassen von Strafurteilen und Revisionsschriftsätzen.

Verwaltungsstation

Mehr Freiheiten hat man bei der Auswahl der Verwaltungsstation. Da man in der Verwaltung in der Regel täglich anwesend sein muss, ist es sinnvoll, sich rechtzeitig um eine attraktive Verwaltungsstation zu kümmern. Sofern im jeweiligen Bundesland Stationen bei Bundesbehörden erlaubt sind und man dort eine Station anstrebt, sollte man sich bereits ein halbes bis ein ganzes Jahr vorher um einen Ausbildungsplatz bemühen, unter Umständen sogar schon vor Beginn des Referendariats. Dies ist nicht immer einfach, da man nicht weiß, ob man überhaupt zum Wunschtermin in den juristischen Vorbereitungsdienst aufgenommen wird. Dafür darf man bei Bundesministerien und Bundesbehörden wie dem Bundeskartellamt oder der BaFin weitaus interessantere Tätigkeiten erwarten als in einer Stadtverwaltung. Allerdings besitzt die Arbeit bei den Bundesbehörden nur eine geringe Examensrelevanz, da man dort selten Bescheide gegenüber Bürgern erlässt. Auch Auslandsaufenthalte oder ein Speyer-Semester (vgl. Seite 153) sind teilweise in der Verwaltungsstation möglich. In einigen Bundesländern kann man die Verwaltungsstation auch bei einem Verwaltungsgericht ableisten.

Anwaltsstation

In der Anwaltsstation hat man (bis auf wenige Einschränkungen) die freie Wahl, bei welchem Anwalt man arbeiten möchte. Bei der Planung, die in der Regel sechs Monate vorher abgeschlossen sein sollte, stellt sich vielen Referendaren die Frage: Was ist empfehlenswerter, Großkanzlei oder Einzelanwalt? Hierüber scheiden sich nach wie vor die Geister. Vorteile der Großkanzlei sind neben den internationalen Tätigkeitsfeldern vor allem eine oftmals gezahlte Zusatzvergütung sowie der gute Name im Lebenslauf und wichtige Kontakte, die einem bei der späteren Berufswahl Türen öffnen können. Nachteile sind jedoch die langen Arbeitszeiten, die dazu führen können, dass man nicht ausreichend Zeit hat, sich auf die Prüfungen des Zweiten Staatsexamens vorzubereiten. Tatsache ist auch, dass man dort meist wenig „alltägliche" Anwaltsaufgaben in examensrelevanten Rechtsgebieten zu erledigen hat. Wenn man es allerdings schafft, sich mit dem Arbeitgeber auf eine ausgewogene Verteilung von Arbeits- und Lernzeit zu einigen, ist die Großkanzlei sicher eine Alternative, die einem alle Optionen offenlässt. Ohne Prädikat im Ersten Staatsexamen kann man meist nur zwischen mittelständischen und kleinen Anwaltskanzleien wählen. Grundsätzlich gilt: Je besser Name und Ruf der Kanzlei, desto hilfreicher ist dies bei der späteren Jobsuche. Größere Kanzleien haben oftmals auch bessere finanzielle Ressourcen und mehr Personalbedarf als „Einzelkämpfer", wodurch die Chancen für eine Einstellung nach dem Zweiten Staatsexamen steigen. Zusätzlich bieten einige Großkanzleien eigene Vorbereitungskurse für die schriftlichen Prüfungen an oder finanzieren den Besuch eines Repetitors. In vielen Bundesländern kann man einen Teil der Anwaltsstation in einem Unternehmen der Privatwirtschaft ableisten. Auch hier empfiehlt es sich, eine Branche oder ein Unternehmen auszuwählen, in der oder dem man sich eine spätere Tätigkeit vorstellen kann. Für Juristen in Rechtsabteilungen gelten oftmals nicht die gleichen strengen Notenvorgaben wie bei Großkanzleien, sodass man hier auch ohne Prädikatsexamen hervorragende Referenzen erhalten kann. Auch ein Speyer-Semester kann je nach Bundesland in der Anwaltsstation eingelegt werden.

Wahlstation

In der Auswahl der Wahlstation ist man (mit Ausnahme der Bundesländer, in denen die Wahlstation den Schwerpunktbereich bestimmt) ebenfalls frei, solange dabei eine adäquate juristische Ausbildung gewährleistet wird. Dies ist der Zeitpunkt, zu dem die meisten Referendare ins Ausland gehen (vgl. Seite 154 f.). Diese Chance sollte unbedingt genutzt werden, da es im späteren Berufsleben nie wieder so einfach sein wird, einige Zeit im Ausland zu arbeiten.

Vorbereitung auf die Zweite Juristische Staatsprüfung

Parallel zu den Stationen müssen AGs besucht werden, für die man ebenfalls ein Zeugnis erhält. Je nach Bundesland finden die AGs teils als Block, teils einmal wöchentlich statt. Eine Station beginnt regelmäßig mit einem Einführungslehrgang. Der Nutzen der Arbeitsgemeinschaften ist unterschiedlich. Sofern die Dozenten qualifizierten Unterricht halten, kann man sich mit einer guten AG viele einsame Stunden über den Büchern ersparen. Auch die angebotenen Übungsklausuren sollte man unbedingt wahrnehmen und möglichst unter Examensbedingungen lösen, d. h. mit den im Examen zugelassenen Kommentaren oder Formularsammlungen als Hilfsliteratur, aber möglichst ohne den AG-Kollegen.

Auch zur Vorbereitung auf die Zweite Juristische Staatsprüfung veranstalten die bekannten Anbieter Repetitorien. Die Kurse finden in der Regel abends oder am Wochenende statt. Unabdingbar ist der Besuch eines Repetitoriums zum Bestehen des Zweiten Staatsexamens nicht. Es kann aber sehr beruhigend sein, wenn man in der „heißen Phase" genügend gut aufbereitetes Lernmaterial zur Verfügung hat und sich bereits ein Jahr vor den Prüfungen regelmäßig mit dem Lernstoff auseinandergesetzt hat. Man sollte beim Lernen unbedingt auf eine bundeslandausgerichtete Praxisbezogenheit des Materials achten. Das Kammergericht Berlin bietet unter „Karriere", „Rechtsreferendariat", „Vorbereitungsdienst" und „Zusatzangebote" einen Internet-Klausurenkurs an. Dort finden sich alte Examensklausuren samt Lösungsskizzen.

Auf der Internetseite des Landesjustizprüfungsamts Nordrhein-Westfalen finden sich Kurzvorträge samt Lösungen. Das Verfassen von Klausuren und das Halten von Kurzvorträgen sollte frühzeitig und am besten in Lerngruppen geübt werden.

Insgesamt ist das Referendariat eine ausgezeichnete Gelegenheit, alle juristischen Berufsfelder kennenzulernen. Für die anstehende Berufswahl kann man hier schon entscheidende Weichenstellungen vornehmen. Wer bereits weiß, dass er in einem bestimmten Rechtsgebiet oder in einer bestimmten Branche tätig werden will, kann sein Profil schon im Referendariat danach ausrichten. Viele Berufe kann man allerdings (leider) nur ergreifen, wenn man auch und gerade im Zweiten Staatsexamen überdurchschnittlich gut abgeschnitten hat. Grundsätzlich sollten die Unwägbarkeiten der Zweiten Juristischen Staatsprüfung aber niemanden davon abhalten, im Referendariat Stationen nach den persönlichen Vorlieben zu planen. Man sollte seine Wahl auch nicht zu sehr davon abhängig machen, ob man in einer Station möglicherweise mehr examensrelevantes Wissen erlernt als in einer anderen. Denn auch dort, wo man vermeintlich examensrelevante(re) Rechtsgebiete bearbeitet (z. B. beim allgemein beratend tätigen Einzelanwalt) kann es passieren, dass man während der Station nicht viele rechtlich hinreichend anspruchsvolle Fälle zu bewältigen hat. Letztlich ist es viel wichtiger, den Arbeitsgemeinschaften – vorausgesetzt, die Lehrkräfte sind gut – aufmerksam zu folgen und die einschlägige Literatur zur Prüfungsvorbereitung durchzuarbeiten. Es ist ohnehin vom Zufall abhängig, welche Fälle man im Zweiten Staatsexamen tatsächlich als Prüfungsaufgabe erhält. Spekulationen im Vorfeld gibt es zwar viele (und sie werden mehr, je näher der Examenstermin rückt), davon sollte man sich jedoch auf keinen Fall verunsichern lassen.

Sonderfall Verwaltungsstation Speyer

Rechtsreferendare haben die Möglichkeit, ein „verwaltungswissenschaftliches Ergänzungsstudium“ an der Deutschen Universität für Verwaltungswissenschaften in Speyer (DUV) zu belegen, das auf die jeweilige Station (je nach Bundesland Verwaltungs-, Anwalts- oder Wahlstation) angerechnet wird. Alle Informationen hierzu sind unter www.uni-speyer.de zu finden. Das Speyer-Semester dauert drei Monate und beginnt jeweils am 1. Mai (Sommersemester) und am 1. November (Wintersemester). Gegebenenfalls muss man daher die einzelnen Stationen verschieben.

Interessierte Referendare müssen einen entsprechenden Antrag auf Zuweisung zur DUV bei ihrer zuständigen Ausbildungsbehörde beantragen; Bewerbungen direkt in Speyer sind nicht möglich. Pro Semester studieren ca. 450 Referendare in Speyer. Die 16 Lehrstuhlinhaber und rund 100 Lehrbeauftragten garantieren ein breites interdisziplinäres Lehrangebot. Im Studium werden schwerpunktmäßig verwaltungswissenschaftliche Inhalte vermittelt.

Seit dem Wintersemester 2004/2005 wird auch ein Weiterbildungsstudium „Rechtsberatung und Rechtsgestaltung“ angeboten, das man in die Anwaltsstation integrieren kann. Das Angebot richtet sich ebenfalls hauptsächlich an öffentlich-rechtlich interessierte Referendare. Das Semesterprogramm kann selbst gestaltet werden. Eine Abschlussprüfung gibt es nicht. Wer im Umfang von 20 Semesterwochenstunden Veranstaltungen, ein Seminar und eine Arbeitsgemeinschaft belegt hat, erhält ein Semesterzeugnis. Parallel werden immer auch Examensrepetitorien, Klausurenkurse und landesspezifische Übungen angeboten. Für Referendare stehen vor Ort zwei Gästehäuser zur Verfügung; zudem unterhält die DHV eine Zimmerdatenbank.

Das Speyer-Semester hat leider den Ruf, oftmals eher ein Feier-Semester zu sein. Das Kursangebot der DUV ist jedoch hervorragend, und man kann sich Teile des Weiterbildungsstudiums für ein verwaltungswissenschaftliches Aufbaustudium (seit dem Wintersemester 2011/2012 mit Master-Abschluss) anrechnen lassen.

Planung von Auslandsstationen

In allen Bundesländern sind Auslandsaufenthalte während des Referendariats erlaubt, teilweise jedoch nur während der Wahlstation oder bis zu einer gewissen Maximaldauer. Die Möglichkeit, den Lebenslauf mit einem Auslandsaufenthalt aufzubessern, sollte sich kein Referendar entgehen lassen. Nie wieder ist es so leicht, ins Ausland zu gehen, wie jetzt. Davon abgesehen, dass es sehr viel Spaß macht, eine fremde Kultur auch im Arbeitsleben zu entdecken, kann man seine Sprachkenntnisse aufbessern und Flexibilität beweisen, was viele Arbeitgeber sehr schätzen. Die Angst, im Ausland nicht hinreichend ausgebildet zu werden oder keine Zeit für die Vorbereitung auf die mündliche Prüfung zu haben, ist in der Regel unbegründet.

Auslandsstation beim Auswärtigen Amt

Das Auswärtige Amt bildet regelmäßig in deutschen Auslandsvertretungen Referendare aus. Nähere Informationen sind auf www.auswaertiges-amt.de (Rubrik „Ausbildung und Karriere", „Arbeiten im Auswärtigen Amt", „Praktika im Auswärtigen Amt", „Juristischer Vorbereitungsdienst") erhältlich. Wer die Bewerbungsfrist einhält und die Anforderungen erfüllt, erhält in der Regel die Zusage für eines seiner Wunschziele oder ein Angebot für einen anderen Standort, das man selbstverständlich auch ablehnen kann. Das Auswärtige Amt gewährleistet einen gewissen Rahmen, der die Organisation der Auslandsstation sehr erleichtert. Allerdings gibt es neben dem Referendarsgehalt keine zusätzliche Vergütung.

Auslandsstation in internationalen Organisationen

Aber auch die EU, die Vereinten Nationen und andere internationale Organisationen sowie die deutschen Außenhandelskammern, NGOs, Anwaltskanzleien oder Unternehmen bieten die Möglichkeit einer Station im Ausland an. Offene Stellen findet man leicht im Internet (www.jobs-io.de). Die wichtigsten Adressen stehen in Handbüchern wie dem OECKL (www.oeckl.de) oder sind bei den Referendarabteilungen der Gerichte erhältlich. Auch die diversen Referendarzeitungen enthalten oft Erfahrungsberichte anderer Referendare, die bei der Auswahl der passenden Auslandsstation helfen können. Kontakte zu Kanzleien können z. B. auch über die Kanzleinetzwerke in der Anwaltsstation geschlossen werden. Eine Vergütung darf man bei den Vereinten Nationen (mit Ausnahme der ILO) und anderen internationalen Organisationen sowie den deutschen Außenhandelskammern ebenfalls nicht erwarten.

Organisation

Der Organisationsaufwand für eine Station im Ausland ist zwar höher als bei Stationen vor Ort, lässt sich jedoch gut bewältigen. Man sollte allerdings frühzeitig (ca. ein Jahr bis sechs Monate vorher) mit der Planung der Auslandsstation anfangen, um z. B. nicht gerade in der Lernphase vor den Examensklausuren damit belastet zu sein, ein Visum zu besorgen, sich impfen zu lassen und einen Untermieter zu finden. Wer sich rechtzeitig ausführlich informiert, spart Zeit und Geld. Einige Bundesländer (z. B. Nordrhein-Westfalen) haben etwa spezielle Auslandskrankenversicherungen für Referendare abgeschlossen, sodass man auch im außereuropäischen Ausland abgesichert ist. Manche Bundesländer (z. B. Niedersachsen) gewähren Referendaren Trennungsgeld für die Station im Ausland.

Wahl des geeigneten Zeitpunkts
Der beste Moment, ins Ausland zu gehen, ist sicherlich die Wahlstation, da dann die belastenden Examensklausuren bereits überwunden sind und zur Vorbereitung auf die mündliche Prüfung auch nach der Station noch Zeit bleibt. Aber auch während der Pflichtstationen des Referendariats gibt es geeignete Momente, z. B. - sofern dies erlaubt ist - am Anfang der Anwaltsstation oder in der Verwaltungsstation. Die Examensvorbereitung sollte man jedoch zumindest in den Monaten vor den schriftlichen Prüfungen immer im Hinterkopf behalten.

Sonderurlaub für Zusatzqualifikationen

Wer sich im Referendariat noch nicht ganz ausgelastet fühlt, kann nebenbei Zusatzqualifikationen erwerben. Viele Bundesländer bieten Referendartagungen und -akademien an, für die Sonderurlaub gewährt wird. Das Verfassen einer juristischen Dissertation oder die Teilnahme an einem LL.M.-Programm parallel zum Referendariat müssen durch die Stammdienststelle genehmigt werden. Sonderurlaub für mündliche Doktorprüfungen etc. wird regelmäßig gewährt. Es ist empfehlenswert, die Promotion vor dem Referendariat weitgehend abzuschließen. Parallel zum Referendariat können Referendare mit Berufswunsch Anwalt auch die zwölfmonatige DAV-Anwaltsausbildung absolvieren. Auch Fachanwaltskurse können schon im Referendariat belegt werden. Nähere Informationen zu Aufbaustudiengängen (MBA, LL.M. etc.) und Zusatzqualifikationen (Fachanwalt, Wirtschaftsprüfer, Mediator, Steuerberater) bietet das folgende Kapitel „Weiterbildung und zusätzliche Abschlüsse".

LITERATUR-TIPPS:

- Felser, Michael (2006): *Das erfolgreiche Rechtsreferendariat - Eine Anleitung*, Frankfurt am Main.
- Römermann, Volker/Hartung, Wolfgang (Hrsg.) (2003): *Die Anwaltsstation nach neuem Recht*, München.
- Salamon, Michael/Brauner, Detlef (Hrsg.) (2013): *Berufsziel Rechtsanwalt/Fachanwalt: Studium/Referendariat, Tätigkeitsbereiche, Perspektiven*, Sternenfels.
- Spreng, Normann M./Dietrich, Stefan (2006): *Studien- und Karriere-Ratgeber für Juristen*, Berlin, Heidelberg.
- Steinleitner, Jörg (2003): *Der Referendar - 24 Monate zwischen Genie und Wahnsinn*, Würzburg.
- Vehslage, Thorsen/Bergmann, Stefanie/Kähler, Svenja/Zabel, Matthias (2007): *Referendariat und Berufseinstieg*, JuS-Schriftenreihe, München.

Weiterbildung und zusätzliche Abschlüsse

von Dr. Daniel Voigt

Der Erwerb von Zusatzqualifikationen ist für eine erfolgreiche berufliche Tätigkeit keine zwingende Voraussetzung. Zusatzqualifikationen können den Berufseinstieg aber erleichtern und die weitere Karriere fördern. Sie können helfen, weniger geglückte Examina aufzuwerten. Zusatzqualifikationen können sich auch in einem höheren (Einstiegs-)Gehalt niederschlagen. Der BFH urteilte, dass z. B. mit einem LL.M. die Chancen auf den erstrebten Arbeitsplatz erheblich verbessert seien.[1]

Angesichts der Vielzahl möglicher Weiterbildungsalternativen stellt sich vielen Absolventen die Frage, nach welchen Kriterien sie eine Zusatzqualifikation auswählen sollen. In erster Linie sollte die Entscheidung von den persönlichen Neigungen und Interessen abhängig gemacht werden. Daneben sind auch die (langfristigen) Karriereziele zu berücksichtigen. Davon kann abhängen, ob – und wenn ja, welche – Weiterqualifizierung sinnvoll ist.

Es bringt Vorteile, sich möglichst frühzeitig mit den verschiedenen Möglichkeiten von Zusatzqualifikationen oder beruflicher Weiterbildung auseinanderzusetzen. Denn viele Zusatzqualifikationen erfordern eine gewisse Vorbereitung. Bei LL.M.-Programmen werden beispielsweise Professorengutachten oder Sprachtests verlangt. Auch wer eine Promotion anstrebt, sollte Vorlaufzeiten für Stipendienbewerbungen oder die Themensuche einkalkulieren. Im Folgenden werden angesichts der Vielzahl der Möglichkeiten nur die von Juristen häufig gewählten Zusatzqualifikationen kursorisch vorgestellt.

Promotion

Die Promotion ist für Juristen noch immer die „klassische" Zusatzqualifikation und erfreut sich anhaltender Beliebtheit[2] – trotz gewisser Reputationsverluste in der Öffentlichkeit durch Titelentzugsverfahren gegen Personen des öffentlichen Lebens. Allein im letzten statistisch erfassten Prüfungsjahr 2017 promovierten laut Statistischem Bundesamt 1.203 junge Juristen. Der BGH meint, dass einer Person mit Doktortitel „in der breiten Öffentlichkeit ein besonderes Vertrauen in [ihre] intellektuellen Fähigkeiten, [ihren] guten Ruf und [ihre] Zuverlässigkeit" entgegengebracht werde.[3]

Eine Promotion besteht grundsätzlich in der Anfertigung einer wissenschaftlichen Arbeit (Dissertation) sowie einer mündlichen Prüfung (Rigorosum oder Disputation). Das Promotionsvorhaben endet mit der Veröffentlichung der Arbeit. Die Promotion steht nicht nur demjenigen offen, der überdurchschnittliche Examensergebnisse erzielt hat. Unter bestimmten Voraussetzungen gestatten die Promotionsordnungen der Universitäten die Zulassung zur Promotion auch, wenn kein Prädikatsexamen erzielt wurde.

---

1 BFH, BFH/NV 2004, S. 32 f.

2 Ausführlich zur Beliebtheit und den Effekten einer Promotion: Kilian: *JuS* 2017, S. 187 ff.

3 BGH, *NJW* 1970, S. 704.

Für eine wissenschaftliche Karriere in Deutschland ist eine Promotion wohl nach wie vor unverzichtbar. Daneben wird dem Doktortitel besonders im Öffentlichen Dienst, aber auch in Unternehmen oder Kanzleien eine große Wertschätzung entgegengebracht. In der freien Wirtschaft drückt sie sich oftmals in höheren Einstiegsgehältern aus. Dabei dürfte im Vergleich zu anderen Zusatzqualifikationen besonders im Öffentlichen Dienst und bei konservativen Arbeitgebern die Wertschätzung eines Doktortitels noch höher zu bewerten sein als die für Postgraduiertenabschlüsse wie etwa den LL.M. Bei internationalen Arbeitgebern kann diese Einschätzung allerdings umgekehrt ausfallen. Eine deutsche Promotion wird hier nicht unbedingt mit Internationalität und über den eigenen Rechtskreis hinausgehenden Kenntnissen assoziiert, die jedoch oft für eine Einstellung gefordert werden.

Wer eine Promotion anstrebt, sollte sich zuvor intensiv mit den verschiedenen Facetten dieses Projekts auseinandersetzen. Ratgeber können einen ersten Überblick über die relevanten Aspekte einer Promotion bieten.[4] Für eine Promotion sollte man ein Mindestmaß an Freude am wissenschaftlichen Arbeiten und am gewählten Thema mit- und aufbringen.[5] Im Gegensatz zu anderen Qualifikationsmöglichkeiten steht bei einer Promotion die intensive wissenschaftliche Auseinandersetzung mit einem bestimmten Thema im Vordergrund. Selbstdisziplin und eigenständiges Arbeiten sind unverzichtbare Voraussetzungen. Auch die Dauer des Vorhabens sollte bei der Entscheidung berücksichtigt werden. Selbst wenn einige Promotionsvorhaben in kurzer Zeit durchgeführt werden, so beanspruchen die meisten Vorhaben doch mehrere Jahre.

LL.M., MBA und Co. – Aufbaustudiengänge für Juristen

Die Teilnahme an einem Postgraduiertenprogramm ist eine ebenfalls von vielen Juristen gewählte Form der Weiterqualifikation. Der Master of Laws (LL.M.) ist der am häufigsten angestrebte Postgraduiertenabschluss für Juristen.

Aber auch andere Postgraduiertenabschlüsse, wie z. B. ein Master of Business Administration (MBA), können eine Option sein. Der MBA vermittelt in der Regel allgemeine Management-Kenntnisse mit starkem Praxisbezug und lehrt Grundkenntnisse der Volks- und Betriebswirtschaft. MBA-Programme dauern etwa ein bis zwei Jahre - abhängig vom Modell (Voll- oder Teilzeit) und vom Standort (MBAs in den USA dauern im Schnitt länger als in Europa). Der MBA ist insbesondere dann für Juristen interessant, wenn eine wirtschaftsnahe rechtliche Tätigkeit oder eine Tätigkeit außerhalb der klassischen Rolle des Anwalts angestrebt wird, beispielsweise in Beratungsunternehmen. Zweimal im Jahr organisiert z. B. e-fellows.net einen MBA Day mit renommierten Business Schools aus Europa (und teilweise den USA) - nähere Infos dazu unter www.e-fellows.net/mbaday. Ein Master of Public Administration vermittelt

---

4 Speziell für Juristen der Ratgeber von v. Münch/Mankowski (2013): *Promotion*, Tübingen. Allgemein: Preißner (Hrsg.) (2001): *Promotionsratgeber*, München; Nünning (Hrsg.) (2007): *Handbuch Promotion*, Stuttgart/Weimar; Stock (Hrsg.) (2014): *Erfolgreich promovieren*, Berlin/Heidelberg.

5 Hierzu: Peters (Hrsg.) (2007): *Promotionsgeschichten: ein Lesebuch über die Freude wissenschaftlichen Arbeitens*, Waldkirchen.

verwaltungswissenschaftliche und ein Master of International Relations politikwissenschaftliche Kenntnisse. Auch diese Abschlüsse können für zukünftige, nicht ausschließlich juristische Tätigkeiten von Interesse sein.

In den letzten Jahren ist ein stetig wachsendes Angebot an Postgraduiertenstudiengängen zu verzeichnen. Dies ist ein Indiz nicht nur für einen steigenden Bedarf an einer zusätzlichen, sondern häufig auch einer internationalen Ausbildung. Es ist auch ein Hinweis auf eine zunehmende Wertschätzung dieser Form der Zusatzqualifikation durch Arbeitgeber. Insbesondere grenzüberschreitend arbeitende Kanzleien und Unternehmen schätzen internationale Erfahrungen und Kenntnisse.

LL.M.-Programme dauern typischerweise ein Jahr. Sie werden vor allem im Ausland, zunehmend aber auch in Deutschland angeboten. Ziel vor allem der ausländischen Programme ist es, den Studenten die Einführung in einen fremden Rechtskreis zu ermöglichen sowie den Erwerb von Spezialkenntnissen zu fördern. Mittlerweile bieten viele Universitäten speziell ausgerichtete LL.M.-Programme an, z. B. im See-, Energie- oder Baurecht. Der LL.M. dient daneben auch dem Erwerb von Sprachkenntnissen sowie der Erweiterung des persönlichen Horizonts.

Angesichts der Fülle der angebotenen LL.M.-Programme[6] und der mannigfachen Gestaltungsmöglichkeiten ist es für Interessenten nicht leicht, das individuell passende LL.M.-Programm auszuwählen. Zentrale Fragen bei der Wahl eines Programms können z. B. die inhaltliche Ausrichtung des Programms, der Zeitpunkt des Studiums, Qualität und Ansehen der Universität, der Studienmodus (Vollzeit, Teilzeit oder Fernstudium) und die Finanzierung sein. Diese und andere Fragen werden ausführlich in Ratgebern beantwortet.[7] Erfahrungsberichte finden sich in *Der LL.M.* aus der Reihe e-fellows.net wissen sowie in den Ausbildungszeitschriften *JuS*, *Jura* und *JA*. Informationen aus erster Hand und persönlichen Kontakt zu Vertretern renommierter Law Schools bietet der e-fellows.net LL.M. Day (www.e-fellows.net/llm). Wichtig ist es, sich frühzeitig im Studium mit dem Thema LL.M. zu beschäftigen. Gerade wenn ein LL.M.-Abschluss im Ausland angestrebt wird, sind Vorbereitung, Bewerbung und Organisation zeitaufwendig. Idealerweise sollten sich Studierende ein Jahr vor dem möglichen Beginn eines Postgraduiertenstudiums näher mit den sich bietenden Optionen beschäftigen.

Promotion oder LL.M.?
Unabhängig von der Wertschätzung der jeweiligen Abschlüsse wird die Promotion vor dem Hintergrund begrenzter zeitlicher und monetärer Ressourcen meist als Alternative zum LL.M. angesehen. Die häufig gestellte Frage „Promotion oder LL.M.?“ lässt sich jedoch nicht eindeutig beantworten. Wer nur einen der beiden Abschlüsse anstrebt, sollte neben seinen persönlichen Präferenzen Folgendes berücksichtigen:

---

6 Ein guter Überblick über Postgraduiertenprogramme findet sich unter www.llm-guide.com, www.educationuk.org oder www.petersons.com.

7 Eine allgemeine Einführung zum Thema bietet das Buch *Der LL.M.*, herausgegeben von e-fellows.net. Detailinformationen zu einem LL.M.-Studium in den USA bieten Ackmann/Maengel (2008): *USA-Masterstudium für Juristen*, DAJV, zu beziehen über die Deutsch-Amerikanische Juristenvereinigung e. V., www.dajv.de.

- **Zeitaufwand:** Eine Promotion nimmt in der Regel mehr Zeit in Anspruch als ein LL.M.
- **Fremdsprachenkenntnisse:** Ein im Ausland absolvierter LL.M. vermittelt hingegen nicht nur über den eigenen Rechtskreis hinausgehende Kenntnisse, sondern hilft, den sprachlichen und kulturellen Horizont zu erweitern. Eine Promotion vermittelt solche Kenntnisse in der Regel nicht.
- **finanzieller Aufwand:** Der finanzielle Aufwand ist für eine Doktorarbeit meist geringer, da keine hohen Studiengebühren anfallen. Durch die längere Dauer der Promotion kann man aber häufig erst später eine berufliche Tätigkeit aufnehmen und verdient während der Promotion verglichen mit einem schon früher ins Berufsleben eingestiegenen LL.M.-Absolventen weniger oder gar nichts. Dieser Verdienstausfall kann bei wirtschaftlicher Betrachtung zu vergleichbaren Kosten von LL.M. und Promotion führen.
- **Bewerbungsaufwand:** Eine Promotion erfordert keine so umfangreiche Bewerbung wie ein LL.M.
- **Abbrecherquote:** Die Abbrecherquote ist bei Promotionen relativ hoch. Die Gefahr, bei einem LL.M. zu scheitern, ist sehr gering.
- **persönliches Umfeld:** Bei einer Promotion bewegt sich der Doktorand in dem ihm bekannten fachlichen und persönlichen Umfeld. Er wird nicht wie bei einem LL.M. aus dem vertrauten Recht „herausgerissen", was den Einstieg in das Referendariat erleichtern kann. Bei einer Promotion ist, anders als für einen Vollzeit-LL.M. im Ausland, keine Umstellung der Lebensverhältnisse mit dem damit verbundenen hohen Aufwand nötig.

Promotion und LL.M.?

Eine Kombination von LL.M. und Doktorarbeit erscheint vielen Absolventen reizvoll, da sie sowohl Durchhaltevermögen und fundierte Fachkenntnisse in einem Spezialgebiet als auch Fremdsprachenkenntnisse und den Einblick in ein ausländisches Rechtssystem unter Beweis stellen können. Zudem locken Synergieeffekte, da sich Erkenntnisse aus einem LL.M.-Studium oftmals im Rahmen einer Doktorarbeit verwerten lassen. Die Kombination von LL.M. und Promotion, in Anwaltskreisen spöttisch als „volle Kriegsbemalung" bezeichnet, kostet naturgemäß mehr Zeit und Geld als nur eine Qualifikation. Wer dennoch eine Kombination anstrebt, sollte dabei folgende Aspekte berücksichtigen: Um aus einem LL.M. einen optimalen Nutzen für das Promotionsvorhaben zu ziehen, sollte bereits vor dem Absolvieren des LL.M.-Studiengangs das Thema der Dissertation weitgehend feststehen. Dann kann zielgerichtet im Rahmen des LL.M.-Programms eine entsprechende Vertiefung erfolgen. Das Promotionsthema sollte auch geeignet sein, gewonnene Erkenntnisse z. B. im Rahmen eines rechtsvergleichenden Teils aufzunehmen. Dabei ist allerdings zu berücksichtigen, dass sich LL.M. und Promotion hinsichtlich ihrer Anforderungen deutlich unterscheiden. Typischerweise bedürfen die im Rahmen eines LL.M.-Programms gewonnenen Erkenntnisse einer Überarbeitung und Anpassung auf das (höhere) Niveau einer Promotion. Obwohl die Erzielung solcher Synergieeffekte mittlerweile durchaus üblich ist, sollte diese Vorgehensweise zur Vermeidung von Missverständnissen mit dem Doktorvater abgeklärt werden.

Internationale Rechtsanwaltszulassung

Neben den genannten Zusatzqualifikationen kann auch der Erwerb einer Rechtsanwaltszulassung in einem anderen Land eine interessante Option sein. Gut lässt sie sich mit einem LL.M.-Studium kombinieren, wobei ein LL.M.-Studium keine Voraussetzung für die Zulassung als Rechtsanwalt im Ausland ist. Eine weitere Rechtsanwaltszulassung in einem anderen Land bietet vor allem zwei Vorteile: Mit der Zulassung können sich zum einen die Chancen eines Berufseinstiegs in dem betreffenden Land erhöhen, zum anderen wird sie bei einer späteren Tätigkeit in Deutschland vom Arbeitgeber häufig wohlwollend zur Kenntnis genommen. In Deutschland zugelassene Rechtsanwälte können sich grundsätzlich in anderen europäischen Ländern niederlassen und umgekehrt.[8] Am häufigsten wird eine Zulassung als Anwalt für die USA oder England angestrebt.

USA

Um den Status eines Attorney at Law zu erwerben, muss man das Bar Exam ablegen. Umfangreiche Informationen hierzu bietet die American Bar Association unter www.americanbar.org/groups/legal_education an. Das Bar Exam wird an zwei Tagen abgelegt. In einigen wichtigen Bundesstaaten, wie z. B. New York und Kalifornien, wird das Bar Exam wie folgt abgehalten: An einem Tag wird das Multistate Bar Exam (MBE) durchgeführt. Geprüft wird das Einheitsrecht der Bundesstaaten. Es besteht aus 200 Multiple-Choice-Fragen aus den Bereichen Torts, Contracts, Constitutional Law, Criminal Law, Real Property und Evidence. Am anderen Tag wird das einzelstaatliche Recht des jeweiligen Bundesstaats geprüft. Auch dieser Prüfungsteil lässt sich typischerweise in zwei weitere Teile unterteilen. Zum einen sind fünf Essays zu verfassen, zum anderen fünfzig Multiple-Choice-Fragen zu beantworten (www.nybarexam.org).

Die National Conference of Bar Examiners (NCBE) hat im Juli 2011 ein Uniform Bar Exam (UBE) entwickelt. Das UBE besteht aus dem MBE, der Multistate Essay Examination (MEE) und dem Multistate Performance Test (MPT). Dieser Test ist vereinheitlicht und findet zeitgleich in allen Bundesstaaten statt, die das UBE eingeführt haben. Er bietet die Möglichkeit, die Ergebnisse des Bar Exam unter den Bundesstaaten zu vergleichen. Bis zum März 2019 haben 35 Bundesstaaten den UBE eingeführt.[9] Die Zulassungsvoraussetzungen sind von Bundesstaat zu Bundesstaat verschieden.[10] Für ausländische Kandidaten sind sie zum Beispiel beim New York Bar besonders günstig. Dort genügen für die Zulassung derzeit ein ausländisches Studium der Rechte sowie ein in den USA erworbener Master of Laws. Der LL.M. muss an einer von der American Bar Association anerkannten Law School absolviert werden und gewissen Anforderungen entsprechen – zum Beispiel müssen mindestens 24 Credit Points pro Semester erbracht werden. In der Regel ist für das Bar Exam eine intensive Vorbereitung

8 Zur Anerkennung von Hochschuldiplomen vgl. Richtlinie 2005/36/EG vom 07.09.2012 über die Anerkennung von Berufsqualifikationen. Allerdings sind regelmäßig Eignungstests abzulegen. Vgl. hierzu das Gesetz über die Tätigkeit europäischer Rechtsanwälte in Deutschland (EuRAG). Zur Zulassung als Avocat in Frankreich: Beckmann: *EuZW* 1994, S. 337 f.

9 Eine ausführliche Übersicht über die Bundesstaaten, die das UBE eingeführt haben, findet sich unter www.ncbex.org/exams/ube.

10 Eine Übersicht findet sich unter www.ncbex.org/publications/bar-admissions-guide.

von rund zwei Monaten erforderlich.[11] Zur Vorbereitung werden (kostenpflichtige) Bar Review Courses von verschiedenen Anbietern offeriert. Weitere Informationen zu den Kursen finden sich auf den Internetseiten von Anbietern der Vorbereitungskurse (siehe z. B. www.barbri.com). Der Besuch eines LL.M.-Programms kann somit das anschließende Ablegen des Examens ermöglichen und erleichtern, insbesondere wenn inhaltlich gewisse Übereinstimmungen mit den Anforderungen des Bar Exam bestehen.

England

In Großbritannien wird im Grundsatz zwischen den Barristers, die die gerichtliche Vertretung übernehmen, und den Solicitors, die anwaltlich beraten, unterschieden. Aufgrund jüngerer Entwicklungen ist es aber auch Solicitors in zunehmendem Maße möglich, Mandanten vor Gericht zu vertreten. Für zugelassene Anwälte aus dem EU-Ausland besteht noch die Möglichkeit, ohne Universitätsabschluss oder Berufserfahrung im englischen Recht den Titel des Solicitor über den Qualified Lawyers Transfer Scheme zu erwerben.[12] Dieser Test besteht seit Januar 2014 aus zwei Teilen. Im ersten Teil müssen Multiple-Choice-Fragen beantwortet werden, die Rechtswissen für die anwaltliche Tätigkeit prüfen. Der zweite Teil unterteilt sich wiederum in einen Test der Frage- und Verhandlungstechnik sowie juristischer Analysetechnik und verlangt das Erstellen eines rechtlichen Dokuments (z. B. eines Anwaltsschreibens)[13]. Hierfür gibt es Vorbereitungskurse. Wer als deutscher Anwalt drei Jahre vor Ort gearbeitet hat, und währenddessen eine gewisse Zeit Bezug zum englischen Recht hatte, kann sogar ganz ohne weitere Prüfung als Solicitor zugelassen werden. Dafür müssen diese Kandidaten ausreichende Kenntnisse u. a. im englischen Recht vorweisen können. So schreibt es die Solicitors Regulation Authority vor.[14] Anderenfalls führt der Weg zum Solicitor grundsätzlich über ein dreijähriges Studium der Rechte, an das sich für ein Jahr der Legal Practice Course anschließt.[15] Danach muss eine mit dem Referendariat entfernt vergleichbare zweijährige praktische Zeit als Trainee Solicitor in einer Kanzlei absolviert werden. Um den Zugang zum Legal Practice Course zu erhalten, kann man alternativ zum dreijährigen Studium der Rechte auch im Anschluss an ein beliebiges Studium einen einjährigen Kurs besuchen, der mit dem Common Professional Certificate abschließt. Ein LL.M.-Abschluss eröffnet diesen Weg in der Regel nicht. Wie nach einem Austritt des Vereinigten Königreichs aus der EU die Zulassung in England geregelt sein wird, ist derzeit noch nicht absehbar.

---

11 Alle Anforderungen unter www.nybarexam.org/Foreign/ForeignLegalEducation.htm.

12 Dieser wird von der Solicitor Regulation Authority durchgeführt: www.sra.org.uk/solicitors/qlts.page.

13 Zu den Vorgaben der SRA: www.sra.org.uk/solicitors/qlts/key-features.page.

14 Ausführliche Informationen zu diesen Anforderungen finden sich unter www.sra.org.uk/solicitors/qlts/day-one-outcomes-table.page.

15 Ausführlich zu den Anforderungen im Einzelnen: Wörlen: *JA* 2006, S. 78 ff.; Hingst: *Jura* 2004, S. 717 ff. m. w. N.

Fachanwalt

von Dr. Christian Reichel

Pro und Contra

Die Ausbildung zum Fachanwalt ist in vielen Fällen eine lohnende Investition in das eigene Qualifikationsprofil. Untersuchungen zeigen, dass Rechtsuchende sich eher an einen Fachanwalt wenden und dass Fachanwälte im Durchschnitt ein höheres Einkommen erzielen. Die Bundesrechtsanwaltskammer (BRAK) stellt Statistiken zur Entwicklung der Fachanwaltszahlen seit 1960 zusammen. Besonders hohen Zulauf haben die Fachanwälte für Arbeitsrecht (2018 in Deutschland über 10.600). In den letzten Jahren wurde eine ganze Reihe von neuen Fachbereichen für den Fachanwaltstitel geöffnet, wie etwa das Handels- und Gesellschaftsrecht, das Verkehrsrecht, das Vergaberecht und das Migrationsrecht. Es ist zu erwarten, dass immer mehr Anwälte den Fachanwaltstitel anstreben werden. Für den einzelnen Anwalt bietet die besondere Fortbildung und Ausrichtung auf ein Fachgebiet die Möglichkeit, die Qualität der Beratung zu steigern und gegenüber dem Rechtsuchenden an Profil zu gewinnen. Für viele Anwälte ist die Erlangung eines Fachanwaltstitels Teil der eigenen Marketingstrategie. Inwieweit neben der Spezialisierung auch das Werben mit der Fachanwaltsbezeichnung erforderlich ist, um eine eigene anwaltliche Praxis zu entwickeln, hängt von den konkreten Umständen der Tätigkeit und dem regionalen Markt ab. Im Einzelfall kann es sogar schädlich sein – etwa, weil man als Spezialanwalt wahrgenommen wird und das Fallaufkommen nicht genug für eine umfassende anwaltliche Praxis hergibt. Die Entscheidung, Fachanwalt zu werden, ist zunächst ein erhebliches Investment in die eigene Ausbildung und muss als solches sorgfältig bedacht werden und sich in die eigene Marketingstrategie einfügen.

Zulassungsvoraussetzungen

Wie man Fachanwalt wird, ist in der Fachanwaltsordnung (FAO) geregelt. Voraussetzung zur Erlangung des Titels sind zum einen theoretische Kenntnisse und zum anderen der Nachweis einer bestimmten Fallzahl. Die theoretischen Kenntnisse werden durch die Teilnahme an einem auf die Fachanwaltsbezeichnung vorbereitenden anwaltsspezifischen Lehrgang und jährliche Fortbildungsveranstaltungen erworben. Die besondere praktische Erfahrung ergibt sich aus Tätigkeitsnachweisen im jeweiligen Fachgebiet. Die Anforderungen sind für die einzelnen Fachgebiete sehr unterschiedlich (vgl. § 5 FAO). Nur als Beispiel sei das Arbeitsrecht herausgegriffen, für das 100 Fälle nachgewiesen werden müssen – davon mindestens fünf Fälle aus dem Bereich des Kollektivarbeitsrechts und mindestens die Hälfte der Fälle in Gerichts- oder rechtsförmlichen Verfahren. Zusätzlich ist noch ein Fachgespräch vor dem Fachanwaltsausschuss vorgesehen, von dem jedoch je nach Gesamteindruck der vorgelegten Zeugnisse und schriftlichen Unterlagen abgesehen werden kann.

Praktische Erfahrung und Fortbildung

Der Vorbereitungskurs zur Erlangung der theoretischen Kenntnisse kann jederzeit und auch schon während des Referendariats belegt werden. Die praktische Erfahrung muss jedoch innerhalb der letzten drei Jahre vor Antragstellung im Fachgebiet durch einen Rechtsanwalt persönlich und weisungsfrei erlangt worden sein. Insoweit kann der Fachanwaltstitel erst drei Jahre nach der Zulassung als Rechtsanwalt erworben werden. Es empfiehlt sich, den vorbereitenden Fachanwaltskurs in zeitlichem Zusammenhang mit dem Ablauf dieser drei Jahre oder im Anschluss daran zu absolvieren. Es ist hingegen nicht ratsam, dies zu tun, wenn es zumindest nicht wahrscheinlich ist, dass auch die erforderliche praktische Erfahrung erlangt werden kann. Wird der Antrag auf Erlangung einer Bezeichnung als Fachanwalt nicht im selben Jahr gestellt, in dem auch der Vorbereitungslehrgang endet, ist in den Folgejahren bereits vor Antragstellung eine regelmäßige Fortbildung im Fachgebiet nachzuweisen. Hat man den Fachanwaltstitel einmal erworben, ist die regelmäßige Fortbildung im Fachgebiet Pflicht.

Wirtschaftsprüfer

von Ina M. Küchler

Zeitpunkt der Zusatzausbildung

Grundsätzlich gilt für jede Zusatzausbildung: je früher, desto besser. Je tiefer man in einen Beruf eingestiegen ist, desto schwieriger lässt sich die Zeit für eine Zusatzausbildung erübrigen. Die Zusatzausbildung zum Wirtschaftsprüfer ist ähnlich wie beim Steuerberater keine Vollzeitausbildung wie ein Studium, sondern besteht letztlich aus einer Prüfung.

Zugangsvoraussetzungen

Die Zulassungsvoraussetzungen für das Wirtschaftsprüferexamen ergeben sich grundsätzlich aus den §§ 5–9 der Wirtschaftsprüferordnung (WPO). Die Zulassung zum Wirtschaftsprüferexamen setzt grundsätzlich den Nachweis einer abgeschlossenen Hochschulausbildung voraus. Ähnlich wie beim Steuerberaterexamen kann diese Voraussetzung durch entsprechend längere Arbeitserfahrung ausgeglichen werden. Wird eine abgeschlossene Hochschulausbildung in einem entsprechend anerkannten Hochschulausbildungsgang nachgewiesen, ist eine weitere Voraussetzung für die Zulassung der Nachweis dreijähriger (bei Regelstudienzeit von weniger als acht Semestern vierjähriger) einschlägiger Berufserfahrung. Diese Berufserfahrung muss klassischerweise durch die Tätigkeit bei einem Berufsangehörigen erworben worden sein. Anerkannt werden hier neben der Tätigkeit bei einem Wirtschaftsprüfer oder einer Wirtschaftsprüfungsgesellschaft auch Tätigkeiten bei einem vereidigten Buchprüfer, einer Buchprüfungsgesellschaft, einem genossenschaftlichen Prüfungsverband, der Prüfungsstelle eines Sparkassen- und Giroverbands oder bei einer überörtlichen Prüfungseinrichtung für Körperschaften und Anstalten des öffentlichen Rechts.

In diesen drei bzw. vier Jahren muss der Bewerber mindestens für die Dauer von zwei Jahren überwiegend an Abschlussprüfungen teilgenommen und bei der Abfassung der Prüfungsberichte mitgewirkt haben. Aus dieser Forderung ergibt sich die Notwendigkeit des Nachweises von mindestens 53 Wochen Prüfungstätigkeit in einem Zeitraum von zwei Jahren. Die für die Zulassung geforderte drei- oder vierjährige Berufserfahrung kann für einen Zeitraum von bis zu einem Jahr durch eine Revisorentätigkeit in größeren Unternehmen, die Tätigkeit als Steuerberater (und nicht bei einem solchen) oder bedingt sogar durch eine entsprechende Tätigkeit im Ausland erfüllt werden. Grundsätzlich muss die geforderte drei- oder vierjährige Berufspraxis insgesamt nach Abschluss der Hochschulausbildung erworben worden sein. Eine Ausnahme gilt für Absolventen des Master-Studiengangs „Wirtschaftsprüfung“, die

die verkürzte Prüfung nach § 8a WPO ablegen. In dieser Variante kann die Zulassung zur Prüfung bereits früher erfolgen. Eine Bestellung als Wirtschaftsprüfer erfolgt allerdings frühestens nach der geforderten Berufstätigkeit.

Liegt keine abgeschlossene Hochschulausbildung vor, muss für die Prüfungszulassung eine Tätigkeit wie oben beschrieben von mindestens zehn Jahren nachgewiesen werden. Alternativ wird auch eine Tätigkeit von fünf Jahren als vereidigter Buchprüfer oder als Steuerberater akzeptiert. Die für die Zulassung geforderte Prüfungstätigkeit kann in diesen Zeiträumen erfolgen. Der Nachweis der Tätigkeit und der Prüfungstätigkeit entfällt für Bewerber, die seit mindestens fünfzehn Jahren – d.h. ohne Unterbrechung – den Beruf als Steuerberater oder vereidigter Buchprüfer ausgeübt haben. Über diesen Weg kann ein Anwalt und Steuerberater in einer Wirtschaftskanzlei, wenn auch relativ spät im Berufsleben, auch ohne Prüfungstätigkeit zum Wirtschaftsprüferexamen zugelassen werden. Für Informationen zur Prüfungszulassung, der späteren Bestellung zum Wirtschaftsprüfer sowie zur Berufsausübung ist die Webseite der Wirtschaftsprüferkammer eine sehr hilfreiche Quelle (www.wpk.de).

Bei der Berechnung der nachzuweisenden praktischen Tätigkeit muss im Wirtschaftsprüferexamen beachtet werden, dass die Berufserfahrung bis zum Zulassungstermin gesammelt worden sein muss – und nicht wie im Steuerberatungsexamen bis zum Prüfungstermin. Die Zulassung zur Prüfung erfolgt in der Regel zwei Monate vor dem Termin der schriftlichen Prüfungen.

Hat ein Kandidat das Steuerberaterexamen erfolgreich abgeschlossen oder verfügt er über anrechenbare fachlich relevante Studienerfahrungen, kann das Examen in verkürzter Form abgelegt werden. Zur Beurteilung hier relevanter Studiengänge empfiehlt sich der Studienführer *Wirtschaftsprüfung* der Wirtschaftsprüferkammer.

Kosten

Die Zulassungs- und Prüfungsgebühren im Wirtschaftsprüferexamen sind wesentlich höher als die im Steuerberaterexamen. So werden zurzeit eine Zulassungsgebühr von 500 Euro und eine Prüfungsgebühr von 3.000 Euro erhoben. Für eine eventuelle Ergänzungsprüfung fallen weitere Gebühren an. Abhängig von der individuellen Art der Vorbereitung auf das Examen entstehen zusätzliche Kosten für Lehrbriefe oder die Teilnahme an entsprechenden Vorbereitungskursen. Eine Liste von Anbietern von Lehrgängen zur Vorbereitung auf die Prüfung als Wirtschaftsprüfer wird auf der Webseite der Wirtschaftsprüferkammer zur Verfügung gestellt, ohne dass damit eine Wertung oder gar eine Empfehlung verbunden wäre.

Ein eventueller Verdienstausfall während der Zeit der Examensvorbereitung muss ebenfalls in die Berechnung der (Opportunitäts-)Kosten einbezogen werden. Bei der Frage der Finanzierungsmöglichkeiten des Examens spielt der Arbeitgeber sicher eine zentrale Rolle. Möglichkeiten des Ansparens von Urlaubstagen, zusätzlicher Freistellung für das Examen oder eventueller direkter Zuschüsse zu den Kosten sollten frühzeitig abgestimmt werden.

Der Titel des Wirtschaftsprüfers ist nach wie vor eine der renommiertesten Berufsbezeichnungen in Deutschland und ein entsprechend qualifizierter Mitarbeiter ein Aushängeschild für jede Kanzlei.

Steuerberater

von Dr. Ulrich Ränsch

Fachübergreifende Expertise

Rechtsberatung ist heutzutage in weiten Teilen ohne Berücksichtigung der Steuerfolgen undenkbar. Die erbrechtliche Beratung, die gesellschaftsrechtliche Strukturierung und selbst der Entwurf von Arbeits- oder Aufhebungsverträgen mit Arbeitnehmern sind Beispiele für Beratungsfelder, auf denen der (Nur-)Steuerberater nicht beraten darf (vgl. § 33 StBerG, § 5 I RDG) und der Rechtsanwalt ohne Steuerrechtskenntnisse häufig nicht (verantwortlich) beraten kann. Es ist die Kombination aus Rechtskenntnissen und vertieftem Steuerrechtsverständnis, die dem Steueranwalt (als Rechtsanwalt mit besonderen Steuerrechtskenntnissen) regelmäßig die fachlich interessantesten und häufig zugleich auch lukrativsten Beratungsmandate erschließt. Der „Adelstitel" des Steueranwalts ist die Parallelzulassung als Steuerberater, der Fachanwalt für Steuerrecht insoweit *second best*.

Typische Tätigkeiten

Typische Tätigkeitsgebiete von Rechtsanwälten mit Steuerberaterqualifikation sind:

- die Beratung bei Unternehmenskäufen und -verkäufen einschließlich der häufig auch steuerlich motivierten Restrukturierung von Unternehmen vor oder nach dem Unternehmenskauf,
- die gesellschaftsrechtliche Beratung einschließlich der Unternehmensnachfolge sowie Umwandlungen, Spaltungen und Verschmelzungen von Unternehmen und Unternehmensteilen, auch grenzüberschreitend,
- die steueroptimierende Gestaltung grenzüberschreitender Unternehmensaktivitäten,
- die sanierungs- und insolvenzrechtliche Beratung,
- die Strukturierung steuerbegünstigter Vermögensanlagen sowie die rechtliche und steuerrechtliche Betreuung von „High Net Worth Individuals",
- die Vertretung von Mandanten in schwierigen Betriebsprüfungen, in Einspruchs- sowie in finanzgerichtlichen Klage- und Revisionsverfahren.

Erwerb der Steuerberaterqualifikation

Der Rechtsanwalt muss nach dem Ersten Staatsexamen mindestens zwei Jahre hauptberuflich auf dem Gebiet der von den Bundes- oder Landesfinanzbehörden verwalteten Steuern praktisch tätig gewesen sein, um zur Steuerberaterprüfung zugelassen werden zu können (§ 36 StBerG). Die Steuerberaterzulassung erfordert in der Regel (Ausnahme etwa bei langgedienten Finanzbeamten in leitender Position) das Bestehen der Steuerberaterprüfung, die einmal pro Jahr stattfindet. Die Durchfallquoten sind hoch; sie betragen meist mehr als 50 Prozent. Zur Vorbereitung empfehlen sich Einführungs- und Klausurenkurse. Juristen, die keine vertiefte Vorbildung im Steuerrecht haben (wie sie z. B. in einem steuerlich ausgerichteten BWL-Studium oder durch eine Ausbildung zum Diplom-Finanzwirt erworben wird), benötigen erfahrungsgemäß eine mindestens zwei- bis dreimonatige Freistellung zur ausschließlichen Vorbereitung auf den schriftlichen Teil der Steuerberaterprüfung.

Berufsaussichten

Die Berufsaussichten für Rechtsanwälte mit Steuerberaterqualifikation sind überdurchschnittlich gut. Das gilt zunächst hinsichtlich der Einstiegsmöglichkeiten in kleine, mittlere und Großkanzleien aus der Rechtsanwaltschaft. Der Rechtsanwalt/ Steuerberater ist jedoch gleichermaßen für mittlere und größere Steuerberatungs- und Wirtschaftsprüfungsgesellschaften interessant. Schließlich suchen auch Großunternehmen als Nachwuchs für die Leitung der (Rechts- und) Steuerabteilung oft Rechtsanwälte mit Steuerberaterqualifikation.

Mediator

von Prof. Dr. Jörg Risse

Geschäftsfeld mit Zukunft

Wer als Jurist Karriere machen will, kann zwei Strategien verfolgen: Entweder er konzentriert sich auf ein arbeitsintensives Geschäftsfeld mit vielen Konkurrenten, gegen die es sich durchzusetzen gilt. Oder aber er fokussiert sich auf ein Geschäftsfeld, das erst im Entstehen begriffen ist und bei dem man darauf hoffen muss, dass es sich dauerhaft etabliert. Wer Mediator werden will, setzt auf die zweite Strategie. Von der Ausbildung profitieren wird man dabei immer, weil die erworbenen Kenntnisse vielfältig einsetzbar sind.

Ein Mediator ist ein besonders geschulter Dritter, der Streitparteien dabei hilft, ihren Konflikt in strukturierten Verhandlungen beizulegen. Um die Tätigkeit auszuüben, muss der Mediator Kenntnisse im Bereich der Verhandlungsführung und der Konflikttheorie erwerben. Dagegen sind besondere Vorkenntnisse nicht erforderlich, sodass neben Juristen auch Psychologen und Angehörige anderer Berufsgruppen als Mediatoren tätig sind. Der Mediator ist in Deutschland bislang eine ungeschützte Berufsbezeichnung. Nach den Vorgaben des neuen Mediationsgesetzes muss aber eine qualifizierte Ausbildung durchlaufen, wer sich „zertifizierter Mediator“ nennen will.

Sinnvoll ist die Zusatzausbildung zum Mediator für Juristen, die gerne Konflikte betreuen – sei es in Gerichtsprozessen, Schiedsverfahren oder Verfahren außergerichtlicher Streitbeilegung wie der Mediation. Immer stärker verlangen Konfliktparteien, dass ihr Anwalt sie nicht stereotyp auf den Prozessweg verweist, sondern alternative Streitbeilegungsmöglichkeiten mit ihnen erörtert. In den letzten Jahren hat die Mediation in Deutschland deshalb einen starken Aufschwung genommen. Das liegt unter anderem an mehreren Pilotprojekten deutscher Gerichte, wo (Richter-)Mediatoren die Mediation als Alternative zum staatlichen Prozess anbieten. Das im Jahr 2012 in Kraft getretene Mediationsgesetz macht das Verfahren weiter bekannt. Die förmliche Anerkennung durch den Gesetzgeber senkt die Hemmschwelle, dieses Streitbeilegungsverfahren auszuprobieren. Für absehbare Zeit wird aber kaum jemand allein über die Mediation seine Brötchen verdienen können. Es gibt in Deutschland immer noch recht wenige privat durchgeführte Mediationen.

Zwei Berufsfelder
In den letzten Jahren haben sich zwei Berufsfelder für Mediatoren herausgebildet: Einmal ist dies die Familien- oder Scheidungsmediation, bei der der Mediator versucht, eine einvernehmliche Trennung der Eheleute zu ermöglichen. Das ist besonders dann sinnvoll, wenn die Eheleute auch über die Scheidung hinaus noch viele Jahre ein vernünftiges Arbeitsverhältnis zueinander haben müssen, etwa weil es gemeinsame Kinder gibt oder Unterhaltszahlungen über einen langen Zeitraum laufen werden. Das andere, immer wichtiger werdende Berufsfeld ist die Wirtschaftsmediation, in der Unternehmen um Ansprüche streiten. Hier wenden sich die Unternehmen der Mediation zu, weil ihnen (Schieds-)Gerichtsverfahren schlicht zu lange dauern und zu teuer sind. Eine einfache Kontrollüberlegung zeigt, dass Mediation funktioniert: Wenn inzwischen über die Hälfte aller größeren Wirtschaftskonflikte durch einen Vergleich beigelegt werden, meist nach jahrelangem Prozess, hätte diese Streitigkeit bei unveränderter Faktenlage doch auch nach wenigen Wochen beigelegt werden können. Das geschieht schlicht deshalb nicht, weil die Parteien falsch verhandeln. Hier setzt die Mediation an, indem sie Vergleichsverhandlungen optimiert.

Ausbildung
Wer Mediator werden möchte, sollte nach Abschluss eines Studiums mit einer entsprechenden Zusatzausbildung beginnen. Ohnehin verlangen die meisten (privaten) Ausbildungsinstitute ein abgeschlossenes Studium oder eine vergleichbare Berufsausbildung. Das neue Mediationsgesetz wird über eine nachgelagerte Rechtsverordnung Dauer und Inhalt der Ausbildung vorgeben, die erforderlich ist, um zertifizierter Mediator zu werden. Das Bundesministerium der Justiz hat inzwischen eine Rechtsverordnung mit Einzelheiten erlassen, die am 1. September 2017 in Kraft getreten ist: Dort werden 120 Ausbildungsstunden gefordert, in denen die theoretischen Inhalte der Mediation vermittelt und mithilfe von Rollenspielen eingeübt werden. Daneben ist der Nachweis von (begrenzten) Praxiserfahrungen erforderlich, um den Titel führen zu dürfen.

Kosten
Als Richtgröße für die entstehenden Ausbildungskosten kann man von einem Betrag zwischen 5.000 und 8.000 Euro ausgehen. Langjährig erfolgreiche Ausbildungsinstitute sind etwa das EUCON-Institut in München (www.eucon-institut.de) oder die Centrale für Mediation in Köln (www.centrale-fuer-mediation.de). Schließlich bietet die Universität Frankfurt/Oder eine renommierte Zusatzausbildung in Mediation an. Wer sich für eine solche Ausbildung entscheidet, sollte künftig sicherstellen, dass diese den gesetzlichen Anforderungen zur Erlangung der Bezeichnung „zertifizierter Mediator“ genügt.

Der Schwerpunkt der Ausbildung liegt in der Vermittlung von Soft Skills, also den sogenannten Schlüsselqualifikationen. Als Mediator lernt man, professionell zu verhandeln und auch mit emotional aufgeladenen Situationen umzugehen. Das sind Kenntnisse, die man auch unabhängig von einer Mediation im Berufsalltag einsetzen kann. Insofern lohnt die Ausbildung zum Mediator immer. Wer indes damit seinen Lebensunterhalt verdienen will, braucht einen langen Atem.

Der LL.M.

Jeden März erscheint die neue Auflage unseres Karriereratgebers *Der LL.M.*

Welcher LL.M. ist der richtige? Das Buch hilft bei der Entscheidung und der Suche nach dem geeigneten LL.M.-Programm. Persönliche Erfahrungsberichte und Praxistipps für die Bewerbung an Unis und für Stipendien helfen dem Leser bei der Planung des Studiums. Namhafte Hochschulen und große Kanzleien stellen ihre Angebote für Juristen vor.

e-fellows.net-Stipendiaten können die Printausgabe des Buchs kostenlos bestellen. e-fellows.net-Mitglieder ohne Stipendium erhalten das Buch kostenlos als E-Book.

www.e-fellows.net/Der-LLM

3. Einstieg und Karriere

Karrierewege für Juristen

Karrierewege in der Justiz

von Dr. Olaf Weber

Einstellungsvoraussetzungen

Weniger als zehn Prozent der Absolventen erreichen die Note „vollbefriedigend" in beiden Examina, welche beste Chancen auf den Job in der Justiz sichert. Wegen des Wettbewerbs um gute Köpfe können auch Noten im hohen befriedigenden Bereich genügen, vor allem wenn eine schöne Punktzahl im Zweiten Staatsexamen erzielt wurde, was auch am relativ niedrigen Einstiegsgehalt liegen mag. Schlüsselqualifikationen sind fundierte Kenntnisse in den Grunddisziplinen Strafrecht und bürgerliches Recht sowie eine pragmatische Arbeitseinstellung. Hinzu tritt die Fähigkeit, sich schnell in neue Gebiete einzuarbeiten, denn es gibt auch Insolvenz-, Vollstreckungs- oder Sonderordnungswidrigkeiten-Abteilungen. Daneben werden emotionale Robustheit, Stressresistenz, die Fähigkeit, sich exzellent in Schrift und Wort auszudrücken, Führungs- und Managementqualitäten sowie eine hohe Sozialkompetenz erwartet. Eine Promotion, Auslandspraktika, Fremdsprachen oder sonstige Zusatzqualifikationen gehören nicht zu den zwingenden Anforderungen. Auch Berufserfahrung ist keine Pflicht, aber von Vorteil: Bewerbungen sind direkt nach dem Referendariat möglich. Europarechtlich sind fixe Altershöchstgrenzen für die Einstellung kaum haltbar; bis Mitte/Ende 30 sind die Chancen gerade für Anwälte auch in der Praxis realistisch.

Berufsalltag

Referendare können sich bei entsprechendem Interesse eine gute Vorstellung vom Berufsalltag der Richter und Staatsanwälte machen. Eine Karriere in der Justiz verspricht kein hohes und schon gar kein schnelles Vermögen, aber ein sicheres Einkommen. Quasi ein bar bezahlter Golf mit Vollkasko statt ein geleaster Porsche. Gerade in teuren Großstädten genügt das R1-Gehalt nur für mittelgroße finanzielle Sprünge. Die Justiz bietet zudem nicht das modernste Arbeitsumfeld, sie bleibt aber ein spannendes und teils auch erfüllendes Berufsumfeld. Zwar mag die Justiz nicht glamourös sein, dafür bietet sie hohe persönliche Verantwortung, einen intellektuell fordernden Job auch in der Provinz, und sie ist familienkompatibel. Die Arbeitszeiten sind flexibel, wenn auch die zeitliche Belastung insgesamt nicht niedrig ist. Aufgrund der Sparbemühungen der Länder ist die Tendenz hier eher steigend. Lange Nächte wie in Frankfurter oder Düsseldorfer Büros sind bei Gericht die absolute Ausnahme. Wer aber unter der Woche früh heim will, muss eben am Wochenende Urteile schreiben. Problematisch ist aber, dass der Unterbau durch die Sparbemühungen stetig schlechter wird. Fortbildungen werden etwa an den Richterakademien in Trier oder Wustrau und über das European Judicial Training Network sogar international von Barcelona bis Bratislava angeboten. Möglich sind auch internationale Austauschbesuche, Abordnungen nach Karlsruhe, Berlin oder Brüssel und sogar längere Auslandsaufenthalte, z. B. zum Aufbau von Justizsystemen wie etwa im Kosovo.

Bewerbung und Auswahlverfahren

Der Einstieg in die Justiz führt über die Justizministerien der Länder und/oder die jeweiligen Oberlandesgerichte, welche die Absolventen auch über die Bewerbungsmodalitäten informieren. In aller Regel halten sie unabhängig von konkreten Ausschreibungen Listen mit potenziellen Kandidaten vor. Viele Länder eröffnen selbst trotz Einstellungsstopps Korridore für besonders geeignete Kandidaten. Der Bewerber für die ordentliche Justiz sollte sich – je nach Bundesland – nicht nur auf eine bestimmte Funktion (Richter, Staatsanwalt), nicht auf ein bestimmtes Rechtsgebiet (Zivilrecht, Strafrecht, Familienrecht) und nicht für eine bestimmte Stadt bewerben. Die Formulierung von Wünschen ist zwar erlaubt, doch sollte sich der Bewerber nicht als zu unflexibel präsentieren. Mit der Zeit finden sich immer Möglichkeiten, dem eigentlich angestrebten Traumberuf näherzukommen. Erfahrungsgemäß ändern sich solche Wünsche aber auch im Laufe einer Karriere. Eine Bewerbung auf eine Sondergerichtsbarkeit (im Verwaltungs-, Steuer-, Arbeits- oder Sozialrecht) sollte indes meist separat erfolgen, auch wenn meist Wechsel von oder zur ordentlichen Gerichtsbarkeit möglich sind. Die Anforderungen hierfür sind hier oft höher. Finanzrichter werden meist aus der Finanzverwaltung rekrutiert.

Im mündlichen Auswahlgespräch erwarten den Bewerber Vertreter des Justizministeriums, des Oberlandesgerichts und der Personalvertretung. Teils werden auch Assessment-Center vorgeschaltet. Typische Fragen reichen vom Werdegang über die persönliche Motivation bis hin zu Fachfragen. Der ausgewählte Kandidat muss seine Dienstfähigkeit beim Gesundheitsamt attestieren lassen. In den meisten Ländern wird die Auswahl, die teils durch einen Wahlausschuss erfolgt, durch die Exekutive, oft sogar die Regierung, bestätigt. Der neue Richter oder Staatsanwalt auf Probe wird dann einer Behörde oder einem Gericht zugewiesen, wo er seine Ernennungsurkunde erhält und vereidigt wird.

Arbeitsbelastung

Richtern und Staatsanwälten werden durch den Geschäftsverteilungsplan des Gerichts jährlich vorab bestimmte Fälle zugeordnet. Die zuständigen Präsidien sind dabei um Gleichbehandlung bemüht. Um dies zu gewährleisten, bewerten sie jedes Verfahren und schauen auf die Zahlen aus dem abgelaufenen Jahr, um die mögliche Anzahl im nächsten Jahr zu prognostizieren. Ein Katalog namens PEBB§Y weist abstrakt jedem erledigten Verfahren einen Wert zu. Daraus errechnen sich die „erforderlichen" Erledigungen pro Monat und die Anzahl neuer Verfahren nach Turnus. Ein Richter muss zum Beispiel im Jahr etwa 1.300 Owi-Verfahren, oder aber 600 Zivilverfahren am Amtsgericht oder 120 Zivilverfahren am Landgericht oder 180 Schöffenverfahren bewältigen, um den Bestand seines Dezernats gleich zu halten. In der Praxis werden Richtern oft mehr Verfahren als nach PEBB§Y berechnet zugewiesen: Belastungszahlen jenseits der 110 Prozent sind keine Seltenheit. Wegen der richterlichen Unabhängigkeit sind diese Werte nicht bindend, sie können jedoch als Richtmaß bei Beurteilungen gelten. Die Arbeitsbelastung hängt neben den Neueingängen auch stark vom Bestand ab.

Einstieg in die Justiz

Die ersten Monate in der Justiz können sich als Probe darstellen: Probleme bereitet meist die ungewohnte Arbeitsweise (Verfügungstechnik, Prozessrecht und Verhandlungsführung). Nur wenige Stellen gewähren eine Anlernphase, ein reduziertes Pensum oder einen Mentor. Aber allgemein helfen alle Kollegen gern dem Neuling. Tipps zu allgemeinen Abläufen kann auch die Geschäftsstelle geben. Bestimmte Tätigkeiten dürfen Assessoren gar nicht (Vorsitz einer Kammer) oder erst nach dem ersten Dienstjahr (Vorsitz beim Schöffengericht, Unterbringungen) ausüben. Aber ansonsten gibt es für junge Richter kaum Erleichterungen. Junge Staatsanwälte stehen in den ersten Monaten unter Aufsicht und Abzeichnungspflicht ihres Abteilungsleiters.

Beurteilung

Die erste Beurteilung erfolgt meist nach sechs, eine weitere nach 15 Monaten und eine vor der Ernennung zum Richter auf Lebenszeit. Danach erfolgen die Beurteilungen in Perioden von drei bis fünf Jahren. Bei Bewerbungen auf höhere Ämter sind diese Beurteilungen entscheidend. Bewertet werden neben dem Gesamteindruck Teilbereiche wie Fachwissen, Belastbarkeit und Erledigungszahlen. Zuständig ist bei der Staatsanwaltschaft der Leiter, bei größeren Amtsgerichten dessen Präsident, bei kleineren Amtsgerichten und beim Landgericht der Präsident des Landgerichts. Der Präsident des Oberlandesgerichts bzw. Generalstaatsanwalt hat ein Kontroll- und Vetorecht, das er ausüben wird, um einheitliche Standards zu gewährleisten. Die Notenvergabe wird landesrechtlich oft durch eine Beurteilungs-Allgemeinverfügung konkretisiert.

Zur Bewertung wird der Beurteiler Akten einsehen. Er prüft formelle Kriterien wie Aktenführung, Klarheit, Sinnhaftigkeit und Form der Verfügungen. Im Fokus stehen die „großen" Entscheidungen: Anklagen, Urteile und begründete Beschlüsse. Wegen der richterlichen Unabhängigkeit wird der Inhaltskern der Entscheidungen nicht bewertet - wohl aber die Frage, ob die Entscheidungen in sich schlüssig, sauber aufgebaut und ausformuliert sowie mit Rechtsprechung und Literatur belegt sind. Zudem wird die Zahl der erledigten Verfahren in die Wertung einfließen. Die mündlichen Leistungen und das Auftreten prüft der Beurteiler als Zuschauer von Sitzungen. Etikette, Effizienz, Durchsetzungsvermögen, Wortgewandtheit, Sicherheit im Prozessrecht und die Qualität der mündlichen Begründung von Entscheidungen sind hier gefragt. Die Ernennung auf Lebenszeit erfolgt spätestens nach fünf Jahren. In vielen Ländern ist die Assessoren-Regelzeit auf vier Jahre verlängert worden. Nicht-Übernahmen bleiben die absolute Ausnahme. Besondere Leistungen und Zeiten in der Anwaltschaft werden auf Antrag verkürzend angerechnet. Durch die Ernennung wird aus dem „Richter" ein „Richter am Amtsgericht/Landgericht" auf Lebenszeit; er darf nicht mehr gegen seinen Willen versetzt werden.

Vergütung und Beförderung

Die Bezahlung ist Ländersache. Die Einstiegsstufe R 1 entspricht zunächst etwa der Stufe A 13, also der Gehaltsgruppe eines Lehrers am Gymnasium. Die Bezüge steigen in R 1 aber ohne Beförderung deutlich schneller, sodass bei der Endstufe die R 1 eher der A 15 gleichsteht. Zwei Beförderungen sind also automatisch eingepreist. Zwischenzeitlich ist die Eingangsbesoldung für Assessoren abgesenkt worden. Das Bundesverfassungsgericht (Urteil vom 5. Mai 2015 - 2 BvL 17/09) hat die Grenzen der amtsangemessenen Besoldung aufgezeigt - zwischenzeitlich wurde die abgesenkte Eingangsbesoldung daher teils wieder revisiert. Die Beförderung in die Gehaltsgruppe R 2, etwa zum Richter am Oberlandesgericht, zum Vorsitzenden einer Kammer beim Landgericht, zum Amtsgerichtsdirektor oder zum Oberstaatsanwalt, ist nicht jedem im Laufe der Karriere vergönnt. Regelmäßig setzt die Beförderung eine erfolgreiche Erprobung bei einem Obergericht voraus, sei es am OLG oder als Mitarbeiter beim BGH oder BVerfG. Die Details sind in Beförderungs-Allgemeinverfügungen geregelt. Positiv wirken sich vor allem Verwaltungserfahrung (etwa bei einer Abordnung oder als Präsidialrichter) und neuerdings Managementkompetenzen aus.

Abordnungen und Wechsel in der Justiz
Abordnungen sind in vielerlei Gestalt möglich. Typisch ist der Ruf an ein Ministerium oder in die Staatskanzlei, zu Obergerichten oder zu Behörden des Bundes. Die Dauer beträgt meist zwei bis drei Jahre. Bei Gerichten arbeiten die Abgeordneten als wissenschaftliche Mitarbeiter einem Richter zu. Im BMJ wird der Abgeordnete in ein Referat eingegliedert. Diese Abordnungen genießen ein hohes Prestige, sind jedoch mit persönlichem Aufwand verbunden. Exotischer, aber möglich, sind Abordnungen zur EU-Kommission oder zu internationalen Organisationen. Wechsel innerhalb der ordentlichen Justiz (vom Zivilrecht ins Strafrecht, vom Gericht zur Staatsanwaltschaft) sind auf gleicher Besoldungsstufe leicht durchführbar. Zwischen ordentlicher Justiz, Sozial- und Arbeitsgerichtsbarkeit sind sie je nach Bundesland nicht unüblich; ein Wechsel zur Verwaltungs- oder Finanzgerichtsbarkeit bleibt die Ausnahme. In der Assessorenzeit erfolgen Wechsel meist ohne Zutun des Betroffenen; die Ministerien können so Lücken schließen.

Fazit
In der Justiz können sowohl Karrieristen als auch Familienmenschen ihre berufliche Heimat finden. Dem Juristen steht es zudem frei, eine beschauliche Karriere zu verfolgen oder sich auf Stellen in der Justiz, der Verwaltung und auf Abordnungsstellen im In- und Ausland zu bewerben. Insgesamt ist die Justiz eine gute Karriereentscheidung für Menschen, die Optionen und Sicherheit in Ausgleich bringen wollen und denen das große Geld nicht ganz so wichtig ist.

Einstieg und Aufstieg in Wirtschaftskanzleien

von Dr. Oliver Michael Hübner

Im Folgenden werden die vielfältigen Einstiegsmöglichkeiten, die bestehenden Aufstiegsperspektiven und die zahlreichen Fortbildungsangebote in Wirtschaftskanzleien aufgezeigt. Dabei sind unter Wirtschaftskanzleien im Sinne dieses Kapitels die im Wirtschaftsrecht beratenden Kanzleien mit stark internationaler Ausrichtung zu verstehen, unter anderem die in den üblichen Rankings (z. B. *JUVE*, *azur* oder *Legal 500*) vertretenen Kanzleien.

Der Einstieg
Die meisten Wirtschaftskanzleien bemühen sich, frühzeitig Kontakt zu ihren zukünftigen Mitarbeitern aufzunehmen. So bieten fast alle großen Wirtschaftskanzleien – zumindest in den Sommersemesterferien – Praktika für Studenten der Rechtswissenschaften an. Diese – meist unbezahlten – Praktika sind üblicherweise jedoch nur in den deutschen Büros der Wirtschaftskanzleien möglich. Solche Praktika bieten neben ersten Einblicken in die alltägliche Beratungspraxis eines Wirtschaftsanwalts vor allem die Chance, einen ersten Kontakt zu einer Wirtschaftskanzlei herzustellen, der dann durch weitere Praktika bzw. die Ableistung einer Referendariatsstation aufrechterhalten werden kann. Als Einstieg eignet sich auch die Tätigkeit als studentische Hilfskraft. Die bezahlten studentischen Hilfskräfte werden von den Wirtschaftskanzleien u. a. für die juristische Recherche, in den Abendsekretariaten oder den Bibliotheken eingesetzt. Auch unterstützen immer mehr Wirtschaftskanzleien unmittelbar die universitäre Ausbildung der Studenten, z. B. durch ergänzende Lehrveranstaltungen

oder praxisnahe Seminare, die von Mitarbeitern der Wirtschaftskanzleien gehalten werden. Manche Wirtschaftskanzleien fördern sogar die universitäre Lehre durch Stiftungsprofessuren oder die Finanzierung von Fachbereichsbibliotheken.

Die Ableistung einer Referendariatsstation bei einer Wirtschaftskanzlei stellt eine weitere Einstiegsmöglichkeit dar, die von den Wirtschaftskanzleien meist – zusätzlich zum eigentlichen Referendarsgehalt – attraktiv vergütet wird. Als Stationen kommen dabei sowohl die Anwaltsstation als auch die Wahlstation infrage. Viele internationale Wirtschaftskanzleien bieten Interessenten sogar an, zumindest einen Teil der Referendariatsstation an einem ausländischen Standort zu absolvieren. Im Rahmen der Referendarstätigkeit bekommt der Referendar insbesondere die Gelegenheit, unmittelbar im Mandat mitzuarbeiten, was gerade bei größeren Wirtschaftskanzleien meist im Team erfolgt. Nach erfolgreicher Beendigung des juristischen Vorbereitungsdienstes werden die ehemaligen Referendare nicht selten fest von den Wirtschaftskanzleien angestellt. Die Ableistung einer Referendariatsstation bei einer Wirtschaftskanzlei kann auch der Impulsgeber sein, eine Promotion zu beginnen und diese durch eine promotionsbegleitende Tätigkeit bei der Wirtschaftskanzlei zu finanzieren.

Die Voraussetzungen für einen beruflichen Einstieg als Rechtsanwalt bewegen sich bei den Wirtschaftskanzleien überwiegend im selben Rahmen. Die Bewerber benötigen überdurchschnittliche Staatsexamina (zumindest „vollbefriedigend") und sehr gute Englischkenntnisse, die bevorzugt durch ausbildungs- bzw. berufsspezifische Auslandsaufenthalte nachgewiesen sein sollten. Weitere Zusatzqualifikationen, wie z. B. eine Promotion oder ein LL.M.-Abschluss, sind gerne gesehen. Diese hohen Einstiegsvoraussetzungen werden von den Wirtschaftskanzleien mit überdurchschnittlich hohen Gehältern vergütet. Neben dem Einstieg als Rechtsanwalt sind bei einigen Wirtschaftskanzleien derzeit auch Tendenzen zu erkennen, Diplomjuristen – jedoch mit beschränkten Karriereperspektiven – als sogenannte Paralegals, Professional Support Lawyers oder Transaction Lawyers einzustellen. Neben dem Einstieg als Berufsanfänger finden gerade im Segment der Wirtschaftskanzleien viele Mitarbeiterwechsel statt. So steigen oft auch Rechtsanwälte mit Berufserfahrung nach einigen Jahren in eine andere Wirtschaftskanzlei ein. Zu welchem Zeitpunkt ein Wechsel zu empfehlen ist, lässt sich nicht verallgemeinern und ist im Einzelfall zu analysieren.

Der Aufstieg

Grundsätzlich gibt es in Wirtschaftskanzleien vier Karrierestufen: Associate, Senior Associate bzw. Principle Associate, Fixed Share Partner bzw. Salary Partner und Equity Partner. In fast allen Wirtschaftskanzleien ist der Karriereweg auf das Erreichen der Equity Partnerschaft ausgerichtet. Die Kehrseite ist, dass man beim Nichterreichen der nächsten Karriereebene die Kanzlei verlassen muss (sogenanntes Up-or-Out). Manche Wirtschaftskanzleien haben als notwendige Alternative zur Partnerwerdung (sogenannter Partner-Track) auch Positionen wie die des Counsel geschaffen, die eine durchgehende Beschäftigung als angestellter Rechtsanwalt ermöglichen. In den letzten Jahren ist zu beobachten, dass ein nicht unbeachtlicher Anteil der Associates eine Counsel-Position anstrebt, um das unternehmerische Risiko eines Partners zu umgehen. Zu beachten ist, dass sich die vier genannten Karrierestufen bei allen Wirtschaftskanzleien unterscheiden. Dies betrifft nicht nur die Bezeichnungen, sondern auch die üblichen Zeiträume, die zur Erreichung der nächsten Karrierestufe erforderlich sind, sowie die dahinterstehenden Befugnisse und Verpflichtungen. Deshalb sollte beim Einstieg in eine Wirtschaftskanzlei immer genau analysiert werden, wie die einzelnen Karrierestufen definiert werden. Aus diesem Grund kann im Folgenden lediglich eine grobe - dennoch für die meisten Wirtschaftskanzleien gültige - Skizzierung des Karrierewegs erfolgen.

Als Berufsanfänger steigt man als sogenannter Associate ein. Ein Associate ist ein angestellter Rechtsanwalt, der unter der Führung von Partnern bei der Bearbeitung von Mandaten beteiligt ist. Nach ca. drei Jahren wird der Associate meist zum sogenannten Senior Associate bzw. Principle Associate, der nun schon mit der Organisation und der teilweise selbstständigen Durchführung von Mandaten - meist unter Hinzuziehung von Associates - betraut wird. Entscheidend ist aber, dass die Associates (zumindest im Außenverhältnis) nur an der Seite eines Partners beraten, was sich schon allein durch die Haftung begründet.

Nach etwa fünf Jahren steht bei den meisten Wirtschaftskanzleien die Ernennung zur ersten Stufe der Partnerschaft an. Die Zeiträume für die Partnerernennung sind jedoch nicht starr, sondern vielmehr Richtwerte. Letztlich sind für die Partnerernennung der aktuelle Beratungsmarkt, die Entwicklung des Tätigkeitsbereichs des Kandidaten und der im Jahr der Ernennung tatsächliche Bedarf der Kanzlei an neuen Partnern entscheidend. Dieser Bedarf hängt stark von der Kanzleistruktur ab, d.h. von der Anzahl der Associates im Verhältnis zur Anzahl der Partner (sogenannter Leverage). Eine Übersicht über die verschiedenen Karrierestufen im Segment der Partner und deren Befugnisse und Verpflichtungen ist schwierig, da nahezu jede Wirtschaftskanzlei ein eigenes System hat. So unterscheiden z.B. einige Wirtschaftskanzleien zwischen Fixed Share Partner bzw. Salary Partner und Equity Partner. Kennzeichnend für den Partnerstatus ist, dass die Partner Mitbestimmungsrechte an der Kanzleiführung haben und am Umsatz beteiligt sind. Jedoch sind sie für die Mandatsführung, die Mandatsgenerierung und den organisatorischen Ablauf verantwortlich.

Die Fortbildung

Neben den Aufstiegsperspektiven sind die Fortbildungsmöglichkeiten für die Freude an der beruflichen Tätigkeit und auch die Qualität des Arbeitsplatzes und des Arbeitgebers maßgebend. Außerdem erhöht eine gute und nachhaltige Fortbildung die Karrierechancen in der Kanzlei, in der man beschäftigt ist, aber auch bei einem potenziellen zukünftigen Arbeitgeber. Die meisten Wirtschaftskanzleien bieten ihren Mitarbeitern eine Vielzahl von Fortbildungsmöglichkeiten an. So existieren in nahezu allen Wirtschaftskanzleien interne fachspezifische Schulungen und Soft-Skills-Kurse (z.B. Verhandlungsmanagement oder Präsentationsführung). Daneben ist bei den meisten Wirtschaftskanzleien der Besuch von externen Fortbildungen für Rechtsanwälte obligatorisch. So fördern auch einige Wirtschaftskanzleien - insbesondere in bestimmten Beratungsfeldern (z.B. Arbeitsrecht und Verwaltungsrecht) - den Erwerb des Fachanwaltstitels. Schließlich bieten gerade Wirtschaftskanzleien aufgrund ihrer personellen Stärke und ihres hohen Organisationsgrads die Möglichkeit, individuelle Fortbildungswünsche wie Aufbaustudiengänge zu ermöglichen. Dabei kommt es jedoch immer auf den Einzelfall an. Die Möglichkeit der Absolvierung eines solchen Programms ist umso wahrscheinlicher, je mehr diese Fortbildungsmaßnahme die ausgeübte Beratungspraxis ergänzt, die Mandatsakquisition erleichtert und je größer die langfristigen Vorteile sind, die die Kanzlei sich davon erhofft.

Da die meisten Wirtschaftskanzleien eine Vielzahl von nationalen und ausländischen Standorten haben, besteht meist die Möglichkeit eines sogenannten Secondments. Dies bedeutet, dass der Mitarbeiter für eine Zeit von meist drei bis sechs Monaten an einen anderen nationalen oder ausländischen Standort der Kanzlei versetzt wird. Diese „Verschickung" bietet dem Mitarbeiter nicht nur interessante Einblicke in die Arbeitsweise an einem anderen Standort und gegebenenfalls in einem anderen Rechtsgebiet bzw. einer anderen Jurisdiktion, sondern erleichtert auch langfristig die Kommunikation und die Positionierung innerhalb der Kanzlei. Oft finden solche Secondments auch bei Mandanten der Wirtschaftskanzleien statt, was die Zusammenarbeit zwischen Kanzlei und Mandant langfristig stärken soll. Abschließend ist noch anzumerken, dass insbesondere die großen Wirtschaftskanzleien mehr und mehr bemüht sind, die sich durch die Besonderheiten der Beschäftigung in einer Wirtschaftskanzlei langfristig ergebenden strukturellen Nachteile auszugleichen, mit dem Ziel, Familie und Beruf in Einklang zu bringen. Derzeit versuchen einige Wirtschaftskanzleien, dieses Ziel z. B. durch flexible Arbeitszeitmodelle, durch die Einführung von obligatorischen Sonderurlauben (sogenannte Sabbaticals), Teilzeitpartnerschaften oder Krippen und Kindergärten für Kinder der Mitarbeiter zu verwirklichen.

Fazit

Der Einstieg in eine Wirtschaftskanzlei beginnt nicht erst mit dem ersten Job. Diejenigen, die Interesse an der Tätigkeit in einer Wirtschaftskanzlei haben, sollten bereits durch die Ableistung von Praktika bzw. Referendariatsstationen Einblicke in den Berufsalltag eines Wirtschaftsanwalts suchen und erste Kontakte knüpfen. Auch ist die Mitarbeit in verschiedenen Wirtschaftskanzleien während des Studiums und des juristischen Vorbereitungsdienstes zu empfehlen, um so die unterschiedlichen Kanzleikulturen kennenzulernen. Eine breite juristische Ausbildung und ein hohes Maß an Allgemeinbildung sind jedoch für eine langfristige Tätigkeit in einer Wirtschaftskanzlei unverzichtbar, neben Soft Skills, zu denen unter anderem soziale Kompetenz, Teamfähigkeit und kulturelle Offenheit gehören. Diese Fähigkeiten sind die unerlässliche Basis, um in einer Wirtschaftskanzlei Karriere zu machen. Die Aufstiegschancen in einer Wirtschaftskanzlei sind zwar beschränkt, aber immer noch vorhanden.

Wechsel zwischen Wirtschaft und Staatsdienst

von Dr. Olaf Weber

Ein Wechsel zwischen Wirtschaft und Staatsdienst ist vor allem in Richtung Staat nicht mehr unüblich, doch findet die Durchlässigkeit der Systeme Grenzen in sozialversicherungsrechtlichen Erwägungen und – noch immer – im Alter.

Work-Life-Balance

Kostendruck und Sparmaßnahmen sind an Richtern und Staatsanwälten nicht spurlos vorbeigegangen. Das vereinigte Deutschland hat heute etwa so viele Richter wie Westdeutschland 1989. Die Verfahrensstatistik ist Maßgröße für richterliche Leistung geworden: Im sogenannten PEBB§Y-System wird jedem Verfahren eine durchschnittliche Soll-Arbeitszeit zugewiesen und auf die etwa 100.000 Arbeitsminuten eines Richters im Jahr umgelegt. Ein Richter mit voller Arbeitszeit und 100 Prozent Belastung erhält nach diesem System im Zivilrecht am Amtsgericht ca. 600 und am Landgericht 120 neue Verfahren im Jahr. Die tatsächliche Belastung liegt oft nahe 110 Prozent dieser Zahlen. Anders als in Kanzleien oder der Wirtschaft sind die meisten Dezernate zeitlich flexibel - im Guten wie im Schlechten: Einerseits können eilige Fälle, z. B. einstweilige Verfügungen, oder eine punktuell schlechte Vergleichsquote zu hohen Spitzenbelastungen führen. Umgekehrt ist es einem Richter meist möglich, Freizeit- und Arbeitsphasen selbstständig zu koordinieren. Abgesehen von den Sitzungstagen gibt es kaum feste Termine. Lediglich in bestimmten Dezernaten wie bei Betreuungs- oder Ermittlungsrichtern ist eine dauerhafte Anwesenheit am Gericht erforderlich. Eine Schonzeit beim Einstieg gibt es nicht. Viele junge Staatsjuristen berichten daher von einem nicht unerheblichen Druck. Wegen strengerer Anforderungen an den Bereitschaftsdienst kommt es vermehrt zu Nacht- und Wochenendarbeit.

In der Wirtschaft bestimmen Mandanten und Sachzwänge die Dauer der Arbeit und deren Ausgestaltung. In größeren Kanzleien korreliert die hohe Belastung oft mit einem höheren Gehalt; in kleineren Kanzleien ist dem trotz hoher Belastung nicht immer so. In den im Vergleich zu Kanzleien etwas ruhigeren Rechtsabteilungen kann es je nach Branche Spitzen geben. Immer ist der Mikrokosmos - also die Ausgestaltung der betreffenden Abteilung - entscheidend. 70 oder 80 Wochenstunden wie im M&A werden in anderen Bereichen, wie etwa im „grünen" Bereich oder im Kartellrecht, allenfalls in Spitzenzeiten gefordert.

Familien- und Kinderfreundlichkeit

Die meisten Unternehmen und Kanzleien bemühen sich um familienfreundliche Arbeitszeitmodelle. In Kanzleien erfordern Teilzeitarbeit oder Elternzeit einen hohen Einsatz aller Beteiligten, weil es schwierig ist, im Deal des Jahres zum Kindergartenschluss zu gehen oder in großen Verfahren einen Personalwechsel vorzunehmen. In Unternehmen gibt es dagegen oft eine gute soziale Absicherung und teilweise betriebseigene Betreuungsangebote. Im Staatsdienst ist die Vereinbarkeit von Beruf und Familie weitgehend unproblematisch und wird durch Ansprüche auf Teilzeitarbeit, Kinderkrankenscheine für Erziehungsberechtigte, langfristige Urlaubsplanung sowie Ehe- und Kinderzulagen gefördert.

Arbeitsumfeld und Extras

PC-Ausstattung, Personal und Dienstleistungen am Arbeitsplatz sind in den meisten Kanzleien und Unternehmen gut. Die Ausstattung der Justiz variiert. Statt einer eigenen Sekretärin gibt es oft Schreibpools oder sogar den Wunsch des Dienstherrn, per Texterkennung zu diktieren. Auch sind die Mitarbeiter nicht immer gut geschult. Extras wie Dienstfahrzeuge gibt es teilweise in größeren Unternehmen und Kanzleien, nicht aber in der Justiz. Die Kleidung am Arbeitsplatz ist paradigmatisch: Für Anwälte und Unternehmensjuristen sind Anzug oder Kostüm Pflicht. Zwar sehen auch Gerichtspräsidenten ihr Personal gerne derart schick gekleidet; in der Praxis fallen Richter und Staatsanwälte mit Schlips außerhalb der Sitzungstage in der Kantine aber eher auf.

Vergütung

Finanziell ist die Justiz gehobene Mittelklasse. Die Gehaltsgruppe R 1 entspricht zunächst in etwa der eines Gymnasiallehrers (A 13), steigt dann aber schneller an und endet in etwa bei A 15. Beförderungsstellen (R 2) sind rar; noch höhere Posten sind oft nur für Ausnahmetalente und politisch Vernetzte verfügbar. Aus finanziellen Gründen ist ein Wechsel zum Staat allenfalls ob der Planbarkeit des Gehaltseingangs attraktiv, obschon sich die Gehaltsunterschiede nach Steuern und auf Stunden gerechnet relativieren. In der Kanzlei von nebenan oder in kleinen Unternehmen werden jedoch auch keine exorbitanten Gehälter gezahlt. Zudem ist die Bezahlung durch den Staat sicher – auch in Zeiten von Flauten und Stellenabbau. Boni und Zulagen gibt es in der Justiz nicht. Nebentätigkeiten und deren Vergütung sind beschränkt; Pensionen und Sozialleistungen hingegen (noch) gut. Aufgrund von Kürzungen bei diversen Leistungen und weil Gehaltssteigerungen nicht dem Tempo der Wirtschaft folgten, hat das BVerfG schon die Verfassungsgemäßheit der Richtervergütung geprüft; für die meisten Länder dürfte die Bezahlung allerdings den vom BVerfG aufgestellten Kriterien entsprechen. Anwälte und teilweise auch Unternehmensjuristen profitieren von der Absicherung durch Versorgungswerke. Teils von Unternehmen gewährte Leistungen wie Betriebsrente oder Dienstwagen machen das Paket attraktiv.

Sicherheit

Der ernannte Richter kann, anders als ein Staatsanwalt, nicht mehr gegen seinen Willen versetzt werden. Bei beiden ist das Gehalt nicht erfolgsabhängig, und eine Kündigung ist ausgeschlossen. In der Wirtschaft weht ein deutlich schärferer Wind. In größeren Unternehmen und Anwaltsbüros mit mehreren Standorten können Transfers infrage kommen. Auch Kündigungen sind sowohl in Unternehmen als auch in Kanzleien möglich und üblich.

Fortbildung

Kanzleien bieten teils intensive Fortbildungsangebote wie Kanzleiakademie oder Mini-MBA an. Im Unternehmen werden Juristen hausintern in typischen Fragen der Branche ausgebildet und dürfen daneben oft Angebote professioneller Seminaranbieter wahrnehmen. In der Justiz ist jährlich zumindest eine größere Fortbildung vorgesehen. Die einzelnen Länder und die deutsche Richterakademie in Trier und Wustrau bieten ein breites Angebot an Seminaren. Zudem sind Fachrichter oft kostenlos zu Veranstaltungen der Anwaltschaft eingeladen. Inzwischen gibt es auch internationale Fortbildungen und Austauschprogramme.

Zeitpunkt für einen Wechsel

Dank der Vorgaben aus Brüssel sollte die Altersgrenze beim Wechsel in den Staatsdienst keine Rolle mehr spielen. Bis zu einem Alter von 35 Jahren ist ein Wechsel in die Justiz auch praktisch gut, bis 40 noch teilweise möglich. Ältere Semester sollten den direkten Kontakt zur Justizverwaltung suchen. Der Staat ist an anwaltlichen Vorkenntnissen interessiert. Für den umgekehrten Wechsel in die Wirtschaft gibt es formell keine zeitlichen Grenzen. Jedoch werden die meisten Kanzleien oder Unternehmen an älteren Bewerbern nur dann interessiert sein, wenn diese sich z. B. in der Wissenschaft einen Namen gemacht haben oder Spezialkenntnisse mitbringen.

Praktische Details des Wechsels

Bewerber sollten sich Stillschweigen über die Bewerbung ausbedingen. Wer ernsthaft wechseln will, sollte zuvor die Risiken minimieren. Die Kündigungsfrist ist hierbei ein Problem, das man dem neuen Arbeitgeber gegenüber offen ansprechen sollte. Auch ist der Wechsel zum Staat erst dann sicher, wenn man die Urkunde in den Händen hält. Eine Zusage ist nichts mehr wert, wenn der Gesundheitscheck negativ ausfällt.

Wer umgekehrt seine Lebenszeitverbeamtung aufgibt, sollte sich vom neuen Arbeitgeber entsprechende finanzielle Garantien geben lassen, insbesondere, was die Altersvorsorge angeht.

Sozialversicherungsrechtliche Fragen sind ernsthafte Hindernisse. In der Krankenversicherung ist ein Wechsel zwischen den allgemeinen Tarifen oder der gesetzlichen Kasse und den Beamtentarifen erforderlich. Da viele private Versicherungsunternehmen beides anbieten, sollte man sich beim Abschluss die Anwartschaft ausbedingen, zu gleichen Bedingungen in die andere Tarifgruppe wechseln zu dürfen. Für Rente oder Pension bringt ein Wechsel Probleme: Wer aus Versorgungswerk oder BfA in die Justiz übertritt, hat vielleicht bereits Versorgungsansprüche erworben. Oft gibt es dann ein Wahlrecht zwischen der Auszahlung der bereits entrichteten Beiträge und der Inanspruchnahme der Leistung (sprich: Rente). Beamtenrechtliche Anrechnungsvorschriften und verlorene, weil solidaritätsgebundene Beitragsteile gefährden die persönliche Absicherung jedoch erheblich. Jeder Wechselwillige sollte sich das zuvor durchrechnen lassen.

Von der Wirtschaftskanzlei in die Wirtschaft

von Dr. Lutz Kniprath

Ein Wechsel von einer Wirtschaftskanzlei in die Wirtschaft kann sinnvoll sein und ist keineswegs unüblich. Der Wechselnde profitiert im Unternehmen von seinen Kanzleierfahrungen, das Unternehmen erhält einen auch in der Praxis sehr gut ausgebildeten Mitarbeiter mit breiter Branchenkenntnis, und die Kanzlei mag sich Hoffnungen auf Fürsprache im Unternehmen machen. Typisches Ziel solcher Wechsel sind Rechtsabteilungen (je nach Vorwissen des Wechselnden und Organisation des Zielunternehmens eine allgemeine oder eine spezialisierte Rechtsabteilung) oder auch das Personalwesen.

Die folgenden Ausführungen gelten tendenziell für den Wechsel von Wirtschaftskanzleien jeder Größe in Rechtsabteilungen jeder Größe. Hier soll exemplarisch der Wechsel von einer Großkanzlei in die Rechtsabteilung eines großen Unternehmens behandelt werden. Der Sprung zurück vom Unternehmen in eine Kanzlei kommt seltener vor und erfordert andere Überlegungen.

Die Arbeit in einer Kanzlei unterscheidet sich - bei allen Gemeinsamkeiten - letztlich doch deutlich von der Arbeit in einer Rechtsabteilung. Manche Unterschiede sind Triebfedern für einen Wechsel, andere halten Juristen eher im Anwaltsleben, je nach persönlichen Prioritäten und Neigungen.

Der Zeitaspekt

Welcher Anwalt hat nicht schon neidvoll davon gehört, dass der Syndikus seines Mandanten abends um sieben die Bürolampe ausknipst? Unterm Strich bieten Rechtsabteilungen in der Tat mehr Chancen auf ein verwertbares Stück Abend außerhalb des Büros als viele große Kanzleien. Hier wie dort gibt es jedoch Unterschiede. Im Unternehmen hängen sie vom Auftrag der Rechtsabteilung im Unternehmen, von den Zielen ihres Leiters, vom Personalbudget und vielen weiteren Faktoren ab. Und die Arbeitsbelastung schwankt phasenweise – wie in einer Kanzlei. In Spitzenzeiten, etwa auf der Zielgeraden eines M&A-Deals, bieten manche Rechtsabteilungen dem Wechsler Gelegenheit, sich in die gute alte Kanzleizeit zurückversetzt zu fühlen.

Die materielle Seite

Bot die große Kanzlei viel Geld, aber keine Zeit, um es überlegt auszugeben, so folgen dem Wechsel in eine Rechtsabteilung im Regelfall immer noch ein gut auskömmliches Gehalt und manchmal auch einige erfreuliche Zusatzleistungen wie z. B. Betriebsrente oder Geschäftswagen mit Tankkarte, aber kein Überfluss. Auch reist der gewöhnliche Industriesyndikus nicht häufig Business Class oder versinkt in den weichen Sesseln der Bahn wie ein Anwalt in der Großkanzlei, und er steigt auch nur eher zufällig einmal in Fünf-Sterne-Herbergen ab. Dieser Verzicht schmerzt indes kaum, denn die Nähe zu den produzierenden Abteilungen und zu der großen Mehrzahl von Kollegen, die ein geringeres Gehalt und schmalere Spesenkonten haben als der Syndikus, helfen dabei, die eigenen Möglichkeiten im rechten Verhältnis zu sehen. Und schließlich bieten auch Rechtsabteilungen Aufstiegsmöglichkeiten, wenn auch gestreckter und mit moderateren Gehaltssprüngen.

Die Mandantenseite

Anwälte in Wirtschaftskanzleien beraten wechselnde Mandanten, der Syndikus nur einen, sein Unternehmen. Der Konzernsyndikus hat immerhin zusätzlich seine Konzerngesellschaften. Die ungleich intensivere Mandantenbeziehung des Syndikus hat eine intime Kenntnis des Mandanten und seiner internen Vorgänge zur Folge – und sein Mandant erwartet sie auch. Wenngleich manche Wirtschaftskanzleien etwa über die Bildung mandantenspezifischer Client-Relationship-Teams ihre Vertrautheit mit einzelnen Mandanten steigern können, werden sie den Vorteil des ins Unternehmen eingegliederten Inhouse-Juristen nicht aufholen können. So sitzt der Syndikus täglich im Unternehmen, ist teils mit Routineaufgaben des Unternehmens befasst, knüpft persönliche Kontakte mit nicht juristischen Abteilungen und Kollegen, wird in den verschiedensten Alltagsfragen zurate gezogen und ist einfach mittendrin.

Die monopolartige Stellung der Rechtsabteilung im Unternehmen erspart dem Syndikus die Akquise. Die Kehrseite dieser komfortablen Position ist allerdings, dass er Mandate aus seinem Zuständigkeitsbereich nicht ablehnen kann, auch nicht wegen Überlastung oder weil ihm eine Anfrage zu unbedeutend erscheint.

Die Karriereseite

Große Kanzleien haben in jüngerer Zeit vielfältige Karrierestufen und wohlklingende Titel zwischen dem Associate und dem Equity Partner eingeführt. Damit haben sie sich den komplexen Hierarchien angenähert, nach denen viele große Unternehmen strukturiert sind. Die Rechtsabteilung ist in deren Hierarchie eingefügt, nutzt vom gesamten Spektrum jedoch üblicherweise nur zwei bis fünf Hierarchiestufen. Der Aufstieg innerhalb einer Rechtsabteilung hängt stark von verfügbaren Planstellen und Budgetfragen ab und erscheint daher zuweilen zäh. Hingegen reagieren Kanzleien insoweit flexibler auf das aktuelle Mandatsaufkommen. Dies kann zur zügigen Schaffung zusätzlicher Stellen, aber ebenso zur plötzlichen Einschränkung der Aufstiegsmöglichkeiten führen. Anders als bei Kanzleien ist es in Rechtsabteilungen unüblich, bewährten Mitarbeitern im Stil eines Up-or-Out nach dem Ablauf einer gewissen Zeit den Ausstieg nahezulegen.

Das berufliche Selbstverständnis

Der deutsche Rechtsanwalt als freier Beruf wandelt sich: In einer großen Wirtschaftskanzlei sind die meisten Anwälte nur Angestellte, arbeiten unter verschieden gestalteter Aufsicht, erlangen erst allmählich Zeichnungsbefugnis und sind vielfältig in fachliche und hierarchische Strukturen eingebunden. Von dort ist der Schritt in die Strukturen eines Unternehmens nicht weit. Gleichwohl berührt es das Selbstverständnis des Juristen, ob er als Rechtsanwalt zugelassen ist und wie ihm seine Mandanten gegenübertreten.

Zulassung

Auch wenn Syndizi zugleich als Rechtsanwälte zugelassen werden können, betrifft diese Zulassung nur ihre Nebentätigkeit. Wichtige Privilegien des Rechtsanwalts werden Syndizi in Deutschland bislang vorenthalten, etwa das Recht, den Unternehmensmandanten vor staatlichen Gerichten zu vertreten und der Schutz des anwaltlichen Berufsgeheimnisses gegen staatliche Ermittlungen.

Verhältnis zu Mandanten

Der Mandant konsultiert den Rechtsanwalt, den Syndikus schaltet er ein. Umgekehrt muss der Rechtsanwalt seine Mandate akquirieren, der Syndikus lässt sie auf sich zukommen. Der Rechtsanwalt hat wechselnde Mandanten, der Syndikus ist an den einen gebunden. Der Rechtsanwalt kostet Geld, in vielen großen Kanzleien sogar besonders viel, der Rat des Syndikus ist kostenlos, wenn das Unternehmen kein internes Anrechnungssystem nutzt. Der nach Stunden abrechnende Rechtsanwalt wird häufig erst gerufen, wenn der Zug schon fährt, und im nächsten Bahnhof schleunigst wieder abgesetzt, während der Syndikus zusätzlich die Entstehung und Abwicklung von Projekten mitgestaltet. Was folgt daraus? Der Syndikus ist fester Bestandteil eines eingespielten Teams, während der Anwalt auf vielen Spielfeldern unterwegs ist. Wegen seiner umfassenden Erfahrung ist der Anwalt ein respektierter Gast, während der Syndikus gleichberechtigt zur Mannschaft gehört.

Fazit

Zumeist gilt, dass eine Rechtsabteilung eine Kanzlei eigener Art ist. Sie bietet ebenfalls spannende rechtliche Beschäftigungsfelder, je nach Modell und Größe mit einem „breiten Schreibtisch“ oder einer hohen Spezialisierung. Sobald ein Anwalt genügend Erfahrung im Umgang mit Mandanten und anwaltlichen Techniken gesammelt hat, kann ein Wechsel sinnvoll sein. In der Regel erweisen sich mindestens zwei Jahre Berufserfahrung in einer guten Kanzlei als sehr nützlich. Die zeitliche Obergrenze liegt dort, wo die anvisierte Rechtsabteilung sie sieht. Einige große Kanzleien bieten Berufseinsteigern ein so hervorragendes Ausbildungsprogramm, wie es bei Unternehmen eher unwahrscheinlich ist. Schon deswegen lohnt sich eine erste Berufsphase in einer guten Kanzlei.

Übrigens: Der Weg wieder zurück in die Anwaltschaft, den der Autor nach dreieinhalb Jahren Intermezzo im Unternehmen gewählt hat, mag steinig sein. Die Erfahrung im Unternehmen ist jedoch ausgesprochen nützlich für den Wieder-Anwalt, sowohl wegen des erworbenen Fachwissens als auch wegen des Perspektivwechsels.

Vorbereitung auf die Bewerbung

von Dr. Florian Stork

Tipps für die Bewerbung

Ein Bewerbungsprozess folgt immer dem gleichen Ablauf, unabhängig davon, ob der Sprung in den (internationalen) Öffentlichen Dienst, die Karriere in Kanzlei oder Unternehmen oder eine Fortbildung (im Ausland) angestrebt wird: Am Anfang steht die Suche, gefolgt vom Versand der Bewerbungsunterlagen und dem Vorstellungsgespräch.

Die Suche – Stellenanzeigen, Messen und die Initiativbewerbung
Der klassische Weg zum ersten Job oder zur Referendarstation führt immer noch über Stellenanzeigen. Juristische Stellen werden in großen überregionalen Zeitungen wie der *FAZ* oder der *Süddeutschen Zeitung* angeboten. Akademische Anzeigen wie Ausschreibungen für Professuren sowie Postdoc- und Promotionsstellen werden insbesondere in der *ZEIT*, auf www.academics.de sowie unter www.e-fellows.net/stellenmarkt veröffentlicht. Daneben finden sich Stellenanzeigen auf der e-fellows.net-Website im Bereich „Jobs" sowie in juristischen Fachzeitschriften wie z. B. der *NJW* oder dem *JUVE Rechtsmarkt* und auf großen Internet-Portalen wie www.stepstone.de oder www.monster.de.

Abseits der klassischen Stellenanzeige führen auch andere Wege zum Ziel, beispielsweise juristische Kontaktmessen. Dort präsentieren sich vor allem internationale Wirtschaftskanzleien, z. B. auf dem Karriere-Event e-fellows.net Perspektive Wirtschaftskanzlei oder bei den JURAcon-Veranstaltungen.

Ähnlich wie bei der Bewerbung auf einer Jobmesse wendet man sich auch mit einer Initiativbewerbung unaufgefordert an einen Arbeitgeber seiner Wahl. Die Möglichkeit, sich auf diese Art vorzustellen, sollte man nutzen, auch weil man dabei größere Freiheiten als bei bereits ausgeschriebenen Stellen und kaum Mitbewerber hat. Allerdings ist das unaufgeforderte Versenden von Bewerbungsunterlagen erfolgversprechender, wenn man dafür einen Aufhänger nutzt (wie z. B. aktuelle Informationen über den Wunscharbeitgeber aus den Medien oder von der Unternehmenswebsite) und dabei eine Brücke zu seinen eigenen Qualifikationen schlägt.

Als Bewerber sollte man auch das eigene Netzwerk, den Freundes-, Bekannten- und Kollegenkreis in die Stellensuche einbeziehen, z. B. über die eigenen Profilseiten in einem sozialen Netzwerk, wie z. B. Xing oder LinkedIn. Dabei gilt: Je konkreter das eigene Netzwerk über das Berufsziel und die eigenen Vorstellungen informiert ist, desto eher kann es helfen.

Exkurs: der Telefonanruf
Oft ist es hilfreich, vor Versand seiner Bewerbungsunterlagen zum Telefon zu greifen – egal, ob man sich initiativ oder auf eine ausgeschriebene Stelle bewirbt. Ein Anruf beim potenziellen Arbeitgeber hat in der Regel mehrere Vorteile: Man kann seine Bewerbung an einen konkreten Ansprechpartner adressieren (z. B. wenn in der Stellenanzeige kein Name genannt ist), weitere Informationen sammeln und nicht zu-

letzt seine Kommunikationsfähigkeit unter Beweis stellen. Gute Vorbereitung und ein Lächeln während des Gesprächs erleichtern die telefonische Kommunikation übrigens ungemein. Denn auch wenn man sich an verschiedenen Orten aufhält, fühlen Menschen intuitiv, ob sich die Person am anderen Ende der Leitung freut, weil ein Lächeln die Stimm-Melodie, die Atmung und den Sprachrhythmus positiv beeinflusst.

Die Suche – Ausland und Aufbaustudium

Teilzeit- und Vollzeitjobs im englischsprachigen Ausland lassen sich z. B. über sogenannte Legal Staffing Agencies finden. Organisationen wie die Deutsch-Amerikanische oder die Deutsch-Britische Juristenvereinigung können in der Regel bei der Vermittlung von Referendarstellen im jeweiligen Kontaktland helfen. Für internationale Jobs lohnt ein Blick auf die Seiten des Auswärtigen Amts unter www.auswaertiges-amt.de/DE/AusbildungKarriere/IO/Personal/Uebersicht_node.html.

Aufbaustudiengänge (mit wirtschaftlichem oder juristischem Schwerpunkt; in Deutschland oder im Ausland) findet man auf den Websites von e-fellows.net oder llm-guide.com sowie über spezifische Kontaktmessen wie den e-fellows.net MBA Day oder LL.M. Day. Entsprechende Stipendien vergibt in erster Linie der DAAD, aber auch hier lohnt eine intensive Recherche, beispielsweise über die Stipendiendatenbank von e-fellows.net unter www.stipendiendatenbank.de.

Versand der Bewerbungsunterlagen

In welcher Form man seine Bewerbung versendet, hängt in erster Linie von den Wünschen des potenziellen Arbeitgebers ab: klassisch auf dem Postweg, per E-Mail oder über ein Online-Formular.

Exkurs: die E-Mail-Bewerbung

Wenn möglich, sollte man auf die E-Mail-Bewerbung setzen. Diese ist für den Arbeitgeber einfach zu bearbeiten und erspart ihm die Rücksendung der Unterlagen. Sie ist zudem kostengünstig für den Bewerber. Im Gegensatz zum Online-Formular lässt sie mehr Freiraum für die eigene Präsentation und muss nicht jedes Mal von Grund auf neu erstellt werden. Selbstverständlich muss eine E-Mail-Bewerbung von einer seriösen Adresse abgeschickt werden. Mit „jurababe@e-mail.de“ erfreut man seine Kommilitonen, mit „jmusterfrau@e-mail.de“ den Personaler.

Den E-Mail-Text selbst sollte man sehr kurz (zwei Zeilen) halten, an einen konkreten Ansprechpartner adressieren und auf die Anlage (Anschreiben, Lebenslauf und Anlagen, alle zusammengefasst in einer Datei) verweisen. Die Anlage sollte im PDF-Format geschickt werden und eindeutig benannt sein, z. B. also nicht „hanna5.doc“, sondern „Bewerbung_Johanna Musterfrau.pdf“. Falls das Dateivolumen sehr groß ist, empfiehlt es sich, den Anhang in einer ZIP-Datei zu komprimieren.

Achtung: Viele private E-Mail-Anbieter fügen Werbung als Signatur ein, was bei einer Bewerbung nie gut aussieht. Um auch bei der Formatierung auf Nummer sicher zu gehen, sollte man die E-Mail vor dem endgültigen Absenden an sich selbst und einen Freund mit anderem E-Mail-Provider verschicken, um den Gesamteindruck zu überprüfen.

Alle Bewerbungsformen erfordern ein gleich hohes Maß an Sorgfalt und Präzision. Mögliche Stolpersteine wie Rechtschreib- und Grammatikfehler gilt es daher um jeden Preis zu vermeiden. Fehlerfreiheit und Lesefreundlichkeit sind oberstes Gebot, weil sich der Bearbeiter in der Regel nur ein paar Minuten für die Durchsicht der Unterlagen nehmen wird (in deren Vorbereitung der Bewerber dagegen viele Stunden investiert haben sollte). Und ganz wichtig: Ein Jurist braucht eine geschliffene Sprache und Ausdrucksweise, um zu überzeugen. Denn wie wird jemand, dessen Bewerbungsunterlagen bereits zahlreiche Tippfehler, Schachtelsätze und Substantivierungen enthalten, später einen klaren und möglichst fehlerfreien Vermerk schreiben? Ein Mittel gegen „Sprach-Diarrhö" halten Michael Schmuck mit seinem Klassiker *Deutsch für Juristen* und Eva Engelken mit ihrem *Klartext für Anwälte* bereit. Die Zeit für das Durcharbeiten eines der beiden Bücher ist bestens investiert.

Weiterer Ablauf

Erhält man dann die Einladung zum Vorstellungsgespräch, kann man sich gratulieren: Die Unterlagen haben den potenziellen Arbeitgeber neugierig auf den Bewerber gemacht und damit ihren Zweck erfüllt. Jetzt kommt der nächste Abschnitt, und auch der bedarf einer sorgfältigen Vorbereitung. Ist eine Kopie der Bewerbungsunterlagen bei den eigenen Akten? Wer frei nach Konrad Adenauers Worten: „Was interessiert mich mein Geschwätz von gestern?" zum Bewerbungsgespräch geht, wirkt nicht nur unvorbereitet.

Eine eventuelle Absage sollte unter keinen Umständen persönlich genommen werden, sondern eher Ansporn sein. Positiv denken, Vorstellung schafft Wirklichkeit! Vielleicht gab es noch 300 andere Bewerber? Wer möchte, kann versuchen, die Gründe für die Absage bzw. die Auswahlkriterien in Erfahrung zu bringen. Davon sollte man sich allerdings nicht zu viel versprechen: Seit Inkrafttreten des Allgemeinen Gleichbehandlungsgesetzes geben Arbeitgeber in der Regel keine oder nur nichtssagende Gründe für ihre Ablehnung an, um Schadensersatzansprüche zu vermeiden.

Die Bewerbungsunterlagen

In die Zusammenstellung der eigenen Bewerbungsunterlagen kann man nicht zu viel Zeit investieren. Dabei ist es wichtig, sich die Erwartungshaltung des Arbeitgebers deutlich zu machen: Die Bewerbung ist die erste Arbeitsprobe des Kandidaten. Zwei Aspekte stehen im Vordergrund: Formal muss der Bewerber darstellen, dass er genau die Voraussetzungen mitbringt, die für die jeweilige Stelle erforderlich sind. Deshalb sieht die Bewerbung für jede Stelle etwas anders aus. Darüber hinaus muss die Bewerbung beim Arbeitgeber die nötige Aufmerksamkeit erwecken, damit dieser zum Vorstellungsgespräch lädt.

„Vollständige", bzw. „aussagekräftige" oder „komplette" Bewerbungsunterlagen umfassen das Anschreiben, den Lebenslauf und die Anlagen. Von einer Kurzbewerbung, die nur aus Lebenslauf und/oder Anschreiben besteht, sollte man absehen. Zu sehr drängt sich der Eindruck eines „Schnellschusses" bzw. eines Bewerber-Rundschreibens auf. Während das Anschreiben im besten Fall nur eine Seite umfasst, soll der Lebenslauf nicht mehr als zwei Seiten beanspruchen (drei, wenn ein Deckblatt beigelegt wird). Für die Unterlagen verwendet man weißes Papier, damit sie auch nach dem

Einscannen leserlich bleiben. Ansonsten gilt frei nach Goethe: Erlaubt ist, was gefällt. Man sollte jedoch berücksichtigen, dass die meisten Arbeitgeber aus der Rechtsbranche einen klassisch-konservativen Stil bevorzugen.

Das Anschreiben

Das Anschreiben bietet eine Plattform zur Darstellung der Motivation des Kandidaten. Es ist nicht mit einem bloßen Begleitbrief zu verwechseln. Vielmehr soll es eine Brücke zwischen Lebenslauf und Persönlichkeit auf der einen sowie Anforderungsprofil und Unternehmenswerten auf der anderen Seite schlagen. Gerade die Gestaltung eines knappen (nicht mehr als eine Seite), aber doch umfassenden Anschreibens kostet Zeit. Das sah schon Goethe so, als er schrieb: „Heute schreibe ich Dir einen langen Brief, denn ich habe keine Zeit."

In erster Linie geht es im Anschreiben um die Stärken und um die Motivation des Bewerbers. Warum soll es gerade diese Stelle bei gerade diesem Arbeitgeber sein? Die Kunst besteht darin, den richtigen Ton zu treffen. Plattheiten oder übertriebenes Lob wirken so authentisch wie auswendig gelernte Begeisterung. Man sollte deshalb von beidem absehen. Der Arbeitgeber will nicht gebauchpinselt werden, sondern wissen, warum er den Kandidaten braucht und wie dieser zum Geschäftserfolg beitragen kann. Auch reine Wiederholungen des Lebenslaufs sind nicht angebracht. Es gilt vielmehr, die eigenen Fähigkeiten zum Arbeitgeber bzw. zur Stelle in Beziehung zu setzen. Warum passt gerade dieser Kandidat in das Anforderungsprofil der Stelle? Warum passen gerade dieser Bewerber und der Arbeitgeber so gut zueinander? Dabei können auch aktuelle Meldungen über den Arbeitgeber in das Anschreiben einfließen. Es ist ohne Zweifel schwierig, auf einem Blatt Papier Begeisterung und Motivation zu vermitteln. Aber es geht. Mit kurzen, prägnanten Sätzen, aktiven, dynamischen Formulierungen, bildhafter Sprache und Beispielen, aus denen die persönliche Eignung hervorgeht. Achtung: Die eigenen Fähigkeiten nur beschreiben, nicht bewerten.

Der Lebenslauf

Der Bewerber ist kein Buchhalter seiner vergangenen Erfolge, sondern ein Werber für eine gemeinsame Zukunft. Er soll sich „bewerben" und im besten Fall – natürlich meistbietend – „verkaufen". Insbesondere ein guter Kandidat kann es sich leisten, sich kurzzufassen und braucht daher für seinen Lebenslauf nur eine, höchstens zwei Seiten. Während eine internationale Wirtschaftskanzlei in der Regel nicht an einem Zertifikat zum Familienrecht interessiert sein wird, kann genau das in einer regional tätigen und einschlägig spezialisierten Kanzlei den Ausschlag zugunsten des Bewerbers geben. Während die Erwähnung im ersten Fall den Lebenslauf überfrachten würde, ist sie im zweiten Fall unbedingt angezeigt. Ein Lebenslauf, der sich über mehr als zwei Seiten (drei mit Deckblatt) erstreckt, ist in der Regel ein Indiz dafür, dass der Bewerber sich nicht auf das Wesentliche beschränkt hat.

Im Lebenslauf geht es nicht wirklich ums Leben, sondern um den berufsbezogenen Werdegang. Es empfiehlt sich, alle persönlichen Daten (Name, Titel, gegebenenfalls Berufsbezeichnung, Anschrift, Telefon, E-Mail, Geburtsdatum und -ort) samt (optionalem) Foto auf ein Deckblatt auszulagern. Das Deckblatt sollte auch den Arbeitgeber und die angestrebte Stelle nennen. Das Wort „Lebenslauf" auf der folgenden Seite ist überflüssig. Es geht vielmehr direkt los mit der umgekehrt chronologischen Darstellung der bisherigen Ausbildung bzw. bisheriger Tätigkeiten. Der umgekehrt chronologische Lebenslauf ist mittlerweile Standard, weil hier der Ausbildungsstand und die letzte Tätigkeit des Bewerbers direkt ersichtlich sind. Die Anti-Chronologie muss für jeden Abschnitt konsequent beibehalten werden. Eine Publikationsliste, wenn vorhanden, gehört in die Anlagen.

In Deutschland ist das Beilegen eines Fotos optional. Dem Kandidaten steht es frei, sich mit oder ohne Foto zu bewerben. Auch wenn das Foto kein ausschlaggebendes Kriterium sein wird, so rundet es doch einen positiven Gesamteindruck vom Bewerber ab und erzeugt gegebenenfalls sogar Sympathie. Jedenfalls vermittelt es neben den Freizeitinteressen einen ersten persönlichen Eindruck. Will man diese Chance für sich nutzen, muss das Foto qualitativ hochwertig und aktuell sein und soll den Kandidaten mit einem freundlichen Gesichtsausdruck und in angemessener Kleidung zeigen. Tabu sind Ganzkörper-, Party- und Automatenfotos. Schwarz-Weiß-Fotos sind eine Spur konservativer, wirken klassischer und sind oft eleganter.

Ein Arbeitgeber wird in der Regel von sich aus keine Fotos oder bestimmte andere Angaben verlangen, um bereits den Anschein einer Diskriminierung zu vermeiden. Durch das Allgemeine Gleichbehandlungsgesetz ist hier leider erhebliche Rechtsunsicherheit entstanden. Im Jahr 2011 lief in diesem Zusammenhang erstmals ein deutschlandweites Modellprojekt, an dem sich u. a. auch die Deutsche Telekom und die Deutsche Post beteiligt haben. Verschiedene Unternehmen, Behörden und Kommunen haben dabei sogenannte anonymisierte Bewerbungsverfahren getestet, bei denen auf ein Foto des Bewerbers sowie auf die Angabe von Name, Adresse, Geburtsdatum, Alter, Familienstand oder Herkunft verzichtet wurde. Es bleibt abzuwarten, ob sich diese Praxis durchsetzen wird. Im Rahmen eines solchen Bewerbungsverfahrens sind die Vorgaben zur Anonymisierung unbedingt zu beachten, will sich ein Bewerber nicht bereits formal disqualifizieren. Bisher dürfte jedoch noch davon abzuraten sein, sich ohne arbeitgeberseitige Aufforderung „anonymisiert“ zu bewerben.

Die Nennung von Freizeitinteressen bzw. Hobbys im Lebenslauf ist umstritten. In der Regel ergibt sich durch ihre Erwähnung jedoch ein Gesprächsaufhänger, im besten Fall eine Gemeinsamkeit. Gemeinsamkeiten führen zu Sympathien, Gleich und Gleich gesellt sich eben gern. Man sollte diese Chance daher nutzen, um einen – wenn auch begrenzten – Einblick in seine Interessen und seine Persönlichkeit außerhalb der Arbeitswelt zu geben, insbesondere wenn man den Freizeitinteressen in organisierter Form, z. B. in Vereinen, nachgeht. Nichtssagende Angaben wie „Lesen“ oder „Reisen“ entweder weglassen oder präzisieren, z. B. in „klassische Literatur“ oder „Rucksackreisen in Südostasien“, aber natürlich nur, wenn dies der Wahrheit entspricht.

Die Anlagen

Die Anlagen umfassen insbesondere Fotokopien von Zeugnissen (mindestens letzter Ausbildungsabschluss und Abitur), Referenzschreiben und Fortbildungszertifikate. Liegt das Ergebnis der Ersten Juristischen Prüfung noch nicht vor, reicht – neben dem Abiturzeugnis – auch ein Notenspiegel über die im Studium erbrachten Leistungen.

Die Anlagen sind nach Relevanz zu sortieren. Falls die Anlagen umfangreicher sind, sollte ihnen ein Anlagenverzeichnis vorangestellt werden, in dem die einzelnen Dokumente mit Verweis auf die jeweilige Seite aufgeführt werden. Das erleichtert die Auffindbarkeit einzelner Dokumente enorm.

Falls kein Referenzschreiben vorhanden ist, kann es sich anbieten, den Anlagen eine Seite mit Referenzpersonen beizufügen. Dort nennt man die betreffenden Personen, z. B. Ausbilder, Vorgesetzte oder Professoren mit Namen und Kontaktdaten. Zumindest eine Referenzperson sollte aus der Sphäre des bisherigen Arbeitgebers stammen, es sei denn, man bewirbt sich aus einem bestehenden Beschäftigungsverhältnis heraus, und der derzeitige Arbeitgeber weiß noch nichts von den Wechselabsichten. Insbesondere als Nachwuchsjurist bietet es sich an, einen Professor als Referenzperson anzugeben. Selbstverständlich muss die Einwilligung der angegebenen Personen vorliegen. Will man keine Referenzen angeben oder hat keine Zeit, die Zustimmung einzuholen, kann man - auch schon im Lebenslauf - darauf verweisen, dass Referenzen auf Anfrage vorgelegt werden.

Bewerben im Ausland

Der Bewerbungsprozess im Ausland folgt dem gleichen Grundmuster wie in Deutschland. Jedoch gibt es länderspezifische Abweichungen, die ein erfolgreicher Bewerber kennen muss. Denn jedes Land stellt hinsichtlich der Formalitäten unterschiedliche Anforderungen. Weiterführende Tipps zur internationalen Bewerbung bietet die e-fellows.net-Website im Bereich „Karriere".

Bewerben in Europa: der Europass-Lebenslauf

Die Europäische Union hat einen sogenannten Europass-Lebenslauf sowie vier weitere Dokumente, darunter einen sogenannten Sprachenpass, entwickelt, um Kandidaten bei der Bewerbung im europäischen Ausland zu unterstützen und Arbeitgebern die Beurteilung der jeweiligen Fähigkeiten und Qualifikationen zu erleichtern. Im Vergleich zum deutschen Lebenslauf stehen Sprachen und Soft Skills im Vordergrund. Das Beilegen eines Fotos ist optional. Die Vorlage für den Europass-Lebenslauf ist abrufbar unter: http://europass.cedefop.europa.eu.

Der Europass-Lebenslauf ist insbesondere praktisch für die Bewerbung in einem anderen EU-Mitgliedstaat, mit dessen Konventionen man nicht vertraut ist. Auch für Bewerbungen bei europäischen Institutionen ist er geeignet, soweit nicht das Ausfüllen eines Online-Formulars verlangt wird. Nützlich ist der auf der oben genannten Website ebenfalls erhältliche „Leitfaden für die Verwendung des Lebenslaufs", der auch allgemeine Tipps zur Bewerbung enthält.

Bewerben weltweit: USA und Commonwealth

Innerhalb des alten Commonwealth (d. h. Großbritannien, Kanada, Südafrika, Australien und Neuseeland) sind die Anforderungen an einen Lebenslauf grundsätzlich ähnlich.

Die USA nehmen unter den englischsprachigen Ländern eine gewisse Sonderrolle ein. Neben dem aus Deutschland bekannten umgekehrt chronologischen Lebenslauf wird dort insbesondere der Skills-based-Lebenslauf verwendet, bei dem die persönlichen Fähigkeiten und Kenntnisse im Vordergrund stehen. Weiter wird in den USA zwischen einem Resume und einem Curriculum Vitae (CV) unterschieden. Ein Resume (auch: résumé oder resumé) ist ein bis zwei Seiten lang und soll dementsprechend eine Zusammenfassung sein, während ein CV zwei oder mehr Seiten umfassen kann und eine ausführlichere Darstellung der Person enthält. Während die Wirtschaft das kürzere Resume bevorzugt, sollte man sich mit einem CV bewerben, wenn die betreffende Stelle akademischer oder wissenschaftlicher Natur ist bzw. man sich für einen

Master, ein Stipendium o. Ä. bewirbt. Der US-Lebenslauf ist z. T. aggressiver in der Selbstvermarktung als ein Commonwealth-Lebenslauf, auch wenn die Unterschiede im juristischen Bereich geringer ausfallen dürften als in anderen Branchen. Wegen der Unterschiede bei der Formatierung von numerischen Datumsangaben sollte man Daten einfach ausschreiben. Zwischen amerikanischer und englischer Rechtschreibung ist zu unterscheiden. Grundsätzlich darf ein Lebenslauf im angelsächsischen Raum kein Foto enthalten und sollte folgende Abschnitte umfassen:

Kontaktdaten – contact details: Dazu gehören Name, Anschrift, Telefon und E-Mail-Adresse, nicht dagegen Geburtsdatum und -ort sowie Familienstand.

Persönliche Karriereziele – objective, career target, career objective, goal etc.: Dieser Abschnitt ist nicht zwingend, kann aber dazu dienen, dem Arbeitgeber einen schnellen Überblick über die Ziele des Bewerbers und den Grund für dessen Bewerbung zu liefern. Ein solcher Abschnitt ist bei Berufsanfängern oder Karrierewechslern angebracht sowie bei Bewerbungen bei Legal Staffing Agencies.

Fähigkeiten und Kenntnisse – skills and abilities: Hier sind Fähigkeiten, Eigenschaften, Sprachkenntnisse etc. darzustellen. Es darf sich jedoch nicht lediglich um Behauptungen handeln, vielmehr muss der Bewerber anhand von Beispielen erklären, wieso er zu Recht von sich sagen kann, dass er die jeweiligen Fähigkeiten und Eigenschaften hat. Dieser Abschnitt ist für Bewerbungen in der Wirtschaft sehr wichtig. Ein Arbeitgeber im angelsächsischen Raum wird in der Regel viel mehr Gewicht auf die glaubhaft dargestellten Fähigkeiten des Bewerbers legen als auf seine akademische Ausbildung.

Arbeitserfahrung – work experience, professional experience etc.: Hierhin gehören Arbeitgeber, Dauer und Art der Arbeit. Es ist wichtig – genau wie im deutschen Lebenslauf – konkrete Aufgaben und Leistungen zu nennen.

Ausbildung – education: Dazu gehören z. B. Name und Ort der Bildungseinrichtung, Studiengebiet, Noten, Stipendien etc.

Besondere Erfolge und Leistungen – achievements, accomplishments etc.: In diesen Abschnitt gehören Stipendien, Auszeichnungen und Ehrungen (Publikationen dagegen wiederum in die Anlage) sowie sonstige Informationen, die die Qualitäten des Bewerbers unterstreichen. Hat man nur wenig vorzuweisen, können diese Punkte auch in andere Abschnitte integriert werden.

Interessen – interests, hobbies: Wie bei einem deutschen Lebenslauf sollte man kurz solche Interessen aufführen, die Hinweise auf die Persönlichkeit des Bewerbers geben können.

Referenzen – references: In der Regel zwei oder drei Referenzen (Einwilligung einholen) mit Namen und Kontaktdaten nennen. Der zukünftige Arbeitgeber wird sich dann gegebenenfalls an diese Referenzpersonen wenden, um sich gezielt über den Bewerber zu informieren.

Vorbereitung auf das Bewerbungsgespräch

Die Einladung zum Bewerbungsgespräch zeigt, dass man dem Bewerber den Job fachlich zutraut. Nun kommt es neben den Inhalten auch auf die Präsentation an. Sicheres Auftreten, Haltung, Gestik und Tonlage, und damit die Kommunikationsfähigkeit und Ausstrahlung sind ausschlaggebend dafür, wie man vom Gesprächspartner eingeschätzt wird. Die Tipps der Bewerbungsratgeber für diese Situation sind unüberschaubar. Eine Regel ist aber immer gültig: Authentizität. Wer versucht, eine Rolle zu spielen, wird scheitern.

Vorbereitung

Die richtige Vorbereitung auf das Bewerbungsgespräch umfasst zwei Aspekte: zum einen die individuelle Vorbereitung. Dazu gehören die innere Haltung und Einstellung genauso wie das äußere Erscheinungsbild, also Dresscode und Auftreten. Zum anderen gehört dazu die inhaltliche Vorbereitung, d. h., der Bewerber muss Eckdaten und aktuelle Informationen über den Arbeitgeber und die Branche präsent haben.

Der Arbeitgeber sieht sein Unternehmen bzw. seine Behörde als einzigartig an, ist von seiner Organisationskultur überzeugt und mit der Geschäfts- bzw. Verwaltungstätigkeit vertraut. Der Bewerber sollte daher alle wichtigen Informationen über den Wunscharbeitgeber kennen. Die Kenntnis aktueller Probleme und Projekte kann im Gespräch hilfreich sein, auch wenn man kritische Punkte in der Regel nicht selbst ansprechen sollte.

Gibt es Schwachstellen im Lebenslauf, wie z. B. Lücken? Zum Glück ist ja noch ein Exemplar der Bewerbungsunterlagen zu Hause (siehe oben, Stichwort „Was interessiert mich mein Geschwätz von gestern?"), das man zur Vorbereitung noch einmal durchgehen sollte, um entsprechende Fragen im Vorstellungsgespräch – so ehrlich wie möglich und so strategisch wie nötig – beantworten zu können. Umgekehrt freut sich auch der Arbeitgeber über kluge Fragen zur angestrebten Stelle bzw. zu Unternehmen, Behörde oder Kanzlei. Jetzt, d. h. vor dem Gespräch, ist die Zeit, diese vorzubereiten. Und schließlich sollte man sich auf das bevorstehende Gespräch freuen. Das ist die Chance! Positives Visualisieren kann in diesem Zusammenhang eine sehr hilfreiche Technik für das eigene Selbstbewusstsein sein. Die darin liegende Macht hat bereits Henry Ford schön auf den Punkt gebracht: „Whether you think you can or you can't, you're usually right." Positive Visualisierung bedeutet, dass man das Vorstellungsgespräch vorab detailliert gedanklich durchgeht und sich dabei einen erfolgreichen Verlauf vorstellt. Auch wenn das nicht jedermanns Sache sein mag: Eine positive Grundstimmung ist – neben Authentizität und Selbstvertrauen – enorm wichtig für die eigene Ausstrahlung. Welche Methode man dafür wählt, ist zweitrangig.

Dresscode

Es gibt keinen zweiten ersten Eindruck – und für den hat man gerade einmal ein paar Sekunden. Jeder weiß, dass der Kredit am (Turn-)Schuh scheitern kann und der Job an der Jeans. Kleidung und Frisur haben Signalcharakter, sie sind eine Entscheidungshilfe bei der Einschätzung eines Fremden: An den Federn erkennt man den Vogel.

Richtig kommuniziert man mit einem klassischen, dezenten und gepflegten Kleidungsstil, der weder für den Bewerber selbst noch für sein Gegenüber wie eine Verkleidung wirkt. Dunkler Anzug mit wahrnehmbarer Bügelfalte, ein weißes oder blaues Hemd sowie eine elegante Krawatte (keine Experimente mit „lustigen" Mustern/Motiven) sind für Männer ein Muss; Frauen sollten zum Hosenanzug greifen und mit Schmuck und Make-up zurückhaltend umgehen (weniger ist mehr). Während in London der Spruch gilt: „No brown in the city", wird das in Deutschland entspannter gesehen. Wenn man aber ohnehin lieber Anthrazit anzieht, umso besser. Wer als Mann das Haar lang trägt, darf das selbstverständlich auch im Vorstellungsgespräch tun, aber unbedingt gepflegt. Die Garderobe übrigens am besten schon am Abend vorher aussuchen und bereitlegen.

Generell gilt: Finger weg von Fliege und Einstecktüchern, das wirkt übertrieben (Letzteres zumindest, wenn man schon eine Krawatte trägt). Manschettenknöpfe sind Geschmackssache; ihre Verwendung ist von der eigenen Position und der angestrebten Stelle abhängig. Insbesondere als Nachwuchsjurist sollte man sich jedoch von Gold- und XXL-Versionen eindeutig fernhalten. Ein (Dreitage-)Bart ist nicht generell verboten, kann aber schnell ungepflegt wirken und Sympathien kosten.

Auftreten

Wie auch sonst im Leben sollte man im Vorstellungsgespräch versuchen, abseits der Sachebene eine gute Beziehung zum Gesprächspartner aufzubauen. Faktoren auf der Beziehungsebene sind Mimik, Gestik, Augenkontakt, Körpersprache und Humor. Ein beherzter Händedruck am Anfang und ein Lächeln, vielleicht auch mal ein Schuss Selbstironie im Gespräch, machen immer einen guten Eindruck. Augenkontakt und ein Mindestmaß an Körperspannung (aufrecht sitzen!) signalisieren Respekt und Aufmerksamkeit. Wie in allen sozialen Situationen gilt auch im Vorstellungsgespräch der alte Satz von Paul Watzlawick: „Man kann nicht nicht kommunizieren."

Auch Arroganz und prätentiöses Auftreten können helfen – wenn man den Job nicht will. Es ist bekannt, dass arrogantes Verhalten u. a. auch ein untrügliches Zeichen für Unsicherheit ist. Trotzdem provoziert der Kandidat damit nicht Mitleid, sondern Ablehnung. Um Missverständnissen vorzubeugen: Natürlich darf und soll man selbstbewusst auftreten – ein Bewerbungsgespräch ist nicht der Platz, um allzu bescheiden und ruhig zu erscheinen, schließlich will man sich nicht nur „bewerben", sondern auch „verkaufen".

Typischer Ablauf

Auch im Bewerbungsgespräch gilt: Der erste Eindruck entscheidet und der letzte bleibt. Ist man sich dieser Effekte bewusst, kann man sie gezielt für den eigenen Erfolg einsetzen.

Beginnen wir mit einer Selbstverständlichkeit: Der Gesprächstermin ist in zeitlicher Hinsicht unbedingt einzuhalten. Hier sollte man sich unter gar keinen Umständen Verspätungen erlauben. Lieber einen früheren Zug nehmen oder die Wohnung eine halbe Stunde früher verlassen, als den potenziellen Arbeitgeber auch nur fünf Minuten warten zu lassen. Auch ein Anruf, dass man es – natürlich wegen unverschuldeter Umstände – nicht rechtzeitig schafft, ist noch in Ordnung. Sonst liegen die Bewerbungsunterlagen bald wieder im Briefkasten. Kommt man doch einmal zu spät, gilt:

„Wenn du in Eile bist, gehe langsam." Zu spät kommt man sowieso, da lohnt es sich nicht, durch Hetze und Eile noch ein weiteres Malheur zu provozieren oder seine Ruhe und Souveränität zu verlieren.

Ein Bewerbungsgespräch beginnt in der Regel mit der Begrüßung und Vorstellung der Beteiligten. Natürlich besteht dabei auf beiden Seiten erhöhte Aufmerksamkeit. Es kommt darauf an, Sicherheit auszustrahlen, lächelnd einen festen Händedruck zu geben und den prüfenden Blicken entspannt standzuhalten. Nach dem Vorgeplänkel folgt dann meist eine Kurzvorstellung des Arbeitgebers. Im Anschluss sollte der Bewerber darauf vorbereitet sein, den eigenen Lebenslauf in freier Rede kurz darzustellen. Warum will er diesen Job? Wer gelassen und in einfachen Sätzen vorträgt, ohne sich in Details zu verlieren, wirkt selbstsicher.

Den weiteren Dialog bestimmt der potenzielle Arbeitgeber. In der Regel konfrontiert er den Bewerber mit vielerlei Fragen zu Fach und Person. Die üblichen Standardfragen sind in jedem Bewerbungsratgeber oder auf der e-fellows.net-Website im Bereich „Karriere" zu finden, z. B. „Warum wollen Sie gerade zu uns? Haben Sie sich auch auf andere Stellen beworben? Warum sind Sie der Richtige für uns? Was sind Ihre Stärken/Schwächen? Wie gehen Sie mit Kritik/Stress um? Wo sehen Sie sich in fünf Jahren?" „Spontane" Antworten, die so ehrlich wie möglich und so strategisch wie nötig sind, lassen sich so in aller Ruhe planen. Die Antworten sollten, wo möglich, mit Beispielen unterlegt werden.

Während des Gesprächs sollte man die Gelegenheit ergreifen, Fragen zu stellen. Dies zeugt von Interesse an der Stelle und signalisiert Aufmerksamkeit. Besonders geeignet sind Fragen, die für die Entscheidungsfindung wichtig sind und noch nicht im Gespräch geklärt wurden, z. B. mit wem man zusammenarbeiten wird oder wie es um die persönlichen Entwicklungsmöglichkeiten bestellt ist. Sich Notizen zu machen oder Unterlagen dabeizuhaben wirkt übrigens nicht unsicher, sondern professionell.

Das Ende des Gesprächs sollte dazu genutzt werden, sich noch einmal positiv in Szene zu setzen, z. B. durch eine höfliche Verabschiedung und einen festen Händedruck. Denn der letzte Eindruck bleibt, er hallt nach, das Gedächtnis des Interviewers speichert ihn unbewusst ab.

Das Dankschreiben

Nach einem Bewerbungsgespräch sollte zeitnah ein Dankschreiben verschickt werden. Das gilt besonders für Bewerbungen im angelsächsischen Raum. Man bedankt sich noch einmal für das Gespräch und das entgegengebrachte Vertrauen. Hüten sollte man sich, wie schon im Anschreiben, vor Plattheiten und übertriebenem Lob. Ein freundliches, knappes Dankschreiben rundet den positiven und professionellen Eindruck aus dem Bewerbungsgespräch ab. Zudem richtet es erneut die Aufmerksamkeit auf die eigene Bewerbung und hebt sie damit von der Konkurrenz ab.

LITERATUR-TIPPS:

Bewerbungsunterlagen

- Hesse, Jürgen/Schrader, Hans Christian (2014): *Die perfekte Bewerbungsmappe: Die 50 besten Beispiele erfolgreicher Kandidaten,* Hallbergmoos.
- Hesse, Jürgen/Schrader, Hans Christian (2015): *Training Schriftliche Bewerbung: Anschreiben - Lebenslauf - E-Mail- und Online-Bewerbung,* Hallbergmoos.
- Püttjer, Christian/Schnierda, Uwe (2011): *Die besten Bewerbungsvorlagen für Hochschulabsolventen: 222 Formulierungshilfen für individuelle Unterlagen. Diplom - Magister - Bachelor - Master - Staatsexamen - Promotion,* Frankfurt am Main.
- Püttjer, Christian/Schnierda, Uwe (2014): *Perfekte Bewerbungsunterlagen für Hochschulabsolventen: Erfolgreich zum Traumjob - auch für Online-Bewerbungen. Bachelor - Master - Diplom - Magister - Staatsexamen - Promotion,* Frankfurt am Main.

Vorstellungsgespräch

- Eßmann, Elke (2015): *111 Arbeitgeberfragen im Vorstellungsgespräch: Absichten erkennen - Pluspunkte sammeln - Stolpersteine vermeiden,* München.
- Heragon, Claus (2012): *Das Vorstellungsgespräch: Bewerbungsfragen in 50 x 2 Minuten* (Lernkarten), Berlin.
- Hesse, Jürgen/Schrader, Hans Christian (2014): *Training Vorstellungsgespräch: Vorbereitung - Fragen und Antworten - Körpersprache und Rhetorik,* Hallbergmoos.
- Püttjer, Christian/Schnierda, Uwe (2013): *Das überzeugende Bewerbungsgespräch für Hochschulabsolventen: Bachelor - Master - Diplom - Magister - Staatsexamen - Promotion,* Frankfurt am Main.

Bewerben auf Englisch

- Neuhaus, Karsta/Neuhaus, Dirk (2013): *Das Bewerbungshandbuch Englisch. Erfolgreiche Jobsuche in aller Welt: Deutsch-englische Sprachbausteine, Musterbriefe und -lebensläufe, Expertentipps für die Arbeitssuche,* Bochum.
- Püttjer, Christian/Schnierda, Uwe/Williams, Steve (2013): *Das überzeugende Vorstellungsgespräch auf Englisch: Die 200 entscheidenden Fragen und die besten Antworten,* Frankfurt am Main.
- Schürmann, Klaus/Mullins, Suzanne (2014): *Die perfekte Bewerbungsmappe auf Englisch: Anschreiben, Lebenslauf und Bewerbungsformular,* Freising.

Musterdokumente

Auf den folgenden Seiten finden sich einige deutsch- und englischsprachige Musterdokumente für die Bewerbung, die Ihnen als Anregung dienen können:

- Beispiel für ein deutschsprachiges Anschreiben
- Beispiel für einen deutschsprachigen Lebenslauf
- Beispiel für ein englischsprachiges Anschreiben
- Beispiel für einen englischsprachigen Lebenslauf (Skills-based CV)
- Beispiel für einen englischsprachigen Lebenslauf (Experience-based CV)
- Beispiel für eine Zeugnisübersetzung

Muster: Anschreiben

Felix Muster
Stud. jur.
Alpenstraße 8
80802 München
Mobil: 01 23/45 67 89 10
E-Mail: f.muster@campus.uni-muenchen.de

ABC LLP
Herr Dr. Abis Zeh
Königsallee 17–19
40212 Düsseldorf

8. November 2017

Bewerbung für ein Sommerpraktikum in der Fachgruppe „M&A Corporate" der ABC LLP am Standort Düsseldorf

Unser Treffen auf der Veranstaltung ABC am 02.11.2017

Sehr geehrter Herr Dr. Zeh,

im Anschluss an unser Treffen auf der Veranstaltung ABC in der vergangenen Woche [Anm.: dem Anschreiben sollte im besten Fall ein persönliches Treffen, zumindest aber ein Telefonat vorausgehen] übersende ich Ihnen anbei meinen Lebenslauf samt Anlagen. [Anm.: Bei Messebesuchen sollten Sie stets daran denken, mehrere Exemplare Ihrer Bewerbung dabeizuhaben; das nachträgliche Übersenden ist die zweitbeste Lösung.]

Die ABC LLP bietet fachlich starken und ökonomisch interessierten Studenten die Gelegenheit zur Mitarbeit im Rahmen eines Sommerpraktikums. Durch den damit verbundenen Einblick in die Tätigkeit einer internationalen Sozietät erhoffe ich mir wichtige Impulse für mein weiteres Studium. [Anm.: Erläutern Sie in knapper und glaubhafter Form Ihre Motivation.]

Ich studiere derzeit im dritten Semester Rechtswissenschaften an der LMU München. Zudem belege ich im laufenden Semester eine Zusatzveranstaltung an der wirtschaftswissenschaftlichen Fakultät. [Anm.: Zeigen Sie, dass Sie fachlich über den Tellerrand blicken.] Meinem Lebenslauf können Sie entnehmen, dass ich mich seit meiner Schulzeit in verschiedenen Initiativen sozial engagiert habe. Entsprechend versuche ich, ganzheitlich zu denken und bei juristischen Fragen die wirtschaftlichen und sozialen Zusammenhänge zu berücksichtigen. [Anm.: Das ist eine starke Aussage, die aber durch die vorhergehenden beiden Sätze belegt wird; machen Sie sich darauf gefasst, dies in einem späteren Vorstellungsgespräch noch einmal erläutern zu müssen.]

Seit meinem Abitur und auch während des Grundstudiums zähle ich kontinuierlich zu den stärksten Kandidaten. Die Mehrzahl der bisherigen Lehrveranstaltungen an der LMU habe ich mit Prädikat [Anm.: verwenden Sie positive Schlagworte] abgeschlossen. Während meines neunmonatigen Aufenthalts bei einer Gastfamilie in Knoxville/Tennessee und des damit einhergehenden Besuchs der „Senior Class" einer Highschool habe ich nicht nur verhandlungssichere Englischkenntnisse erworben, sondern auch internationale Erfahrung gesammelt. [Anm.: Verhandlungssichere Englischkenntnisse sind ein wichtiges Pfund, mit dem Sie wuchern sollten.] Flexibilität in zeitlicher und örtlicher Hinsicht ist dementsprechend für mich selbstverständlich.

Einen Ausgleich zu meinen professionellen Aktivitäten finde ich schon seit der Schulzeit in meinen sportlichen Interessen, wie z. B. Skifahren und Schwimmen. [Anm.: Geben Sie auch etwas Persönliches von sich preis, damit Sie nicht als „Juramaschine" erscheinen.]

Über ein persönliches Vorstellungsgespräch und ein damit verbundenes Wiedersehen in Düsseldorf würde ich mich sehr freuen.

Mit freundlichen Grüßen

[Unterschrift]
Felix Muster

Muster: Lebenslauf

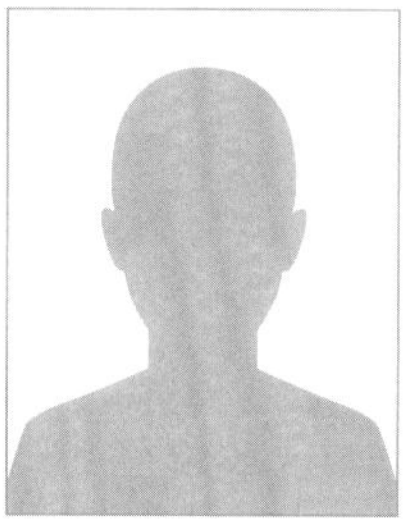

Johanna Musterfrau, LL.M. (NYU)
Dipl.-Juristin, Ass. Jur.

Geburtstag und -ort: 19. Oktober 1991, Düsseldorf
Staatsangehörigkeit: deutsch

Am Hügel 9
43211 Düsseldorf
Mobil: 0123/45 67 89 10
E-Mail: jmusterfrau@e-mail.de

BERUFSPRAXIS

Juni 2017 – Aug. 2017 **Black & White LLP (M&A Practice Group), New York**
Aufgaben: Erstellung von Schriftsätzen aus dem Bereich des Handels- und Gesellschaftsrechts, Wahrnehmung von Gerichtsterminen, Teilnahme an Mandantengesprächen; M&A Due Diligence: *sehr gut*

April 2015 – Mai 2017 **Rechtsreferendariat (Düsseldorf/Frankfurt am Main/ Berlin/New York);** 2. Jur. Prüfung: *vollbefriedigend (10,3 Punkte)*

Jan. 2017 – März 2017
Deutsches Generalkonsulat, New York
Aufgaben: Zusammenstellung von Informationen zur deutschen Wirtschaft, Mitarbeit in den Bereichen Kultur sowie Presse- und Öffentlichkeitsarbeit: *sehr gut*

März 2016 – Dez. 2016
Deutsche Börse AG, Frankfurt am Main
Aufgaben: Erstellung von Schriftsätzen aus dem Bereich des Kapital- und Finanzrechts, Beratung zu allg. Vertragsrecht, Kapitalmarkt-Compliance, M&A: *sehr gut*

Dez. 2015 – Feb. 2016
Bundesministerium der Justiz, Berlin
Aufgaben: Analyse nationaler Gesetzgebung; Vorbereitung von und Teilnahme an Konferenzen und Sitzungen von Ministerium, Parlament und Ausschüssen; Erstellung von Länderberichten; Analyse von Urteilen: *sehr gut*

Sept. 2015 – Nov. 2015
StA Kleve (Allg. Dezernat)
Aufgaben: Verfassen von Anklageschriften und Verfügungen; Sitzungsvertretungen vor Strafrichter und Schöffengericht; Durchsuchungen; Beschuldigtenvernehmungen: *gut*

April 2015 – Aug. 2015
LG Wuppertal (IV. Zivilkammer)
Aufgaben: Verfassen von Urteilen, Voten, Beschlüssen sowie Anfertigung von Gutachten für den Vorsitzenden; Begleitung und Durchführung mündlicher Verhandlungen: *gut*

April 2014 – März 2015 **Swift Planck & Partner, Düsseldorf**
Aufgaben: Recherche und Verfassen von Vermerken zum deutschen Gesellschaftsrecht; regelmäßige Präsentation zu aktuellen gesellschaftsrechtlichen Entwicklungen; Unterstützung bei einer Due Diligence: *sehr gut*

Aug. 2010 – Dez. 2010 **Au-pair in Nanterre/Frankreich**
Betreuung und Versorgung von zwei Kleinkindern

AUSBILDUNG

Sept. 2017 – Juni 2018	**Master of Laws** (LL.M., New York University School of Law), Schwerpunkt: Corporation Law; *magna cum laude*
April 2011 – Feb. 2015	**Rechtswissenschaften,** Universität Düsseldorf Schwerpunkt: Gesellschaftsrecht; 1. Jur. Prüfung: *vollbefriedigend (9,6 Punkte)*
Jan. 2014	**Märchen-Moot-Court,** European Law Students Association, Münster
Aug. 2012 – März 2013	**13th Annual Willem C. Vis International Commercial Arbitration Moot Court** mit einem Team der Universität Düsseldorf: *sehr gut*
Sept. 2011	**Universitäts-Moot-Court,** Universität Düsseldorf
Juni 2010	**Abitur** (1,4); **Klassensprecherin** in Oberstufe und 10. Klasse

SPRACHEN

Deutsch:	Muttersprache
Englisch:	verhandlungssicher (u. a. 15 Monate in New York)
Französisch:	gute Kenntnisse (u. a. fünf Monate in Frankreich)

STIPENDIEN & PREISE

Sept. 2017 – Juni 2018	**Fulbright-Stipendium** (LL.M.-Förderung)
April 2014	**Düsseldorfer Universitäts-Preis**
April 2011 – Feb. 2015	**e-fellows.net** (Online-Stipendium und Karrierenetzwerk)

EHRENAMT

April 2012 – Feb. 2015	**European Law Students Association** (ELSA), Düsseldorf; stv. Vorsitzende

SPORT & FREIZEIT

Jogging; SCUBA-Diving; klassische Literatur

[Unterschrift]
Düsseldorf, im Juli 2018 Johanna Musterfrau, LLM. (NYU)

Muster: Cover Letter

JOHANNA MUSTERFRAU
Address Am Huegel 9, 43211 Duesseldorf, Germany | **Telephone** +49 123 456 78 910
E-mail jmusterfrau@e-mail.de | **Visa** Green Card

April 29, 2017

Mr. Jonathan Goodfellow
Head of Human Resources
Black & White LLP
29 Maplewood Avenue
New York, NY 30658

Dear Mr. Goodfellow:

As agreed upon in our telephone call on April 28, 2017, I am writing to express my interest in joining Black & White's M&A practice group in New York in June 2017 for a period of three months before I begin the LL.M. program at New York University School of Law on a Fulbright scholarship.

M&A has been my main area of interest since law school and I also have relevant work experience in this area.

- Following my graduation, I worked at Swift Planck & Partner in Duesseldorf, Germany, for six months. As part of the M&A practice group, I was involved in many cross-border deals for some of Germany's and the world's largest companies.
- I specialized in German company law while at university and also participated in a seminar on US company law, in which I compared the German limited company (GmbH) to the US LLC.

I learned of Black & White while researching which New York law firms combine an excellent international M&A practice with a work environment that fosters both the professional as well as the personal growth of its employees. Black & White came out on top of the list. I believe that a law firm's long-term success depends not only on having professionally excellent people, but also on having a team that enjoys working together and one that clients enjoy working with. I believe that I am perfectly suited to these requirements.

Thank you for your time and the review of my enclosed resume. I very much look forward to hearing from you.

Sincerely yours,

Johanna Musterfrau

Muster: Skills-based CV

JOHANNA MUSTERFRAU
Address Am Huegel 9, 43211 Duesseldorf, Germany | **Telephone** +49 123 456 78 910
E-mail jmusterfrau@e-mail.de | **Visa** Green Card

OBJECTIVE

Join the Black & White LLP M&A practice group in New York in June 2017 for three months before beginning an LL.M. at NYU on a Fulbright scholarship.

SKILLS AND ABILITIES

Communication

Excellent written skills

- Drafted legal memos on German company law while working for Swift Planck & Partner, which were regularly passed on verbatim to clients.
- Wrote three 20 page research papers (time limit: one month) and nine 16 page exams (time limit: three hours) every semester while at university.

Excellent oral presentation skills

- Held a presentation on legal developments every three weeks while at Swift Planck & Partner.
- Tried over 30 criminal law cases while working at the Kleve District Attorney's office.
- Participated in three university-held moot courts.

Hard-working

- Regularly worked up to 70 hours a week while at Swift Planck & Partner during fast-paced projects that needed to be completed before a certain date.

Attention to detail

- Natural eye for detail, which was further trained at university and while working at Swift Planck & Partner.

Interpersonal skills and intercultural awareness

- Successfully worked in multi-national project teams at Swift Planck & Partner.
- Have friends and family from different cultures.

Languages

- Fluent German; very good English; conversational French.

WORK EXPERIENCE

Legal traineeship, Germany April 2015 – May 2017

Legal trainee

- Stages: German Ministry of Justice; Regional Court of Wuppertal; District Attorney of Kleve; German Consulate in New York; Deutsche Boerse (German Stock Exchange) in Frankfurt am Main.
- Final bar exam with 10.3 points (top 10 % of class).

Swift Planck & Partner, Duesseldorf, Germany April 2014 – March 2015

Legal support – M&A practice group

- Legal research on German company law – my memos were regularly incorporated into reports for clients, many of which are leading corporations in Germany and worldwide.

EDUCATION

University of Duesseldorf, Germany April 2011 – February 2015

Erstes Juristisches Staatsexamen (LL.B./J.D. equivalent)

- Specialized in company law.
- Received a university scholarship for "outstanding academic achievements".
- Participated in three university-held moot courts.
- Graduation with 9.6 points (top 12 % of class).

INTERESTS

- Vice president European Law Students' Association, Duesseldorf chapter.
- Jogging, classical literature and SCUBA diving.

REFERENCES

- Mr. Max Muster, Swift Planck & Partner, Duesseldorf; e-mail: max.muster@spr.de
- Ms. Martina Muster, District Attorney in Kleve; e-mail: m.muster@justiz.nrw.de
- Professor Dr. Michael Mustermann, Chair of Commercial Law, University of Duesseldorf; e-mail: mmustermann@uni-duesseldorf.de

Muster: Experience-based CV

JOHANNA MUSTERFRAU
Address Am Huegel 9, 43211 Duesseldorf, Germany | **Telephone** +49 123 456 78 910
E-mail jmusterfrau@e-mail.de | **Visa** Green Card

WORK EXPERIENCE

Legal traineeship, Germany April 2015 – May 2017
Legal trainee

- Stages: German Ministry of Justice; Regional Court of Wuppertal; District Attorney of Kleve; German Consulate in New York; Deutsche Boerse (German Stock Exchange) in Frankfurt am Main.
- Final bar exam with 10.3 points (top 10% of class).
- Skills gained: Excellent oral presentation skills through trying over 30 criminal law cases while working at the Kleve District Attorney's office.

Swift Planck & Partner, Duesseldorf, Germany April 2014 – March 2015
Legal Support – M&A practice group

- Legal research on German company law – my memos were regularly incorporated into reports for clients, many of which are leading corporations both in Germany and worldwide.
- Regular presentations on legal developments.
- Support on a due diligence operation.
- Skills gained: Excellent team-working skills through working with and supporting a team of lawyers. Memos and research tasks honed my legal writing skills.

EDUCATION & QUALIFICATIONS

2011 – 2015 **University of Duesseldorf**
Erstes Juristisches Staatsexamen (LL.B. equivalent) 9.6 Points (top 12% of class)

- Specialization in company law.
- University scholarship for outstanding academic achievements (selected as one of two top students).
- Participation in three university-held moot courts.

2002 – 2011 **Goethe-Gymnasium Duesseldorf**
Abitur (A-level equivalent) 1.4 GPA (top 2% of class):
Biology (12/15), English (13/15), German (11/15)

- Class representative for four consecutive years.

SKILLS & INTERESTS

- Fluent English and German (native) speaker, conversational French.
- President of the Duesseldorf Chapter of the European Law Students' Association.
- Jogging, classical literature and SCUBA diving.

REFERENCES

Available upon request.

Muster: Zeugnisübersetzung

North Rhine-Westphalia
Ministry of Justice
Federal Examination Office for Lawyers

The legal candidate

Ms/Mr …,
born on …,

passed on February 18, 2015,
at the local Federal Examination Office for Lawyers the

State Examination in Law
with the grade
Satisfactory (8.8 points)

and on April 10, 2014
at the University of Duesseldorf the

University Specialization Examination
with the grade
Fully Satisfactory (10.4 points).

The
First Exam
has therefore been passed with the grade
Fully Satisfactory (9.6 points).

(Signature)
Duesseldorf, February 26, 2015
President of the Federal Examination Office for Lawyers in Duesseldorf

Bewerbung bei internationalen Organisationen

von Ditmar Königsfeld

Als Alternative zum traditionellen Beruf des Anwalts oder zu einer Tätigkeit bei nationalen staatlichen Institutionen stehen internationale Organisationen bei Absolventen des Studiums der Rechtswissenschaften seit Langem im Fokus der Aufmerksamkeit. Hier konkurrieren die Juristen mit international ausgebildeten und ausgerichteten Absolventen vornehmlich aus den Bereichen der Wirtschafts- und Sozialwissenschaften, aber auch aus den Naturwissenschaften um die begehrten Positionen.

Bei welchen internationalen Organisationen können sich Juristen bewerben?

Bereits im Rahmen des Rechtsreferendariats können angehende Juristen eine Verwaltungs- oder Wahlstation bei einer internationalen Organisation ableisten. Grundsätzlich können sich erfolgreiche Absolventen eines rechtswissenschaftlichen Studiums bei nahezu allen internationalen Organisationen um eine Mitarbeit bemühen. Natürlich gab und gibt es internationale Organisationen, die aufgrund ihrer Ziele und Aufgaben als „Hochburgen" für juristisch ausgebildetes Personal gelten. Zu nennen sind hier vor allem die verschiedenen internationalen Gerichtshöfe (Internationaler Gerichtshof, Internationaler Strafgerichtshof und die Sonderstrafgerichtshöfe für das ehemalige Jugoslawien und für Ruanda, der Internationale Seegerichtshof, der Europäische Gerichtshof, der Europäische Gerichtshof für Menschenrechte), Institute wie UNIDROIT, das sich mit der Vereinheitlichung des Privatrechts beschäftigt, die Welthandelsorganisation WTO, die Weltorganisation für geistiges Eigentum WIPO, die Kommission der Vereinten Nationen für internationales Handelsrecht UNCITRAL, der Europarat und die EU-Agentur für Grundrechte, wenn es um Menschenrechte geht. In internationalen Friedensmissionen werden häufig erfahrene Richter und Staatsanwälte zur Unterstützung beim Aufbau nationaler Justizsysteme gebraucht. Die EU-Kommission führt Auswahlverfahren (Concours) für Juristen durch. Darüber hinaus verfügt jedoch nahezu jede internationale Organisation aufgrund ihrer Organisationsstruktur über Arbeitsbereiche, in denen Juristen traditionell einen interessanten Wirkungskreis finden. Dies gilt insbesondere für die Rechtsabteilung, die allgemeine Verwaltung, die Personalabteilung und die interne Korruptionsbekämpfung. Der Internationale Stellenpool des Auswärtiges Amtes (www.jobs-io.de) bietet einen sehr guten Überblick über aktuelle Ausschreibungen der internationalen Organisationen.

Fachliche Voraussetzungen

Entscheidend für eine auch langfristig erfolgreiche Positionierung im System der internationalen Organisationen ist für Juristen zunächst, dass sie zum Zeitpunkt des Einstiegs im Rahmen ihrer juristischen Ausbildung und ersten berufspraktischen Erfahrung (Referendariat) fachliche Schwerpunkte gesetzt haben, die sich in den Zielsetzungen und Aufgaben der internationalen Organisation wiederfinden. Der fachlichen Ausdifferenzierung sind hier nahezu keine Grenzen gesetzt, wie gerade auch das große Angebot an LL.M.-Programmen zeigt. Juristische Fachkenntnisse sind in den Bereichen Menschenrechte, nachhaltige Entwicklung, humanitäre Hilfe, Migrations- und Flüchtlingshilfe ebenso unerlässlich wie beispielsweise Spezialkenntnisse im Recht internationaler Organisationen, im internationalen Patentrecht oder dem Weltraumrecht – die Liste ließe sich beliebig fortsetzen.

Sprachen und mehr

Zu den Mindestanforderungen zählen sehr gute Fremdsprachenkenntnisse von in der Regel zwei offiziellen VN-Sprachen (diese sind: Englisch, Französisch, Spanisch, Russisch, Chinesisch und Arabisch). Fließende Englischkenntnisse sind fast immer ein absolutes Muss. Hinzu kommt, dass die Arbeit in einem interkulturellen Umfeld ohne ein hohes Maß an sozialer Kompetenz nicht erfolgreich zu gestalten ist. Die Bereitschaft, gerade auch in Regionen abseits der großen Standorte von internationalen Organisationen zu arbeiten, rundet ein internationales Profil ab, das auf diesem kleinen aber feinen Arbeitsmarkt (Größenordnung dieses Arbeitsmarktsegments: ca. 90.000 Mitarbeiter in dem höheren Dienst vergleichbaren Positionen) eher die Regel als die Ausnahme bildet.

Wie laufen Bewerbungsverfahren ab?

Nachwuchsprogramme der internationalen Organisationen

Aufgrund der Vielzahl an Aufgaben und Arbeitsgebieten gibt es kein einheitliches Rekrutierungs- und Bewerbungsverfahren, das bei allen internationalen Organisationen Anwendung findet. Grundsätzlich ist festzuhalten, dass der Bewerbungsprozess ebenso wie die Veröffentlichung der Stellen – von wenigen Ausnahmen abgesehen – unabhängig von den Hierarchieebenen auf elektronischem Wege abläuft. Die Bewerbung erfolgt in der Regel immer konkret auf ein individuelles Programm einer internationalen Organisation bzw. auf eine konkrete Vakanz. Dies bedeutet im Umkehrschluss, dass Initiativbewerbungen bei den meisten internationalen Organisationen nicht von Erfolg gekrönt sind.

Klar umrissen sind die Bewerbungsvoraussetzungen und das Bewerbungsprozedere insbesondere bei standardisierten Auswahlverfahren. Hier ist vor allem das Young Professional Programme (YPP) des Sekretariats der Vereinten Nationen zu nennen. Da am YPP nur Angehörige aus unterrepräsentierten Mitgliedsstaaten teilnehmen können, empfiehlt es sich, jeweils im Frühjahr auf der Website des VN-Sekretariats zu prüfen, ob Deutschland am Verfahren teilnehmen wird. Die europäischen Institutionen Kommission, Ratssekretariat und Parlament rekrutieren ihr Personal in der Regel durch spezielle Auswahlverfahren. Die EU hat die Organisation und Durchführung dieser Verfahren zentral dem Europäischen Institut für Personalauswahl übertragen. Eine Reform der Wettbewerbe (Concours) hat dazu geführt, dass die Verfahren verkürzt werden, regelmäßig stattfinden und stärker fähigkeitsorientiert sind. Das mehrstufige Auswahlverfahren der EU ist ebenso wie das YPP durch besondere Bewerbungsabläufe gekennzeichnet, über die die entsprechenden Websites detailliert informieren. Eine andere interessante Alternative für Juristen sind die Führungsnachwuchsprogramme einzelner internationaler Organisationen wie des IWF, der OECD, UNICEF oder auch der UNIDO.

Grundsätzlich gilt für diese standardisierten Programme, dass ohne eine gezielte Vorbereitung sowohl auf die schriftlichen Tests als auch auf die Assessments die Aussichten, einen der begehrten Plätze zu erhalten, nicht sehr groß sind. Und noch etwas muss man beachten: Die Verfahren selbst sowie die nachfolgenden Entscheidungsabläufe der internationalen Organisationen erfordern nicht selten ein hohes Maß an Geduld. Bis man als erfolgreicher Absolvent eines solchen Auswahlverfahrens auf eine entsprechende Position in der Organisation berufen wird, können durchaus ein bis zwei Jahre vergehen.

Noch ein wichtiger Hinweis: Mit dem Carlo-Schmid-Programm und dem Mercator Kolleg für internationale Aufgaben gibt es für Studierende und Absolventen der Rechtswissenschaften zwei hervorragende Programme, die deutschen Bewerbern im Rahmen der Förderung eines Praktikums bzw. im Zuge eines Trainee-Programms die Gelegenheit geben, internationale Organisationen auf dem Weg eines Internship näher kennenzulernen.

Bewerbung auf Einzelausschreibungen

Immer wieder bieten internationale Organisationen auch für Hochschulabsolventen mit in der Regel zwei- bis dreijähriger relevanter Berufserfahrung Vakanzen im Einsteigerbereich (P1-/P2-Level im System der VN bzw. AD 7 im Bereich der EU) an. Die Konkurrenz in diesem Nachwuchssegment ist sehr hoch, da sich auf solche Einzelausschreibungen in der Regel weltweit eine Vielzahl von hoch qualifizierten Interessenten bewirbt. Zuweilen sind die Stellenausschreibungen im Hinblick auf die geforderten fachlichen Qualifikationen oder auch spezifischen Regionalkenntnisse sehr detailliert. Diese Angaben sollten die Bewerber ernst nehmen – die einzelnen Anforderungspunkte der jeweiligen Vakanz sind nicht verhandelbar, und aufgrund des qualifizierten Bewerberangebots besteht aufseiten der internationalen Organisationen keine Notwendigkeit, hier irgendwelche Abstriche – beispielsweise im Bereich Fremdsprachenkenntnisse – zu machen.

Wie sieht eine Bewerbung bei einer internationalen Organisation aus?

Das Anschreiben (Cover Letter)

Im Zuge des elektronischen Rekrutierungsverfahrens bedienen sich die meisten internationalen Organisationen eines im Internet auszufüllenden Bewerbungsformulars. Abgerufen wird dieses Formular entweder auf der Website der Organisation oder auch schon als Supplement einer Vakanz. Die Ausgestaltung eines solchen elektronischen Formulars variiert je nach Organisation. Wichtig ist, dass zu allen Fragen dieses Formulars präzise Stellung genommen wird. Bei den Ausbildungsstationen werden die gängigen internationalen Bezeichnungen verwandt (etwa Admission to the Bar). Bevor dieses elektronische Bewerbungsformular die Personal- bzw. Fachabteilung der jeweiligen Organisation erreicht, hat oft bereits ein sogenanntes elektronisches Prescreening stattgefunden. Hierbei wird die Bewerbung auf relevante Schlüsselbegriffe durchforstet. Um nicht bereits in diesem Stadium der Bewerbung auf die Verliererseite zu geraten, empfiehlt es sich deshalb, die zentralen Begriffe der Stellenausschreibung in das Bewerbungsformular bzw. in die Beschreibung der Tätigkeiten und der akademischen Ausbildung mit einzubeziehen.

Vielfach haben Bewerber die Gelegenheit, der elektronischen Bewerbung ein Bewerbungsschreiben (Cover Letter, Motivation Letter) beizufügen. Hier müssen auf engstem Raum das Interesse an der Position dokumentiert und die besonderen Alleinstellungsmerkmale als Jurist prägnant hervorgehoben werden. Das Anschreiben sollte nicht mehr als eine Seite umfassen und überzeugend darstellen, weshalb die zukünftige Beschäftigung des Bewerbers für die Organisation einen nachweislichen Mehrwert erbringt.

Der Lebenslauf (CV)
In vielen Fällen besteht bei Bewerbungen bei internationalen Organisationen auch die Möglichkeit, einen Lebenslauf bzw. ein Curriculum Vitae (CV) beizufügen. Um sicherzustellen, dass das beigefügte CV in formaler und inhaltlicher Hinsicht den Anforderungen der betreffenden internationalen Organisation genügt, sind einige wesentliche Dinge zu beachten. Ein aussagekräftiger Lebenslauf beantwortet kurz und prägnant die entscheidenden Fragen: „Was wurde wann, in welcher Funktion, durchaus auch mit welchem Erfolg und wo (in welchen Bereichen) vom Bewerber geleistet?" Die Erwartungen der internationalen Organisationen in puncto CV werden durch folgenden Aufbau gut bedient:
- Angabe der persönlichen Kontakt- und Adressdaten
- prägnante Zusammenfassung der Qualifikationen und Erfolge
- Beschreibung der akademischen Ausbildung und Berufserfahrung
- Nennung relevanter Qualifikationen
- Angaben zu Sprachkenntnissen und IT-Kompetenzen

Bei der Aufzählung der akademischen Qualifikationen gilt – ebenso wie bei der Nennung der Berufserfahrung – das Prinzip der umgekehrten chronologischen Reihenfolge. Internationale Organisationen sind bei der Lektüre der CVs daran interessiert zu erfahren, welche beruflichen Tätigkeiten mit welchem Erfolg (Zielerreichung) ausgeübt wurden und wie sich der Verantwortungsbereich (z. B. für Projekte, Personal oder Budget) entwickelt hat. Hier helfen in der Regel konkrete Beispiele zur Beschreibung des individuellen Profils.

Die heiße Phase der Bewerbung: schriftliche Tests und Auswahlgespräche
Viele internationale Organisationen sind dazu übergegangen, vor den eigentlichen Bewerbungsgesprächen schriftliche Prüfungen durchzuführen. Dies gilt insbesondere für die Nachwuchsprogramme bei der EU und den Vereinten Nationen. Aber auch für zahlreiche Führungspositionen ist es mittlerweile Usus, unter Nutzung des Internets Bewerber einer schriftlichen Vorprüfung zu unterziehen. Üblicherweise stehen Fach- und Sprachkenntnisse sowie logisches Denken und Abstraktionsvermögen im Vordergrund.

Internationale Organisationen möchten mit solchen Testverfahren klare Aussagen über die Fähigkeit des Bewerbers erhalten, unter Zeitdruck Problemlösungen in angemessener Form zu entwickeln. Erste Hinweise auf mögliche Themen des schriftlichen Verfahrens lassen sich sowohl aus Aufgaben und Zielsetzung der jeweiligen internationalen Organisation als auch insbesondere aus der konkreten Stellenausschreibung herauslesen. Auch hier gilt: Eine gründliche Vorbereitung ist für das erfolgreiche Bestehen des schriftlichen Tests unerlässlich. Im Internet sowie im Printbereich gibt es eine Vielzahl von Publikationen, die als Hilfsmittel für eine sinnvolle Vorbereitung dienen können. Insbesondere Fragenkataloge aus früheren Auswahlverfahren bieten den Bewerbern einen wichtigen Anhaltspunkt dafür, was in der schriftlichen Auswahlrunde zu erwarten ist.

Das Erreichen dieser letzten Etappe des Bewerbungsprozesses ist zunächst einmal ein großer Erfolg. Internationale Organisationen laden nur jene Bewerber ein, die es erfolgreich auf die sogenannte Shortlist geschafft haben. Bedenkt man die große Zahl der Bewerbungen auf eine Vakanz, stellt das Erreichen dieser Shortlist schon einmal einen bemerkenswerten Erfolg dar. Und unabhängig vom Ausgang des Verfahrens bleibt den Bewerbern auf jeden Fall die Gewissheit, dass ihre Biografie im Kontext des Beschäftigungsfeldes internationale Organisationen marktfähig ist – kein schlechtes Zwischenergebnis.

Das entscheidende Auswahlgespräch kann aufgrund der zuweilen großen Distanzen und zur Vermeidung von Reisekosten häufig im Rahmen einer Telefon- oder Videokonferenz stattfinden. Für viele Bewerber ist dies ein eher unbekanntes und ungewohntes Verfahren, weshalb es sich empfiehlt, eine solche Situation im Vorfeld einmal zu üben. Es ist sicherzustellen, dass zum vereinbarten Zeitpunkt das Gespräch störungsfrei durchgeführt werden kann und die technischen Voraussetzungen auch aufseiten des Bewerbers eine optimale Gesprächsdurchführung gestatten.

Das Panel, also die Auswahlkommission, besteht bei Telefon- und Videointerviews ebenso wie bei persönlichen Interviews aus mehreren Personen. Die Interviewer kommen in der Regel aus der relevanten Fachabteilung und werden fast immer von einem Vertreter der Personalabteilung begleitet. Der Zeitrahmen für das Auswahlgespräch ist vorgegeben, die Dauer kann je nach Organisation erheblich variieren. Von den Bewerbern wird erwartet, dass sie den Mitgliedern der Auswahlkommission ihren akademischen und beruflichen Werdegang präzise und in der gebotenen Kürze vorstellen können. Häufig steht dieser Themenkomplex am Beginn des Auswahlgesprächs. Ebenso wichtig ist, dass sich Bewerber bereits im Vorfeld intensiv mit der Organisation und der individuellen Aufgabenbeschreibung der in Rede stehenden Vakanz auseinandergesetzt haben.

Die Liste der möglichen Gesprächsthemen in einem Auswahlgespräch bei internationalen Organisationen ist sehr breit gefächert, deshalb folgt an dieser Stelle nur eine kurze Auswahl:

- fachliche Fragen zu der konkreten Vakanz der internationalen Organisation
- Fragen zur Führungs- und Teamfähigkeit, die häufig nicht direkt getestet, sondern vielmehr im Rahmen von Szenarien überprüft werden. Hier empfiehlt es sich, konkret erlebte Situationen aus dem eigenen beruflichen und privaten Umfeld parat zu haben.
- Fragen zur gegenwärtigen Tätigkeit bzw. zu früheren Funktionen
- Fragen zur Motivation und Qualifikation im Hinblick auf die konkrete Bewerbung

Da die Mitglieder der Auswahlkommission die Bewerbungsunterlagen in der Regel vorab intensiv studiert haben, werden sie nicht zögern, gegebenenfalls während des Interviews in die im CV angegebenen Fremdsprachen zu wechseln. Spätestens hier würden sich zu optimistische Angaben hinsichtlich der Fremdsprachenkenntnisse als nachteilig herausstellen. Deshalb sei an dieser Stelle der an sich selbstverständliche Hinweis erlaubt: Alle Angaben, die man im Rahmen des Bewerbungsprozesses macht, sollten jederzeit einer substanziellen Überprüfung standhalten.

An dieser Stelle soll auch auf die in der Regel geforderten Referenzen eingegangen werden. Diese Referenzen werden von internationalen Organisationen meist geprüft, deshalb versteht es sich von selbst, dass nicht nur das Einverständnis der Referenzgeber eingeholt, sondern auch die entsprechende Person über den aktuellen Fortgang der jeweiligen Bewerbung informiert werden sollte. Wichtig ist, dass die Referenzgeber aussagekräftige Hinweise geben können. Dies betrifft sowohl berufliche Tätigkeiten als auch persönliche Eigenschaften.

Ein besonderer Weg in internationale Organisationen: das Programm Beigeordnete Sachverständige

Beigeordnete Sachverständige (BS) sind international bekannt unter der Bezeichnung Junior Professional Officer (JPO), Associate Expert (AE) oder Associate Professional Officer (APO). Die Bundesregierung hat mit mehr als 30 internationalen Organisationen Abkommen über die Förderung von Beigeordneten Sachverständigen abgeschlossen. Die Federführung des Programms liegt beim Bundesministerium für wirtschaftliche Zusammenarbeit und Entwicklung (BMZ). Hochschulabsolventen mit erster Berufserfahrung, die im Besitz der deutschen Staatsangehörigkeit sind, bietet sich mit dem JPO-Programm eine einzigartige Möglichkeit, um das Beschäftigungsfeld internationale Organisationen bereits zu einem frühen Zeitpunkt intensiv kennenzulernen. Tätigkeiten als JPO/Beigeordnete Sachverständige finden entweder am Sitz der jeweiligen Organisation oder in den Regional- und Feldbüros in Afrika, Asien, Lateinamerika oder Europa statt. Die Tätigkeitsgebiete decken alle wesentlichen Bereiche der multilateralen Entwicklungszusammenarbeit ab: Armutsbekämpfung, Demokratie und Menschenrechte, Flüchtlingshilfe und Krisenprävention, Umweltschutz, Gesundheitsvorsorge, Arbeitsschutz, Beschäftigungs- und Wirtschaftsförderung, Bildung sowie ländliche Entwicklung und Ernährungssicherung.

Das Programm richtet sich an Bewerber mit erster Berufserfahrung nach einem Hochschulstudium. Vorteilhaft sind hier insbesondere sowohl akademische als auch berufspraktische Erfahrungen, die während oder nach dem Studium im Ausland erworben wurden. In sprachlicher Hinsicht müssen die Bewerber neben fließendem Englisch eine weitere offizielle VN-Sprache sicher beherrschen. Gerade auch für Absolventen der Rechtswissenschaften bieten sich innerhalb des JPO-Programms kontinuierlich interessante Einsatzmöglichkeiten in den unterschiedlichsten Rechtsgebieten und Politikbereichen. Zu Anfang eines jeden Jahres werden die von der Bundesregierung zur Besetzung ausgewählten Positionen im Rahmen des JPO-Programms auf der Website des BFIO (Büro Führungskräfte zu Internationalen Organisationen) veröffentlicht.

Auf Grundlage der schriftlichen Bewerbung entscheidet das BFIO gemeinsam mit dem BMZ und den übrigen Ressorts der Bundesregierung, welche Bewerber zum Auswahlverfahren nach Bonn eingeladen werden. Im Anschluss an dieses Auswahlverfahren auf deutscher Seite schlägt das BFIO den internationalen Organisationen mehrere Kandidaten pro Position vor (Shortlist). Die abschließende Entscheidung liegt bei den internationalen Organisationen selbst. Während ihres Einsatzes sind die JPOs/Beigeordneten Sachverständigen Bedienstete der internationalen Organisationen. Sie werden gleichwohl von deutscher Seite auf ihren Einsatz vorbereitet und während der Tätigkeit begleitet. Für deutsche Nachwuchsführungskräfte bietet das JPO-Programm eine hervorragende Gelegenheit, den ersten erfolgreichen Schritt zu einer langfristigen Positionierung im System der internationalen Organisationen zu tun.

4. Erfahrungsberichte und Fallstudien

Dr. Corinna Odine Bobsien

Richterin

Verwaltungsgericht Karlsruhe

Richterberuf: Perspektiven für vielseitige §§-Reiter

Was verschlägt eine sport- und musikbegeisterte Juristin, die sich nie so recht auf ein Rechtsgebiet festlegen wollte, an das Verwaltungsgericht Karlsruhe?

Die Motivation, beim Staat anzuheuern, folgte für mich vor allem daraus, dass mir hier größtmögliche Abwechslung geboten wird: Neben der Richtertätigkeit bestehen zahlreiche „Sonderverwendungsmöglichkeiten", etwa beim Justizministerium, beim Bundesverfassungsgericht, bei einem Landratsamt oder auch an einer Fachhochschule. Zudem ergab sich für mich schon nach wenigen Monaten die Möglichkeit, Arbeitsgemeinschaften für Referendare - nicht nur im öffentlichen Recht - zu leiten und als Prüferin in der juristischen Staatsprüfung zu fungieren. Abgerundet wird dieses vielseitige Angebot durch die Möglichkeiten, die die richterliche Unabhängigkeit bietet: freie Zeiteinteilung und die Option der Heimarbeit. Zwar komme ich mit 41 Wochenstunden reiner Arbeitszeit nicht ganz aus, ich kann aber meinen Sport und andere Hobbys nach eigenem Gusto als Pausen einstreuen, und mir macht es auch nichts aus, mal eine Akte am Wochenende bearbeiten.

Beworben habe ich mich unmittelbar nach der Zweiten Juristischen Prüfung. Nach meinem Studium in Hamburg, Zürich und Mannheim hatte ich an der Universität Mannheim bei Professor Taupitz im (Bio-)Medizinrecht promoviert. Zudem hatte ich an der Düsseldorf Law School einen Master im Medizinrecht erworben und eigentlich vor, als Fachanwältin in diesem Bereich zu arbeiten. Aber spätestens seit meinem Referendariat am Landgericht Mannheim und meiner Verwaltungs- und Wahlstation beim Verwaltungsgerichtshof Baden-Württemberg reifte in mir der Wunsch, als Richterin beim Verwaltungsgericht tätig zu sein. Mich faszinierte, auf welch hohem rechtlichen Niveau hier mündlich verhandelt wird und mit welchem Anspruch an Gründlichkeit die Entscheidungen schriftlich abgefasst werden. Traum und Wirklichkeit klaffen allerdings oftmals auseinander, und eine Richterstelle am Verwaltungsgericht galt über Jahre hinweg selbst für überragende Juristen als utopische Wunschvorstellung. Ich hatte jedoch Glück: Meine Chance bot sich, weil dank der Asylwelle die Anforderungen an die Examina ein wenig reduziert wurden und 20 Punkte aus zwei Staatsprüfungen reichten, um die Einstellungshürde zu überwinden. Das mag noch immer schwierig klingen, aber ich kann alle Absolventen beruhigen: Wer wirklich den Wunsch hegt, eine bestimmte Stelle beim Staat zu erhalten, und seine Motivation im Bewerbungsgespräch entsprechend zu vermitteln vermag, für den werden sich auch ohne eine bestimmte Schlüsselnote die Türen öffnen.

Mein typischer Arbeitstag als Verwaltungsrichterin

Mein Arbeitsalltag am Verwaltungsgericht Karlsruhe besteht aus zwei Bereichen: dem Asylrecht und den Verwaltungsrechtssachen, die wegen des „Regionalprinzips" des Karlsruher Geschäftsverteilungsplanes alles umfassen, was das öffentliche Recht zu bieten hat. Diese Mischung sorgt für viel Abwechslung. Im Asylrecht darf ich, seit ich ein halbes Jahr Richtertätigkeit erfolgreich hinter mich gebracht habe, als Einzelrichterin Verhandlungen durchführen und Entscheidungen fällen. Hier ist jeder Fall anders und die Verantwortung für Lebensschicksale enorm hoch, doch gerade das macht den Reiz aus. Die Verwaltungsrechtssachen hingegen werden überwiegend von der Kammer bearbeitet und beanspruchen sehr viel Zeit. Bei den Entscheidungen feilen Vorsitzende und Beisitzer an jedem Wort, jedem Absatz und jedem Komma. Bis alle drei Kammermitglieder mit der Entscheidung zufrieden sind, kann also viel Zeit vergehen. Auf der einen Seite bereitet mir dieses akribische und sorgfältige Arbeiten Freude. Auf der anderen Seite nervt es auch manchmal, wenn es so lange dauert, bis ein Fall wirklich erledigt ist. Und ich mache keinen Hehl daraus: Dem Kammerprinzip ist es immanent, dass man mit dem einen Kollegen besser harmoniert als mit dem anderen. Und spätestens nach zwei Jahren soll ein Assessor üblicherweise ohnehin die Kammer wechseln, um verschiedene Führungsstile kennenzulernen.

Besondere Herausforderungen und Drucksituationen

Dachte ich als frisch examinierte Assessorin, jetzt seien die Prüfungen ein für alle Mal hinter mich gebracht, wurde ich als Proberichterin schnell eines Besseren belehrt. Anfangs steht alle sechs, später alle zwölf Monate eine dienstliche Beurteilung an. Das habe ich teilweise als ziemlichen Druck empfunden, der für mich stärker ausgeprägt war als der vor den Examensprüfungen. Letztlich gelingt es aber den allermeisten Assessoren, sich zu bewähren. So stand auch bei mir stets das begehrte „Geeignet" unter den Beurteilungen, der Inhalt las sich allerdings nicht immer überschwänglich. Hier scheint sich fortzusetzen, womit ein Jurist sich schon im ersten Semester abfinden muss: Die Notenskala ist nicht so konzipiert, dass sie regelmäßig nach oben hin ausgeschöpft würde. Erklärt wird das den Assessoren indes schon auf der ersten „Baby-Tagung", der Einführungsveranstaltung für Proberichter: Der Staat stellt eben kein Arbeitszeugnis aus, mit dem man sich woanders gut bewerben kann, sondern er geht von einer lebenslangen Zusammenarbeit aus und hat einzig im Blick, ein realistisches Bild von den gezeigten Leistungen im Vergleich zu den anderen zu zeichnen und für eine stetige Verbesserung zu sorgen.

Meine spannendsten Fälle

Drei Fälle sind mir aus meinen ersten drei Berufsjahren besonders im Gedächtnis geblieben. Der erste war ein höchst eiliger Antrag gegen das behördliche Verbot, eine Fahrraddemonstration über die Autobahn von Heidelberg nach Mannheim durchzuführen, um auf die Notwendigkeit einer besseren Fahrradstrecke zwischen den Universitäten aufmerksam zu machen. Das war das erste Mal, dass ich als Berichterstatterin mit Presseanfragen konfrontiert wurde. Es blieb bei dem Verbot, der VGH Baden-Württemberg schloss sich unserer Kammerentscheidung an und die Rad-Demo fand auf einer anderen Route statt. Ich habe selbst zugesehen, mich aber nicht als „Mitverantwortliche" zu erkennen gegeben.

Der zweite Fall, den ich nicht vergessen werde, ist die „Ufermauer". An sich wäre er nicht so spektakulär gewesen, hätte er nicht so viele unerwartete rechtliche Tücken aufgewiesen. Noch heute betrachte ich auch „privat" Ufermauern nur noch mit gemischten Gefühlen.

Der dritte Fall war eine Wahlanfechtung, die auf kommunalpolitischer Ebene höchste Wellen schlug. Am Verhandlungstag fanden Pressevertreter und Zuhörer kaum Platz im Gerichtssaal, und abends konnte ich mich zweimal im SWR-Fernsehen in Richterrobe bestaunen.

Nach einem Gesamtfazit gefragt, würde ich stets sagen: Ich habe die richtige Berufswahl getroffen. Das liegt vor allem an der Abwechslung. Ist der richterliche Alltag mal besonders hart, freue ich mich über das Unterrichten der Rechtsreferendare, und spätestens dann weiß ich wieder: Man hat es gut, wenn man es in den Berufsalltag geschafft hat.

Dr. Christina Hellrung

Rechtsreferendarin am Landgericht Leipzig

Freistaat Sachsen

Wahlstation Dubai – zwischen Wüste und Wolkenkratzern

Warum Dubai?

Bereits zu Beginn meines Rechtsreferendariats stand für mich die Entscheidung fest, meine Wahlstation in Dubai zu verbringen. Dabei haben mich vorrangig persönliche Gründe geleitet, da mein Bruder mit seiner Familie seit einigen Jahren in Dubai wohnt. Von Dubai versprach ich mir, meine Englischkenntnisse insbesondere im rechtlichen Kontext zu trainieren. Zudem war ich neugierig und skeptisch zugleich, ob sich die langjährige Ausbildung im deutschen Recht auch in einem komplett anderen Rechts- und Kulturkreis bewähren würde. Nach der anstrengenden Examensvorbereitung sehnte ich mich nach einem Tapetenwechsel und wollte mich auf neue Herausforderungen einlassen. Die Aussicht auf angenehme sommerliche Temperaturen war dabei auch ein Beweggrund, die Winterjacke an den Haken zu hängen und das „Abenteuer Wüste" zu wagen.

Bewerbung und Vorbereitung

Das Bewerbungsverfahren bei Schlüter Graf Legal Consultants verlief sehr unkompliziert und unbürokratisch: Auf meine Online-Bewerbung folgte nach kurzer Zeit ein Telefoninterview und in diesem die Zusage. Bis zum Abflug war mir die Kanzlei in allen Angelegenheiten stets ein guter Ansprechpartner. Das Arbeitsvisum wurde von der Kanzlei finanziert und mir rechtzeitig vor Abflug zugeschickt. Von Dubai hatte ich schon einen hochsommerlichen Eindruck gewonnen, als mein Neffe eingeschult worden war. Vom Leben und der Arbeitsweise in Dubai hatte ich aber kaum eine Vorstellung. Ein Flugticket und die Gewissheit, die erste Zeit bei meinem Bruder wohnen zu können, mussten als Reisevorbereitung neben dem Examen ausreichen.

Die Kanzlei ist auf die angespannte Situation der Referendare aber gut eingestellt und hat dafür vollstes Verständnis. Statt mir schon im Vorfeld Aufgaben zu delegieren, erreichte mich kurz vor den Prüfungen ein motivierender Anruf, in dem mir noch viel Glück für die Prüfungszeit gewünscht wurde.

Der erste Eindruck

Endstation Business Bay: Ein eigenes Zugabteil für Frauen, Zitrusduft in der Metro, Wüstensand unter meinen Schuhen und um mich die unzähligen Wolkenkratzer. Überwältigt von den vielen neuen Eindrücken merkte ich, dass ich dem Winter und dem gewohnten Trott der Prüfungszeit tatsächlich entkommen war.

Die Kanzlei hat mich sehr herzlich in Empfang genommen, mich direkt allen Mitarbeitern vorgestellt und mir einen eigenen Arbeitsplatz zur Verfügung gestellt. Das Kanzleiteam ist sehr international, die gemeinsame Sprache ist Englisch. Alle waren sehr aufgeschlossen und immer hilfsbereit. Die freundliche Arbeitsatmosphäre hat es mir sehr einfach gemacht, anzukommen und mich bei all dem neuen „Input" nach und nach zurechtzufinden. Gerade die ersten Arbeitstage waren aufgrund einiger Behördengänge sehr aufregend. Für jeden, der in Dubai arbeitet, muss ein „Resident Visa" beantragt werden. Das Antragsverfahren ist ziemlich umfangreich und – aus deutscher Sicht betrachtet – doch recht befremdlich. Über die Abgabe von Fingerabdrücken hinaus musste ich auch einen medizinischen Test in einem „Medical Center“ absolvieren. Dieser umfasst eine Blutentnahme und eine Röntgenuntersuchung. Nach Abschluss des Verfahrens wurde mir dann eine Emirates ID ausgestellt, die dem deutschen Personalausweis ähnelt.

Wüstensafari, Yoga im Büro und der ganz normale Alltag

Meine Arbeit in der Kanzlei war sehr abwechslungs- und umfangreich. Ab dem ersten Tag wurde ich aktiv in die Mandatsarbeit einbezogen, habe Verträge überarbeitet und an Gesellschaftsgründungen und -umstrukturierungen mitgewirkt. Besonders spannend waren für mich die Termine in Dubai und Abu Dhabi, in denen ich die Mandanten persönlich kennenlernte. Zudem hat mir die Kanzlei die Teilnahme an vielen Konferenzen und Seminaren ermöglicht. Dort konnte ich mich zu aktuellen rechtlichen Themen informieren. Gleichzeitig boten die Veranstaltungen auch eine gute Plattform, mit Menschen aus verschiedenen Berufszweigen (und anderen Referendaren) ins Gespräch zu kommen. Durch die Vorbereitung von Präsentationen und die Mitarbeit an Publikationen habe ich mich vom Arbeitsrecht sowie Handels- und Gesellschaftsrecht über Familien- und Erbrecht bis hin zum Steuerrecht und Zwangsvollstreckungsrecht mit den unterschiedlichsten Rechtsgebieten vertraut gemacht.

Die Recherchearbeit begann dabei oft schon mit der Suche nach den einschlägigen Gesetzestexten (noch dazu in englischer Sprache). Auch deren Auslegung ist - ganz ohne Kommentare - keine „Rocket Science“, aber doch eine echte Herausforderung. Diese und andere musste ich aber nicht allein meistern. Während meiner Wahlstation waren noch zwei andere Praktikanten in der Kanzlei. Im Büro haben wir uns gegenseitig unterstützt und intensiv ausgetauscht, nach Feierabend haben wir den Tag oft noch in einer der vielen Roof-Top-Bars gemütlich ausklingen lassen. Der „ganz normale“ Alltag war immer wieder mit gemeinsamen Erlebnissen gespickt. In besonderer Erinnerung bleiben die Mittagsrunden in unserem Stammlokal „Spring Onion“, der Kanzleiausflug auf Kamelen in die Wüste mit anschließendem Barbeque sowie die Yogastunde im Büro, die uns als Team sehr geeint und den Abschied so schwer gemacht haben.

Hotspot Dubai: Ein Vierteljahr bleibt unvergessen

Der Perspektivwechsel hat mir gerade nach der kräftezehrenden Examenszeit sehr gut getan. Sonne und Meer haben ihren Beitrag dazu geleistet, um wieder Kraft und Motivation für das Leben nach dem Examen zu tanken. Dubai hat fernab von den touristischen Hotspots viele versteckte Ruheoasen zu bieten, die mich überrascht haben. Nachhaltig beeindruckt hat mich die herzliche Aufnahme in das Kanzleiteam. Mein Ausbilder hat viel Zeit investiert, um mir auch sehr komplexe wirtschaftsrechtliche Problemstellungen verständlich zu schildern. Ganz ohne Vorwissen habe ich in der kurzen Zeit einen guten Überblick über das geltende Rechtssystem gewonnen und sogar einige Publikationen mitveröffentlicht. Diese intensive Betreuung ist keine Selbstverständlichkeit, und bin ich sehr dankbar dafür. Die Wahlstation in Dubai wird für mich ein unvergessliches Erlebnis bleiben und hat mich persönlich sehr geprägt.

Dr. Norman Koschmieder

Rechtsanwalt/Associate

Hengeler Mueller Partnerschaft von Rechtsanwälten mbB

Von „Irgendwas mit Medien" zum Öffentlichen Recht in einer Wirtschaftskanzlei

Anwalt wollte ich ursprünglich gar nicht werden. „Irgendetwas mit Medien" – das hatte ich mir nach dem Abitur für den Berufseinstieg fest vorgenommen. Genau deswegen zog ich seinerzeit in die Medienstadt Köln, um den dort noch relativ jungen Studiengang „Medienwissenschaften" zu beginnen. Mit Rechtswissenschaften kam ich erstmals im zweiten Semester in Berührung, in dem wir Medienwissenschaftler einige Vorlesungen zusammen mit den Jura-Studenten hatten. BGB AT, Schuldrecht, Staatsrecht und Medienrecht ... im Laufe der Zeit fand ich zunehmend Interesse an den Jura-Vorlesungen. Diese sollten letztlich meinen weiteren beruflichen Werdegang beeinflussen: Im Anschluss an die Vorlesung zum Telekommunikationsrecht entschied ich mich schließlich für ein Jura-Zweitstudium. Das Telekommunikationsrecht beschäftigt mich nun einige Jahre später noch immer.

Mein Weg zu Hengeler Mueller

Den Schritt in die Rechtswissenschaften habe ich nie bereut, auch wenn der Weg über zwei Staatsexamina und Promotion ein langer und steiniger Pfad ist, der viel Durchhaltevermögen erfordert. Den Einstieg in einer Großkanzlei konnte ich mir nach dem Studium in Köln, einer promotionsbegleitenden Tätigkeit als wissenschaftlicher Mitarbeiter an der Universität Trier und schließlich dem Referendariat in Düsseldorf mittlerweile durchaus vorstellen. Gerade im Referendariat kam ich nach verschiedenen Stationen und Einblicken in die unterschiedlichen juristischen Berufsbilder zu dem persönlichen Schluss, als Rechtsanwalt nah an der Wirtschaft arbeiten zu wollen. Hengeler Mueller war dabei für mich anfangs noch keine gesetzte Größe. Der Name tauchte im Rahmen des Jurastudiums zwar immer wieder auf und wurde in der Regel mit fachlicher Exzellenz verknüpft sowie als Top-Adresse für angehende Wirtschaftsjuristen genannt. Dem stand das Image einer vermeintlich konservativen Wirtschaftskanzlei alten Schlags gegenüber.

Im Rahmen einer Uni-Veranstaltung mit Kurzvortrag und Abendessen in Trier kam ich erstmals mit meinen zukünftigen Kollegen in Kontakt. Nach interessanten Gesprächen folgte eine Einladung in das Düsseldorfer Büro, in deren Nachgang ich eine Stelle als wissenschaftlicher Mitarbeiter während meines Referendariats angeboten bekam. Kurzerhand nahm ich diese an – und blieb. Während meiner Verwaltungsstation in Berlin konnte ich im Berliner Büro von Hengeler Mueller arbeiten. Auf die Tätigkeit als wissenschaftlicher Mitarbeiter folgte eine Referendariatstätigkeit während der Anwaltsstation. Im Anschluss wurde ich von Hengeler Mueller eingeladen, ein dreiwöchiges Short-Term-Secondment bei der befreundeten britischen Kanzlei Slaughter and May in London zu absolvieren. Die Wahlstation wollte ich – ganz im Sinne der ursprünglichen Studienplanungen – in einem großen Medienhaus absolvieren. Auch hier half mir Hengeler Mueller mit der Vermittlung eines Mandanten als Ansprechpartner. Nach dem Referendariat fiel mir die Wahl meines zukünftigen Arbeitgebers schließlich nicht mehr schwer. Die bisherigen Erfahrungen hatten mich überzeugt.

Gelebte Kollegialität

Rückblickend lässt sich mein Werdegang wohl so beschreiben: Ungeplant kam ich mit Hengeler Mueller in Kontakt und wurde letztlich ein „Hengeler-Gewächs". Dies überrascht mich heute nicht mehr. Viele meiner Kollegen sind im Laufe ihrer Ausbildung zumindest einmal mit Hengeler Mueller in Kontakt gekommen und haben sich dann aufgrund der positiven Erfahrung für einen Einstieg entschieden. Das „staubige“ Image, wohl teils ein noch immer währender Mythos, trifft längst nicht mehr zu. Die Vielfalt an unterschiedlichen Charakteren und Persönlichkeiten, gepaart mit einem ausgesprochen kollegialen sowie professionellen Umgang miteinander zeichnen die Arbeit bei Hengeler Mueller in besonderem Maße aus. Die Kollegialität wird auch gefördert durch eine Vielzahl an Initiativen, die den Kanzleizusammenhalt fördern. So engagiere ich mich seit meinem Einstieg in dem Hengeler-internen LGBT-&-Friends-Netzwerk „HM Pride“. Daneben gibt es weitere Formate, beispielsweise eine kanzleiübergreifende Women-Initiative oder regelmäßige Kanzleiveranstaltungen wie die teils legendären Weihnachtsfeiern. Auch die HM Akademie St. Gallen, in deren Rahmen Kollegen, die etwa im gleichen Zeitraum bei Hengeler Mueller angefangen haben, sich zweimal im Jahr für jeweils fünf Tage treffen, um miteinander zu lernen, Neues auszuprobieren und sich auszutauschen, trägt zur Vernetzung und guten Zusammenarbeit über die Standorte hinweg bei.

Mein Arbeitsalltag im öffentlichen Wirtschaftsrecht

Als Anwalt bin ich schwerpunktmäßig im öffentlichen Recht unterwegs. Auch wenn es zunächst ungewöhnlich erscheinen mag: Auch bei Hengeler Mueller als eine der großen deutschen Wirtschaftskanzleien wird das gesamte Spektrum des öffentlichen Wirtschaftsrechts bedient. Datenschutzrecht, Glücksspielrecht, Personenbeförderungsrecht, Luftverkehrsrecht, Energierecht, Telekommunikationsrecht und auch Verwaltungs- und Verfassungsrecht begleiten mich in meinem Berufsalltag. Dabei handelt es sich nicht nur um vermeintliche „Hilfsarbeiten“ für größere M&A-Deals, sondern in den allermeisten Fällen um originäre öffentlich-rechtliche Mandate. So habe ich seit meinem Einstieg regelmäßig Gutachten verfasst, Schriftsätze und Stellungnahmen für Behörden und Gerichte entworfen und bearbeite für Mandanten eine Vielzahl an Fragen des Tagesgeschäfts. Einen persönlichen Höhepunkt meiner bisherigen Tätigkeit bildete eine spannende Verfassungsbeschwerde, die wir im Team kurzfristig verfasst haben.

Die persönliche Lernkurve ist seit meinem ersten Tag sehr steil. Mit zunehmender Erfahrung geht eine steigende Verantwortung in der Mandatsarbeit einher. Regelmäßig arbeiten wir an Mandaten, die eine politische und gesellschaftliche Bedeutung haben. Bei Hengeler Mueller ist man ohne Frage besonders nah dran an den bedeutenden Mandaten der deutschen Wirtschaft. Hengeler Mueller ist zudem in ein internationales „Best Friends“-Netzwerk eingebunden und bearbeitet regelmäßig gemeinsame Mandate im internationalen Verbund. In einer großen Transaktion durfte ich z. B. maßgeblich den datenschutzrechtlichen Workstream betreuen, der insgesamt zwölf verschiedene Jurisdiktionen umfasste.

Die Bearbeitung aktueller, oftmals kurzfristiger Mandate erfordert natürlich auch ein hohes Maß an Flexibilität und Einsatzbereitschaft – das ist aber kein Geheimnis, wenn man sich für den Schritt in die Wirtschaftskanzlei entscheidet. Persönlich kann ich sagen, dass ich mit meinen Vorgesetzten stets Möglichkeiten gefunden habe, mein Berufs- und Privatleben zu vereinbaren. So arbeite ich regelmäßig aus den Büros in Düsseldorf und Berlin heraus, um einerseits meiner schwerpunktmäßigen Anbindung an das Team im Düsseldorfer Büro gerecht zu werden und andererseits mein privates Leben, das sich vor allem in Berlin abspielt, damit in Einklang zu bringen.

Sonja Peters

Referentin in einem Gesetzgebungsreferat

Bundesministerium für Arbeit und Soziales

Vom Entwurf bis zum Gesetz – Referentin im BMAS

Vor dem Jurastudium hatte ich mir, so naiv wie ich war, in den Kopf gesetzt, die Welt zu verändern. Mein Weg hat mich nach meinem Studium in Freiburg, Tokio und Genf ans Bundesministerium für Arbeit und Soziales (BMAS) geführt. Dort verändere ich zwar nicht die Welt, aber ich kann als Referentin in einem Gesetzgebungsreferat am politischen Gestaltungsprozess mitwirken.

Der Weg ins BMAS

Mir war bereits früh klar, dass ich nicht nur „rein juristisch" tätig sein wollte. Im Studium wollte ich verstehen, wieso gesellschaftliche Systeme so sind, wie sie sind, und wie man sie besser machen kann. Dies bedeutete, sich auch mit den politischen und wirtschaftlichen Implikationen des Rechts auseinanderzusetzen. Ich suchte mir neben meinem Studium noch andere Herausforderungen und engagierte mich ehrenamtlich, u.a. bei Amnesty International. Nachdem ich in meinem Master-Studium in Genf und bei Nebentätigkeiten im internationalen Bereich gemerkt hatte, dass ich aufgrund der Arbeitsbedingungen (befristete Verträge und häufige Wechsel von Wohnort und Tätigkeitsinhalt) nicht - wie damals vorgesehen - eine Karriere in internationalen Organisationen einschlagen wollte, musste ich meine bisherigen Karriereüberlegungen auf den Prüfstand stellen. Problematisch erschien mir dabei, dass meine Ausbildung und Berufserfahrungen insbesondere auf das Europa- und Völkerrecht fokussiert waren.

Als ich während des Referendariats eine Station im Bundesministerium für Wirtschaft und Energie absolvierte, gefiel mir die Tätigkeit überraschend gut. Insbesondere reizten mich die Vielfalt der behandelten Themen und der stetige Austausch mit engagierten Kollegen, die trotz ihres spannenden Berufes ein Familienleben und Zeit für sich und ihre Hobbys hatten. Als ich eine Ausschreibung für Volljuristen beim BMAS entdeckte, wollte ich mein Glück versuchen und bewarb mich. Das BMAS war für mich von besonderem Interesse, da das Ministerium an zahlreichen gesellschaftlich hoch relevanten Themen arbeitet, wie beispielsweise der Arbeitsmarktpolitik und der Gestaltung sozialer Sicherungssysteme, und es zudem stark gesetzgeberisch tätig ist. Ich war sehr glücklich darüber, ein Stellenangebot in einem Referat für Rentengesetzgebung zu bekommen, obwohl ich mich erst engagiert in diese Materie einarbeiten musste. Allerdings kann ich nach nunmehr eineinhalb Jahren im Ministerium sagen, dass es nicht ausschließlich auf die Vorkenntnisse ankommt, sondern auch auf die Motivation und die Bereitschaft, sich in neue Themen einzuarbeiten.

Alltag im Bundesministerium

Das Vorurteil, dass eine Tätigkeit im Ministerium bürokratisch und langweilig ist, kann ich nicht bestätigen. Natürlich müssen in einem Gesetzgebungsreferat bestimmte Verfahrensabläufe beachtet werden. So bespricht man einen Gesetzentwurf innerhalb des Referats, mit anderen Referaten im „Haus" (innerhalb des Ministeriums), anderen Ressorts und mit den für die Umsetzung zuständigen Behörden sowie mit den Sozialpartnern und betroffenen Verbänden. Diese Austausch- und Abstimmungsprozesse bedürfen Zeit und Geduld. Juristen, die gerne im Team und interdisziplinär arbeiten und eigene Ideen und Lösungen für gesellschaftlich relevante Probleme der Gegenwart und Zukunft entwickeln wollen, sind im BMAS genau richtig. Man muss sich jedoch im Klaren sein, dass man als Referent eines Bundesministeriums der Politik zuarbeitet und diese darüber entscheidet, ob eine Idee umgesetzt wird.

Je nach Referat und anstehenden Aufgaben kann der Arbeitsalltag im BMAS sehr unterschiedlich sein. Zu Beginn meiner Tätigkeit im Winter 2017 war ich in den ersten Monate damit beschäftigt, Artikel und Kommentare zum Rentenrecht zu lesen und Bürgeranfragen zu beantworten. In dieser Zeit war es recht ruhig, da sich die Regierungsbildung schwierig gestaltete. Als jedoch der Koalitionsvertrag verabschiedet wurde, ging es sehr schnell damit los, Regelungsentwürfe für das erste Rentenpaket zu schreiben. Dies bedeutete für die zuständigen Referate neben der Konzeption und der Rücksprache mit der Deutschen Rentenversicherung auch die Wahrnehmung von Terminen im Bundestag und die Erörterung des Entwurfs mit anderen Ressorts, den Ländern und betroffenen Verbänden. Neben dem Koalitionsvertrag, der uns vorgibt, was in der jeweiligen Legislaturperiode „erledigt" werden muss, werden Gesetzgebungsverfahren auch von anderen Ereignissen, beispielsweise der Austrittserklärung Großbritanniens aus der EU, angestoßen. Da im Fall eines Austritts ohne Austrittsabkommen die bisher auf deutsch-britische Fälle anwendbaren europäischen Koordinierungsvorschriften wegfallen, stellte sich die Frage, wie mit den bisher in beiden Ländern erworbenen Rentenanwartschaften sowie der Möglichkeit, sich in Deutschland zu versichern, umgegangen werden soll. Unser Referat war neben anderen Referaten und anderen Ressorts daran beteiligt, Übergangsregelungen für den Fall zu schaffen, dass Großbritannien die EU ohne Abkommen verlässt.

Entwicklungsmöglichkeiten im BMAS

Ein weiterer Aspekt des Arbeitens in einem Bundesministerium ist häufig unbekannt: Als Referent hat man die Möglichkeit, sich sowohl innerhalb als auch außerhalb des Hauses alle paar Jahre neuen Herausforderungen zu stellen. Dies können ein Wechsel in ein anderes Referat (in der Regel nach etwa vier bis fünf Jahren), eine Abordnung an das Bundeskanzleramt, an die Ständige Vertretung bei der EU, an eine internationale Organisation oder an eine Botschaft sein. Auch kürzere Auslandsaufenthalte, wie die Teilnahme an einer Konferenz der UN, sind möglich. Alles in allem kann ich sagen, dass mir die Tätigkeit beim BMAS sehr gut gefällt, da sie neben guter Arbeitsbedingungen die Möglichkeit bietet, auch innerhalb des Hauses immer wieder neue Erfahrungen zu sammeln.

Fabian Riexinger

Unternehmensjurist

HALTEC Hallen-systeme GmbH

„Hidden Champion" statt Großkonzern? Der Generalist in KMU

„Hightech? Und was machen die?" So oder ähnlich lautet üblicherweise die Reaktion, wenn ich auf die Frage antworte, für wen ich arbeite. Mich haben die großen Namen bereits von Anfang an weniger interessiert. Ich wollte als Generalist fachlich möglichst breit aufgestellt sein und direkt mit den Inhabern und Entscheidungsträgern in einem Unternehmen zusammenarbeiten. Diese Wünsche würde ich in einem kleineren Unternehmen besser verwirklichen können, so meine Vorstellung. Dass ich in einem Wirtschaftsunternehmen arbeiten möchte, war mir bereits vor der Entscheidung für ein Studium klar. Ich entschied mich letztlich, den Studiengang Wirtschaftsrecht, der auf eine Tätigkeit als Unternehmensjurist vorbereitet, zu studieren. Bereits im Bachelor-Studium zeichnete sich ab, dass ich keine Tätigkeit als Spezialist ausüben würde. Mich interessierte das Zivilrecht in seiner ganzen Breite, keines der Fachgebiete fand ich viel weniger spannend als ein anderes. Mit zwei Master-Studiengängen stellte ich mich danach innerhalb des Zivilrechts bewusst sehr breit auf.

Dienstleister nach innen, Schnittstelle nach außen

Mein heutiger Berufsalltag als Unternehmensjurist ist in sehr dynamischer Weise geprägt von den Anfragen meiner Arbeitskollegen aus den unterschiedlichen Funktionsbereichen des Unternehmens, überwiegend aus den Bereichen Einkauf, Vertrieb, Projektmanagement, Marketing und Technik. Als unternehmensinterner Dienstleister betreue ich etwa die Hälfte der Mitarbeiter unseres dezentral organisierten Unternehmens im Inland und im Ausland und bin für sie direkter Ansprechpartner in allen Rechtsfragen. Hinzu kommen Fragestellungen, die direkt von den geschäftsführenden Gesellschaftern des Unternehmens an mich herangetragen werden. Während ich gegenüber meinen Kollegen und der Geschäftsleitung eine Servicefunktion ausübe, nehme ich nach außen gleichzeitig eine Schnittstellenfunktion wahr, in deren Namen ich externe Dienstleister damit beauftrage, das Unternehmen gerichtlich zu vertreten oder spezielle Rechtsfragen zu beantworten.

Stark schwankendes Arbeitsaufkommen im Tagesgeschäft

Durch unsere vielen verstreuten Niederlassungen, die teilweise nur mit wenigen Mitarbeitern besetzt sind, erfolgt ein großer Teil der Beratung fernmündlich. Da immer wieder auch die persönliche Anwesenheit vor Ort erforderlich ist (z. B. für Kundentermine oder Schulungen), ist Reisebereitschaft ein Muss und Freude am direkten Kontakt mit den Arbeitskollegen hilfreich. Die zu erledigenden Aufgaben und deren Priorisierung richten sich nach den Bedürfnissen der Kollegen oder den Anforderungen unserer Kunden. Das Arbeitsaufkommen ist damit kaum steuerbar und nur schwer abzusehen, wodurch es häufig zu sehr großen Schwankungen kommt. Zwar gibt es eine Vielzahl an präventiven Maßnahmen – wie z. B. Bonitätsabfragen, Vertragsprüfungen oder Freigaben durch erfahrene Führungskräfte – das verbleibende Restrisiko verwirklicht sich jedoch ohne erkennbares Muster und häufig in nicht vorhersehbarer Weise. Je nach Nachfragesituation können dann z. B. eine Vielzahl schnell zu erledigender Einzelaufgaben, eine Ausarbeitung alternativer Lösungsvorschläge oder umfangreiche Hintergrundrecherchen erforderlich werden.

Zwischen Abschluss-, Gewinn- und Kundenorientierung

Innerhalb meines Tätigkeitsbereiches priorisiere ich für gewöhnlich wie folgt: An erster Stelle steht die Unterstützung neuer Vertragsabschlüsse und der Abschluss bereits begonnener Bauvorhaben. Hierzu gehören in Zusammenarbeit mit dem Vertrieb vor allem die Anpassung standardisierter Kauf-, Miet- und Werkverträge an die Anforderungen des konkreten Projektes oder alternativ die Prüfung kundenseitiger Vertragsvorschläge. Die Projektmanager hingegen benötigen Beratung z. B. bei der Geltendmachung von Mehrkosten oder zur Abnahme beim Werkvertrag. Innerhalb der Bearbeitungsreihenfolge folgt an zweiter Stelle die Beitreibung von offenen Forderungen. Hierzu gehören u. a. die Durchführung des gerichtlichen Mahnverfahrens und die Beauftragung der Zwangsvollstreckung (bzw. der entsprechenden Verfahren im Ausland) sowie die Führung oder Betreuung von Gerichtsverfahren. Da die gerichtliche Vertretung eines Unternehmens durch im Unternehmen beschäftigte Juristen nur begrenzt zulässig ist, stellt die Auswahl, Steuerung und Kontrolle externer Anwälte eine wichtige Aufgabe dar. Dabei stelle ich den Dienstleistern neben juristischen Einschätzungen z. B. zusätzliches Ablauf- und Produktwissen zur Verfügung und bringe dieses Wissen bei den stattfindenden Terminen mit ein. An dritter Stelle steht das sonstige Tagesgeschäft, wozu z. B. der Schutz des geistigen Eigentums (vor allem Wettbewerbs-, Marken- und Urheberrecht), die Bearbeitung von Insolvenzfällen (Kunden und Lieferanten), die Sicherstellung des Versicherungsschutzes des Unternehmens und die Beantwortung sonstiger Fragen zu bestehenden Verträgen gehören. Die verbleibende Zeit nutze ich für Projektaufgaben. Hierunter können z. B. die Prüfung der rechtlichen Rahmenbedingungen für den Verkauf an einen neuen Kundenkreis, die Erstellung von AGB für ein neues Produkt, die Anpassung interner Handlungsanweisungen an geänderte gesetzliche Vorgaben oder die Vorbereitung von Schulungen fallen.

Interdisziplinarität und Abwechslung als Garanten gegen Langeweile

Die Beschäftigung in einem Unternehmen hat mir bereits nach kurzer Zeit den Aufbau enger und nachhaltiger Arbeitsbeziehungen zu Kollegen unterschiedlichster Fachdisziplinen ermöglicht, mit denen ich mich täglich gerne z. B. zu vertrieblichen oder technischen Aspekten austausche. Die interdisziplinäre Zusammenarbeit und der generalistisch angelegte Verantwortungsbereich machen für mich die Tätigkeit als Jurist in einem mittelständischen Unternehmen aus, bringen aber auch Herausforderungen mit sich: So erfordern die Ausübung einer Servicefunktion und die fachübergreifende Zusammenarbeit nicht nur Offenheit und Kompromissfähigkeit hinsichtlich der Arbeitsergebnisse, sondern bereits auf dem Weg dorthin möglichst schnelle Reaktionen sowie eine verständliche Ausdrucksweise. Auch weil sich die Kollegen – in vielen Fällen zu Recht – nur selten für die Begründung einer juristischen Einschätzung interessieren, ist ihnen häufig nicht zu vermitteln, wie viele rechtliche Fragen ein neues Anliegen aufwirft. In Verbindung mit dem Verlangen nach schnellen Antworten kommt man daher in seiner Rolle als Generalist mit vielen Anspruchstellern auch oft an seine Grenzen. Da sich nach meinen bisherigen Erfahrungen aber gerade Entscheidungsträger der Komplexität und Breite des Rechts sehr bewusst sind, können spezielle Fragen zur Beantwortung auch an externe Spezialisten abgegeben werden. Ob man sich lieber einer solchen Spezialistentätigkeit widmen oder fachlich breit aufgestellt bleiben möchte, testet man meiner Ansicht nach am besten mit mehreren Praktika.

Lucie Rohr

Rechtsanwältin/ Senior Associate

Noerr LLP

Venture Capital: Maßgeschneidert

Wenn ich auf einer Party gefragt werde, was ich so mache, wird die Antwort „Rechtsanwältin" meist mit einer Mischung aus Be- und Verwunderung belohnt. Das liegt vielleicht daran, dass ich mit meinen 29 noch als „sehr jung" für derart Seriöses wahrgenommen werde. Oder daran, dass ich zuletzt bei meiner mündlichen Prüfung einen richtigen Hosenanzug anhatte. Oder daran, dass es vor 22 Uhr ist und ich offenbar gerade nicht in einem Call bin.

Start-Up-Welt vs. Großkanzleiwelt

Zum Glück ist mein Großkanzleidasein weniger von Stereotypen geprägt, als sich Studenten und Absolventen das gerne aus zweiter bis dritter Hand zusammenreimen.

Das liegt sicher auch an meinem Betätigungsfeld, das wir insgesamt als Venture Capital oder Growth Capital bezeichnen. Einfach ausgedrückt heißt das: Ich sorge dafür, dass Start-Ups - junge technologiebasierte Unternehmen - an Geld kommen, um ihre Geschäftsideen weiterzubringen. Unsere Mandanten können dabei sowohl die Gründer sein, denen wir bei der Gründung ihres Unternehmens helfen, das Unternehmen selbst, das wir bei der Durchführung einer Finanzierungsrunde unterstützen, oder die Investoren, die Geld in dieses Unternehmen investieren wollen. Selbst auf Investorenseite sind unsere Ansprechpartner dabei häufig in meinem Alter oder sogar jünger. Gerade Gründer haben dabei oft wenig Ahnung von den juristischen Fallstricken rund um ihr Unterfangen. Hier zahlt es sich aus, wenn man juristische Sachverhalte einfach und präzise an Nichtjuristen kommunizieren kann. Worauf man dafür gern verzichten kann, sind breitspuriges Anwaltsgehabe, Einstecktüchlein und umständliche Grußformeln. Gefragt ist, sich in die Bedürfnisse der Mandanten hineinzudenken, kreativ zu werden und pragmatische Lösungen für mitunter komplexe Probleme zu finden. Was ich dabei besonders schätze, ist, dass etwa bei der Durchführung einer Finanzierungsrunde letztlich trotz unterschiedlich gelagerter Interessen alle Beteiligten an einem Strang ziehen. Hier wird ermöglicht, nicht verhindert - streitsüchtige Gockel sind fehl am Platz.

Am meisten Spaß an meinem Beruf aber macht mir, dass er immer für Überraschungen gut ist. Das Geschäft ist schnelllebig, die Projekte sind eng getaktet, und was heute noch „Prio eins" genießt, wird morgen schon von der nächsten herannahenden Katastrophe überholt.

Secondment bei Rocket Internet

Oder zum Beispiel die Überraschung, wenn der Chef nach gerade mal drei Monaten im Beruf fröhlich ins Büro stürmt und fragt, ob man nicht mal eben ein Secondment antreten wolle. Das war in meinem Fall ein dreimonatiger Einsatz im Legal Team von Rocket Internet. Eine tolle Möglichkeit, einen wichtigen Mandaten und gleichzeitig ein spannendes junges Unternehmen kennenzulernen. Dabei boten sich zahllose Möglichkeiten, über den juristischen Tellerrand zu blicken, sich frühzeitig zu vernetzen, auf Augenhöhe mit Managern zu verhandeln und vieles mehr - ein gutes Beispiel dafür, was eine große Kanzlei alles bieten kann. Ein Ausflug an einen anderen Arbeitsplatz ist dabei nicht zwangsläufig Teil eines in Stein gemeißelten „Partnertracks", sondern ergibt sich vielleicht aus der unmittelbaren Mandatsarbeit oder ganz explizit auf Wunsch eines Associates. Gerade im Fall von Noerr ist aufgrund der deutschen Führung der Kanzlei an vielen internationalen Standorten eine vorübergehende Tätigkeit einfach und unbürokratisch umsetzbar. In meiner Practice Group sind wir etwa mit den Kollegen in London und New York intensiv vernetzt.

Alles nach Maß

Mein Kurzprofil auf der Kanzleiwebsite liest sich in etwa so: Studium in Heidelberg, Genf, Berlin; Tätigkeit für internationale Kanzleien in München, Brüssel, Berlin; Kompetenzen in Venture Capital, Private Equity, M&A; seit 2017 bei Noerr.

Das ist zwar alles schön und richtig. Ein für meinen Berufsalltag nicht ganz irrelevantes Detail steht dort aber nicht: Mein Anwaltsleben sah von Anfang an etwas anders aus als das meiner Peers. Denn ich bin nur an zwei Tagen pro Woche bis COB (close of business nennen wir das, was zeitlich doch erheblich variieren kann) im Büro. An den übrigen Tagen flitze ich seit meiner ersten Woche als Rechtsanwältin um 15 Uhr los, um meinen Sohn aus der Kita abzuholen und den Nachmittag mit ihm auf Spielplätzen, mit Freunden und auf unserem Sofa zu verbringen.

„Und funktioniert das?" …

… werde ich dann gern gefragt, von Kollegen verschiedenster Senioritätsstufen, aber auch gehäuft von unseren Praktikanten, wissenschaftlichen Mitarbeitern und Referendaren. Das funktioniert. Aber es erfordert einerseits die nötige Aufgeschlossenheit und Bereitschaft im Team, insbesondere natürlich die der verantwortlichen Partner. Ich würde niemandem empfehlen, ein solches Modell zu fahren, wenn man permanent Gegenwind bekommt. Es ist herrlich, der Pionier zu sein, aber jeden Tag das Gefühl zu haben, seine Existenz rechtfertigen zu müssen, ist weniger schön. Und was in der Hochglanzbroschüre der Kanzlei steht, muss noch lange nicht der Überzeugung einzelner Entscheidungsträger entsprechen. Ich würde daher jedem, der seine eigenen Vorstellungen davon hat, wie er sein Arbeitsleben gestalten will, dringend raten, seine potenziellen Vorgesetzen direkt und ehrlich auf das Thema anzusprechen. Wer sich auf das Sternchenrating von Azur verlässt, denkt zu kurz. Ein anderer Tipp für alle, die sich nicht vorstellen können, Vollzeit in einer Großkanzlei zu arbeiten: einen klaren Fahrplan erstellen. „Wie viel möchte ich arbeiten? An welchen Tagen? Welche Zeiten brauche ich für mich/mein Hobby/meine Beziehung/meine Familie?" Wer weiß, was er will und warum, wird das auch verkauft bekommen. Wer nicht so genau weiß, was er will, macht sich am besten im Vorfeld schlau, welche Modelle in der Kanzlei schon existieren und wird mitunter angesichts der Vielfalt überrascht sein. Ein bisschen Trittbrettfahren erleichtert einem vielleicht auch die Verhandlungen.

Andererseits erfordert so ein Arbeitsmodell auch ein solides Maß an Selbstdisziplin und manchmal das nötige Fünkchen Dreistigkeit. Um 15 Uhr zu gehen, heißt letztlich: aufstehen, Laptop zuklappen, raus aus dem Büro. Niemand wird kommen und einen höflich dazu auffordern. Das muss man selbst machen. Das ist manchmal ganz einfach und manchmal sehr schwierig. Nur: Extraanerkennung gibt es dafür selten, denn die Vorzüge genießt man schließlich selbst. Außerdem sollte man nicht unterschätzen, welche Höchstleistungen zwischen 14:30 und 15 Uhr möglich sind.

Benjamin Christian Schell

Rechtsanwalt

Selbständig

Anleitung: Wie Absolventen sofort als Partner einsteigen

Für jeden Juristen stellt sich spätestens nach Bestehen des Zweiten Staatsexamens die Frage nach der Berufswahl. Die typischen Alternativen sind entweder der Staatsdienst oder eine Tätigkeit als Rechtsanwalt – letzteres in der Regel in abhängiger Beschäftigung. Den sofortigen Berufsstart zum selbstständigen Rechtsanwalt in eigener Kanzlei wählen die allerwenigsten Absolventen, und selbst nach einigen Berufsjahren schrecken viele noch immer vor diesem Schritt zurück.

Ich selbst habe mich noch während meines Referendariats dazu entschlossen, meine eigene Kanzlei zu gründen. Bis heute habe ich diese Entscheidung nicht bereut und kann es mir auch nicht mehr anders vorstellen. Im Folgenden möchte ich meine Erfahrungen auf dem Weg dorthin beschreiben und Tipps für die Interessierten geben.

Die Ausgangslage

Lange Zeit hatte es nicht den Anschein, als würde ich mich direkt nach dem Abschluss selbstständig machen. Eigentlich hatte ich immer den Plan, zunächst Anwalt in einer Großkanzlei (und dort selbstverständlich irgendwann Partner) zu werden. Während des Studiums absolvierte ich Praktika in ebensolchen, nach dem Studium war ich dort wissenschaftlicher Mitarbeiter und absolvierte dort meine Stationen. Ich konnte meine beiden Examina jeweils mit Prädikat abschließen. Ohne übertreiben oder angeben zu wollen, kann ich behaupten, dass mir nach dem Abschluss alle Wege offenstanden. Es war also nicht die Not und der Mangel an Alternativen, die mich zur Gründung meiner eigenen Kanzlei brachten.

Zugegeben liegt die Entscheidung für die Selbstständigkeit auch nicht sehr nahe. Sie spielt in der juristischen Ausbildung praktisch keine Rolle. Jedenfalls zu meiner Zeit gab es keine vorbereitenden Kurse oder ähnliches, die man hätte belegen können. Dafür gibt es aber Hilfe für Bewerbungen und um Assessment-Center zu überstehen. Professoren werben dafür, interessierten Studenten gute Kontakte zu angesehenen Kanzleien zu vermitteln. Und das Angebot ist ja auch sehr verlockend: hohe bis extrem hohe Einstiegsgehälter, exklusive Büros in den besten Lagen, spannende Mandate für die größten Konzerne in einem internationalen Rahmen. Es ist irgendwie ironisch, dass dieser Weg nach der Vorstellung vieler Studenten dann in einer Position als Partner seinen vorübergehenden Höhepunkt finden soll, also dann doch in einer Position der Selbständigkeit.

Mein Weg zur eigenen Kanzlei

In der Rückschau gab es einige Faktoren, die mich zu dieser Entscheidung geführt haben. Während der ersten Semester des Studiums habe ich vieles gemacht, aber sicherlich nicht viel studiert. Stattdessen habe ich mich anderen Dingen gewidmet, die mir im Nachhinein betrachtet viel für meine spätere Tätigkeit gebracht haben. Ich trat z. B. einer studentischen Unternehmensberatung bei. Dort habe ich wirklich sehr viel gelernt, was die Organisation eines Unternehmens angeht, und konnte auch erste eigene Akquiseversuche starten. Während meiner Praktika habe ich mich nicht primär für das Fachliche, sondern mehr für das Zwischenmenschliche interessiert. Ich habe die vielen unterschwelligen Dynamiken beobachtet und meine Mentoren mit Fragen gelöchert wie: Wie findet man Mandanten? Wie funktioniert das mit der Abrechnung? Ich habe alles aufgesaugt.

Großes Glück hatte ich auch mit meinem Mitbewohner während des Studiums und des Referendariats. Er ist bis heute einer meiner besten Freunde. Er verfügte über ein natürliches unternehmerisches Gespür und hat schon während des Studiums seine ersten Unternehmen gegründet. Heute ist er ein international angesehener Marketingexperte. Ich konnte mir an ihm ein Bespiel nehmen und mich von ihm inspirieren lassen. Gleichzeitig stärkte er mein Selbstbewusstsein, indem er mir versicherte, dass ich zum Start in die Selbstständigkeit fähig wäre.

Tipps für den angehenden Kanzleiinhaber

Die endgültige Entscheidung für die Kanzleigründung war dann auf der einen Seite alles andere als leicht, auf der anderen Seite aber für mich persönlich auch die einzig mögliche. Fast jeder hatte mir von diesem Schritt abgeraten. Es sei viel zu unsicher, und ich wisse doch auch nichts über das Geschäft. Nachdem ich meine zweite Anwaltsstation absolviert hatte, war mir aber klar, dass ich nicht abhängig beschäftigt sein wollte. Es machte für mich keinen Sinn, Vorgesetzte über meine Arbeitszeit entscheiden zu lassen. Und dabei würden diese auch noch den Großteil des Honorars einstreichen (Ich gebe zu, es war auch viel „Ego" dabei). Ich war so fest entschlossen, dass ich sogar meine Wahlstation in New York, die mir eine Kanzlei zugesagt hatte, absagte, um direkt die Kanzleigründung anzugehen.

Ich hätte meine Kanzlei gerne mit anderen Kollegen gegründet. Viele mochten die Idee, haben sich aber dann doch nicht getraut. Angehende Kanzleigründer sollten sich jedoch nicht durch Panikmache ihres Umfelds verunsichern lassen. Guten Rat sollte man natürlich annehmen. Aber guter Rat kommt in der Regel nur von den Personen, die auch eigene Erfahrungen vorweisen können. Hierzu zählen Mit-Referendare, Eltern und (angestellte) Freunde meistens nicht. Denn faktisch gibt es keinen Grund zur Angst. Das zur Kanzleigründung nötige Kapital ist im Vergleich zu anderen Branchen zu vernachlässigen. Man muss sich nicht in die Hunderttausende verschulden. Mir hat ferner die Aussicht geholfen, jederzeit doch in eine feste Anstellung wechseln zu können, wenn es hart auf hart kommt.

Es ist ferner wichtig, zu verinnerlichen, was einen guten Anwalt wirklich ausmacht. Das Fachliche gehört vielleicht zu 50 Prozent dazu. Der Rest ist, was ich am ehesten mit „Persönlichkeit" umschreiben könnte. Denn der Mandant kann die Arbeit des Anwalts in der Regel fachlich nicht bewerten. Wozu bräuchte man sonst auch fast 10 Jahre Ausbildung? Ihm ist viel wichtiger, dass er seinem Anwalt vertraut und er das Gefühl hat, gut beraten zu werden. An diesen Fähigkeiten sollte ein Gründer so früh wie möglich arbeiten.

Die eigentliche Akquise ist schließlich durch das Internet so einfach wie nie zuvor geworden. Der fähige Gründer sollte sich vor allem in SEO- und Pay-per-Click-Marketing einarbeiten. Man wäre überrascht, wie viele auch größere Unternehmen diesen Weg wählen, um ihren Anwalt zu finden.

Eine 180-Grad-Wende mitten im Berufsleben

Laura Schillings

Selbstständige Übersetzerin

Nach Jahren der beruflichen Tätigkeit als Juristin habe ich meine Festanstellung gekündigt und mich als Übersetzerin selbstständig gemacht. Wie es dazu kam? Zunächst habe ich wie alle Juristen studiert und beide juristischen Staatsexamen abgelegt. Nach dem Referendariat war ich zunächst zwei Jahre als Juristin in der Rechtsabteilung des Auswärtigen Amtes. Danach bin ich in die Französische Botschaft gewechselt und habe dort vier Jahre als Referentin in der Abteilung Sozialpolitik gearbeitet. Diese Tätigkeit an der Schnittstelle zwischen Recht, Politik und Sprache (90 Prozent meiner Kollegen waren Franzosen) hat mir ganz neue Perspektiven aufgezeigt. Übersetzungen gehörten zwar offiziell nicht zu meiner Tätigkeit, aber natürlich habe ich vieles übersetzt und dabei festgestellt, wie viel Spaß mir das macht.

Neustart

Nach reiflicher Überlegung, vielen Gesprächen mit Übersetzern, Recherchen über Ausbildungswege für Quereinsteiger in den Übersetzerberuf und dem Erstellen eines Businessplans habe ich den Sprung ins kalte Wasser gewagt. Ich habe meine unbefristete Festanstellung gekündigt, habe mich als Übersetzerin für Französisch selbstständig gemacht und ein zweijähriges Fernstudium Übersetzen begonnen. Daneben habe ich bereits erste Übersetzungsaufträge angenommen. Seit ich 2016 schließlich erfolgreich die staatliche Übersetzerprüfung abgelegt habe, bin ich hauptberuflich als Übersetzerin tätig.

Die langwierige juristische Ausbildung und auch meine Berufserfahrung als Juristin waren aber nicht völlig umsonst, denn ich biete hauptsächlich juristische Fachübersetzungen z. B. für Kanzleien an. Was also zunächst wie ein kompletter Neuanfang aussieht, ist eigentlich ein ganz konsequenter Karriereweg, denn als Fachübersetzer sollte man das Fach, in dem man übersetzt, schon in- und auswendig kennen. Man muss es nicht unbedingt studiert haben, aber das verschafft natürlich einen großen Vorsprung.

Ausbildungswege zum Fachübersetzer

Es gibt grob gesagt zwei Wege in den Übersetzerberuf: Entweder den klassischen, indem man eine Sprache, Linguistik oder Übersetzen studiert und ein Übersetzerdiplom macht. Fachlich kann (und sollte) man sich dann in einem bestimmten Gebiet weiterbilden und spezialisieren. Oder man absolviert ein Fachstudium, sodass man die Fachkenntnisse bereits mitbringt, und bildet sich danach zum Übersetzer weiter. Dafür gibt es verschiedene Möglichkeiten. Neben den staatlichen Unis bietet insbesondere der Fernuni-Anbieter AKAD die umfangreichsten Möglichkeiten der Ausbildung zum Übersetzer an. Im Anschluss legt man in einem Bundesland seiner Wahl die staatliche Übersetzerprüfung ab. Der Titel „Staatlich geprüfter Übersetzer" gilt dann im gesamten Bundesgebiet. Wahlweise kann man sich danach beim Landgericht seines Wohnsitzes vereidigen lassen. Dadurch darf man dann z. B. Urkunden beglaubigt übersetzen.

Arbeitsalltag

Der Berufsalltag von selbstständigen Übersetzern sieht natürlich je nach Spezialisierung und persönlichen Vorlieben ganz unterschiedlich aus. Ich arbeite vom privaten Schreibtisch aus, kenne aber auch Kollegen, die Gemeinschaftsbüros mit anderen Selbstständigen teilen oder sogar ein eigenes externes Büro haben.

Wer die Kunden sind, hängt vom jeweiligen Fachgebiet ab, in dem man übersetzt. Ich habe mich dazu entschieden, in drei Gebieten Fachübersetzungen anzubieten: Hauptsächlich sind das juristische Übersetzungen, weil das durch meine Ausbildung nahe lag und ich hier die umfangreichsten Fachkenntnisse mitbringe. Daneben biete ich noch politische bzw. politologische Übersetzungen an, weil ich durch meine Arbeit im Auswärtigen Amt und der Botschaft hier die meiste Berufserfahrung habe. Und schließlich übernehme ich Übersetzungen aus dem Wirtschaftsbereich, da Unternehmen einfach den meisten Bedarf an Übersetzungen haben und es thematisch zu meinen anderen Bereichen passt. Man muss als Übersetzer zwar nicht zwingend eine Spezialisierung haben, aber man hat damit im sehr gesättigten Übersetzermarkt schon bessere Chancen und kann den Kunden auch nur als Spezialist qualitativ überzeugende Übersetzungen liefern. So wie Rechtsanwälte eine Klageschrift besser nicht von einem Nichtjuristen übersetzen lassen sollten, sollten auch Ärzte eine Diagnose nicht von einem Nichtmediziner übersetzen lassen. Gerade in diesen heiklen Bereichen sind die Fachkenntnisse fast entscheidender als die Sprachkenntnisse.

Meine Kunden kommen entsprechend auch aus drei verschiedenen Bereichen. Im juristischen Bereich sind es Kanzleien, Einzelanwälte und Gerichte. Im politischen Bereich sind es überwiegend Stiftungen und Think Tanks. Im Wirtschaftsbereich häufig Kommunikationsabteilungen mittelgroßer Unternehmen mit internationaler Ausrichtung – die kleinen haben meist keinen grenzüberschreitenden Bezug, und die ganz großen haben ihre eigenen Übersetzerabteilungen.

Vor- und Nachteile der Arbeit als selbstständige Übersetzerin

Die Tätigkeit als selbständige Übersetzerin hat im Grunde die gleichen Vor- und Nachteile wie alle freiberuflichen Tätigkeiten. Der Hauptvorteil ist die große Freiheit, selbst entscheiden zu können, wie, mit wem, wann und wo man arbeiten möchte. Ich genieße diese Selbstbestimmtheit und die zeitliche Flexibilität sehr. Der Hauptnachteil ist die finanzielle Unsicherheit – zum einen bei der Frage, ob auch immer ausreichend Aufträge hereinkommen, zum anderen bei der fehlenden Lohnfortzahlung bei Urlaub und Krankheit und der fehlenden Sozialversicherung. Von daher sollte man diesen Weg nur einschlagen, wenn man eine große innere Motivation und Freude am Übersetzen mitbringt und sich von der persönlichen Einstellung her auch mit dem Unternehmersein identifizieren kann. Denn neben dem eigentlichen Übersetzen verbringe ich sicherlich 40 Prozent meiner Arbeitszeit mit typischen unternehmerischen Tätigkeiten wie Buchhaltung, Steuern, Akquise, Marketing, Kundenkommunikation etc. Das wird leicht unterschätzt. Man muss diese Randtätigkeiten nicht unbedingt lieben, aber zumindest sollte man sich bewusst machen und sich damit abfinden, dass sie viel Zeit in Anspruch nehmen.

Dr. Hans-Georg Schreier

Rechtsanwalt

Loschelder Rechtsanwälte

Anwalt bei und für Hidden Champions

Ich weiß es noch, als wäre es gestern gewesen: Zwei Examen in der Tasche und keine Ahnung, wie es weitergehen soll. Natürlich hatte ich während des Referendariats viele Eindrücke gesammelt, aber was wollte ich in den nächsten Jahren – oder Jahrzehnten – wirklich machen? Mein Beruf sollte abwechslungsreich, interessant und juristisch anspruchsvoll sein. Ich wollte mit Menschen arbeiten und keinesfalls allein im stillen Kämmerlein vor mich hin werkeln. Und auch etwas Internationalität konnte natürlich nicht schaden, schließlich hatte ich zwei Jahre meiner Ausbildung im Ausland verbracht. Von der Idealvorstellung her schien hier der klassische Anwaltsberuf – so wie er früher einmal war – sehr attraktiv. Nur: Gab es das heute noch? Und wenn ja: Konnte man davon leben, und war dieser Beruf auch mit dem Privatleben vereinbar? So bin ich auf Loschelder als mittelständische Kanzlei aufmerksam geworden: Kein kleines Anwaltsbüro, aber auch kein internationaler Jurakonzern, und mit einem Mandantenstamm aus dem deutschen und europäischen Mittelstand. Ich habe die Entscheidung für diesen Weg nie bereut.

Internationales Arbeitsumfeld

Heute mache ich das, was man vielfach „Commercial Litigation and Contracts" nennt. Ich führe Prozesse in nahezu allen Bereichen des Handels- und Vertriebsrechts und berate zu verwandten Themen wie langfristigen Lieferverträgen, Allgemeinen Geschäftsbedingungen und natürlich zu diversen Haftungs- und Gewährleistungsfragen. Dabei ist mein Arbeitsalltag erheblich internationaler, als ich es mir anfangs vorgestellt hatte. Viele unserer Mandanten sind Tochtergesellschaften ausländischer Unternehmen. Die Abstimmung mit den Rechtsabteilungen oder Entscheidungsträgern am Stammsitz erfolgt in der Regel auf Englisch. Viel Raum nimmt dabei die Erläuterung der Eigenheiten des deutschen Rechts ein. Gerade wenn es um vertragliche Standardklauseln geht, ruft die deutsche Rechtsprechung zum AGB-Recht in der Regel nur ungläubiges Kopfschütteln hervor.

Selbst gestalten

Aber selbst rein deutsche Mandate sind vielfach erstaunlich international. Neulich erst habe ich einen sogenannten Hidden Champion aus Süddeutschland bei der Verteidigung gegen eine Schiedsklage seines in den USA ansässigen Vertriebspartners für China vertreten. Bei solchen Fällen haben wir es auf der Gegenseite meist mit internationalen Großkanzleien zu tun. Gern denke ich auch an einen anderen Fall zurück, als die Gegenseite – die Anwälte einer Großbank – mit einem Partner, zwei Associates und zwei juristischen Mitarbeitern zum Gerichtstermin erschien. Und gegenüber: ich allein. Da wusste ich, dass ich bei der Berufswahl die richtige Entscheidung getroffen hatte. Hier bin ich nah dran am Geschehen und kann die Dinge selbst regeln. Ich muss keine übergeordnete Instanz in nächtlichen Vorträgen auf den Stand bringen. Ich kann selbst agieren und das Verfahren unmittelbar beeinflussen. Juristisch sind meine Themen letztlich die gleichen wie in der Großkanzlei. Aber in meiner täglichen Arbeit, deren Planung und Umsetzung bin ich frei. Und sollte ich einmal nicht weiterkommen oder eine Sache diskutieren wollen, steht immer ein erfahrener Kollege für den Austausch bereit.

Prozesse führen ist wie Schach spielen

Vor allem die Prozessführung bereitet mir den meisten Spaß. Eindeutige Fälle kommen in der Regel nicht zu uns. Solche Angelegenheiten wurden von den Kollegen in den Rechtsabteilungen vorher erledigt. Schließlich riskiert kaum einer freiwillig einen teuren und langwierigen Rechtsstreit. Meine Fälle sind meist rechtlich oder tatsächlich kompliziert, und es sprechen in der Regel gleich gute Argumente für beide Seiten. Dann wird es aber auch erst wirklich spannend. Prozessführung ist dabei wie Schach spielen: Man entwickelt eine Strategie, versucht die Reaktionen der Gegenseite vorherzusehen, legt Fallen, hofft, dass die anderen hineintreten und passt sein Vorgehen laufend dem aktuellen Geschehen an. Das ist Herausforderung, Antrieb und zugleich Spaß – denn ohne Spaß lässt sich wohl kein Beruf der Welt auf Dauer ausüben.

Flexibles Arbeiten und Erreichbarkeit

Natürlich hat dieser Beruf auch Schattenseiten. Schließlich ist man faktisch eher Freiberufler – also Selbstständiger – denn Angestellter. Als Freiberufler ist man aber nie ganz raus aus dem Job. Eine inhaltliche Vertretung durch Kollegen ist meist nur begrenzt möglich. Die Einarbeitung in „fremde" Fälle dauert einfach zu lang, und selbst bei noch so guter Aktenführung sind Detailkenntnisse meist nur schwer übertragbar. Ein längerer Urlaub im digitalen Nirgendwo ist möglich, bedarf aber gründlicher Vorbereitung. Allein schon zur Vermeidung böser Überraschungen werden häufig auch während des Urlaubs oder in der Elternzeit E-Mails jedenfalls gelesen, oder man stimmt sich kurz telefonisch mit dem Vertreter im Büro ab. Im Gegenzug kann ich aber selbst sehr gut entscheiden, wann, wie und wo ich arbeite. Erst recht muss ich abends nicht das Licht im Büro anlassen, um Kollegen zu zeigen, wie fleißig ich bin. Mir persönlich liegt diese Arbeitsweise, und die Vorteile überwiegen für mich klar die Nachteile.

Geh Deinen Weg

Wenn ich jungen Kolleginnen und Kollegen einen Rat geben soll, lautet dieser immer: „Geh Deinen Weg." Das klingt vielleicht abgedroschen, aber es stimmt. Nichts belastet mehr, als etwas hinterherzulaufen, wofür man nicht steht oder was einem selbst keine Freude macht. Karriereratgeber können Ideen und Anstöße liefern. Umsetzen muss man das Ganze letztlich selbst, und dafür gibt es keine Blaupause. Was vor zehn oder 20 Jahren richtig war, muss heute nicht gelten – und gilt auch häufig nicht mehr. Viele Menschen haben ganz konkrete Vorstellungen von ihrem Karriereweg und der Reihenfolge einzelner Stationen. Am Ende kommt es aber meist anders – und das ist auch gut so. Deshalb sollte man sich von Unvorhergesehenem nicht schrecken lassen, sondern es als Chance begreifen. Mach, was dir Freude bereitet, und lass los, was dich belastet. Natürlich ist nicht immer alles Spaß, aber langfristig sollte die Balance stimmen.

Always on the move – als Jurist unterwegs in der Mobility-Branche

Martin Smagon, LL.M.

Legal Counsel/ Syndikusrechtsanwalt

Intelligent Apps GmbH (FREE NOW)

Als Legal Counsel/Syndikusrechtsanwalt bei der Intelligent Apps GmbH in Hamburg berate ich rechtlich in den Bereichen IT-Recht, Datenschutzrecht, eCommerce, Marketing und Performance Marketing, unlauterer Wettbewerb und internationales Wirtschaftsrecht und bediene die EU-Tochtergesellschaften.

FREE NOW (damals mytaxi) wurde 2009 in Hamburg gegründet und war eine der weltweit ersten Taxi-Apps, die eine direkte Verbindung zwischen Fahrgästen und Taxifahrern herstellt. Dadurch bekommen Fahrgäste Fahrten mit lizenzierten Taxifahrern vermittelt. mytaxi agiert als Vermittler und Plattform. Heute nutzen mehr als zehn Millionen Fahrgäste und ca. 100.000 Taxifahrer die FREE NOW App.

Seit Februar 2019 ist FREE NOW Teil des Mobility Joint Venture von BMW und Daimler in der NOW Gruppe. Bei FREE NOW sind ca. 900 Mitarbeiter in rund 100 Städten beschäftigt - ein Start-up auf dem Weg zum Grown-up.

Mein Arbeitstag – agil & international

Am besten kann man sich meinen Job vorstellen, wenn man sich einen typischen Arbeitstag anschaut. Morgens plane ich meinen Tag. Ich bereite mich auf Meetings vor und organisiere meine Aufgaben. Dann kommt auch schon die erste Anfrage aus Polen. Der Geschäftsführer ruft an, und ich bespreche mit ihm die neue Kooperation mit einem großen Business-Partner in Warschau. Am liebsten ist ihm eine Einschätzung bis zum nächsten Tag, weil die Kooperation in drei Tagen starten soll. Ich zeige ihm den Rahmen des rechtlich Möglichen auf ,und wir verabreden eine Telefonkonferenz für den nächsten Tag. Er freut sich immer wieder, dass er mit mir auf Polnisch kommunizieren kann, und ich finde es auch toll, dass ich bei der Arbeit meine Muttersprache einsetzen kann. Gleich danach muss ich in den „Maschinenraum", so nenne ich bei uns die IT-Abteilung, welche die App programmiert und am Laufen hält. Dort geht es um die Einführung eines neuen Cloud-Dienstes. Wir verhandeln mit einem US-amerikanischen Dienstleister den Vertrag, und ich bespreche im Nachgang intern die weitere Verhandlung. Meine Kollegen kommen aus Brasilien, Spanien, Russland, Indien und UK. Natürlich wird deshalb alles auf Englisch besprochen, und es fallen sehr viele technische Abkürzungen. Die Fachbegriffe musste ich mir als Jurist zuerst aneignen. Ich folge dem Motto: „Nur wenn man die Sprache der IT spricht, kann man mitreden." Durch die vielen Kulturen, die in unserem Unternehmen vertreten sind, lebt man jeden Tag Internationalität. Am Nachmittag telefoniere ich mit den italienischen Anwälten, die uns bei der Aktualisierung der italienischen AGB helfen. Wir vergleichen, ob die für den deutschen Markt entwickelten Lösungen auch in Italien machbar sind. Am späten Nachmittag bittet die interne Datenschutzbeauftragte um eine Einschätzung zu einer Einwilligungslösung. Kurz vor dem Feierabend findet noch eine Besprechung wegen der Einführung eines neuen Dienstes statt. Diesmal ist es eine Videokonferenz mit Kollegen aus dem Tech-Hub in Barcelona.

Spannende Aufgabe

Zu den spannendsten Aufgaben zählte bisher insbesondere die Implementierung der Datenschutzgrundverordnung. Zunächst musste ich verstehen, welche personenbezogenen Daten überhaupt verarbeitet werden. Dafür musste ich schnell alle Bereiche kennenlernen und mir die sogenannten Datenströme erklären lassen. Dabei war es eine große Herausforderung, dass die Datenschutzgrundverordnung als EU-Verordnung in allen europäischen mytaxi-Tochtergesellschaften umgesetzt werden musste. Ich stand täglich in engem Austausch mit der Informationssicherheit, den Geschäftsführern, dem Marketing, der IT und den lokalen Beratern. Der Vorteil war, dass ich innerhalb kürzester Zeit das gesamte Unternehmen kennenlernen konnte. Bei einem extrem schnelllebigen IT-Unternehmen ist es eine große Herausforderung, alle Abläufe und Prozesse zu überschauen. Das gelang nur, weil immer in einem interdisziplinären Team gearbeitet wurde und die Entscheidungswege sehr kurz sind. Man arbeitet nie „im stillen Kämmerlein", sondern ist immer mittendrin im Geschehen. Dadurch hat man den Vorteil, schnell an Informationen zu kommen und diese auch direkt weitergeben zu können. Bei dieser Aufgabe war des Weiteren spannend, dass ich nicht nur juristisch beraten habe. Vielmehr musste ich das Projekt steuern, Arbeitsschritte präsentieren und interne Richtlinien sowie Informationstexte für die Kunden schreiben. So war ich an einem Tag Rechtsberater, am anderen Projektmanager, und am darauffolgenden Tag musste ich mich in den Techniker hineinversetzen, um zu hinterfragen, ob mein Vorschlag auf einem kleinen App-Bildschirm überhaupt umsetzbar ist.

Das Pro überwiegt das Contra

Die Arbeit als Jurist im Unternehmen ist nicht immer einfach. Schnell kann man als „ewiger Bedenkenträger" abgestempelt werden. Das ist bei einem agilen Mobility-Grown-up umso mehr möglich, weil das Geschäft mobil und schnelllebig ist. Man kann es nur verhindern, wenn man sich in die Fachabteilungen hineinversetzt, eine pragmatische Arbeitsweise hat und sich bei der Rechtsberatung auf das Wesentliche konzentriert. Oft hat man nicht die Zeit, sich in tiefgründige Abhandlungen einzulesen und längere Memos zu erstellen. Bei einem Start-up bzw. Grown-up hören die Empfänger meist nach dem dritten Satz nicht mehr zu, und man muss einfach, präzise und stark übersetzt beraten. Deswegen muss man sich genau überlegen, ob dieses Arbeitsumfeld für einen gemacht ist. Manchmal beneide ich den externen Anwalt, der auf mehreren Seiten das Für und Wider abwägt, Rechtsprechung und Literatur studieren kann und dann ein Ergebnis präsentiert. Ich würde aber niemals tauschen wollen. Ich möchte Recht direkt für den Nichtjuristen übersetzen, ihm bei einer Herausforderung helfen und am Ende sehen, dass mein Beitrag das Taxi mit dem Fahrgast ins Rollen bringt. Als klare Vorteile sehe ich die ungezwungene Arbeitsatmosphäre, die Möglichkeit, täglich neue Dinge zu lernen, und die gelebte Internationalität. Nicht zu vernachlässigen ist für mich als Papa von zwei Kids der Umstand, dass ich von überall aus arbeiten kann und die bei mir geforderte Flexibilität sich auch beim Arbeitgeber spiegelt. Es zählt nie die face time, sondern immer nur die Aufgabe. Letztendlich ist die gesamte Mobilitätsbranche im Umbruch und zukunftsträchtig. Es ist sehr erfüllend, in einer Branche tätig zu sein, die täglich die Zukunft der urbanen Mobilität gestaltet.

Stefanie Wojak, LL.M.
Privacy Counsel
FIRST PRIVACY GmbH

Internationaler Datenschutz – die Schnittstelle von Recht, Technik und Management

Seit 2018 arbeite ich als Beraterin der FIRST PRIVACY GmbH. Der Fokus des Unternehmens liegt auf der Beratung internationaler Unternehmen zur deutschen, europäischen und außereuropäischen Datenschutz-Compliance und der Tätigkeit als externe Datenschutzbeauftragte. Meine Kollegen sind Juristen und Informationssicherheitsexperten aus unterschiedlichen Ländern, wie Spanien, Frankreich, den USA, Kolumbien oder Nigeria. Internationalität ist ein wichtiger Bestandteil unseres Arbeitsalltags. Das Unternehmen ist eine Tochtergesellschaft der datenschutz nord Gruppe, die vorwiegend deutsche Kunden berät.

Wozu wird eine Datenschutz-Beraterin benötigt?

Viele Unternehmen sind nach der Datenschutzgrundverordnung (DSGVO) oder nationalen Datenschutzgesetzen verpflichtet, einen Datenschutzbeauftragten zu benennen. Andere entschließen sich hierzu freiwillig. Die Position kann bei entsprechender Fachkunde extern oder intern vergeben werden. Es ist nicht zwingend erforderlich, Volljurist zu sein. Somit stellt dies auch eine Chance für Wirtschaftsjuristen dar.

Den Datenschutz ernst zu nehmen schützt die Unternehmen vor hohen Strafen. Es gibt hier eine Art Anforderungskatalog, der Unternehmen vorschreibt, welche Dokumentationen zu erstellen und Verträge zu schließen und welche Prüfungen nachweisbar durchzuführen sind. Sofern ein Unternehmen bestimmte Anforderungen nicht erfüllt oder betroffenen Personen bestimmte Rechte nicht gewährt, können Behörden Datenverarbeitungen verbieten und hohe Bußgelder verhängen (bis vier Prozent des Umsatzes der vorherigen Geschäftsjahres oder alternativ 20 Millionen Euro). Zudem besteht die Gefahr, dass Betroffene Schadensersatzansprüchen geltend machen.

Mein Weg als Wirtschaftsjuristin zum Datenschutz

Nach längeren Auslandsaufenthalten in Kolumbien und Rumänien reizte mich ein internationales Studium. Als Wirtschaftsjuristin ist man unter Volljuristen immer noch eine Exotin. Daher entschied ich mich für das Studium an einer Hochschulkooperation der Universität Bremen und der Carl von Ossietzky Universität Oldenburg namens „Hanse Law School". Im Rahmen des verpflichtenden Auslandsstudiums besuchte ich die Autonome Universität Barcelona Jura. Zu dem als trocken geltenden Datenschutz kam ich durch Zufall. Als ich mein Bachelorarbeitsthema suchte, schlug mein Professor ein Thema zur Übermittlung von Daten in die USA und einem aktuellen Gerichtsurteil an der Schnittstelle des Europa- und Datenschutzrechts vor. Im Master wählte ich entsprechende Kurse und arbeitete am Lehrstuhl. Der Berufseinstieg bei der FIRST PRIVACY GmbH gelang zunächst über eine Teilzeitstelle während des Masters. Seit dem Abschluss arbeite ich in Vollzeit.

Was beinhaltet der Arbeitsalltag einer Beraterin?

Wenn ich eins feststellen kann, dann dass Datenschutz ganz und gar nicht „trocken" ist. Vielmehr ist es ein relativ neues Rechtsgebiet, das sich aufgrund der technischen Neuerungen stetig im Wandel befindet. Im Rahmen meiner Tätigkeit arbeite ich mit sehr unterschiedlichen Teams. Unsere flachen Hierarchien in der datenschutz nord Gruppe lassen viel Raum für kreative Lösungsfindungen und eigene Projekte. Wenn ein neuer Kunde unsere Dienste in Anspruch nimmt, dokumentieren wir in Teams in einer Bestandsaufnahme den aktuellen Ist-Zustand. Dabei werden jüngere Kollegen in der Regel von erfahreneren Kollegen begleitet. Wir prüfen sämtliche Datenverarbeitungen und bewerten deren Rechtmäßigkeit anhand gesetzlicher Vorgaben. Sofern wir Abweichungen von gesetzlichen Vorgaben oder Empfehlungen der Datenschutzaufsichtsbehörden feststellen, empfehlen wir den Unternehmen konkret, wie sie ihre Prozesse verbessern können („best practice"). Dabei profitieren wir von unserer Erfahrung bei einer Vielzahl von Unternehmen, die wir beraten. Gleiches gilt für interne Regelungswerke wie Betriebsvereinbarungen z. B. zur E-Mail-Nutzung. Diese Regelungswerke prüfen wir und begleiten die konzernweite Implementierung durch Besprechungen mit unterschiedlichen Ansprechpartnern. Die Ansprechpartner variieren hierbei stark, es sind z. B. Geschäftsführer eines Großkonzerns, IT-Verantwortliche oder auch die Mitarbeiter von Personalabteilungen. Hierfür ist ein gewisses Fingerspitzengefühl erforderlich. Im Datenschutz überschneiden sich Recht, Management und Technik. Die Schnittstelle zur Technik entsteht durch Themen wie die datenschutzkonforme Einbettung von Fremdinhalten auf Webseiten.

Wir empfehlen stets praxisnahe, für das Unternehmen einfach umzusetzende Maßnahmen. Die Arbeit geht somit über das Lesen von Kommentaren und Urteilen hinaus. Um für den Kunden maßgeschneiderte Lösungen bzw. Handlungsoptionen zu entwickeln, lernen wir, uns in die Organisationsstrukturen der Kunden hineinzudenken. Interessant ist hierbei, datenschutzrechtliche Risiken gegenüber den unternehmerischen Risiken abzuwägen. Die Entscheidung, die von uns aufgezeigten datenschutzrechtlichen Probleme zu ändern, liegt jeweils beim Kunden.

Licht und Schatten im Job

An meinem Job mag ich, dass mich immer unvorhersehbare Themen und Fragen seitens der Kunden erreichen. Weiterhin finde ich es schön, dass wir eine langjährige Beratungsbeziehung aufbauen können. Zudem haben sich die Aufsichtsbehörden zu vielen datenschutzrechtlichen Themen noch nicht klar positioniert und die Gerichte die Sachverhalte zum größten Teil noch nicht beurteilt. Es ist also Kreativität gefragt, und ich finde es spannend, Rechtsnormen nach verschiedenen Methoden auszulegen und mit „Lebenssachverhalten" zu füllen. Ein klassisches Thema ist hierbei die Einbettung von Cookies, Trackern und Analysetechniken. Für dieses Jahr wird hierzu ein europaweit unmittelbar anwendbares Gesetz, die ePrivacy-Verordnung, erwartet. Für mich heißt das, dass ich mich ständig weiterbilden muss, um meine Kunden umfassend zu beraten. Neue Tools und automatisierte Entscheidungsfindungen als „Zukunft der IT" erfordern, dass man sich auch in technischere Gebiete gern einarbeitet und das Vokabular von IT-Administratoren wenigstens in Grundzügen versteht.

Ein Rat zum Schluss

Empfehlenswert ist es, über Praktika und Hilfstätigkeiten in die unterschiedlichen juristischen Themen hineinzuschnuppern. Zwar ist dies ebenfalls im Rahmen des Referendariats möglich, jedoch nimmt es relativ viel Druck, zuvor schon ein Ziel vor Augen zu haben. Der Mehraufwand lohnt sich, da man sicherer und beruhigter in die Abschlussprüfungen gehen kann und der Berufseinstieg leichter fällt. Für mich persönlich war es sehr hilfreich, die FIRST PRIVACY und deren Klima schon von innen heraus gekannt zu haben.

Private Equity in der Praxis – Fallstudie Verkaufsprozess

Dr. Wenzel Richter
Senior Associate
Clifford Chance

Rechtsanwalt im Private Equity

Private Equity umfasst vor allem außerbörsliche Unternehmenskäufe von speziell dafür aufgelegten Investmentfonds (Private-Equity-Fonds). Private-Equity-Fonds halten ihre Beteiligungen in der Regel zwischen drei und sieben Jahre. Private Equity ist sehr beratungsintensiv. In allen Phasen der Beteiligung – Erwerb, Weiterentwicklung und Veräußerung – werden Rechtsanwälte gebraucht. Neben Rechtsanwälten werden in der Regel auch Wirtschaftsprüfer, Steuerberater, oder auch Finanzierungs-, Management- und Industrieberater von Private-Equity-Fonds eingebunden. Der typische Zyklus einer Unternehmensbeteiligung durch Private-Equity-Fonds ist in untenstehendem Schaubild dargestellt.

Die Kapitalbeteiligung im Private Equity

Anders als Mandanten aus der Industrie oder der öffentlichen Hand arbeiten Private-Equity-Fonds mit sehr kleinen Teams – in der Regel verantworten nicht mehr als drei bis vier Mitarbeiter eine Beteiligung. Dadurch sind die Anforderungen an jeden einzelnen beratenden Anwalt – aber auch seine Einflussmöglichkeiten – entsprechend hoch, und die Arbeit ist sehr persönlich. Und zwar auf allen Hierarchieebenen. Im Idealfall wird man als Anwalt nicht nur als externer Berater angesehen, sondern als Teil des Transaktionsteams wahrgenommen und eingebunden. Das kann insbesondere am Anfang der Karriere aber auch eine Herausforderung darstellen: Private-Equity-Mandanten bearbeiten wegen der geringen Größe ihres Teams viele Themen parallel und haben üblicherweise keine Zeit (und Geduld), um lange juristische Gutachten zu lesen. Sie brauchen juristisch fundierte und knapp dargestellte Handlungsempfehlungen. In der Kürze liegt hier oft die Würze. Private-Equity-Mandanten erwarten von ihren Anwälten neben einem fundierten Verständnis der Transaktion und ihrer Hintergründe auch vertiefte Industrie- und Marktkenntnisse. Ländergrenzen spielen für Private-Equity-Häuser keine Rolle – sie investieren häufig grenzüberschreitend und in international aufgestellte Unternehmen. Von ihren Beratern erwarten sie einen ebenso internationalen Ansatz. Kommuniziert wird dabei sehr häufig auf Englisch, und die Vertragsdokumentation wird in aller Regel auch in englischer Sprache verfasst und verhandelt.

Fallstudie: Vom Erwerb bis zum Exit

Die vorliegende Fallstudie beschäftigt sich mit einer erfolgreichen Kapitalbeteiligung eines Clifford-Chance-Mandanten aus den Jahren 2013 bis 2016. Clifford Chance hat diese Beteiligung über ihren gesamten Lebenszyklus begleitet: von den Kaufvertragsverhandlungen Ende 2012 bis zur Veräußerung des Unternehmens im März 2016.

Erwerb und Fortentwicklung des Unternehmens

Beteiligungsgegenstand war eine deutsche Unternehmensgruppe aus dem Energiesektor mit ca. 40 deutschen und internationalen Tochtergesellschaften. Der Mandant hatte Anfang 2013 im Rahmen eines strukturierten Verkaufsprozesses eine Mehrheitsbeteiligung an der Unternehmensgruppe erworben. Clifford Chance war dabei mit mehreren Teams an Bord, die voneinander getrennt (hinter „Chinese Walls") mehrere Bieter parallel berieten. M&A-Anwälte führten den rechtlichen Transaktionsprozess und die Vertragsverhandlungen und unterstützten beim Vollzug der Transaktion, während Anwälte aus dem Bereich „Banking" den Mandanten bei der Bankfinanzierung des Erwerbs berieten. Hintergrund für die Notwendigkeit einer Bankfinanzierung ist das Geschäftsmodell von Private-Equity-Investoren: Um einen höheren Gewinn auf das eingesetzte Kapital des Fonds zu erzielen, wird üblicherweise ein Teil des Kaufpreises der Unternehmen mit Fremdkapital finanziert. Wenn sich das Unternehmen wie geplant entwickelt und beim Weiterverkauf ein deutlich höherer Preis erzielt werden kann, entfällt nach Rückzahlung der Bankdarlehen ein höherer Anteil des beim Verkauf realisierten Unternehmenswerts auf das vom Private-Equity-Fonds eingesetzte Eigenkapital (wenn die Wertentwicklung höher als die Verzinsung der Darlehen war). Der hierdurch erzielte „Hebeleffekt" auf das eigens eingesetzte Kapital ist der Grund, warum diese Transaktionen als „Leveraged Buyout" (LBO) bezeichnet werden. Fremdkapitalgeber sind in der Regel Banken, es können aber auch Investmentfonds sein, die sich darauf spezialisiert haben, Unternehmensübernahmen mit Darlehen zu finanzieren.

Nach dem Erwerb der Mehrheitsbeteiligung nutzte der Mandant sein spezielles Industrie- und Markt-Know-how, um die Gruppe weiterzuentwickeln, beispielsweise durch den Ab- und Zukauf von Unternehmensteilen. Anfang 2015 erwarb der Mandant dann die restlichen Anteile des Unternehmens, und kurz nach dem Vollzug dieses Erwerbs fiel der Startschuss für den Verkaufsprozess.

Vorbereitungen – Due Diligence und NDA

Der Mandant entschied sich, eine größere Anzahl von Kaufinteressenten anzusprechen. Neben europäischen Interessenten waren dies insbesondere nordamerikanische und chinesische Investoren. Clifford Chance war hierbei von Anfang an zu rechtlichen Teilaspekten eingebunden – zum Beispiel bei Überlegungen zu Transaktionsstrukturen oder um rechtliche Hürden für potenzielle Käufer und deren Einfluss auf den Transaktionsprozess zu antizipieren (insbesondere mögliche kartell- oder außenwirtschaftsrechtliche Beschränkungen). Unsere Erfahrung als Transaktionsanwälte sowie die genaue Kenntnis der Unternehmensgruppe war für unsere Mandanten hierbei sehr hilfreich.

Daneben war Clifford Chance in dieser Phase insbesondere mit der Organisation und Durchführung der rechtlichen Unternehmensprüfung (Due Diligence) beschäftigt. Zuerst wurden alle wesentlichen Informationen zur Unternehmensgruppe in einen virtuellen Datenraum eingestellt. Das Transaktionsteam hatte hierfür eine Liste der erforderlichen Unterlagen sowie Anweisungen zum Schwärzen von Informationen erstellt. Denn insbesondere aufgrund kartell- und datenschutzrechtlicher Beschränkungen durfte nicht jeder Kaufinteressent jede Information einsehen. Wegen der Größe der Unternehmensgruppe umfasste der Datenraum mehr als 10.000 Dokumente.

Ergebnis der Due Diligence war eine Zusammenfassung der wesentlichen rechtlichen Parameter und Risiken zu Struktur und Tätigkeit der Unternehmensgruppe in einem Bericht (Due Diligence Report). Dieser Bericht wurde sodann den Kaufinteressenten und finanzierenden Banken zur Verfügung gestellt. Als Berufseinsteiger, Referendar und wissenschaftlicher Mitarbeiter ist man in die Due Diligence eingebunden. Entgegen dem landläufigen Vorurteil kann Due Diligence aber insbesondere im Gesellschaftsrecht sehr interessant und lehrreich sein. Sobald man anfängt, Eigentumsketten an Gesellschaftsanteilen oder gruppeninterne Umstrukturierungen zu prüfen, nimmt die Arbeit gern auch detektivische Züge an und kann zu großen Aha-und Lerneffekten führen. Man erfährt eine Menge über verschiedenste Industrien und sieht, wie Recht in der Praxis tatsächlich gelebt wird.

Daneben wurde in dieser Phase die konkrete Marktansprache vorbereitet. Für Clifford Chance bedeutete dies, Vertraulichkeitsvereinbarungen (Confidentiality Agreement oder Non-Disclosure Agreement, NDA) mit Kaufinteressenten zu entwerfen und zu verhandeln. Erst nach ihrer Unterzeichnung konnte Zugang zu den Informationen über die Unternehmensgruppe gewährt werden (dazu gehörte auch der rechtliche Due-Diligence-Bericht). Dabei wurden auch Vertraulichkeitsvereinbarungen mit möglichen Fremdkapitalgebern der Käufer abgeschlossen. Was auf den ersten Blick ungewöhnlich erscheint (immerhin ist es nicht die Aufgabe des Verkäufers, Fremdkapitalgebern möglicher Käufer die Arbeit zu erleichtern), ergab aus Prozesssicht durchaus Sinn: Durch einen eigenständigen Zugang zu Informationen über die Unternehmensgruppe konnten sich die Fremdkapitalgeber der Käufer schon früh eine eigene Meinung zum Unternehmen und zu möglichen Finanzierungskonditionen bilden. Für Clifford Chance bedeutete dies konkret, dass die Vertraulichkeitsvereinbarung nicht nur mit mehr als 60 Kaufinteressenten verhandelt, sondern zusätzlich auch mit 15 Fremdkapitalgebern (meistens Banken) abgestimmt werden musste. Entwurf und Verhandlung von Vertraulichkeitsvereinbarungen werden im Private-Equity-Team von Clifford Chance üblicherweise an Associates übertragen. Man kann also in dieser Phase seine ersten eigenständigen Verhandlungen führen. Eine wichtige Lernphase – sammelt man doch neben Erfahrungen in Entwurf, Besprechung und Umsetzung von konkreten Vertragsabsprachen auch Kenntnisse im Einmaleins der guten Verhandlungsführung.

Vertragsverhandlungen und Vollzug

Im letzten Stadium des Prozesses wurde den verbleibenden Interessenten der Entwurf des Kaufvertrags (Share Purchase Agreement, SPA) zur Verfügung gestellt, und sie wurden zur Kommentierung und Abgabe finaler Angebote eingeladen. Für Clifford Chance begann nun die intensivste Phase der gesamten Transaktion – parallele Verhandlungen mit allen verbleibenden Interessenten. In diesem Fall war das eine Mammutaufgabe, die nur durch parallel arbeitende Verhandlungsteams aus allen drei deutschen Büros von Clifford Chance zu meistern war. Private Equity ist Teamsport. Nachdem der Mandant aufgrund eines Handschlagdeals mit einem der Bieter eine Entscheidung zugunsten dieses Interessenten gefällt hatte, begannen an einem Mittwochvormittag die letzten Gespräche im Münchner Büro von Clifford Chance. Die

Vertragsgespräche wurden weitestgehend durch den federführenden Partner und einen Counsel geführt. Dieses Kernverhandlungsteam wurde durch Associates und Referendare aus verschiedenen Büros und Teilrechtsgebieten unterstützt.

Während der Verhandlungen fügten sich die Teilstränge des Projektes zu einem großen Ganzen zusammen. Hierbei wurde zum Beispiel deutlich, welche unmittelbaren Auswirkungen bestimmte Formulierungen im Due-Diligence-Bericht auf den Kaufvertrag haben können. Als verhandlungsführender Anwalt verfolgt man nicht nur die Interessen seines Mandanten, sondern wird in dieser Phase auch gestalterisch tätig. Manchmal wird der Vertragstext dabei im Verhandlungsraum an die Wand projiziert und mit allen Beteiligten direkt abgestimmt. Neben dem klassischen Vertragsrecht sind regelmäßig auch Rechtsfragen aus dem Bilanz-, Handels- oder Steuerrecht relevant. Sobald es um spezielle Fachthemen geht (z. B. Einzelfragen im Arbeits- oder Steuerrecht), zieht das Verhandlungsteam dann kanzleiinterne Experten zurate. Man ist gerade auch in dieser letzten Phase auf die Unterstützung der eigenen Kollegen aus anderen Fachgebieten oder Büros angewiesen, da Themen oft erst spät aufkommen und dann unter hohem Zeitdruck gelöst werden müssen.

Die Verhandlungen endeten mit der Unterzeichnung des Kaufvertrages (Signing) am folgenden Donnerstagmorgen kurz vor Sonnenaufgang. Dieser lange Zeitraum ist entgegen landläufiger Meinung nicht die Regel. Er kann aber bei einem Signing mit vorausgehender Endverhandlung und anschließender langwieriger Beurkundung gelegentlich vorkommen.

Fazit

Als Anwalt im Private Equity wirkt man nicht nur gestalterisch bei der Strukturierung und Durchführung von Unternehmensbeteiligungen mit. Man gewinnt im Rahmen der Due Diligence auch vertiefte Einblicke in den Alltag der Unternehmenswelt. Während der Verhandlungen lernt der Berufseinsteiger dann, wie wesentliche Entscheidungen unmittelbar getroffen werden. Meist begleitet man eine Unternehmensbeteiligung über ihren gesamten Lebenszyklus. Man ist dann nicht nur Berater bei Erwerb und Veräußerung, sondern eventuell auch Ansprechpartner des Unternehmens bei alltäglichen Rechtsfragen. Dies kann neben grundsätzlichen Strukturfragen auch das Führen von Verhandlungen mit Lieferanten oder Kunden sowie das Aufsetzen möglicher Managementbeteiligungen umfassen.

Ein Private-Equity-Anwalt muss belastbar sein, auf juristisch höchstem Niveau arbeiten können und ein Grundverständnis zur Organisation von Unternehmen und für wirtschaftliche Zusammenhängen mitbringen. Ein guter Private-Equity-Anwalt hat daneben auch ein gutes Judiz und ist ein Teamspieler. Denn gerade bei komplexen Unternehmensbeteiligungen ist das relativ kleine Transaktionsteam sehr auf die Unterstützung von Spezialisten aus der eigenen Kanzlei sowie anderer Berater des Mandanten angewiesen. All diese Aspekte machen die Arbeit als Anwalt im Private Equity herausfordernd, aber dadurch auch vielseitig, spannend und sehr befriedigend.

Lukas Treichl

Associate/Rechtsanwaltsanwärter

Freshfields Bruckhaus Deringer

Data Analytics auf dem Weg zur datenschutzrechtlichen Compliance

Viele Herausforderungen der alltäglichen Mandatsarbeit lassen sich nur mehr unter Einsatz von modernen Technologien effizient bewältigen. Die Automatisierung von Prozessen führt hierbei einerseits zu Effizienzsteigerungen, andererseits eröffnen sich dem Rechtsanwalt gänzlich neue Möglichkeiten in der Beratung. Über die Grenzen der Rechtsgebiete hinweg erarbeitet Freshfields Bruckhaus Deringer gemeinsam mit den Mandanten innovative Lösungen.

Die datenschutzrechtliche Beratung birgt an sich bereits Sachverhalte mit technischen Aspekten und ist in der Fokusgruppe Geistiges Eigentum und Informationstechnologie (IP/IT) angesiedelt. Regelmäßig beraten wir hier – insbesondere vor dem Hintergrund der Datenschutzgrundverordnung – internationale Mandanten bei der Umsetzung umfangreicher Compliance Programme.

Der Einsatz von Technologie (wie machine learning, Aufbau von umfangreichen Datenbanken, Dokumentenautomatisierung etc.) zur Bearbeitung von Mandaten eröffnet Berufseinsteigern und Referendaren die Möglichkeit, sich in einem frühen Stadium der Karriere gestaltend einzubringen. Wenn ein komplexes rechtliches Problem auftritt, für das eine technologiebasierte Lösung in Betracht kommt, setzen wir uns in unserem Freshfields Lab in Berlin mit Entwicklern, Technologieanbietern und Mandanten zusammen und arbeiten als Team gemeinsam an einer spezifischen Lösung.

Genauso sind wir auch im nachstehend beschriebenen Fall vorgegangen.

Die Herausforderung

Die Mandantin ist ein Konzern, der weltweit unterschiedlichste Tourismusdienstleistungen anbietet. Der Schwerpunkt dieser Dienstleistungen liegt auf der Durchführung von Kreuzfahrten zwischen zahlreichen Ländern rund um den Globus. Besatzung, externe Dienstleister und Passagiere dieser Schiffe stammen aus unterschiedlichsten Ländern. Die Schiffe verfügen über das aktuellste technische Equipment zur Überwachung und Analyse des Wohlbefindens der Passagiere und zur stetigen Garantie der Sicherheit an Bord. Vor dem Hintergrund der Anwendbarkeit der Datenschutzgrundverordnung sind sämtliche (Daten-)Verarbeitungsaktivitäten konzernweit und weltweit zu analysieren, zu dokumentieren und schließlich auf ihre datenschutzrechtliche Zulässigkeit zu untersuchen und die notwendigen Compliance-Schritte zu setzen. Dabei können sich Datenverarbeitungsaktivitäten aus Vereinbarungen bzw. Dokumenten ergeben oder (mitunter hiervon unabhängig) faktisch durchgeführt werden.

Die Mandantin informierte uns einige Monate vor Anwendbarkeit der Datenschutzgrundverordnung über eine digitale Vertragsablage mit rund 35.000 Dokumenten, aus welchen sich datenschutzrechtlich relevante (Daten-)Verarbeitungsaktivitäten ableiten lassen sollten. Die digitale Vertragsablage beinhaltete Dokumente in unterschiedlichsten Formaten und teils fragwürdiger Scanqualität, wobei einzelne Dokumente auch oft fragmentiert (daher in mehreren Teilen) abgespeichert waren. Außerdem fehlte jede Struktur in Form von Metadaten (z. B. Tags, Dateinamen) bzw. eine grundsätzliche Ordnerstruktur.

Vor dem Hintergrund der in der Datenschutzgrundverordnung vorgesehenen hohen Geldstrafen (bis zu vier Prozent des weltweiten Jahresumsatzes bzw. 20 Millionen Euro) und drohender Reputationsschäden für den gesamten Konzern war es unsere Aufgabe, diese 35.000 Verträge zu sichten und auf datenschutzrechtlich relevanten Inhalt zu analysieren. Die Ergebnisse der Analyse sollten dann dazu verwendet werden, aufzuzeigen, wo im Rahmen des konzernweiten Compliance-Programms weitere Maßnahmen zur Einhaltung des Datenschutzrechts implementiert werden sollten. Eine manuelle Durchsicht schied aufgrund des beträchtlichen Aufwands und der in wenigen Monaten anwendbaren Datenschutzgrundverordnung aus.

Tool Box

Gemeinsam mit der Mandantin skizzierten wir zunächst einen Prozess auf Basis von bisherigen Erfahrungen mit dem Einsatz technischer Lösungen bei ähnlichen Projekten.

Dieser umfasste zunächst den Transfer der Dokumente auf unsere Systeme und eine Vereinheitlichung der Dokumentenformate. Sämtliche Dokumente machten wir darüber hinaus maschinenlesbar (sog. Anwendung eines „OCR – Optical Character Recognition"). Sodann trainierten wir eine Artificial-Intelligence-Software, in dem Fall ein Vertragsanalyse-Tool, das selbstständig Muster in Dokumenten erkennt und so etwa wesentliche Klauseln identifizieren kann, wenngleich diese nicht wortident mit einer der trainierten Musterklauseln sind.

Hierbei stellte sich die besondere juristische Herausforderung, dass wir – zunächst händisch – jurisdiktionsübergreifend Klauseln diversen Kategorien zuordnen mussten. Diese Kategorien dienten dazu, die Einordnung der Verarbeitungstätigkeit laut dem jeweiligen Vertrag vorzubereiten. Juristisch ist es oftmals schwierig, Klauseln hinsichtlich ihrer Wirkung bzw. ihres Bedeutungsgehalts sauber voneinander zu trennen, insbesondere vor dem Hintergrund der zahlreichen Jurisdiktionen. Historisch unterscheidet sich gerade der US-amerikanische (oftmals bundesstaatliche) und europäische Zugang zum Datenschutzrecht, was sich natürlich auch wieder in den jeweiligen Klauseln manifestiert.

Zum „Anlernen" der Artificial Intelligence ist es aber essenziell, dass die Abgrenzung von Klauseln untereinander scharf getroffen wird, weil das Training mit wenigen Klauseln geschieht und diese dann auf die gesamte Vertragsablage „hochskaliert" werden. Für die Basis des Trainings der Artifical Intelligence erarbeiteten wir daher zahlreiche Kategorien von Klauseln, denen wir einen Risikofaktor (datenschutzrechtliche Relevanz im Rahmen der Datenschutzgrundverordnung) zuwiesen. Das Vertragsanalyse-Tool bzw. dessen Artifical Intelligence sollte dann entsprechende Klauseln für uns – über die gesamte Vertragsablage hinweg – identifizieren und in eine angebundene Datenbank übertragen.

Innerhalb dieser Datenbank versahen wir die positiven Treffer mit Risikofaktoren (eine Zahl zwischen 0 und 1) und verfeinerten die Suche noch mit weiteren „Analytics Layer", etwa einer simplen Stichwortsuche innerhalb von Klauseln. Positive Treffer von Keywords (innerhalb einzelner Klauseln) erhielten wiederum einen Risikowert, der sich dann auf Basis einer Formel mit der Kategorie der jeweils extrahierten Klausel als ein aggregierter Risikowert für das jeweilige Dokument darstellen ließ. Sämtliche Dokumente sollten dann final inhaltlich (eben nach den erkannten Klausel-

Typen) nach diesem Risikowert gereiht werden können. Risikoreiche Dokumente, die auf eine einschlägige Verarbeitungstätigkeit hinweisen und noch nicht dem aktuellen Datenschutzregime angeglichen wurden (was sich aus dem Risikofaktor ergab), konnten dann einem manuellen Review-Prozess zugeführt werden. Die manuelle Durchsicht sollte dann der Klärung dienen, welche Maßnahmen für die jeweiligen (Daten-)Verarbeitungsaktivitäten benötigt werden (etwa Abschluss eines Auftragsverarbeitungsvertrags oder einer Joint-Controller-Vereinbarung).

Der gesamte Prozess ermöglichte es, alle datenschutzrechtlich prima facie nicht relevanten Dokumente (etwa Protokolle über die Befüllung der Kaffeemaschine) auszuscheiden und so – vor dem Hintergrund der knappen Zeit – ein möglichst effizientes Vorgehen zu garantieren.

Iterative Vorgangsweise
Den Großteil der Arbeit an diesem Mandat führten wir im Freshfields Lab unter konstanter Abstimmung mit unseren „Data Specialists" in Berlin durch. Durch ständige Anpassung der Artificial Intelligence, etwa durch Anlernen neuer Klauseln oder Veränderung des Risikofaktors in der Datenbank auf Basis einzelner Stichprobenprüfungen, konnte stets der Gesamtprozess neu angepasst bzw. neu gedacht werden. Hierin liegt auch ein wesentlicher Vorteil der Nutzung von automatischer Vertragsanalysesoftware. Abhängig von der vorhandenen Rechenpower und Datenmenge dauert es nur wenige Sekunden, bis sämtliche Dokumente erneut mittels verfeinerter Parameter (etwa weitere antrainierte Klauseln) geprüft sind. Werden beispielsweise die Review-Instruktionen gegenüber menschlichen Reviewern verändert, müssten sämtliche Dokumente neu durchgesehen werden. Ein hier unmöglicher Aufwand.

Die logische Verknüpfung der Klauseln (bzw. Keywords) untereinander über weitere Formeln (if, or, else etc.) führte zu einer weiteren Erhöhung der Genauigkeit der Ergebnisse und erlaubte weitere Qualitätsverbesserungen.

Ergebnis des risikobasierten Prozesses
Final konnten daher über 93 Prozent der 35.000 Dokumente als datenschutzrechtlich nicht relevant für die gegenwärtigen Zwecke ausgeschieden werden. Praktisch bedeutete dies natürlich für die Mandantin eine immense Arbeitserleichterung. Schließlich mussten diese Dokumente gar nicht mehr manuell durchgesehen werden.

Die verbliebenen Dokumente konnten sodann in mehrere Risikoklassen eingeteilt werden, sodass die Mandantin die manuelle Durchsicht derjenigen Dokumente priorisieren konnte, welche wir als der höchsten Risikoklasse zugehörig identifiziert hatten. Dieser risikobasierte Ansatz erhöht die Effizienz bei der Umsetzung eines jeden Compliance-Programms immens und setzt dabei Ressourcen frei, die in anderweitige Maßnahmen fließen können.

Nach Abschluss unserer Analyse der Vertragsablage haben wir die Ergebnisse der faktischen Datenflussanalyse, welche durch Techniker konzernweit durchgeführt wurde, erhalten. Die Analyse der Vertragsablage und damit der den Dokumenten zugrundeliegenden Verarbeitungstätigkeiten stimmte mit denen der tatsächlichen Analyse überein. Sämtliche risikoreiche Datenflüsse haben sich in der von uns analysierten höchsten vertraglichen Risikokategorien wiedergefunden.

Neue Wege und Produkte

Mit diesem Ergebnis konnten wir der Mandantin zeigen, dass die Arbeit technologieunterstützt nicht nur präziser und wesentlich effizienter vonstattengehen kann, sondern dass darüber hinaus der Mandantin Zusatzleistungen angeboten werden können: Die Mandantin hat nämlich nach Abschluss des Projekts die gesamte Vertragsablage digital aufbereitet erhalten. Die Dokumente waren nunmehr alle durchsuchbar und strukturiert (etwa nach Vertragsparteien, Art der Vereinbarung etc.), sodass die Mandantin die Verträge nahtlos in ihr Vertragsmanagement übernehmen konnte und Details in Zukunft rascher auffinden kann.

Die Herausforderung im Einsatz von Technologie und den Errungenschaften der Digitalisierung liegt in der cleveren Kombination von verschiedenen Bausteinen und dem radikalen Neudenken von Produkt und Prozess. Hier ist die Kreativität jedes einzelnen Teammitglieds besonders gefragt! Wer Interesse an der Erarbeitung ähnlicher Lösungen im Team mitbringt und gerne in einem agilen internationalen Umfeld arbeitet, findet in diesem Bereich zahlreiche spannende Herausforderungen - ganz unabhängig von der juristischen Spezialisierung.

Dr. Frank Burmeister
Partner
Hengeler Mueller Partnerschaft von Rechtsanwälten mbB

Dr. Martin Tasma
Partner
Hengeler Mueller Partnerschaft von Rechtsanwälten mbB

Fallstudie: Verkauf von Verlustbringern

Der Zusammenschluss oder der Kauf von Unternehmen – neudeutsch M&A (Mergers & Acquisitions) – wird häufig als Königsdisziplin der wirtschaftsrechtlichen Beratung bezeichnet. Berufseinsteiger verbinden damit in der Regel große Transaktionen wie jüngst den grenzüberschreitenden Zusammenschluss von Linde mit Praxair oder die Übernahme von innogy durch E.ON. M&A-Anwälte sind aber häufig auch mit der Veräußerung von weniger erfolgreichen Unternehmen befasst, was dennoch rechtlich herausfordernd und daher spannend sein kann und für den Mandanten oft von großer ökonomischer Bedeutung ist. Einer dieser Fälle aus der Praxis von Hengeler Mueller ist die Veräußerung einer verlustbringenden Tochtergesellschaft eines internationalen Konzerns, bei der nicht nur die Transaktionsexpertise der M&A-Anwälte gefragt war, sondern auch vertiefte Kenntnisse des Finanzierungs- und Insolvenzrechts. Die Firmennamen in dieser Fallstudie sind fiktiv.

Liquidation oder Verkauf

Die Mandantin war die Konzernspitze einer global diversifizierten Unternehmensgruppe, der TotalReturn-Gruppe. Eine ihrer deutschen Tochtergesellschaften, die Paperworks GmbH, produzierte und vertrieb Kartonagen der Premiumqualität in einer Fabrik mit ca. 600 Angestellten. Die Mandantin hatte die Paperworks GmbH rund zehn Jahre zuvor erworben, bereute den Kauf aber mittlerweile, weil sie den Wettbewerbsdruck innerhalb der Papierbranche sowie den damit einhergehenden Preisverfall unterschätzt hatte. Hinzu kamen hausgemachte Probleme wie eine zu große Mitarbeiterzahl und sehr hohe Pensionslasten. Die Folge war, dass die Konzernmutter die Verluste der Paperworks GmbH über Jahre ausgleichen musste und das Management vor der Frage stand, die Tochter zu verkaufen oder abzuwickeln. Die Umsetzung des von externen Unternehmensberatern ausgearbeiteten Sanierungskonzeptes, das die Sanierung der Paperworks GmbH im Verbund der TotalReturn-Gruppe vorsah, brachte nicht den von der Beratung prognostizierten Erfolg. Da man davon ausging, dass eine Insolvenz der Paperworks GmbH auf die TotalReturn-Gruppe zurückfallen und deren Reputation bei Kunden und Geschäftspartnern belasten würde, kam es nicht in Betracht, die Paperworks GmbH in die Insolvenz fallen zu lassen.

Im Zuge der Analyse der zur Verfügung stehenden Optionen stellte sich dann aber rasch heraus, dass die Abwicklung der Paperworks GmbH im Verbund der TotalReturn-Gruppe sehr teuer geworden wäre: Die Pensionsansprüche hätten zu hohen Kosten ausgegliedert werden müssen, und die Abfindungskosten für die aktiven Arbeitnehmer wären ebenfalls signifikant gewesen. Damit blieb der Mandantin nur noch die Veräußerung der Paperworks GmbH an einen Wettbewerber oder an einen Finanzinvestor. Diese Lösung hatte zudem den Vorteil, zeitlich kalkulierbar zu sein und im besten Fall mit einem klaren Schnitt zugunsten der Mandantin zu enden. Voraussetzung hierfür war allerdings, dass es der Mandantin mithilfe ihrer Anwälte gelang, im Unternehmenskaufvertrag einen nicht zu umfassenden Gewährleistungskatalog, geringe Haftungshöchstgrenzen und kurze Verjährungsfristen zu vereinbaren.

Als Gegenleistung musste die Mandantin allerdings einen „negativen Kaufpreis“ akzeptieren, d. h. sie musste dem Käufer – sozusagen als „Mitgift“ für die verlustbringende Paperworks GmbH – einen Geldbetrag zahlen. Hierzu war die Mandantin auch deshalb bereit, weil ihr zum Schutze ihrer eigenen Reputation daran gelegen war, die Überlebensfähigkeit der Paperworks GmbH zu sichern. Der Verkauf der Handy-Sparte von Siemens an BenQ, der mit der Insolvenz der verkauften Sparte endete, war zum Verkaufszeitpunkt noch in schlechter Erinnerung. Verkäufer von Verlustbringern sind daher oftmals bereit, im Interesse erhöhter Sanierungschancen auf eine Optimierung des (negativen) Kaufpreises zu verzichten.

Risiko aus verkauften Gesellschafterdarlehen

Vor dem Verkauf waren jedoch noch einige rechtliche Hürden zu überwinden, da die Paperworks GmbH vor der Veräußerung in erheblichem Umfang von finanziellen Zuwendungen der Konzernmutter abhängig war. Diese Zuwendungen waren in Form von sogenannten Gesellschafterdarlehen erfolgt, die der Tochter von einer anderen Gesellschaft der TotalReturn-Gruppe in nicht unerheblichem Umfang gewährt worden waren. Diese Finanzierungsform barg für die Mandantin ein beträchtliches Risiko, wenn es dem Käufer nicht gelingen sollte, die Paperworks GmbH profitabel zu machen, und diese innerhalb eines Jahres Insolvenz anmelden müsste.

Um dieses Risiko zu verstehen, muss man ein wenig ausholen: Im Fall der Insolvenz der Tochtergesellschaft hat der Insolvenzverwalter das Recht und die Pflicht, im Vorfeld der Insolvenz erfolgte Zahlungen oder Lieferungen der Tochter an die Mutter bzw. andere Konzerngesellschaften anzufechten. Die Rechtsfolgen der Insolvenzanfechtung sind gravierend: Der Anfechtungsgegner muss die erhaltenen Zahlungen oder Leistungen zur Insolvenzmasse zurückgewähren, erhält im Gegenzug aber nur eine einfache Insolvenzforderung, d. h. er wird nur in Höhe der Insolvenzquote befriedigt. Diese ist in der Praxis in der Regel sehr gering.

Von besonderer Relevanz ist das Risiko der Insolvenzanfechtung bei Gesellschafterdarlehen: Selbst wenn das Gesellschafterdarlehen – was die Regel ist – im Unternehmenskaufvertrag an den Käufer mitveräußert wird, besteht nach einem vielbeachteten Urteil des Bundesgerichtshofs (BGH) aus dem Jahr 2013 das Risiko einer gesamtschuldnerischen Mithaftung des Verkäufers auf Rückerstattung von Zahlungen auf das Gesellschafterdarlehen zur Insolvenzmasse, wenn sich der Käufer das Darlehen innerhalb eines Jahres nach Vollzug der Transaktion zurückzahlen lässt und in diesem Zeitraum ein Insolvenzantrag gestellt wird. Obwohl der Verkäufer in diesem Fall gar nicht in den Genuss der Darlehensrückzahlung kommt, kann er vom Insolvenzverwalter auf Erstattung der Rückzahlung in Anspruch genommen werden. Wenngleich in dem vom BGH entschiedenen Fall nur das Gesellschafterdarlehen veräußert worden war und der als Gesamtschuldner herangezogene Veräußerer seine Gesellschafterstellung aufrechterhalten hatte, wird die Entscheidung gemeinhin so gelesen, dass der Verkäufer auch dann mithaftet, wenn er zusammen mit den Gesellschafterdarlehen auch seine Beteiligung an der darlehensnehmenden Gesellschaft veräußert. Die Mandantin stand deshalb vor der Frage, wie dieses Risiko ausgeschlossen bzw. vermindert werden konnte.

Zum Schutz des Verkäufers hat die Praxis verschiedene Transaktionsstrukturen entwickelt, die jedoch stets Nachteile für Käufer oder Verkäufer bergen: Die in technischer Hinsicht einfachste Lösung ist, dass sich der Käufer im Unternehmenskaufvertrag verpflichtet, das Gesellschafterdarlehen mindestens ein Jahr nach dem Vollzug der Transaktion stehenzulassen. Ob diese Konstruktion den Verkäufer tatsächlich nachhaltig schützt, hängt von der Bonität des Käufers ab: Handelt es sich hierbei nur um ein Akquisitionsvehikel (sogenannte Special Purpose Vehicle) ohne robuste Bilanz, führt ein Verstoß gegen die vertragliche Verpflichtung bei einer Inanspruchnahme des

Verkäufers durch den Insolvenzverwalter zu einem Freistellungsanspruch des Verkäufers gegen den Käufer, der nicht werthaltig ist und den Verkäufer daher schutzlos lässt.

Besser – aber technisch aufwendiger – kann sich der Verkäufer schützen, indem er den Rückzahlungsanspruch aus dem Gesellschafterdarlehen vor Vollzug des Unternehmensverkaufs in die Kapitalrücklage der Tochtergesellschaft einbringt. Diese bewirkt das Erlöschen der Ansprüche aus dem Gesellschafterdarlehen. Dabei gilt es jedoch zu beachten, dass die Einbringung auf Ebene der Tochtergesellschaft grundsätzlich einen steuerbaren außerordentlichen Ertrag in Höhe des nicht werthaltigen Teils des Gesellschafterdarlehens auslöst. Das ist bei unprofitablen Tochtergesellschaften problematisch, weil Ansprüche aus Gesellschafterdarlehen gegen eine sich in Schieflage befindende Gesellschaft regelmäßig nicht vollwertig sind. Sofern in dieser Situation keine Verlustvorträge genutzt werden können, um einen infolge der Forderungseinbringung ansonsten entstehenden außerordentlichen Ertrag zu absorbieren, scheidet die Einbringung häufig aus – denn weder der Verkäufer noch der Käufer werden in dieser Situation bereit sein, für die mit einer Forderungseinbringung einhergehenden Steuerverbindlichkeiten aufzukommen.

Im vorliegenden Fall handelte es sich bei dem Käufer glücklicherweise nicht um ein bloßes Akquisitionsvehikel, sondern um eine operative und profitable Gesellschaft, sodass die Mandantin die einfache Lösung wählen konnte. D. h. der Käufer verpflichtete sich, dafür zu sorgen, dass das mitverkaufte Gesellschafterdarlehen innerhalb eines Jahres nach Vollzug des Kaufvertrages nicht zurückgezahlt wurde.

„Ringfencing" des negativen Kaufpreises

Im Hinblick auf die Mechanik der Zahlung des negativen Kaufpreises war zum Schutz der Mandantin noch zu verhindern, dass sich der Käufer mit dem Kaufpreis aus dem Staub macht und die Paperworks GmbH ohne die ihr eigentlich zugedachten Mittel in die Insolvenz abrutschen lässt. Dieses Szenario wurde dadurch vermieden, dass der Verkäufer den negativen Kaufpreis in Ratenzahlungen erbracht hat, die an das Erreichen bestimmter Zwischenziele auf dem Weg zur endgültigen Sanierung (sogenannte „Milestones") geknüpft waren. Zudem musste sich der Käufer verpflichten, bestimmte Maßnahmen wie z. B. Ausschüttungen von Dividenden oder Rücklagen nicht vor Erreichen der Profitabilitätsschwelle durchzuführen. Ursprünglich war noch daran gedacht worden, diese Verpflichtungen stärker abzusichern, indem die Mandantin auch nach dem Vollzug noch mit einer Restbeteiligung an der Paperworks GmbH beteiligt bleibt und die Verpflichtungen des Käufers Eingang in die Satzung der Paperworks GmbH finden. Der Käufer wollte sich hierauf jedoch nicht einlassen, und letztlich war die Mandantin dann auch daran interessiert, sämtliche Bande zu ihrer ehemaligen Tochtergesellschaft abzuschneiden.

Fazit

Es sind nicht immer nur die großen M&A-Transaktionen, die rechtlich spannend und herausfordernd sind. Für Konzerne werterhöhend – und aus Beratersicht hochinteressant – kann auch der Verkauf von Verlustbringern sein, werden dadurch doch Ressourcen für zukunftsfähige Investitionen freigesetzt. Als rechtlicher Berater ist es jedoch wichtig, bei einem Verkauf nicht nur die üblichen Transaktionsthemen im Auge zu behalten, sondern auch über den M&A-Tellerrand zu schauen und sich mit den einschlägigen, nicht selten komplexen und daher hoch spannenden Finanzierungs- und Insolvenzthemen zu befassen.

5. Unternehmensporträts

Clifford Chance

Standorte in Deutschland: Düsseldorf, Frankfurt am Main, München

Standorte weltweit: 32 Standorte auf fünf Kontinenten

Spezialisierungen: Arbeitsrecht, Bank und Kapitalmarktrecht, Energierecht, Gewerblicher Rechtsschutz, Gesellschaftsrecht/M&A, Healthcare, Immobilienrecht, Insolvenzrecht/Restrukturierung, Kartellrecht, Öffentliches Wirtschaftsrecht, Patent- und Markenrecht, Private Equity/Venture Capital, Prozess und Schiedsverfahrensrecht, Steuerrecht, Telekommunikations- und Medienrecht/IT-Recht, Versicherungsrecht, Wirtschaftsrecht

Berufsträger in Deutschland: ca. 300

Berufsträger weltweit: ca. 3.300

Geplante Neueinstellungen 2020: 40–50

Internationalität ist bei Clifford Chance mehr als nur ein Schlagwort. Als weltweit tätige Sozietät mit 32 Büros auf fünf Kontinenten ist das Zusammenspiel verschiedener Werte und Kulturen unser Erfolgsrezept. Wir beraten national und international tätige Unternehmen, Institutionen und öffentliche Stellen in allen Fragen des Wirtschaftsrechts. Teamwork, offene Kommunikation, Toleranz sowie ein freundlicher und kollegialer Umgang sind bei Clifford Chance eine Selbstverständlichkeit und bilden die Basis hervorragender juristischer Arbeit.

CLIFFORD
CHANCE

Mainzer Landstraße 46
60325 Frankfurt am Main
www.YourCareerStartsWithC.com

Nicola von Tschirnhaus
Head of Recruitment & Employer Branding
+49 69 7199-4477
karriere@cliffordchance.com

Was bietet Clifford Chance Berufseinsteigern? Arbeiten bei Clifford Chance heißt, in internationalen Teams an komplexen, grenzüberschreitenden Projekten mitzuwirken. Dabei setzen wir früh auf Eigenverantwortung: Von Anfang an sammeln neue Kollegen Erfahrungen im direkten Kontakt mit Mandanten. Durch den ständigen Austausch mit Menschen aus aller Welt entwickeln Sie sich nicht nur fachlich, sondern auch persönlich konstant weiter und bauen ab dem ersten Tag als Anwalt Ihr eigenes Netzwerk auf.

Was zeichnet Ihre Unternehmenskultur aus? Wir sind Teamplayer und glauben, dass optimale Ergebnisse nur dann erreicht werden, wenn jeder sein Potenzial einbringt. Dabei investieren wir ebenso gezielt in junge Talente, wie wir auch unsere erfahrenen Rechtsanwälte auf ihrem individuellen Karriereweg unterstützen. Immer ein offenes Ohr für Fragen, ein wertschätzender Umgang miteinander und regelmäßiges Feedback sind dabei zentrale Werte, die unsere Teamarbeit ausmachen. Außerdem sind wir stolz auf die Vielfalt in unserer Sozietät und nutzen sie bewusst als Stärke. Das leben wir vor und wollen so eine Unternehmenskultur schaffen, in der sich jeder wohl fühlt und entsprechend seiner individuellen Fähigkeiten einbringen kann. Wir legen großen Wert auf einen respektvollen Umgang miteinander, offene Kommunikation und Toleranz. Dabei spielen Herkunft, Religionszugehörigkeit oder die sexuelle Orientierung keine Rolle. Wir engagieren uns aktiv für das Gemeinwesen. So gibt es ein unternehmensweites Corporate-Responsibility-Programm ebenso wie eine Pro-Bono-Rechtsberatung. Dabei ist uns das persönliche Engagement unserer Mitarbeiter sehr wichtig. Jeder kann sich bei Projekten seiner Wahl einbringen. Die Bandbreite ist groß. Wir fördern Mitarbeiter mit Migrationshintergrund auf ihrem Bildungsweg ebenso wie wir uns für den Erhalt und die Weiterentwicklung kultureller Institutionen einsetzen. Ob mit fachlicher Expertise oder handwerklichem Einsatz – mit ihrem individuellen Engagement bewegen unsere Mitarbeiter viel.

Welche Einstellungskriterien gibt es? Wir erwarten zwei hervorragende Staatsexamen. Im Ausland erworbene Abschlüsse wie einen LL.M. oder einen Doktortitel begrüßen wir, sie werden von uns aber nicht vorausgesetzt. Da Englisch unsere tägliche Arbeitssprache sowohl im Umgang mit Mandanten als auch mit Kollegen aus dem internationalen Netzwerk ist, sind verhandlungssichere Englischkenntnisse unerlässlich. Künftige Kollegen benötigen Verständnis und Interesse für wirtschaftliche Zusammenhänge sowie die Ziele unserer Mandanten. Die Bereitschaft, sich voll zu engagieren, Dienstleister für die Mandanten zu sein, Verantwortung zu übernehmen sowie Kommunikationsfähigkeit und Teamgeist sind weitere notwendige Voraussetzungen.

Wie läuft das Bewerbungsverfahren ab? Das erste Gespräch führen die Bewerber in der Regel mit den Recruitment-Partnern des Bereichs. Das zweite Interview findet mit den potenziellen Mentoren des Bewerbers statt. Im Anschluss hat der Bewerber natürlich auch die Gelegenheit, das Team kennenzulernen und sich mit zukünftigen Kollegen auszutauschen. Sie können sich gerne über unsere Karriereseite online bewerben oder Ihre Bewerbungsunterlagen per E-Mail an den jeweiligen Recruitment Advisor senden.

Steffen Schellschmidt

Jahrgang 1975

Diplom-Kaufmann, Rechtsanwalt

Partner

Die Finance Practice – weit mehr als nur Kreditverträge

Wie kam Ihre Entscheidung zustande, Rechtsanwalt in einer Großkanzlei zu werden?
Ursprünglich wollte ich nie Rechtsanwalt werden. Nach dem Abitur hatte ich die Vorstellung, dass der Anwaltsberuf sehr trocken und praxisfern sei. Schließlich hört man das von jedem, insbesondere von denen, die selbst nicht Jura studiert haben. Somit begann meine Karriere stattdessen mit einer Banklehre. Als ich dann mit dem Fach „Rechtslehre" in Berührung kam, empfand ich das alles andere als trocken. Vielmehr kam mir Jura wie das Lösen eines komplexen Rätsels vor, was Kreativität und Logik erforderte. Nach der Banklehre habe ich mich daher umgehend für das Jura-Studium eingeschrieben.

Warum haben Sie sich für Finance entschieden?
Die Entscheidung hatte am Anfang womöglich etwas mit meiner Bankausbildung zu tun. An der Tätigkeit im Finance-Bereich reizt mich besonders die starke Einbeziehung von wirtschaftlichen Themen. Unsere Mandanten sind meistens keine Juristen. Sie gehen in der Regel nicht zum Anwalt, weil wir für sie ein spezifisches rechtliches Thema lösen sollen. Oftmals haben sie eine Geschäftsidee (sei es der Kauf eines Unternehmens, der Bau eines Windparks oder die weltweite Firmenexpansion), die finanziert werden muss und bei der es rechtlicher Auskunft bedarf. Um den Mandanten hierbei beraten zu können, muss man diese Geschäftsidee verstehen. Dabei hat mir meine vorherige Bankausbildung durchaus geholfen.

Wird die Arbeit nicht doch irgendwann „trocken"?
Kreditverträge mögen sich am Ende zwar alle sehr ähneln. Aber der Vertrag ist nur das Endprodukt. Bis dahin ist es ein langer und immer neuer Weg. Der Anwalt übernimmt viele Rollen. An einem Tag sind wir Projektmanager, am nächsten beraten wir den Mandanten bei schwierigen Verhandlungen. Ich erinnere mich an Tage, die ich ausschließlich damit verbracht habe, Mandanten stundenlang gut zuzureden. Und am nächsten sitzt man über Urteilen und prüft, ob an einer schwimmende Trafostation innerhalb der Zwölfmeilenzone eine Schiffshypothek eingetragen werden kann. Hinzu kommt die Zusammenarbeit in großen Teams. Es ist nicht unüblich, dass fünf oder mehr Anwälte auf einer Transaktion gemeinsam arbeiten. Meine größte Transaktion wurde von ca. 80 Anwälten in mehr als 20 Ländern begleitet. Spätestens wenn man von einem ausländischen Kollegen erfährt, dass bis morgen neun Uhr eine Aktie physisch von A nach B gebracht werden muss und ansonsten der Deal stirbt, ist Spannung garantiert. Und das Gefühl im Team, wenn die Transaktion erfolgreich und gemeinsam beendet wurde, ist umwerfend.

Was empfehlen Sie jungen Kollegen?
Ich sehe häufig, dass Bewerber bevorzugt Praxisgruppen wählen, mit denen sie während des Studiums in Berührung gekommen sind. Das beruht auf dem Irrglauben, dass man dann signifikante Vorkenntnisse in dem Bereich hat. Dem ist aber meistens nicht so. Wir werden in allen Bereichen mit Aufgaben konfrontiert, die nicht Teil einer Vorlesung waren. Ich würde mich daher freuen, wenn Bewerber den Mut haben, auch über den Tellerrand hinauszuschauen und sich auf neue Bereiche und Themen einzulassen.

CMS Deutschland

Standorte in Deutschland: Berlin, Düsseldorf, Frankfurt am Main, Hamburg, Köln, Leipzig, München, Stuttgart

Standorte weltweit: Brüssel, Hongkong, Moskau, Peking und Schanghai sowie 73 internationale Büros innerhalb des CMS-Netzwerks

Spezialisierungen: CMS in Deutschland berät mittelständische und Großunternehmen in allen Fragen des Wirtschaftsrechts – von Arbeitsrecht über Banking & Finance, Corporate/M&A, Dispute Resolution, Gewerblicher Rechtsschutz bis hin zu Kartellrecht, Real Estate & Public, Steuerrecht, TMC – Technology, Media & Communications u. v. m.

Berufsträger in Deutschland: ca. 600 Anwälte

Berufsträger weltweit: ca. 4.500 Anwälte

Geplante Neueinstellungen 2020: 80–90

Die Rechtswelt stellt sich einem tiefgreifenden Wandel – wird immer komplexer, umfassender, muss schneller reagieren. Wir glauben: Wer diese Welt gestalten will, muss etwas wagen. Um neue Lösungen zu entwickeln für unerwartete Fragestellungen. Um weiter zu gehen als jemals zuvor. Die neuen Herausforderungen verlangen mutige, unabhängig denkende Persönlichkeiten, die in der Gemeinschaft so vielfältig sind wie die Problemstellungen unserer Mandanten. Während sich die Welt neu erfindet, bringen wir uns ein. Wir formen sie mit – gemeinsam mit Ihnen.

Lennéstraße 7
10785 Berlin
career.cms-hs.com

Dinah Ahad
Human Resources
+49 30 20360-1251
karriere@cms-hs.com

Warum sollten Studenten/Absolventen gerade bei Ihnen einsteigen? Bei CMS in Deutschland profitieren Sie von Anfang an durch direkten Kontakt zu Mandanten und durch das Mentoring erfahrener Anwälte. Ob als Praktikant, Referendar oder Associate: Sie werden von Anfang an umfassend in die anwaltliche Tätigkeit einbezogen. Dabei stehen Ihnen alle unsere Geschäftsbereiche offen. Uns ist wichtig, dass Sie in unserer starken Gemeinschaft Ihre individuellen Stärken einbringen können.

Kann man bei Ihnen auch schon während des Studiums Erfahrungen sammeln? Wir legen Wert darauf, dass Sie auch schon während Ihres Studiums die Möglichkeit haben, CMS kennenzulernen. Sie können an allen unseren Standorten ein Praktikum absolvieren, um unsere Sozietät und damit auch die Arbeit als Anwalt kennenzulernen. Meist ist auch eine Tätigkeit als wissenschaftlicher Mitarbeiter bei uns möglich. Zusätzlich können Sie CMS durch die angebotenen Workshops, Vorträge und auf Messen kennenlernen und unverbindlich ins Gespräch kommen.

Welchen Abschluss sollten Bewerber haben? Grundsätzlich zählt bei uns, dass das „Gesamtpaket" stimmt. Passen Sie von Ihrer Ausbildung und Ihren Vorerfahrungen zu uns? Können wir uns auch persönlich vorstellen, mit Ihnen zusammenzuarbeiten? Natürlich sollten Sie auch entsprechende Qualifikationen mitbringen - wir legen Wert auf Prädikatsexamina. Ein LL.M. oder eine Promotion ist gern gesehen, jedoch keine Voraussetzung für den Berufseinstieg bei CMS.

Welche Möglichkeiten zur Weiterqualifizierung bieten Sie? Die CMS Academy bietet maßgeschneiderte, qualitativ hochwertige Weiterbildung - vom Einstiegsprogramm für Associates bis zu spezialisierten Trainings für unsere erfahrenen Anwälte. Dabei können Sie sich sowohl fachlich weiterqualifizieren als auch Ihre persönlichen Kompetenzen durch u. a. Präsentations- oder Verhandlungstrainings stärken. Bei unseren zentral organisierten Onboarding- und Karrieretagen erhalten Sie genau das Training, das zu Ihnen passt. Zusätzlich bieten wir für Referendare in Zusammenarbeit mit den Kaiserseminaren die Möglichkeit, an Seminaren zur Vorbereitung auf das Zweite Staatsexamen in unseren Büros teilzunehmen sowie einen umfangreichen Klausurenkurs zu schreiben.

Haben Sie Insider-Tipps für die Bewerbung? Eine Bewerbung ist wie ein erstes Kennenlernen, daher lohnt es sich für Sie, hier etwas Zeit und Mühe zu investieren. Insbesondere Ihr Lebenslauf sollte klar strukturiert sein und alle relevanten Daten enthalten - von den Kontaktdaten bis zu Ihren Stationen im Referendariat. Lassen Sie zugunsten der Übersichtlichkeit weniger Wichtiges weg - wie den Beruf Ihrer Eltern oder Ihre Grundschulzeit. Im Anschreiben können Sie deutlich machen, warum gerade die ausgeschriebene Stelle Sie interessiert und warum Sie der passende Bewerber sind. Achten Sie auch darauf, nur relevante Anhänge, wie z. B. Ihr Examenszeugnis, mitzusenden. Für den Versand per E-Mail formatieren Sie optimalerweise alle Dateien in einem einzigen PDF-Dokument. Für das Interview informieren Sie sich am besten über Ihre Gesprächspartner und den Geschäftsbereich, so können Sie gezielt Fragen zu Ihrem späteren Arbeitsplatz stellen. Sollten die Interviewfragen einmal kniffelig werden: Erst einmal tief durchatmen und sich nicht aus der Ruhe bringen lassen, dann fällt Ihnen sicher eine gute Antwort ein. Je natürlicher Sie bleiben, desto schneller wissen Sie und auch Ihr Gegenüber, ob die Stelle zu Ihnen passt.

Martin Kilgus

Jahrgang 1983

Associate,
Technology Media &
Communications

CMS ...

Anwaltlich arbeiten - das konnte ich mir schon im Studium gut vorstellen. Im Referendariat habe ich dann die Chance genutzt, mir verschiedene Kanzleien anzusehen. Unterschiede sehe ich dabei zum einen im fachlichen Schwerpunkt: spezialisierte Boutique, größere Kanzlei mit Transaktionsfokus oder Großkanzlei mit Full-Service-Angebot. Zum anderen unterscheidet sich auch die internationale Aufstellung: Gibt es eine „Zentrale" im Ausland - etwa in London oder New York -, oder ist die hiesige Einheit unabhängig?

Der Arbeitsalltag: Überschaubare Teams, übergreifende Zusammenarbeit

Für meinen Berufseinstieg war mir wichtig, in einem Team mit überschaubarer Größe zu arbeiten. Gleichzeitig wollte ich nicht von vornherein auf „meine Nische" beschränkt sein, sondern auch mit anderen Fachbereichen zusammenarbeiten - am liebsten auch international. Schon vor meinem Einstieg hatte ich den Eindruck, dass ich mit diesen Wünschen bei CMS richtig bin - und wurde nicht enttäuscht.

In meinem Referat arbeite ich gemeinsam mit einem weiteren Associate-Kollegen für einen der Partner im Bereich TMC - Technology, Media & Communications. Damit ist nicht nur ein unmittelbarer und regelmäßiger Austausch mit dem Partner möglich, sondern auch der direkte Kontakt mit den Mandanten an der Tagesordnung. Von Anfang an war ich gegenüber den Mandanten präsent - bloße Zuarbeit „im Hintergrund" war nie gefragt.

Mandate: Von klein bis groß, von lokal bis international

Inhaltlich deckt die Arbeit ein breites Spektrum ab: Spezifische Fragen z. B. zu Lizenzen oder zum Datenschutz bearbeiten wir im Referat selbst. Soweit ein Mandant grenzüberschreitend tätig ist oder werden möchte, binden wir TMC-Kollegen aus den ausländischen CMS-Büros ein. Häufig betrifft ein Mandat Fragen aus mehreren Fachbereichen. Dann arbeite ich mit den jeweils spezialisierten Kollegen zusammen. So werde ich zum Beispiel im Hinblick auf die Datenschutzaspekte in Mandate eingebunden, die im Übrigen beispielsweise Medizinprodukte betreffen oder von bankrechtlichen Fragestellungen geprägt sind. Auch im Rahmen von Transaktionen stellen sich in vielen Fällen Fragen zu Lizenzverträgen oder der datenschutzrechtlichen Absicherung, für die meine TMC-Kollegen oder ich eingebunden werden.

Regelmäßiger Austausch im CMS-Verbund: National und International

Die Zusammenarbeit im Tagesgeschäft wird ergänzt durch regelmäßige interne Fortbildungsveranstaltungen: Die Associates der deutschen CMS-Standorte treffen sich im Rahmen der „Karrieretage" zum Austausch und zum Training entsprechend der jeweiligen Karrierestufe; auf internationaler Ebene findet der Austausch im Rahmen des „Core Curriculum" statt. Dazu kommen die regelmäßigen Fachbereichstreffen, die in meinem Fall auf Fragen des TMC-Bereichs spezialisiert sind. Hier steht der Austausch über Beratungsschwerpunkte und inhaltliche Fragestellungen im Mittelpunkt. An diesen Treffen nehmen auch die Kollegen der ausländischen CMS-Büros teil. Häufig ergeben sich - neben dem persönlichen Austausch - auch spannende neue Perspektiven auf die eigentlich einheitlichen beratungsrelevanten europäischen Vorgaben. Gerade die vielfältige Einbettung der Fragestellungen und die regelmäßige Zusammenarbeit mit den Kollegen aus anderen Fachgebieten und Büros bereichern den Arbeitsalltag und machen mir viel Freude.

C/M/S/
Law . Tax

DLA Piper UK LLP

Standorte in Deutschland: Frankfurt am Main, Hamburg, Köln, München

Standorte weltweit: über 90 Standorte in mehr als 40 Ländern weltweit

Spezialisierungen: Arbeitsrecht, Bank- und Finanzierungsrecht, Datenschutzrecht, Energierecht, Gewerblicher Rechtsschutz, Geistiges Eigentum, Gesellschaftsrecht/ M&A, Handels- und Vertriebsrecht, Immobilienrecht, Informationstechnologie, Kartellrecht, Öffentliches Recht, Outsourcing, IT-Projekte, Patentrecht, Presse- und Äußerungsrecht, PPP/Privatisierung, Private Equity, Prozessführung, Schiedsverfahren, Regulatory und Government Affairs, Restrukturierung, Insolvenzrecht, Steuerrecht, Telekommunikationsrecht, Urheber- und Medienrecht, Vergaberecht, Versicherungsrecht, Wirtschaftsstrafrecht

Berufsträger in Deutschland: mehr als 240

Berufsträger weltweit: mehr als 4.000

Geplante Neueinstellungen 2020: 30 Rechtsanwälte, 30 Referendare

DLA Piper ist eine der weltweit führenden internationalen Wirtschaftskanzleien und berät als Full-Service-Kanzlei nationale und internationale Mandanten – darunter Unternehmen, Finanzinstitute sowie öffentliche Institutionen – in allen Fragen des nationalen und internationalen Wirtschaftsrechts. Durch unser weltweites Netzwerk verknüpfen wir lokale und nationale Expertise und sprechen die Sprache unserer Mandanten. Für uns zählt, was für unsere Mandanten wichtig ist.

DLA PIPER

Augustinerstraße 10
50667 Köln
www.dlapipercareers.de

Leonie Heumüller
Human Resources
+49 221 277277-846
Talent.Management@dlapiper.com

Was bieten Sie Referendaren und wissenschaftlichen Mitarbeitern? Gerne bieten wir Referendaren und wissenschaftlichen Mitarbeitern (neben dem Studium, dem Referendariat, der Promotion oder in Überbrückungszeiträumen) eine Tätigkeit in verschiedenen Teilzeitmodellen an. Sie sammeln wertvolle Erfahrung in einer internationalen Kanzlei und erhalten eine intensive Anwaltsausbildung für Ihren Berufseinstieg. Mit unserem modularen Trainee-Programm DLA Piper StartUp!, das u. a. examensvorbereitende Kurse, Englischkurse sowie Seminare und IT-Trainings beinhaltet, unterstützen wir Sie auf dem Weg zum zweiten Examen. Referendaren, die uns bereits praktisch durch herausragende Leistungen überzeugen konnten, bieten wir die Möglichkeit, die Wahlstation in einem Büro von DLA Piper im Ausland zu verbringen. Zudem können Sie eine Station in unserem Pro-Bono-Dezernat mit Ausbildung in unserem Pro-Bono-Team in Amsterdam oder Paris absolvieren. Als Referendar erleben Sie das professionelle Arbeiten im Team und die Bewältigung von komplexen juristischen Problemen in der täglichen Arbeit bei DLA Piper. Regelmäßig finden Stammtische sowie Lunch & Learn-Veranstaltungen statt, die dem fachlichen Austausch mit Associates sowie anderen Trainees der verschiedenen Praxisgruppen dienen.

Welche Karrieremöglichkeiten bieten Sie Berufseinsteigern? DLA Piper unterstützt Sie von Beginn an bei Ihrer Entwicklung vom Berufseinsteiger zum Senior Associate, Counsel oder Partner. In der täglichen Mandatsarbeit werden Sie von Ihrem Team und Ihrem Partner unterstützt. Neben den internationalen Weiterbildungsangeboten begleitet Sie unser nationales Lawyer Programm DLA Piper LAB (Legal Excellence, Advanced Education, Business Skills) in allen Phasen Ihrer Karriere. Ankerpunkt des DLA Piper LAB ist die strukturierte und kontinuierliche Entwicklung Ihrer Anwaltspersönlichkeit. Unser Weiterbildungsprogramm wurde 2018 mit dem Azur Award ausgezeichnet. Im Rahmen unseres internationalen Secondment-Programmes ermöglichen wir durch eine Auslandstätigkeit an einem unserer weltweiten Standorte, die Internationalität von DLA Piper besonders zu erleben.

Was sind Ihre Einstellungskriterien? Von unseren Associates erwarten wir zwei Prädikatsexamina. Im Ausland erworbene Abschlüsse wie einen Master of Laws (LL.M.) oder eine Promotion begrüßen wir, sie werden jedoch nicht vorausgesetzt. Aufgrund unserer internationalen Ausrichtung sind darüber hinaus exzellente Englischkenntnisse unerlässlich. Sie sind auf der Suche nach anspruchsvollen Mandaten und einer „Leading global Business Law Firm"? Dann sind Sie bei uns richtig.

Wie sind Beruf und Familie bei DLA Piper vereinbar? Ihre persönliche Lebensplanung bestimmt Ihren Karriereweg. Wir schaffen für Sie die Rahmenbedingungen für den beruflichen Erfolg. Wir unterstützen Sie darin, eine ausgewogene Kombination von Arbeits- und Privatleben zu finden. Kinder oder Karriere? Warum nicht beides! Wir bieten flexible Arbeitszeiten, Mobile Working und die Möglichkeit der Teilzeit auf allen Ebenen. Mit dem Programm „Braintime" haben wir seit mehreren Jahren ein Konzept für flexibles Arbeiten z. B. durch Teilzeitmodelle oder Sabbaticals etabliert. Ihre Karrierechancen werden dadurch nicht beeinträchtigt. Proratierte Bezahlung und Bonuschancen garantieren die Gleichbehandlung. Mit unserem Koorperationspartner, pme Familienservice, bieten wir Ihnen eine zusätzliche Unterstützung rund um das Thema Familienbetreuung.

Florian Jeske

Jahrgang 1987

Associate im Arbeitsrecht

Be part of … DLA Piper

Ausschlaggebend für meine Entscheidung für DLA Piper war vor allem die tolle Atmosphäre im Team, die mir gleich im Vorstellungsgespräch aufgefallen ist und die sich seitdem jeden Tag bestätigt. Außerdem war schnell klar, dass ich vom ersten Tag an Mandantenkontakt und vielfältige Aufgaben haben würde. Die Kombination aus Teamarbeit und Eigenverantwortlichkeit sowie die Möglichkeit, mich weiterzuentwickeln, haben dazu geführt, dass ich hier sehr gerne arbeite.

Was DLA Piper auszeichnet

Die Tätigkeit unterscheidet sich natürlich je nach Fachbereich, da zum Beispiel nicht in jedem Rechtsgebiet so viele „streitige Verfahren" wie im Arbeitsrecht geführt werden. Besonders prägend für die Kanzlei insgesamt ist jedoch das selbstständige und verantwortungsvolle Arbeiten an Mandaten und Projekten von Beginn an - im Back-Office muss hier keiner arbeiten. Dabei wird man aber nicht mit den Herausforderungen des Berufsalltags alleine gelassen, sondern stimmt sich mit den Partnern und erfahrenen Kollegen ab und kann sich bei Fragen jederzeit an diese wenden.

Zudem ist die Tätigkeit in fast allen Bereichen durch die sehr internationale Mandantenstruktur geprägt, sodass ein großer Teil der Arbeit auf Englisch erfolgt und man regelmäßig länderübergreifend eng mit den Kollegen aus anderen DLA Piper Büros zusammenarbeitet. Fest eingeplant für die Associates sind daher sogenannte „Academies", bei denen man zum Beispiel in London auf andere Anwälte aus aller Welt trifft. Dies ist eine großartige Gelegenheit, sich bei verschiedenen Workshops auszutauschen und die Kollegen persönlich kennenzulernen.

Nicht zuletzt nehme ich DLA Piper als sehr moderne Kanzlei wahr, weil sie sich nicht mit dem Status quo zufrieden gibt, sondern Themen wie Diversity, flexibles Arbeiten oder Legal Tech bewusst und im kontinuierlichen Dialog mit den Mitarbeitern vorantreibt.

Mein Arbeitsalltag

Mein Alltag ist extrem abwechslungsreich, da ich parallel an verschiedenen Mandaten arbeite und nahezu jede Woche auswärtige Termine habe. So nehme ich beispielsweise als Beisitzer an Einigungsstellen teil und verhandele mit Betriebsräten oder vertrete unsere Mandanten deutschlandweit vor Gericht. Inhaltlich berate ich zu allen Bereichen des Arbeitsrechts, vor allem aber zu betriebsverfassungsrechtlichen Fragestellungen. Dabei ist das gesamte Spektrum der anwaltlichen Tätigkeit abgedeckt.

Ein typischer Arbeitstag im Büro beginnt damit, dass ich mir einen Überblick über die anstehenden Aufgaben verschaffe und kürzere oder besonders eilige Anfragen per E-Mail beantworte. Im Anschluss feile ich dann häufig an Schriftsätzen oder längeren Stellungnahmen. Meist dauert es aber nicht lange, bis das Telefon klingelt und ein Mandant oder Kollege aus einem anderen Rechtsbereich meine Unterstützung benötigt. Genauso gut kann es aber auch sein, dass ich selbst zum Hörer greife und zum Beispiel mit einem Gegenanwalt über einen Fall spreche. Zwischendurch tausche ich mich häufig mit meinen Teamkollegen über ungewöhnliche Fälle oder besonders komplexe rechtliche Fragestellungen aus und nehme mir Zeit, unsere wissenschaftlichen Mitarbeiter und Referendare einzubinden. Mit anderen Worten: Es wird nie langweilig.

Freshfields Bruckhaus Deringer LLP

Standorte in Deutschland: Berlin, Düsseldorf, Frankfurt am Main, Hamburg und München

Standorte weltweit: 28 Büros in 16 Ländern, u. a. in Brüssel, London, New York und Hongkong

Spezialisierungen: Arbeitsrecht, Bank- und Finanzrecht, Gesellschaftsrecht und M&A, Geistiges Eigentum und Informationstechnologie, Immobilienwirtschaftsrecht, Kartellrecht und Außenhandel, Konfliktlösung, Öffentliches Wirtschaftsrecht und Steuerrecht

Berufsträger in Deutschland: mehr als 500

Berufsträger weltweit: rund 2.800

Geplante Neueinstellungen 2019: Wir suchen immer qualifizierte Berufseinsteiger für alle Bereiche an allen Standorten. In der Regel stellen wir jährlich rund 100 Associates ein.

Freshfields Bruckhaus Deringer LLP ist eine globale Anwaltssozietät. Wir unterstützen erfolgreich die führenden Industrie- und Finanzunternehmen, Institutionen und Regierungen bei ihren komplexen rechtlichen Fragestellungen. In Deutschland gilt Freshfields Bruckhaus Deringer mit ihrer bis 1840 zurückreichenden Tradition als die herausragende internationale Wirtschaftskanzlei, die höchste Anerkennung für die fachliche Breite und Qualität genießt. Step into the circle!

Freshfields Bruckhaus Deringer

Hohe Bleichen 7
20354 Hamburg
karriere.freshfields.de

Dr. Norman Bade
Head of Recruiting CE
+49 40 36 90 60
norman-patric.bade@freshfields.com

Was zeichnet Sie als Freshfields Bruckhaus Deringer aus? Bei uns arbeiten Sie gemeinsam mit fachlich hervorragenden Kollegen an den anspruchsvollsten Mandaten. Wir decken die gesamte Bandbreite des Wirtschaftsrechts ab und gehören in allen Bereichen, in denen wir aktiv sind, zu den international führenden Kanzleien. Unsere Praxisgruppen arbeiten Hand in Hand und grenzüberschreitend, sodass jeder den für ihn passenden fachlichen Fokus findet.

Unser freundschaftlich geprägtes Arbeitsumfeld ist die Basis für unseren Erfolg. Diversity and Inclusion sind wesentliche Bestandteile unserer Firmenkultur. Geschlecht, sexuelle Identität oder Herkunft spielen keine Rolle, bei uns zählen ausschließlich Qualifikation und Engagement. Die Wertschätzung der Persönlichkeit jedes Einzelnen und seine individuelle Weiterentwicklung sind für uns essenziell – dafür wurden wir mit dem azur Diversity Award ausgezeichnet.

Welche Einstiegsmöglichkeiten gibt es?

Im Rahmen unseres fünfwöchigen **Praktikantenprogramms** erhalten Sie einen Einblick in den Arbeitsalltag unserer Sozietät und begleiten unsere Anwälte bei ihrer täglichen Arbeit. Das abwechslungsreiche Rahmenprogramm beinhaltet interne Fortbildungsveranstaltungen zur fachlichen und persönlichen Entwicklung sowie Social Events.

Als **Referendar** bei Freshfields, ganz gleich ob in der Anwalts- oder Wahlstation, finden Sie am besten heraus, wie sich der Arbeitsalltag in unserer Sozietät anfühlt. Während Ihres Referendariats bieten wir Ihnen ein maßgeschneidertes Weiterbildungsprogramm, welches Sie zu einer runden Anwaltspersönlichkeit ausbildet – das Freshfields College. Es bietet einen Einblick in den Arbeitsalltag bei Freshfields, ein umfangreiches Kursangebot für Ihre fachliche und persönliche Entwicklung sowie die Möglichkeit zum Netzwerken mit unseren Partnern und Associates.

Als **Associate** arbeiten Sie bei uns von Beginn an selbstständig und mit direktem Mandantenkontakt. So international wie wir beraten, so international ist auch Ihr Arbeitsalltag. Sie arbeiten von Anfang an in einer unserer weltweit agierenden Praxisgruppen mit und nehmen regelmäßig an internationalen Konferenzen und Seminaren teil. Wir erwarten dabei nicht, dass Sie bereits als in einem bestimmten Rechtsgebiet ausgebildeter Spezialist zu uns kommen. Wir begleiten und fördern Sie in Ihrer Entwicklung dorthin: Vom ersten Tag an steht Ihnen ein Leitpartner als Mentor und ein Team aus erfahrenen Anwälten zur Seite, mit denen Sie im regelmäßigen Austausch über Ihre Arbeitsergebnisse stehen und die Sie durch konstruktives Feedback stetig fördern.

Bei uns erwartet Sie ein kollegiales, offenes Umfeld, in dem das „Wir" zählt. Regelmäßige Unternehmungen im Team, z. B. gemeinsame Mittagessen und After-Work-Aktivitäten sowie Team-Events, tragen zu einer guten Teamatmosphäre bei.

Welche internationalen Einsatzmöglichkeiten bieten Sie? Durch die Zusammenarbeit in länderübergreifenden Teams wird bei uns Internationalität im Alltag aktiv gelebt. Zudem ermöglichen wir Associates regelmäßig mehrmonatige Auslandsaufenthalte an unseren internationalen Standorten, z. B. in Brüssel, London, New York oder Hongkong.

Inwiefern unterstützt Freshfields Bruckhaus Deringer flexible Arbeitsmodelle? Smart & Flexible Working ist ein wichtiger Bestandteil unseres Karriereprogramms Smart Balance.

Smart Working heißt: planen können und kurzfristig flexibel sein, also keine Anwesenheitspflichten um ihrer selbst willen, sondern Homeoffice-Unterstützung und flexible Zeitplanung im Team.

Flexible Working heißt: karrierekompatible Teil- und Auszeit. Wir stellen sicher, dass Ihre Karriereentwicklung auch mit einer Teilzeitregelung und einem Sabbatical weitergeht wie geplant. Flexible Working geht bei uns weit über bloße Stundenreduzierung hinaus. Wir bieten alle Formen flexibler Teilzeit an, d. h., Sie können Ihre Arbeitszeit individuell mit dem Partner abstimmen.

Welche Karriereaussichten gibt es? Unsere Mitarbeiter erhalten ein maßgeschneidertes Karriere-Entwicklungsprogramm namens Smart Learning, eine weitere wichtige Säule unseres Karriereprogramms Smart Balance. Diese vereint individuell angepasste fachliche und persönliche Weiterbildungsmodule, die Sie zu einer ausgereiften Anwaltspersönlichkeit entwickeln. Darunter fallen beispielsweise Englisch-Intensivtrainings in London, Praxiswissen Gesellschaftsrecht, Trainings zu Präsentations- und Verhandlungstechniken, Executive-Education-Kurse an der Universität St.Gallen und individuelles Coaching.

Klar definierte Karrierestufen geben transparente Anforderungskriterien vor, die für Sie im Verlauf Ihrer Karriereentwicklung bis zur Aufnahme in die Partnerschaft entscheidend sind. Nach vier Jahren können Sie zum Principal Associate aufsteigen. Die Entscheidung zur Aufnahme in die Partnerschaft steht in der Regel nach sechs bis sieben Jahren an.

Welche Rolle spielt soziales Engagement bei Freshfields Bruckhaus Deringer? Wir übernehmen nicht nur Verantwortung in unserer Mandatsarbeit, sondern auch für Gesellschaft und Umwelt. Einer unserer Schwerpunkte ist dabei die Pro-bono-Rechtsberatung. Wir beraten honorarfrei internationale Nichtregierungsorganisationen, lokale Vereine sowie nationale Organisationen und unterstützen Law Clinics.

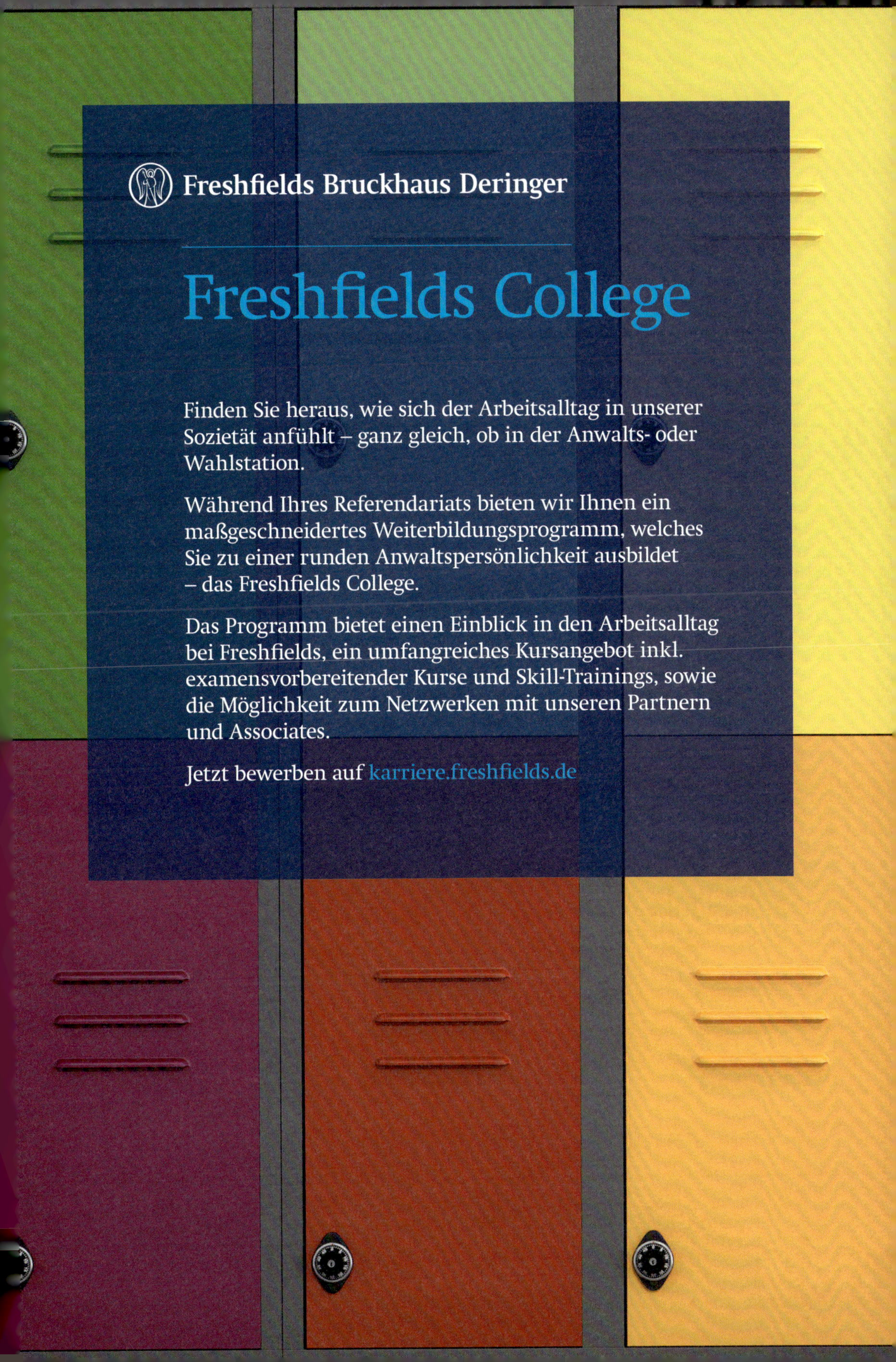
Freshfields Bruckhaus Deringer
Freshfields College
Finden Sie heraus, wie sich der Arbeitsalltag in unserer Sozietät anfühlt – ganz gleich, ob in der Anwalts- oder Wahlstation.
Während Ihres Referendariats bieten wir Ihnen ein maßgeschneidertes Weiterbildungsprogramm, welches Sie zu einer runden Anwaltspersönlichkeit ausbildet – das Freshfields College.
Das Programm bietet einen Einblick in den Arbeitsalltag bei Freshfields, ein umfangreiches Kursangebot inkl. examensvorbereitender Kurse und Skill-Trainings, sowie die Möglichkeit zum Netzwerken mit unseren Partnern und Associates.
Jetzt bewerben auf karriere.freshfields.de

Gibson, Dunn & Crutcher LLP

Standorte in Deutschland:
Frankfurt am Main, München

Standorte weltweit: Brüssel, Century City, Dallas, Denver, Dubai, Hongkong, Houston, London, Los Angeles, New York, Orange County, Palo Alto, Paris, Peking, San Francisco, São Paulo, Singapur, Washington D.C.

Spezialisierungen: Antitrust, Banking & Finance, Compliance/White Collar, Corporate/M&A/Private Equity, Data Protection, Insolvency & Restructuring, Labor & Employment, Litigation & Arbitration, Real Estate, Tax, Technolgy & IP

Berufsträger in Deutschland: ca. 45

Berufsträger weltweit: mehr als 1.300

Geplante Neueinstellungen 2020: 10

Gibson Dunn gehört zu den führenden internationalen Kanzleien mit über 1.300 Anwälten an 20 Standorten in neun Ländern. Beratungsschwerpunkte an unseren deutschen Standorten bilden die Bereiche Compliance und White Collar Investigations, Gesellschaftsrecht, M&A und Private Equity sowie Arbeitsrecht, Bank- und Finanzrecht, Datenschutz, Technology & IP, Kartellrecht, Prozessführung und Schiedsgerichtsbarkeit, Real Estate, Restrukturierung und Insolvenz sowie Steuerrecht. Wir betreuen Blue-Chip-Konzerne, mittelständische Unternehmen, Finanzinstitute sowie Private-Equity-, Venture-Capital-Gesellschaften und Immobilieninvestoren.

GIBSON DUNN

Taunustor 1, 60310 Frankfurt am Main
Marstallstraße 11, 80539 München
www.gibsondunn.com

Dr. Wilhelm Reinhardt, Frankfurt am Main
Dr. Ferdinand Fromholzer, München
bewerbungen@gibsondunn.com

Was bietet Ihre Kanzlei? Wir bieten von Anfang an die Einbindung in anspruchsvolle Mandate in einem internationalen Umfeld sowie individuelle Entwicklungsmöglichkeiten in einem hochkarätigen Team. Eine offene und partnerschaftliche Kultur und flache Hierarchien bieten eine hervorragende Plattform zur beruflichen und persönlichen Entfaltung. Wir bieten unseren Associates sehr gute Aufstiegschancen und begleiten sie auf ihrem Karriereweg mit regelmäßigem Feedback, bieten interne und externe Fortbildungsmaßnahmen und fördern nicht nur die fachliche Entwicklung, sondern auch die Beraterpersönlichkeit. Berufsanfänger erhalten bei uns im ersten Jahr ein Einstiegsgehalt von bis zu 125.000 Euro mit einer marktüblichen Gehaltsentwicklung in den folgenden Jahren sowie einen leistungsbezogenen Bonus.

Was ist das Besondere an Gibson Dunn? Unsere Unternehmenskultur ist geprägt von gegenseitigem Respekt, Kollegialität und Enthusiasmus. Das ist jeden Tag in der Zusammenarbeit mit den Kollegen spürbar. Uns ist eine ausgezeichnete Arbeitsatmosphäre sehr wichtig, die man nur erreicht, wenn auch die Zusammenarbeit zwischen Partnern und Associates reibungslos funktioniert und jeder stets bereit ist, den anderen – auch über Büro- und Ländergrenzen hinweg – zu unterstützen. Auch Diversity ist ein Aspekt, dem wir bei Gibson Dunn besonderen Wert beimessen – gelebte Vielfalt erachten wir in einer globalen Welt als essenziell für einen kontinuierlichen Erfolg. Neben unserem beruflichen Einsatz ist es uns jedoch ebenfalls sehr wichtig, dass ausreichend Zeit für Privatleben, Familie und gesellschaftliches Engagement verbleibt.

Wie fördern Sie Berufsanfänger? Sie werden von Anfang an integriert und arbeiten nicht nur an komplexen und spannenden Mandaten mit, sondern haben auch direkten Mandantenkontakt. Unsere Partner engagieren sich für die Aus- und Weiterbildung unserer jungen Kolleginnen und Kollegen. Dazu führen wir regelmäßige Veranstaltungen durch. Daneben unterstützen wir auch die Teilnahme an externen Fortbildungsmaßnahmen. Neben der Mandatsarbeit lernen Sie uns auch bei unseren regelmäßigen Social Events und der in den USA stattfindenden New Lawyers Academy kennen. Des Weiteren unterstützen wir unsere Anwälte von Beginn an beim Aufbau eines eigenen beruflichen Netzwerks durch die Bereitstellung entsprechender Budgets.

Wen suchen Sie? Wir suchen hochmotivierte Persönlichkeiten als Praktikanten, Referendare, wissenschaftliche Mitarbeiter und Berufsanfänger, die neben ihren überdurchschnittlichen juristischen Qualifikationen sowie hervorragenden Englischkenntnissen auch Interesse an wirtschaftlichen Zusammenhängen und der Arbeit in einem internationalen Umfeld mitbringen – und die gut zu unserer Kultur und in unser Team passen.

Wie sehen die Karriereaussichten/Langzeitperspektiven bei Ihnen aus? Wir begleiten Sie auf Ihrem Karriereweg mit regelmäßigem Feedback. Mittels eines eingehenden Review-Prozesses gewährleisten wir für jeden Einzelnen die Einschätzung der eigenen Leistungen und Entwicklungsmöglichkeiten. Durch diesen ständigen und international einheitlichen Dialog erreichen wir eine hohe Transparenz über den individuellen Leistungsprozess. Neben der juristischen Mandatsarbeit fördern wir auch Ihre Beraterpersönlichkeit und führen Sie frühzeitig an die Mandantenakquise heran. Nachdem Sie als Associate wichtige Praxiserfahrungen gesammelt haben, besteht die Möglichkeit, Ihren Karriereweg als Partner oder Counsel fortzusetzen.

Was tun Sie für die Work-Life-Balance? Uns ist es sehr wichtig, dass ausreichend Zeit für Privatleben, Familie und gesellschaftliches Engagement verbleibt. Dazu bieten wir auch individuelle Lösungen wie z. B. Teilzeitverträge oder flexible Elternzeitregelungen an.

Wie sieht es bei Ihnen mit Karrierechancen speziell für Frauen aus? Gibson Dunn hat sich in besonderem Maße dem Thema Diversity verpflichtet. Unsere Kolleginnen werden von Anfang an durch spezielle Weiterbildungs- und Mentoringprogramme begleitet und gefördert. Die gezielte Förderung von Frauen zeigt sich auch in der Besetzung von wesentlichen Kanzleipositionen: als Mitglieder in den wichtigsten Führungsgremien der Kanzlei, als Leiterinnen der Büros Hongkong, Peking, Orange County und São Paulo sowie als globale Praxisgruppenleiterinnen. Weiterhin hat Gibson Dunn einen bemerkenswert hohen Anteil an erfolgreichen Anwältinnen, die regelmäßig von internationalen Publikationen ausgezeichnet werden.

Welche Rolle spielen Pro-bono-Mandate für Sie? Seit jeher fühlen wir uns auch speziell der Pro-bono-Arbeit verpflichtet und unterstützen eine Vielzahl von gemeinnützigen Organisationen und hilfsbedürftigen Einzelpersonen bei der Durchsetzung ihrer Interessen. Von Law360 wurde Gibson Dunn als eine der 20 Top-Pro-bono-Kanzleien des Jahres ausgezeichnet. In Deutschland unterstützen wir u. a. die Plant-for-the-Planet Initiative e. V. bei unterschiedlichen rechtlichen Fragestellungen. Es gibt aber auch die Möglichkeit, an internationalen Projekten, z. B. für Lawyers without Borders mitzuarbeiten und so Kollegen aus anderen Büros kennenzulernen.

Wie sieht der Bewerbungsprozess aus? Bewerbungen erreichen uns in der Regel per E-Mail (bewerbungen@gibsondunn.com). Nach Sichtung der Unterlagen melden wir uns kurzfristig und vereinbaren mit dem Bewerber einen oder zwei Termine für Gespräche mit unseren Anwälten zum gegenseitigen Kennenlernen. Alles Weitere ergibt sich dann meist sehr schnell.

Warum sollte man sich für Sie entscheiden? Gibson Dunn ist nicht nur eine internationale Anwaltskanzlei, die für erstklassige Qualität steht und weltweit von Mandanten geschätzt und für ihre Arbeit ausgezeichnet wird. Wir bieten mit unserer Kultur auch eine hervorragende Arbeitsatmosphäre und mit dem weiteren Ausbau der deutschen Praxis sehr gute Entwicklungschancen.

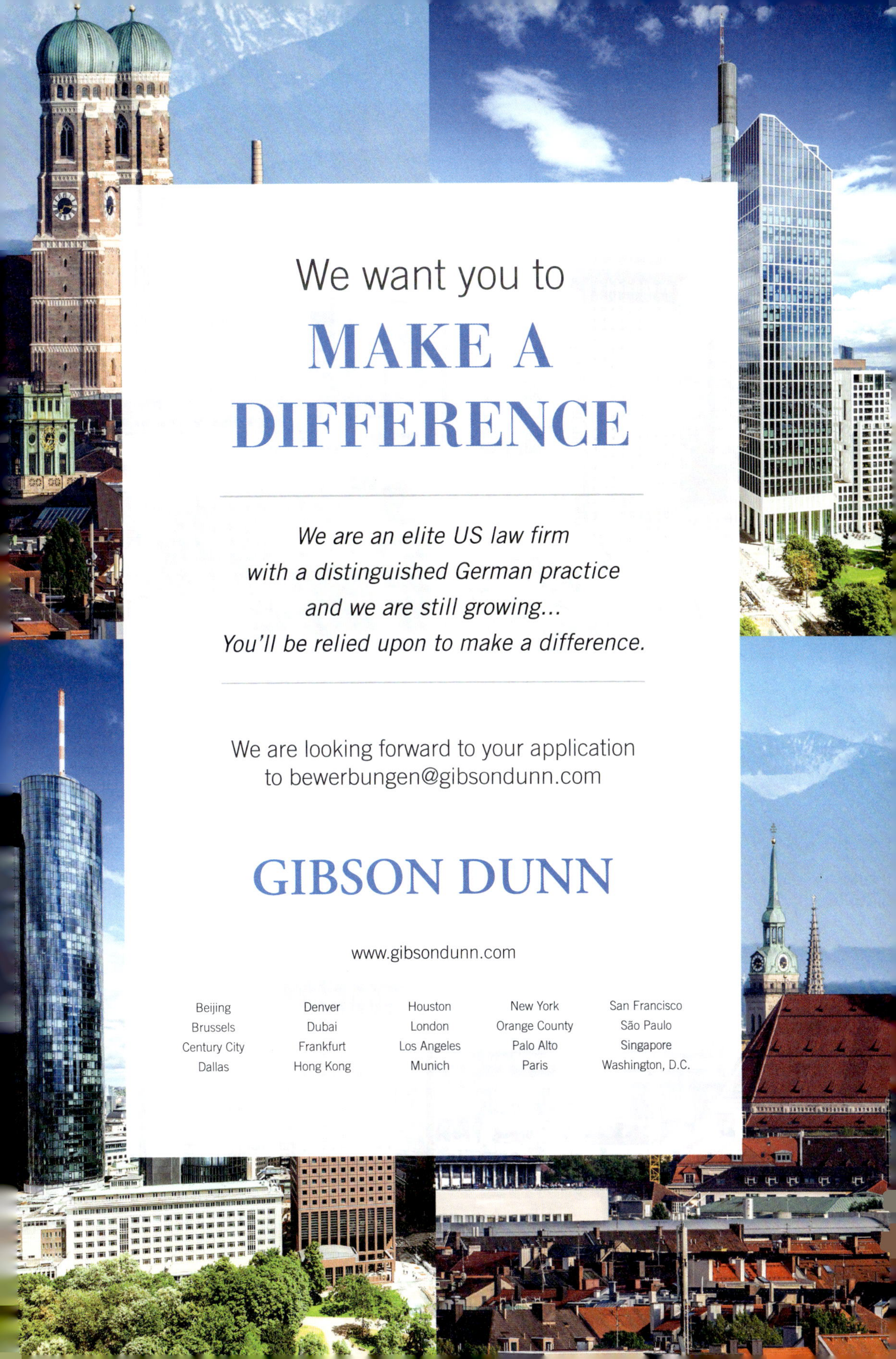
We want you to
MAKE A DIFFERENCE
We are an elite US law firm
with a distinguished German practice
and we are still growing...
You'll be relied upon to make a difference.
We are looking forward to your application
to bewerbungen@gibsondunn.com
GIBSON DUNN
www.gibsondunn.com
Beijing
Brussels
Century City
Dallas
Denver
Dubai
Frankfurt
Hong Kong
Houston
London
Los Angeles
Munich
New York
Orange County
Palo Alto
Paris
San Francisco
São Paulo
Singapore
Washington, D.C.

Gleiss Lutz

Standorte in Deutschland: Berlin, Düsseldorf, Frankfurt am Main, Hamburg, München, Stuttgart

Standorte weltweit: Brüssel

Spezialisierungen: Arbeitsrecht, Bank- und Finanzrecht, Commercial, Compliance & Investigations, Gesellschaftsrecht/M&A, Immobilienrecht, Informationstechnologie, Kapitalmarktrecht, Kartellrecht, Konfliktberatung, Prozessführung und Schiedsverfahren, Lebensmittelrecht, Markenrecht, Nachfolge/Vermögen/Stiftungen, Öffentliches Recht, Patentrecht, Private Equity, Produkthaftung/-sicherheit, Restrukturierung, Steuerrecht, Subventionen und Beihilfen, Umweltrecht, Venture Capital, Vergaberecht, Wettbewerbsrecht, Wirtschaftsstrafrecht

Berufsträger in Deutschland: über 300

Berufsträger weltweit: über 300

Geplante Neueinstellungen 2020: ca. 50

Gleiss Lutz ist eine der erfolgreichsten international tätigen Kanzleien in Deutschland. Als Full-Service-Kanzlei mit über 300 Anwältinnen und Anwälten an sieben Standorten deckt Gleiss Lutz sämtliche Gebiete des Wirtschaftsrechts ab. Anwälte erhalten bei uns eine Top-Ausbildung und werden durch die enge Zusammenarbeit mit den Partnern zu echten Experten in ihrem Beruf. Wir legen großen Wert auf ein kollegiales Miteinander und schätzen den schnellen und flexiblen Austausch untereinander.

Gleiss Lutz

Taunusanlage 11
60329 Frankfurt am Main
www.gleisslutz.com

Sofia Jung
Director Human Resources Legal
+49 69 95514-631
karriere@gleisslutz.com

Warum sollten Absolventen gerade bei Ihnen anfangen? Wir sind nicht die größte Kanzlei im Land, gehören aber zu den Besten. Wenn Sie alle Vorteile einer Großkanzlei für sich beanspruchen wollen, ohne Ihre Individualität, Ihre ganz persönlichen Stärken und Vorstellungen einzubüßen, sind wir die richtige Kanzlei für Sie. Bei uns arbeiten Sie in kleinen Teams auf höchstem juristischen Niveau. Zudem legen wir größten Wert auf Ihre Ausbildung, Fortbildung und Entwicklung.

Was bieten Sie Referendaren und Praktikanten? Neben unserem Praktikantenprogramm bieten wir kanzleiweit auch ein umfangreiches Nachwuchsjuristenprogramm für Referendarinnen und Referendare sowie für wissenschaftliche Mitarbeiterinnen und Mitarbeiter an. Dieses beinhaltet neben Fachvorträgen einen wöchentlichen Englischkurs, ein Aktenvortragstraining, einen Klausurenkurs in Kooperation mit Kaiserseminare sowie regelmäßige After-Work-Veranstaltungen. Ein „Referendar-Retreat" bereitet Sie auf den Berufseinsteig vor.

Welche Karrierechancen bieten Sie? Ihre Karriere folgt einem klaren Verlauf und ist transparent. Nach einem Jahr erfolgt die Aufnahme auf unseren Briefkopf, nach dreieinhalb Jahren die Entscheidung über die assoziierte Partnerschaft und nach sieben Jahren über die Vollpartnerschaft. Ist die Partnerschaft nicht Ihr Ziel, können Sie als Counsel dauerhaft auf juristisch höchstem Niveau tätig sein und Ihre eigene Mandatsarbeit aufbauen.

Welchen Menschentyp suchen Sie? Seien Sie engagiert. Seien Sie überzeugend. Seien Sie zielstrebig. Denn als Anwältin oder Anwalt bei Gleiss Lutz müssen Sie mehr als nur vertrauensvoll und partnerschaftlich mit Mandanten, Kollegen und Mitarbeitern zusammenarbeiten: Sie müssen eine Unternehmerpersönlichkeit sein. Dazu gehören für uns persönliche Integrität, eine stark ausgeprägte Kommunikations- und Teamfähigkeit sowie große Leidenschaft für das, was Sie tun.

Welche internationalen Einsatzmöglichkeiten bieten Sie? Als eine der größten unabhängigen und international tätigen Full-Service-Kanzleien in Deutschland baut Gleiss Lutz auf ein flexibles und erprobtes internationales Netzwerk zu Kanzleien, die in ihren Ländern führend sind. Bereits Referendaren wird bei Interesse und vorhandener Kapazität eine Wahlstation bei einer befreundeten Kanzlei im Ausland ermöglicht. Dabei werden sie regelmäßig auch finanziell unterstützt.

Daneben wächst die Bedeutung von Secondments im internationalen Umfeld. So repräsentieren Anwälte die Kanzlei im Ausland als Botschafter und etablieren ein persönliches Netzwerk, das sowohl ihnen als auch der Kanzlei zugutekommt. Die Secondments können zum Beispiel von drei Monaten in England, sechs Monaten oder einem Jahr in den USA bis hin zu zwei Jahren in Japan reichen.

Laura de Leeuw

Jahrgang 1991

Rechtsanwältin im Bereich Prozessführung und Schiedsverfahren

Dispute Resolution – Streiten auf hohem Niveau

Anwältin bei Gleiss Lutz zu sein bedeutet für mich, dass mein Arbeitsalltag von hoher Qualität, ausgeprägter Kollegialität und fachlicher und persönlicher Wertschätzung geprägt ist. Mir ist wichtig, an anspruchsvollen und interessanten Mandaten zu arbeiten und dabei tief in den Sachverhalt und die rechtlichen Fragen einzusteigen – und das in einem Umfeld, in dem ich mich auch persönlich wohlfühle. Während des Referendariats habe ich mein Team im Bereich Dispute Resolution und die Tätigkeit bereits kennengelernt und dabei gemerkt, dass ich gerne in diesem Umfeld arbeiten möchte.

Mein Anspruch an meine Arbeit: hohe Qualität

Die Arbeit bei Gleiss Lutz hat für mich den Reiz, dass die Qualität der Arbeit stets im Vordergrund steht. Speziell im Bereich Dispute Resolution führt das dazu, dass wir uns intensiv mit dem Sachverhalt befassen – mit allen dafür relevanten technischen oder wirtschaftlichen Aspekten. Hierdurch erhalten wir tiefe Einblicke in unterschiedliche Wirtschaftszweige und Themengebiete. Die Vielfalt der Sachverhalte bringt außerdem verschiedenste rechtliche Fragestellungen mit sich, nicht nur aus dem Zivil(Prozess)- oder Gesellschafts- und Kapitalmarktrecht, sondern z.B. auch aus dem Öffentlichen Recht oder dem Kartellrecht. Spannend ist dabei, dass sich viele der Fragen nicht durch einen kurzen Blick in den Kommentar lösen lassen, sondern intensive Auseinandersetzung und Kreativität erfordern.

Mein Anspruch an mein Arbeitsumfeld: ausgeprägte Kollegialität

Um diesen Anforderungen gerecht zu werden, arbeiten wir oft mit Anwältinnen und Anwälten aus anderen Praxisgruppen und Standorten zusammen. Dadurch lernt man die verschiedenen Arbeitsstile und Teams in der Kanzlei kennen. Die Zusammenarbeit führt auch zu einer sehr guten Arbeitsatmosphäre: beim Kaffeetrinken oder in der Mittagspause finden sich immer Gelegenheiten für persönliche Gespräche. Außerdem sind die Teams bei Gleiss Lutz im Schnitt mit zwei bis drei Associates pro Partner eher klein. Die entsprechend intensive Zusammenarbeit mit dem Partner trägt zu einer guten individuellen Betreuung und Ausbildung bei.

Mein Anspruch an meinen Arbeitgeber: fachliche und persönliche Wertschätzung

Die Ausbildung findet nicht nur in der Mandatsarbeit statt. Die Kanzlei bietet verschiedene Seminare und Zusammenkünfte an, die der Weiterbildung und Vernetzung dienen: von Corporate Trainings über Rhetorik- und Zeitmanagementkurse zu Praxisgruppen-Retreats. Außerdem gibt es in Form von Promotionsmodellen, Sabbaticals oder Teilzeit verschiedene Möglichkeiten, die Arbeit und die persönliche Lebenssituation in Einklang zu bringen.

GÖRG Partnerschaft von Rechtsanwälten mbB

Standorte in Deutschland: Berlin, Frankfurt am Main, Hamburg, Köln, München

Spezialisierungen: Arbeitsrecht, Bank- und Kapitalmarktrecht, Bankaufsichtsrecht, Energiewirtschaftsrecht, Gesellschaftsrecht, Handel, Wettbewerb & Life Sciences, Immobilienwirtschaftsrecht, Insolvenzverwaltung, IP/IT & Outsourcing, Mergers & Acquisitions, Notariat, Öffentliches Wirtschaftsrecht, Umwelt- und Planungsrecht, Vergaberecht, Private Equity, Venture Capital, Prozessführung, Restrukturierung und Beratung in der Krise, Steuerrecht

Berufsträger in Deutschland: 299

Geplante Neueinstellungen 2020: 30

GÖRG zählt zur Spitze der unabhängigen Wirtschaftskanzleien Deutschlands, bundesweit führend bei Insolvenz und Sanierung und auf Top-Positionen in sämtlichen Kernbereichen des Wirtschaftsrechts. An den fünf GÖRG Standorten Berlin, Frankfurt am Main, Hamburg, Köln und München arbeiten rund 300 Anwälte und Steuerberater mit langjähriger nationaler und internationaler Beratungserfahrung, um jeden unserer Mandanten persönlich, pragmatisch, partnerschaftlich und mit hoher Kompetenz zu beraten. Zu unseren Mandanten zählen viele namhafte in- und ausländische Gesellschaften, mittelständische Unternehmen sowie Finanzinvestoren und börsennotierte Konzerne aus allen Bereichen der Wirtschaft und der öffentlichen Hand.

GÖRG

IHRE WIRTSCHAFTSKANZLEI

Kennedyplatz 2
50679 Köln
karriere.goerg.de

Ewa Scheid
Leiterin Recruiting & Personalentwicklung
+49 221 33660-177
recruiting@goerg.de

Was spricht für Ihre Kanzlei als Arbeitgeber? Bei GÖRG erwartet Sie ein angenehmes Arbeitsklima. Sie werden von Beginn der anwaltlichen Tätigkeit an verantwortlich in die Mandatsarbeit eingebunden. Unsere Struktur ermöglicht es Ihnen, sich als Anwalt zu entwickeln, Ihre Aufgaben wie ein Mitunternehmer anzugehen und schon frühzeitig eigene Mandatsbeziehungen aufzubauen. Jedem unserer Anwälte bietet sich damit eine realistische Chance, in absehbarer Zeit Partner der Sozietät zu werden.

Wen suchen Sie? Wir sind immer auf der Suche nach motivierten, engagierten und lernbereiten Nachwuchsjuristen, ob als Referendar, wissenschaftlicher Mitarbeiter oder Rechtsanwalt. Bestenfalls bringen Sie gute Englischkenntnisse sowie ein selbstbewusstes, freundliches Auftreten und Teamfähigkeit mit. Weiterhin sind Prädikatsexamina sowie Promotion und/oder ein im Ausland erworbener LL.M. wünschenswert.

Wie sieht der Karriereweg innerhalb der Kanzlei aus? Fester Bestandteil unserer Unternehmensphilosophie ist, Ihnen – unter Berücksichtigung Ihres Ausbildungsstands – frühzeitig die persönliche Verantwortung für Mandate zu übertragen. Zu unserer Unternehmensphilosophie gehört es ferner, nur solche Bewerber einzustellen, bei denen wir davon überzeugt sind, dass sie das Zeug zum Partner haben. Berufsanfänger steigen mit einem Jahresgehalt von 90.000 bis 100.000 Euro ein. Das Associategehalt steigt jährlich um 5.000 Euro an. Dazu kommt ein leistungsabhängiger Bonus, der bei erfolgreichen Associates erfahrungsgemäß zwischen 10.000 und 30.000 Euro liegt. Mit fortschreitender Seniorität entwickelt sich in der Regel auch die Bonuszahlung entsprechend positiv. Nach ca. vier Jahren besteht die Möglichkeit, zum Assoziierten Partner ernannt zu werden. Sofern sich die fachliche und persönliche Zusammenarbeit auch künftig positiv gestaltet, können Sie nach weiteren vier bis fünf Jahren Partner werden. Alternativ kann der Weg zur Partnerschaft über die Stufen Salary Partner oder – in einzelnen Fällen – Counsel führen.

Welche Möglichkeiten zur Weiterqualifizierung bieten Sie? Wir unterstützen Ihre Teilnahme an externen Fortbildungsveranstaltungen, um Ihre berufliche Entwicklung zu fördern. Unsere GÖRG-Akademie (in Zusammenarbeit mit der Bucerius Education) bietet maßgeschneiderte Weiterbildung vom Einstiegsprogramm für Associates bis hin zu spezialisierten Trainings für unsere erfahrenen Anwälte in den Bereichen Wirtschafts-, Management- und Führungskompetenzen. Englischkurse, Fachanwaltslehrgänge sowie sonstige externe Weiterbildungsmaßnahmen werden zeitlich und finanziell gefördert. Es besteht zudem die Möglichkeit, im Rahmen eines Secondments bei einer befreundeten Kanzlei im Ausland oder an einem unserer Standorte in Deutschland weitere Erfahrungen zu sammeln.

Sind Beruf und Familie wirklich vereinbar? Wir wissen und wollen, dass unsere Mitarbeiter auch ein Privatleben haben, daher achten wir sehr auf eine ausgewogene Work-Life-Balance. Flexible Arbeitszeitmodelle, individuelle Teilzeitvereinbarungen sowie die Möglichkeit, teilweise im Homeoffice zu arbeiten, sind für Sie Optionen, Ihren Arbeitsalltag flexibel an Ihre persönlichen Bedürfnisse anzupassen. Durch unsere Kooperation mit Fröbel, dem größten überregionalen Träger von Kindertageseinrichtungen, können wir Sie bei der Vermittlung von Kita-Plätzen unterstützen. Vergünstige Konditionen bei Fitnessstudios, regelmäßige gemeinsame Freizeitaktivitäten und zahlreiche Social Events, von Skifreizeiten über Firmenläufe bis zu Fußballturnieren und vielem mehr, fördern den Teamgeist und eine ausgewogene Work-Life-Balance.

Sebastian Schäfer

Jahrgang 1988

Associate

Berufseinstieg bei GÖRG

Sebastian Schäfer, Associate im Arbeitsrecht, startete bei bereits als Referendar und erzählt von seinem Einstieg, seinem Mentor und seinen Kollegen.

Seit 2018 bin ich bei GÖRG zuhause. Zwei Jahre zuvor war ich bereits als Referendar im Team von Dr. Marcus Richter, meinem heutigen Chef und Partner im Arbeitsrecht, tätig. Der Kontakt entstand über einen Freund, mit dem ich früher zusammen am Lehrstuhl von Herrn Professor Preis gearbeitet hatte und der mittlerweile als Anwalt bei GÖRG tätig war. Persönlich kennengelernt habe ich meinen heutigen Chef dann beim Sommerfest der Universität zu Köln, welches von GÖRG gesponsert wird.

Begegnung mit Partnern auf Augenhöhe

Meine Wahl fiel auf GÖRG, da ich die Aufstiegschancen innerhalb der Kanzlei positiv bewerte, die Hierarchien flach sind und man seinen individuellen Karriereweg aktiv mitgestalten kann. Zudem verfügt GÖRG über eine vielfältige und interessante Mandantenstruktur. Nicht zuletzt stimmt das Verhältnis zwischen Arbeitszeit und Gehalt.

Ich wurde sehr herzlich empfangen bei GÖRG und unmittelbar nach meinem Einstieg in die aktive Mandatsarbeit eingebunden. Das hieß für mich, dass ich von Anfang an eigenständig Mandate bearbeiten und Gerichtstermine wahrnehmen durfte, Ansprechpartner für Mandanten war und schnell Verantwortung übertragen bekam. Mein Verhältnis zu den anderen Kollegen ist freundschaftlich geprägt und die Partner begegnen einem auf Augenhöhe, was einem den Berufseinstieg sehr angenehm gestaltet. Im Arbeitsrecht sind wir – abgesehen von den Partnern – ein recht junges Team, das vom gegenseitigen Wissensaustausch profitiert. Freitags kommen wir auch gerne in unserem eigenen „Bickendorfer Büdchen" zu einem Feierabendbier zusammen und lassen die Arbeit auch mal Arbeit sein.

Gemeinsam planen wir meinen individuellen Karriereweg

Es gibt einen Partner, dem ich primär zugeordnet bin und der als Mentor für mich fungiert. Da wir im Arbeitsrecht aber eine Art Poolsystem haben und jeder Partner auf jeden Associate zugreifen kann, arbeite ich auch mit anderen Partnern zusammen. Dies ermöglicht es mir, von mehreren Charakteren lernen zu dürfen und unterschiedliche Herangehensweisen kennenzulernen. So kann ich mir von jedem etwas abschauen und die für mich beste Herangehensweise herauspicken. Dabei gibt es auch immer Raum für eigene Ideen, Anregungen und ggf. auch mal Kritik. In einem jährlichen Mitarbeitergespräch mit meinem Mentor werden dann meine Entwicklung in der Vergangenheit sowie meine persönlichen Erwartungen und Ziele besprochen. Meine individuellen Wünsche werden dabei stets berücksichtigt und ich habe die Freiheit, meinen Karriereweg nach meinen eigenen Bedürfnissen aktiv mitzugestalten.

GÖRG
IHRE WIRTSCHAFTSKANZLEI
„DIE WAHRE KUNST LEBT VOM BLICK FÜRS DETAIL."
Im Wirtschaftsrecht machen oft die kleinen Dinge den großen Unterschied. GÖRG fokussiert sich deshalb ganz auf Talente, die ebenso scharf analysieren wie kreativ denken können – und dabei ein feines Gespür für Menschen und Situationen haben.
Entwickeln Sie sich weiter. Bewerben Sie sich jetzt:
karriere.goerg.de
ANNE SCHÖNFLEISCH, LL.B.
ASSOCIATE

Hengeler Mueller

Standorte in Deutschland: Berlin, Düsseldorf, Frankfurt am Main, München

Standorte weltweit: Brüssel, London, Schanghai

Spezialisierungen: Arbeitsrecht, Bank- und Kapitalmarktrecht, Bankaufsicht, Compliance/Internal Investigations, Dispute Resolution, Finanzierung, Gesellschaftsrecht, Gewerblicher Rechtsschutz, Immobilienrecht, IT, Kartellrecht, Fusionskontrolle, Mergers & Acquisitions, Öffentliches Wirtschaftsrecht, Regulierung, Restrukturierung/Insolvenz, Steuerrecht, Wirtschaftsstrafrecht

Berufsträger in Deutschland: ca. 280

Berufsträger weltweit: ca. 300

Geplante Neueinstellungen 2020:
Wir suchen immer qualifizierte Berufsanfänger für alle Tätigkeitsgebiete und Standorte. Erfahrungsgemäß stellen wir jährlich ca. 60 Juristen ein.

Wir sind Anwälte aus Leidenschaft. Uns verbindet die Begeisterung für spannende Fragestellungen, ein hoher Anspruch an die Qualität unserer Arbeit und die Freude, diesen in einem starken, engagierten und kollegialen Team zu verfolgen. Uns geht es um die Sache, nicht um Hierarchien. So entsteht eine Verbindung von persönlichem Stil, engagierter Dienstleistung und verantwortlichem Handeln, die Hengeler Mueller ausmacht.

HENGELER MUELLER

Bockenheimer Landstraße 24
60323 Frankfurt am Main
www.hengeler.com/karriere

Lisa Fiegenbaum
HR Manager Legal Recruiting
+49 69 17095-394
lisa.fiegenbaum@hengeler.com

Worin besteht der Tätigkeitsschwerpunkt Ihrer Kanzlei? Hengeler Mueller berät umfassend in allen Bereichen des Wirtschaftsrechts in einer großen Bandbreite von Branchen. Schwerpunkte unserer Tätigkeit sind Mergers & Acquisitions, Private Equity, Gesellschaftsrecht sowie Bank-, Finanz- und Kapitalmarktrecht ebenso wie Fragen des Kartellrechts, Steuerrechts, Arbeitsrechts, Öffentlichen Wirtschaftsrechts und des Gewerblichen Rechtsschutzes. Das Führen von Prozessen und Schiedsverfahren, insbesondere mit internationalem Bezug, ist ebenfalls einer unserer Schwerpunkte. Wir begleiten unsere Mandanten bei grenzüberschreitenden Transaktionen und arbeiten in integrierten Teams mit führenden Anwaltssozietäten zusammen. An vier Standorten in Deutschland sowie in Brüssel, London und Schanghai sind heute ca. 300 Rechtsanwälte beschäftigt. In den letzten Jahren waren wir in über 70 Ländern tätig.

Was zeichnet Ihre Kultur aus? Im Mittelpunkt unserer Kultur stehen die Werte Partnerschaftlichkeit, Loyalität und Verantwortung. Sie erklären Haltung und Handeln unserer Kollegen ebenso wie Stellenwert und Strukturen unserer Personalentwicklung. Wir verstehen uns als echte Partnerschaft. Teamarbeit sehen wir als Schlüssel zum Erfolg, und große Kollegialität und Hilfsbereitschaft sind häufig das, was neue Kollegen bei Hengeler Mueller am meisten beeindruckt. Gleichzeitig bedeutet es uns viel, Freiräume für Individualität zu schaffen und zu bewahren.

Warum sollten Absolventen gerade bei Ihnen einsteigen? Wir bieten einen professionellen und verlässlichen Rahmen, der Freiraum für individuelle Entwicklung lässt. Wir fördern unterschiedliche Persönlichkeiten, Interessen und Arbeitsstile. Die Vielfalt verschiedener Anwaltspersönlichkeiten und deren partnerschaftlicher Umgang miteinander machen die Stärke unserer Sozietät aus. Hengeler Mueller verspricht eine erstklassige Ausbildung, einen transparenten Karriereweg, Internationalität, ein hohes Maß an Kollegialität, Zusammenarbeit und Spaß im Team, Freiraum für Flexibilität und Balance sowie Wertschätzung von Vielfalt.

Wodurch zeichnet sich eine Referendariatsstation bei Ihnen aus? Mit Hengeler Mueller Young Talents bieten wir ein strukturiertes Programm speziell für das Referendariat und die wissenschaftliche Mitarbeit. Dieses besteht aus den vier Elementen „Ausbildung und Mitarbeit", „Internationale Erfahrung", „Weiterbildung" und „Netzwerk" und kann nach den eigenen Interessen mitgestaltet werden. Unser Anspruch ist es, dadurch einen realistischen Einblick in die Tätigkeit als Wirtschaftsanwalt sowie die Kanzleikultur zu vermitteln. So ist es möglich, einzuschätzen, ob das, was wir tun, eine berufliche Perspektive ist – und wir lernen unsere Young Talents ebenfalls gut kennen. Oft ergibt sich daraus mehr: rund zwei Drittel unserer Associates waren bereits im Referendariat oder im Rahmen einer wissenschaftlichen Mitarbeit bei uns tätig. Weitere Informationen finden Sie unter www.hengeler.com/young-talents.

Kann man bei Ihnen auch schon während des Studiums Erfahrungen sammeln? Zweimal im Jahr bieten wir im Rahmen des Frühjahrs- und Sommerpraktikums fortgeschrittenen Studierenden die Gelegenheit, die Atmosphäre und den Arbeitsalltag bei Hengeler Mueller kennenzulernen. Unsere Praktikanten werden direkt in die Mandatsarbeit eingebunden, arbeiten intensiv mit den Teams zusammen und haben über die konkrete Mandatsarbeit hinaus viel Gelegenheit zum Austausch. Unser Ziel ist es, im Praktikum einen authentischen Eindruck von der Tätigkeit in einer Wirtschaftskanzlei und der Kultur bei Hengeler Mueller zu vermitteln.

Dr. Sarah Milde

Jahrgang 1984

Senior Associate

Düsseldorf

Von Kollegen und Freunden

Dr. Sarah Milde war nach dem Ersten Staatsexamen promotions- und referendariatsbegleitend als wissenschaftliche Mitarbeiterin im Düsseldorfer und Brüsseler Büro sowie im Rahmen ihrer Wahlstation im Londoner Büro tätig. Mittlerweile arbeitet sie als Rechtsanwältin im Düsseldorfer Büro von Hengeler Mueller.

Warum haben Sie sich für Hengeler Mueller entschieden?

Meine erste Entscheidung für Hengeler Mueller liegt schon weiter zurück, nämlich für einen Workshop im Kartellrecht für interessierte Absolventen. Das Thema fand ich interessant, und über Hengeler Mueller hatte ich verschiedene Meinungen von Bewerbern gehört. Beides reizte mich. Ich bin dann auf ein extrem abwechslungsreiches Rechtsgebiet und ein Umfeld gestoßen, das mich sehr positiv überrascht hat: Es war herzlich, ohne oberflächlich zu sein, direkt und trotzdem diplomatisch, und ich merkte, dass die Leute hier nicht nur Spaß haben, sondern auch noch fachlich extrem kompetent sind, sodass ich viel von ihnen lernen kann.

Jede weitere Entscheidung – für eine Nebentätigkeit, eine Station im Referendariat und schließlich den Berufseinstieg – baute auf dieser Erfahrung auf. Vor meinem Berufseinstieg habe ich mich gefragt: Passt diese Einschätzung noch? Ich hatte das Gefühl, dass dies die Bedingungen sind, unter denen ich mich wohlfühle und gute Leistungen bringen kann.

Wie war der Einstieg als Associate?

Es gab keinen „Welpenschutz". Ich wurde sofort voll in die Mandatsarbeit eingebunden. Das bedeutet: keine Arbeit im Backoffice, sondern die Rolle, das Mandat direkt mitzuorganisieren und Ansprechpartner für den Mandanten zu sein. Das ist eine große Herausforderung und erfordert von Beginn an eine gute Selbstorganisation. Ich fühlte mich mit dieser Verantwortung aber nie alleingelassen, es gab immer eine helfende Hand oder jemanden mit einem hilfreichen Tipp.

Was macht für Sie die Kanzleikultur aus?

Vor allen Dingen ein hohes Maß an Kollegialität. Ich habe in meiner Zeit als wissenschaftliche Mitarbeiterin nicht nur sehr nette Kollegen kennengelernt, sondern hier auch sehr enge Freunde gefunden. Es ist unbezahlbar, wenn man sich mit den Kollegen nicht nur den Flur teilt, sondern zu ihnen ein echtes Vertrauensverhältnis aufbauen kann und die Gewissheit hat, dass sie mit einem guten Ratschlag weiterhelfen können. Für mich ist dieser Aspekt besonders wichtig, da man nun einmal einen großen Teil seiner Zeit mit den Kollegen verbringt.

Persönlichkeiten gesucht

Heuking Kühn Lüer Wojtek

Standorte in Deutschland: Berlin, Chemnitz, Düsseldorf, Frankfurt am Main, Hamburg, Köln, München, Stuttgart

Standorte weltweit: Brüssel, Zürich

Spezialisierungen: alle Bereiche des nationalen und internationalen Wirtschaftsrechts

Berufsträger in Deutschland: ca. 400

Berufsträger weltweit: ca. 400

Geplante Neueinstellungen in Deutschland 2020: 40–50

Heuking Kühn Lüer Wojtek ist eine der großen wirtschaftsberatenden deutschen Sozietäten mit nationalem und internationalem Mandatsgeschäft. Wir fördern Persönlichkeiten, die sich bei uns weiterentwickeln und mit uns gemeinsam wachsen wollen. Sie treffen bei uns auf flache Hierarchien und ein kollegiales Miteinander. Unsere Kanzlei erkennt die individuellen Fähigkeiten unseres juristischen Nachwuchses und bietet beste Voraussetzungen für die berufliche Entwicklung mit einer reellen Chance auf eine Partnerschaft. Gestalten Sie Ihre Karriere gemeinsam mit uns!

HEUKING KÜHN LÜER WOJTEK

Georg-Glock-Straße 4
40474 Düsseldorf
www.heuking.de

Christina Barthel & Anke Schnabel
Human Resources – Recruiting Team
+49 211 60055-511
karriere@heuking.de

Was zeichnet Ihre Unternehmenskultur aus? Im Fokus unserer Kanzleikultur stehen die Individualität eines jeden Einzelnen und die Freiheiten, die er als Berufsträger ausleben kann. Flache Hierarchien und ein kollegiales Umfeld machen dies möglich. Wir fördern Ihren Unternehmergeist und die stetige Weiterentwicklung Ihrer Persönlichkeit.

Welche Karrieremöglichkeiten bieten Sie? Neben Praktika und Referendarstationen an allen Kanzleistandorten bieten wir Studenten, Referendaren und Doktoranden die Möglichkeit einer Nebentätigkeit. Zudem suchen wir stetig qualifizierte Volljuristen, die bereit sind, Verantwortung zu übernehmen und den Wunsch haben, in einem internationalen Umfeld tätig zu sein. Als große Wirtschaftssozietät decken wir die gesamte Bandbreite von A wie Aktienrecht bis Z wie Zivilprozessrecht ab und ermöglichen Ihnen somit den Einblick in eine Vielzahl von Rechtsgebieten. Sie profitieren von der langjährigen Erfahrung unserer Partner, die Ihnen jederzeit als Ansprechpartner zur Seite stehen. Sie werden aktiv in nationale und internationale Mandate eingebunden und stehen von Anfang an in Kontakt mit den Mandanten. Bei uns arbeiten Sie praxisbezogen in hoch spezialisierten Teams. Im Rahmen unseres etablierten Karrierekonzepts gestalten Sie Ihren Karriereweg individuell, bei uns gibt es kein Up-or-Out und eine reelle Chance auf eine Partnerschaft.

Welche Möglichkeiten zur Weiterqualifizierung bieten Sie? Wir wollen täglich besser werden. Auf dieses Ziel ist unser Weiterbildungsangebot der Heuking Academy ausgerichtet. Sie richtet sich an unsere Referendare, wissenschaftlichen Mitarbeiter, Rechtsanwälte sowie an das nichtanwaltliche Personal. Das attraktive Seminarangebot wird kontinuierlich erweitert und ist auf vier Säulen aufgebaut: Recht, Wirtschaft, Soft-Skills, Business Development & (Self-)Management. In unseren Seminaren, dem Online Repetitorium und den Kaiserseminaren vermitteln wir Ihnen u. a. Verhandlungskompetenzen, rhetorische Fähigkeiten und bereiten Sie optimal auf Ihr Examen vor.

Kann man bei Ihnen auch schon während des Studiums Erfahrungen sammeln? Wir sind stets auf der Suche nach hoch motivierten und gut qualifizierten Praktikanten, wissenschaftlichen Mitarbeitern, Referendaren und Volljuristen. Verschaffen Sie sich durch z. B. eine juristische Mitarbeit neben dem Studium einen Einblick in die tägliche Arbeit unserer Anwälte.

Wie läuft das Bewerbungsverfahren in Ihrer Kanzlei ab? Der erste Eindruck zählt. Im ersten persönlichen Gespräch lernen Sie den Equity Partner und sein Team kennen. Damit Sie einen umfassenden Einblick in Ihr zukünftiges Arbeitsumfeld erlangen, folgen in der Regel weitere Gespräche mit Ihren zukünftigen Kolleginnen und Kollegen von dem jeweiligen Standort. Wir geben Ihnen die Möglichkeit, vor Ihrem Eintritt Ihren Arbeitsplatz kennenzulernen.

Sind Beruf und Familie wirklich vereinbar? Die Verbindung Ihres anspruchsvollen Berufs mit dem Privatleben ist Ihnen wichtig? Wir eröffnen Ihnen die Möglichkeit dazu. Üben Sie Ihren Beruf in Teilzeit aus – egal, ob längerfristig oder nur für eine bestimmte Zeit. Flexibilität ist für uns nicht nur ein Wort, sondern gelebte Praxis. Heuking Kühn Lüer Wojtek schätzt familiäre Verpflichtungen genauso wie berufliches Engagement. Auch von Vätern wird die Elternzeit gern genutzt.

Vom Studi zum Rechtsanwalt

Marc Philip Greitens, B.A., LL.B.
Jahrgang 1987
Associate

In vielen Branchen gibt es das: Studierende arbeiten schon in ihrem künftigen Berufsfeld – als Werkstudent oder wissenschaftlicher Mitarbeiter. In der Ausbildung junger Juristinnen und Juristen spielen solche Modelle noch kaum eine Rolle. Mein Werdegang bei Heuking könnte Beleg dafür sein, dass sie sich auf die juristische Welt übertragen lassen – und alle Beteiligten davon profitieren können.

Rechtsanwalt bin ich erst seit 2019, bei Heuking befinde ich mich jedoch schon im siebten Jahr. Mein Fall ist kein Sonderfall in der Kanzlei: Viele der heutigen Berufsträgerinnen und -träger der Kanzlei waren zuvor Referendare, wissenschaftliche Mitarbeiter oder Praktikanten. Eine Associate-Kollegin bringt es auf knapp zehn Jahre Heuking-Erfahrung: Sie hat noch eine Ausbildung zur Rechtsanwaltsfachangestellten vorangestellt. Eine Kanzlei, die es schafft, junge Menschen so früh und so lange zu binden, macht etwas richtig, finde ich. Das gilt erst recht in der dynamischen Berufswelt von heute.

Studienbegleitende Kanzleiarbeit

Im Jahr 2011 begann ich mein juristisches Zweitstudium in Hamburg, und bereits im Jahr 2012 kam ich für mein erstes Praktikum an den Düsseldorfer Heuking-Standort. Dass ich bis heute bleiben würde, war damals natürlich noch nicht absehbar. Aber mir gefiel, dass ich als Praktikant nicht nach meinem Abschluss, sondern nach meinem Können beurteilt wurde. Mir gefiel, dass mich die Anwältinnen und Anwälte des Teams nicht nur gewissenhaft ausbildeten, sondern vollständig in die Arbeit einbanden. Auch als Praktikant konnte ich einen Senior- und Namenspartner an der Kaffeemaschine treffen, der mir sofort das Gefühl gab, willkommen und ernst genommen zu sein.

Der Übergang nach Hamburg verlief reibungslos. Düsseldorf vermittelte, und auch das Hamburger Büro empfing mich mit offenen Armen. So konnte ich meine Tätigkeit studienbegleitend als wissenschaftlicher Mitarbeiter fortsetzen. Meine Arbeitszeit ließ sich gut mit meinen Vorlesungsterminen vereinbaren, und natürlich blieb ich für das Referendariat. Mit Heuking verdiente ich mir meinen Lebensunterhalt und wuchs gewissermaßen mit meinem Fachbereich, dem Vergaberecht, auf.

Ein Zukunftsmodell?

Ob mein Modell Schule machen kann, ist schwer zu sagen. Für einige Studierende ist es mit Sicherheit interessant. Mir kam sicherlich mein Erststudium zu Gute. Auch die schon früh intensive und umfassende Ausbildung an meiner juristischen Alma Mater dürfte zum Erfolg beigetragen haben. Fest steht: Heuking ist eine Kanzlei, der man gerne treu bleibt. Neben den spannenden Mandanten und den üblichen Vorzügen einer Großkanzlei ist sie vor allem nahbar und menschlich – unabhängig vom Standort. Sie hat mir über die Jahre stets das Gefühl vermittelt, dass ich nicht bloß austauschbarer Arbeiter im Backoffice bin. Für jeden meiner Studienabschnitte hat Heuking ein passendes Beschäftigungsmodell gefunden. Heute arbeite ich als Rechtsanwalt in Teilzeit und promoviere nebenher. Auch mein Promotionsthema hat sich aus meiner Arbeit bei Heuking entwickelt. Mein Team kennt mein Forschungsthema und liefert mir Stoff zu, wenn es sich ergibt. Andersherum fließen meine Erkenntnisse zurück in die Mandatsarbeit. Beruf und Ausbildung gehen Hand in Hand – wie schon in meiner gesamten Zeit bei Heuking.

Heuking Kühn Lüer Wojtek

Hogan Lovells International LLP

Standorte in Deutschland: Düsseldorf, Frankfurt am Main, Hamburg, München

Standorte weltweit:
über 45 Büros weltweit

Spezialisierungen: Wir beraten Unternehmen, Finanzinstitute und die öffentliche Hand auf allen Gebieten des nationalen und internationalen Wirtschaftsrechts.

Berufsträger in Deutschland:
über 400 Anwältinnen und Anwälte, davon 98 Partnerinnen und Partner

Berufsträger weltweit: mehr als 3.000 juristische Mitarbeiterinnen und Mitarbeiter

Geplante Neueinstellungen in Deutschland 2019:
70–80 Associates
180 Referendarinnen und Referendare
90 Praktikantinnen und Praktikanten
150 wissenschaftliche Mitarbeiterinnen und Mitarbeiter

Es gibt eine Dynamik in unserer Kanzlei, die uns antreibt. Jeder Einzelne trägt dazu bei. Gemeinsam wachsen, einander helfen. Wir schreiben Teamgeist, Freiräume und Ambitionen groß. Uns verbindet der Wunsch, neue Herausforderungen mit Freude anzugehen, und der Wille, Probleme zu erkennen und zu lösen, noch bevor sie zu solchen werden. Wir sind fachlich oft gefordert. Und dennoch ist das gegenseitige Miteinander stets freundlich und kollegial. Beratung ist Teamsport und lebt von Persönlichkeiten. Daher legen wir viel Wert auf die Entwicklung individueller Stärken. Diese Vielfalt zeichnet uns aus.

Hogan Lovells

Kennedydamm 24
40476 Düsseldorf
www.hoganlovells.de/karriere

Hogan Lovells
Recruitment Team Germany
+49 211 1368-120
karriere@hoganlovells.de

Wodurch zeichnet sich die Arbeitsatmosphäre in Ihrer Kanzlei aus? Wir sind fachlich oft gefordert. Und dennoch ist das gegenseitige Miteinander stets freundlich und kollegial. Das geht nur mit Persönlichkeiten, die partnerschaftlich handeln und nicht müde werden, sich und andere anzuspornen. Vertrauen, Teamgeist, gegenseitige Wertschätzung - das ist, was uns wichtig ist. Gemeinsam machen wir uns auf die Suche nach der besten Lösung - und werden stets fündig als Team. Unsere Kommunikation ist offen und direkt - und manchmal auch hart in der Sache, aber immer wertschätzend. Alle Mitarbeiterinnen und Mitarbeiter tragen ihren individuellen Teil zum gemeinsamen Erfolg bei - daher suchen wir Persönlichkeiten mit Ecken und Kanten und sind stolz auf die Unterschiede, die uns ausmachen.

Welche Karrieremöglichkeiten bieten Sie? Sie möchten Ihr Wissen in der Praxis unter Beweis stellen und erfolgreich einsetzen? Wir bieten Ihnen das ideale Umfeld dazu. Als Teil unseres Teams profitieren Sie von individuellen Trainings- und Entwicklungsmöglichkeiten sowie globalen Karrierechancen. Sie arbeiten an anspruchsvollen Projekten mit den besten und klügsten Köpfen, die unterschiedliche Sichtweisen vereinen. Der Antrieb, unsere Fähigkeiten weiter auszubauen, ist groß, und wir arbeiten kontinuierlich daran. Unsere People Development Academy bietet ein umfassendes Förderprogramm für jedes Karrierelevel.

Was erwarten Sie in fachlicher und persönlicher Hinsicht? Wir suchen Anwältinnen und Anwälte, die nicht nur exzellent ausgebildet sind, sondern auch persönlich zu uns passen. Hinsichtlich der formalen Anforderungen wünschen wir uns von Ihnen mindestens vollbefriedigende Examina, exzellente kommunikative Fähigkeiten, sehr gute Englischkenntnisse sowie wirtschaftliches Verständnis. Eine Promotion oder ein im englischsprachigen Ausland erworbener LL.M. sind willkommene Zusatzqualifikationen. Auf persönlicher Ebene suchen wir nach klugen Köpfen, die sich mit uns auf die Suche nach der besten Lösung machen und gemeinsam als Team fündig werden möchten. Wir suchen Persönlichkeiten, die sich neuen Herausforderungen mit Freude stellen und bereit sind, ihr volles Potenzial auszuschöpfen.

Wie läuft das Bewerbungsverfahren bei Ihnen ab? Das Bewerbermanagement wird von unserem Recruitment Team Germany zentral aus Düsseldorf gesteuert. Dort werden alle eingehenden Bewerbungen gesichtet und auf Einsatzmöglichkeiten geprüft. Möchten wir Sie persönlich kennenlernen, folgt die Einladung zum Interview meist innerhalb weniger Tage. Im Rahmen persönlicher Gespräche lernen wir uns kennen. Ihr Bauch gibt grünes Licht? Und Sie konnten uns live ebenso überzeugen wie auf dem Papier? Dann erhalten Sie zeitnah ein Angebot von uns - greifen Sie zu!

Sophie Ulrich
Jahrgang 1989
Associate

Wie kommt man zum Gesellschaftsrecht/M&A?

Wer Interesse an wirtschaftlichen Zusammenhängen mit internationalem Kontext hat, sollte sich in jedem Fall mit einer beratenden Tätigkeit im Bereich Gesellschaftsrecht/M&A auseinandersetzen. Die Studierenden, die sich für das Gesellschaftsrecht interessieren, nutzen oftmals bereits die Schwerpunktmöglichkeiten an den Universitäten, um sich im Studium entsprechende Rechtskenntnisse anzueignen. Dies erleichtert vermutlich den Einstieg in den Berufsalltag, ist jedoch keinesfalls Voraussetzung. Es ist kein Problem, seine Passion für das Transaktionsgeschäft erst nach dem Zweiten Staatsexamen zu entdecken! Praktika oder ähnliches in diesem Bereich sind in jedem Fall empfehlenswert, da Sie hierbei einen genauen Einblick erhalten und sehen, was Sie im späteren Berufsalltag erwartet und ob Sie Spaß an der Tätigkeit haben.

Womit beschäftigen sich Gesellschaftsrechtler/M&Aler im Kern?
Das Tätigkeitsfeld Corporate/M&A ist sowohl extrem vielschichtig als auch schnelllebig und erstreckt sich in erster Linie auf die Rechtsgebiete Gesellschafts-, Kapitalmarkt- und Insolvenzrecht. Gleichzeitig gibt es immer wieder Schnittstellen mit dem Steuer-, Bilanz-, Kartell- und Wettbewerbsrecht. Den typischen Tagesablauf im M&A-Bereich gibt es nicht, da der Tag hauptsächlich aus Projektarbeit besteht und abhängig von Industrieschwerpunkten ist (z. B. in Frankfurt überwiegend Finanzsektor, Private Equity usw.). Die anwaltliche Tätigkeit im Bereich Corporate/M&A umfasst zum einen die laufende Beratung zu gesellschaftsrechtlichen Fragestellungen, wie z. B. im GmbH-, und Konzernrecht, und zum anderen das Umwandlungsrecht. Weitere Schwerpunkte unserer Arbeit bilden die Begleitung nationaler und grenzüberschreitender Unternehmensakquisitionen, Verschmelzungen und öffentliche Übernahmen sowie Restrukturierungen, die für viele Unternehmen Basisinstrumente sind, um den wirtschaftlichen Wettbewerb aktiv zu gestalten. Dabei unterstützen wir unsere Mandanten im In- und Ausland – meist Industrieunternehmen, Finanzinstitute und Investmentbanken, Investoren und börsennotierte Gesellschaften – in allen Transaktionsphasen von der Erstellung und Abgabe eines Angebots über die Durchführung der Due Diligence, den Verhandlungen und der Erstellung der Transaktionsdokumentation bis hin zur Unterzeichnung und zum Abschluss. Daneben sind das Projektmanagement und die Kooperation mit Wirtschaftsprüfern, Unternehmensberatern, Banken, Versicherungen und dem Topmanagement von Unternehmen fester Bestandteil unseres Arbeitsalltags.

Welche Eigenschaften sind für diesen Bereich besonders vorteilhaft?
So zeitintensiv das tägliche M&A-Geschäft sein mag, so sehr bereichert es den Berufsalltag mit spannenden und abwechslungsreichen Aufgaben, die über den juristischen Tellerrand hinausgehen. Gesellschaftsrecht ist Wirtschaft pur und am Puls der Zeit. Die Beratung im Bereich Gesellschaftsrecht/M&A ist *truly global*. Verhandlungen und das Erstellen der Vertragsdokumentation erfolgen oftmals in englischer Sprache – solide Englischkenntnisse sind daher unerlässlich. In M&A-Deals dreht sich letztlich alles um Teamwork, wodurch Sie mit vielen verschiedenen Kollegen der unterschiedlichsten Praxisgruppen und Länder zusammenarbeiten. Wenn Sie zudem etwas Pragmatismus und Organisationsgeschick mitbringen, sind Sie in der M&A-Branche sehr gut aufgehoben!

GROW YOUR CAREER

K&L Gates LLP

Standorte in Deutschland: Berlin, Frankfurt am Main, München

Standorte weltweit: Austin, Boston, Brisbane, Brüssel, Charleston, Charlotte, Chicago, Dallas, Doha, Dubai, Fort Worth, Harrisburg, Hongkong, Houston, London, Los Angeles, Mailand, Melbourne, Miami, New York, Newark, Orange County, Palo Alto, Paris, Peking, Perth, Pittsburgh, Portland, Raleigh, Research Triangle Park, San Francisco, São Paulo, Schanghai, Seattle, Seoul, Singapur, Sydney, Taipeh, Tokio, Warschau, Washington D.C., Wilmington

Spezialisierungen: alle Bereiche des nationalen und internationalen Wirtschaftsrechts

Berufsträger in Deutschland: 78

Berufsträger weltweit: ca. 2.000

Geplante Neueinstellungen 2020: ca. 12

K&L Gates LLP ist eine der führenden internationalen Wirtschaftssozietäten. Die Kanzlei ist in den wichtigsten Regionen Europas, der USA, Asiens, Australiens, des Nahen Ostens und Südamerikas präsent und lokal bestens vernetzt. Die Qualität unserer Beratung gründet auf der Ausbildung und Erfahrung unserer Anwälte, die wir mit zahlreichen Spezialisierungs- und Fortbildungsmöglichkeiten unterstützen.

K&L GATES

Markgrafenstraße 42, 10117 Berlin
OpernTurm, Bockenheimer Landstraße 2–4, 60306 Frankfurt am Main
Karlstraße 12, 80333 München
www.klgates.com

Rebecca Freygang
Director of Administration
+49 30 220029-0
karriere@klgates.com

Worin unterscheiden Sie sich von Ihren Wettbewerbern? K&L Gates ist eine dynamische Kanzlei, die sowohl international als auch national stark wächst. Das schafft Beweglichkeit und individuellen Freiraum in der täglichen Arbeit. Pragmatische Lösungen sind uns wichtig - sowohl für den Mandanten als auch für den Mitarbeiter. So arbeiten bei uns viele junge Eltern - und es werden laufend mehr. Elternzeit ist bei uns selbstverständlich, Teilzeit für Partner gelebte Praxis, und auch das Homeoffice kann genutzt werden. Sie können Ihr Kind bei Betreuungsengpässen auch in unser Eltern-Kind-Büro mitbringen.

Was bieten Sie Referendaren und Praktikanten? Wir binden unsere Referendare und Praktikanten frühzeitig in die Bearbeitung von Fragen des allgemeinen und speziellen Wirtschaftsrechts ein. Dies beinhaltet die Mitarbeit an Schriftsätzen in erst- und zweitinstanzlichen Auseinandersetzungen vor den ordentlichen Gerichten, Vertragsgestaltungen und Rechtsgutachten, Recherchen zur Rechtslage in Einzelfragen, Vermerke und Teilnahme an internen Besprechungen mit Mandanten.

Welche Möglichkeiten zur Weiterqualifizierung bieten Sie? Referendaren und angestellten Anwälten bieten wir unser Inhouse-Weiterbildungsprogramm. Sozietätsweit finden Expertenvorträge per Videokonferenz statt, interne und externe Referenten sprechen zu Hard- und Soft-Skill-Themen. Ergänzt wird das Angebot durch ein internes Mentorenprogramm sowie externe Weiterbildungsveranstaltungen. Secondments sind möglich. Unseren Mitarbeiterinnen bieten wir außerdem das „Women in the Profession“-Programm, das eine sozietätsweite Weiterbildung und Förderung beinhaltet.

Was sind Ihre Einstellungskriterien? Wir erwarten von unseren Bewerbern weit überdurchschnittliche Examensergebnisse, ein besonderes Gespür für wirtschaftliche Zusammenhänge und sehr gute Englischkenntnisse, die idealerweise im Ausland erworben wurden. Eine Promotion und/oder ein ausländischer Abschluss sind von Vorteil. Während des Bewerbungsverfahrens finden mindestens zwei persönliche Gespräche mit Partnern und ein Lunch mit Associates statt.

Wie sieht die Work-Life-Balance bei Ihnen aus? Für unsere Anwälte haben wir das Balanced Hours Program entwickelt. Das Programm beinhaltet individuelle und bedarfsabhängige Arbeitszeitflexibilisierung bis hin zum Sabbatical (Teilzeit, Freistellung für Forschung und Lehre, Homeoffice, Eltern-Kind-Arbeitsplatz). Darüber hinaus bieten wir unseren Mitarbeitern ein umfangreiches Sport- und Freizeitprogramm: Von Firmenläufen, einem Ski&Snow Retreat, der Fitnessclub-Mitgliedschaft bis hin zur Massage ist alles dabei.

Gabriella Piras

Associate im Bereich Corporate/M&A

Gesellschaftsrecht international gestalten

„Meine dreigeteilte Tätigkeit hier finde ich super!“ Die junge Anwältin Gabriella Piras ist seit zwei Jahren Associate bei K&L Gates. Sie kam mit der klaren Vorstellung, sich im Gesellschaftsrecht spezialisieren zu wollen. Wie sehr das dann passieren würde, war ihr allerdings vorher nicht klar: Von Anfang an wirkte sie im gesellschaftsrechtlichen Notariat, bei der Prozessführung und bei Transaktionen mit. Sie arbeitet eng mit drei verschiedenen Partnern zusammen. „Gerade Prozessführung wollte ich eigentlich vorher gar nicht machen, im Referendariat war das nicht mein Fokus. Das ist jetzt ganz anders – ich finde jeden Termin bei Gericht spannend und lerne eine Menge“.

Besonders gut gefällt ihr auch die Arbeit mit Kolleginnen und Kollegen anderer Jurisdiktionen und die Vielzahl unterschiedlicher Sprachen, in denen sie arbeitet. Gabriella Piras ist sowohl Deutsche als auch Italienerin, sie spricht außerdem fließend Französisch und Englisch. Hilfreich für die Tätigkeit bei K&L Gates, wie sie findet: „Ich habe die Kanzlei bewusst ausgewählt, weil ich meine Sprachkenntnisse im Alltag anwenden wollte. Vorher war ich in einer rein deutschen Kanzlei – das war zwar auch eine sehr schöne Zeit, aber mir fehlte die Internationalität. Darüber kann ich mich jetzt nicht mehr beklagen – gerade arbeite ich an einer Transaktion mit 14 Jurisdiktionen mit, total spannend!“

Die finale Entscheidung, wirklich weiter Jura zu studieren, hat Gabriella Piras erst nach einem Praktikum in der Vertretung des Saarlandes beim Bund in Berlin getroffen. Und wusste sie dann von Anfang an, dass sie Anwältin werden wollte? Nein, sagt sie, das sei ihr erst nach dem Referendariat klar geworden. Eigentlich wollte sie nach der guten Erfahrung in der Landesvertretung in den öffentlichen Dienst. Viele ihrer Freundinnen und Kommilitoninnen hätten sich dafür entschieden. Ihr selbst habe letztendlich die Kanzleistation im Referendariat am besten gefallen: „Hier konnte ich von Anfang an mitgestalten, ich hatte gleich den Eindruck, viel bewirken zu können“.

Ein persönliches Vorbild hat Gabriella Piras auch: Juliane Kokott, Generalanwältin am Gerichtshof der Europäischen Union. „Weibliche Anwältinnen brauchen Role Models, an deren Weg und Lösungen für bestimmte Herausforderungen sie sich orientieren können. Ich bewundere Frau Kokott für ihre Geradlinigkeit und dafür, wie sie ihre Aufgabe meistert – eine Frau mit sechs Kindern in diesem Job, einfach total beeindruckend.“

K&L GATES
GROW YOUR CAREER
K&L Gates LLP ist eine der führenden internationalen Wirtschaftssozietäten. Die Kanzlei ist in den wichtigsten Regionen Europas, der USA, Asiens, Australiens, des Nahen Ostens und Südamerikas präsent und lokal bestens vernetzt.
FÜR UNSERE BÜROS IN BERLIN, FRANKFURT/MAIN UND MÜNCHEN SUCHEN WIR REGELMÄSSIG REFERENDARE UND RECHTSANWÄLTE (M/W/D).
Wenn Sie weit überdurchschnittliche Examensergebnisse, ein besonderes Gespür für wirtschaftliche Zusammenhänge sowie sehr gute, idealerweise im Ausland erworbene Englischkenntnisse haben, freuen wir uns auf Ihre Bewerbung. Eine Promotion und/oder ein ausländischer Abschluss (z.B. LL.M.) sind von Vorteil.
Mehr auf klgates.com
LTO JOBS GEFRAGTER ARBEITGEBER 2018 TOP 20
Best Lawyers BEST LAW FIRMS U.S.News 2019

Kirkland & Ellis International LLP

Standort in Deutschland: München

Standorte weltweit: Boston, Chicago, Dallas, Hongkong, Houston, London, Los Angeles, New York, Palo Alto, Paris, Peking, San Francisco, Schanghai, Washington D.C.

Spezialisierungen: Private Equity/M&A, Corporate, Capital Markets, Restructuring, Finance, Tax

Berufsträger in Deutschland: ca. 40
davon mit LL.M.: 13
davon mit Promotion: 21

Berufsträger weltweit: ca. 2.500

Geplante Neueinstellungen 2020: ca. 10

Kirkland & Ellis gehört zu den weltweit führenden Wirtschaftskanzleien. In München beraten wir in den Bereichen Private Equity/M&A, Corporate, Capital Markets, Restructuring, Finance und Tax. Wir vereinen die Vorteile einer internationalen Großkanzlei mit denen eines hoch spezialisierten, eng verzahnten Teams mit rund 40 Anwälten. Uns ist es sehr wichtig, insbesondere junge Kollegen gezielt zu fördern und ihr Partnerpotenzial weiterzuentwickeln.

KIRKLAND & ELLIS INTERNATIONAL LLP

Maximilianstraße 11
80539 München
karriere.kirkland.com

Dr. Achim Herfs
Recruiting Partner
+49 89 2030-6000
karriere@kirkland.com

Wo liegen die Schwerpunkte unserer Arbeit? In unserem Münchner Büro konzentrieren wir uns auf Transaktionen in den Bereichen Private Equity/M&A, Capital Markets, Finance und Tax sowie auf komplexe Restrukturierungen. Bei den oft grenzübergreifenden Transaktionen arbeiten wir eng im Team mit den Kollegen aus Großbritannien, den USA und Asien zusammen. Unser Anspruch ist nicht nur, höchste juristische Qualität zu bieten, sondern mit unserer umfangreichen Erfahrung und einem kreativen juristischen Ansatz unsere Mandanten beim Erreichen ihrer Ziele zu unterstützen. Darauf liegt unser Fokus, und dafür engagieren wir uns.

Wie arbeiten wir? Wir arbeiten in einem überschaubaren Team in unserem Büro im Herzen von München und pflegen eine Kultur der offenen Türen und des kollegialen Miteinanders. Wir legen Wert auf flache Hierarchien und begegnen uns auf Augenhöhe. Alle Teammitglieder zeigen großes Engagement und ein hohes Maß an Eigenverantwortung. Sie sind vom ersten Tag an Mitglied des Teams und arbeiten auch fachbereichsübergreifend an spannenden und abwechslungsreichen Mandaten mit.

Welche internationalen Einsatzmöglichkeiten gibt es? Durch unsere Secondments haben Associates die Möglichkeit, in einem unserer internationalen Büros zu arbeiten und dadurch Erfahrungen in neuen Jurisdiktionen zu sammeln. Auch Referendaren bieten wir die Möglichkeit, ihre Wahlstation im Ausland zu verbringen, nach erfolgreich absolvierter Anwaltsstation in München. Wir übernehmen dabei die gesamte Organisation und stellen sicher, dass ein Mentor vor Ort den Referendar begleitet. Außerdem können Referendare an den Trainingsprogrammen der jeweiligen Standorte teilnehmen und werden intensiv in die Praxisgruppen eingebunden.

Welche Möglichkeiten zur Weiterqualifizierung bieten wir? Kirkland & Ellis fördert die Karriere mit einem maßgeschneiderten Mentoring- und Trainingsprogramm. Das Kirkland Institute bietet drei Module zur zielgerichteten Aus-und Weiterbildung: Vertiefung der Fachkompetenz, Entwicklung von fachübergreifender Kompetenz sowie Erweiterung persönlicher Fähigkeiten. Bereits bei der Einstellung unserer Associates achten wir darauf, dass sie das Potenzial mitbringen, nach rund sechs Jahren Partner zu werden.

Warum Du zu uns passt? Du bist bereit, Dich zu engagieren und Eigenverantwortung zu übernehmen. Du verfügst über sehr gute Englischkenntnisse und über exzellente Examina. Du bist ein Teamplayer und bringst darüber hinaus ein sehr gutes Verständnis für wirtschaftliche Zusammenhänge mit.

Angelina Seelbach
Jahrgang 1988
Associate Corporate

Großkanzlei oder Boutique? Für mich bitte beides.

Nach Abschluss meines LL.M.-Studiums an der Columbia University in New York hatte ich ziemlich klare Vorstellungen von meinem künftigen Arbeitgeber: Ich wollte eine Kanzlei finden, die Mandatsarbeit auf höchstem Niveau mit kontinuierlichem internationalen Austausch und einer besonders persönlich geprägten Atmosphäre verbindet. Also quasi Großkanzlei und Boutique in einem. Kirkland & Ellis in München macht dieses Paradoxon wahr.

Das Beste aus zwei Welten

Mit etwa 40 Berufsträgern ist Kirkland in München noch eine vergleichsweise überschaubare Einheit. Dies schlägt sich in einer angenehmen und kollegialen Atmosphäre nieder. Die Kanzlei fördert aktiv den Austausch der Teammitglieder auch jenseits der Mandatstätigkeit. So trifft man beispielsweise Kollegen beim allmorgendlichen Frühstücksbuffet und zu Freitagabenddrinks (im Sommer auch gerne auf der Dachterrasse). Zwischen Partnern, Associates und Kollegen im Support ist der Umgangston jederzeit persönlich und freundlich. Das funktioniert so gut, so dass sich ein Partner auch schon einmal vom Associate sprichwörtlich auf den Arm nehmen lassen muss – oder umgekehrt. Was die Rechtsanwälte bei Kirkland darüber hinaus in besonderem Maße auszeichnet, ist ein starker Unternehmergeist. Dieser ist zentraler Teil der Kanzleikultur und damit natürlich auch im Münchener Büro gefragt. Jede bzw. jeder im Team ist aufgefordert, sich mit Ideen und Initiativen einzubringen und nicht einfach beim Status quo zu verharren. Dass das Miteinander bei Kirkland dem in einer Boutique gleicht, sollte nicht zu falschen Schlüssen verleiten: Weltweit ist Kirkland eine der größten und erfolgreichsten Kanzleien. Das bedeutet, dass die Kanzlei den höchsten Ansprüchen gerecht wird und die Mandate sehr anspruchsvoll und in der Regel grenzüberschreitend sind. Das fachliche Niveau ist beeindruckend – das spornt jeden Tag aufs Neue an.

Nachwuchsförderung wird großgeschrieben

Die Nachwuchsförderung ist bei Kirkland nicht nur ein Lippenbekenntnis, sondern gelebte Kanzleikultur unter dem Motto „Feed the young". Associates und wissenschaftliche Mitarbeiter bzw. Referendare werden nicht nur beim Ausbau ihrer juristischen Fähigkeiten unterstützt, sondern in ihrer gesamten Persönlichkeit geschätzt und dort eingesetzt, wo es ihrem Wissens- und Erfahrungsstand am besten entspricht. Dabei kann es durchaus vorkommen, dass Anwälte schon in ihrem vierten Berufsjahr wesentliche Teile der Steuerung einer Transaktion anvertraut bekommen. Mut und Eigeninitiative werden belohnt. Ein gutes Ausbildungsprogramm war mir persönlich sehr wichtig – und Kirkland hat mich nicht enttäuscht. Tatsächlich wird für die Associates in München einiges geboten: Mehrfach im Monat referieren externe Experten zu verschiedenen Themen wie zum Beispiel Unternehmensbewertung, Kommunikation in Krisensituationen oder Verhandlungstraining. Erfahrene Kirkland Partner und Anwälte teilen regelmäßig ihr Praxiswissen und besprechen aktuelle Urteile oder Gesetzesinitiativen im Jour fixe. Besonders viel lernen kann man bei Kirkland auf internationalem Level: Die große globale Plattform sorgt dafür, dass es praktisch permanent einen grenzüberschreitenden Austausch gibt. Darüber hinaus sind Secondments in den internationalen Büros möglich. Zudem werden Zusammentreffen in kleineren Formaten organisiert, wie zum Beispiel Events in London oder Rom, die dazu dienen, dass sich Kollegen der europäischen Büros in ihren jeweiligen Fachgebieten vernetzen.

Great change is here.

Linklaters

Bist Du bereit?

Linklaters LLP

Standorte in Deutschland: Berlin, Düsseldorf, Frankfurt am Main, Hamburg, München

Standorte weltweit: Abu Dhabi, Amsterdam, Antwerpen, Bangkok, Brüssel, Dubai, Hongkong, Lissabon, London, Luxemburg, Madrid, Mailand, Moskau, New York, Paris, Peking, Rom, São Paulo, Schanghai, Seoul, Singapur, Stockholm, Tokio, Warschau, Washington D.C.

Spezialisierungen: Arbeitsrecht, Aufsichtsrecht, Banking, Dispute Resolution, Energiewirtschaftsrecht, Gesellschaftsrecht/ M&A, Gewerblicher Rechtsschutz, Immobilienwirtschaftsrecht, Investment Funds, Kapitalmarktrecht, Kartellrecht, Öffentliches Wirtschaftsrecht, Restrukturierung & Insolvenz, Steuerrecht, Technologie, Medien & Telekommunikation

Berufsträger in Deutschland: ca. 350

Berufsträger weltweit: ca. 2.900

Geplante Neueinstellungen 2020:
140 Praktikanten
150 Referendare
60 Anwälte

Linklaters LLP ist eine international führende Wirtschaftskanzlei mit rund 5.000 Mitarbeitern in 30 Büros weltweit. In Deutschland beraten wir mit unseren rund 350 Anwälten namhafte Unternehmen und Finanzinstitute zu komplexen Fragen im Wirtschafts-, Bank- und Steuerrecht. Gemeinsam leben wir eine Kultur des Miteinanders und der neuen Ideen. Als Teil unseres Teams erwarten Sie spannende Herausforderungen, hervorragende Entwicklungsperspektiven und Raum für individuelle Wege.

Linklaters

Taunusanlage 8
60329 Frankfurt am Main
www.linklaters.de
career.linklaters.de

Susanne Kiefer
Recruitment Germany
+49 69 71003-495
recruitment.germany@linklaters.com

Ihr Einstieg als Stipendiat: Mit dem Stipendienprogramm von Linklaters werden Sie Teil der Linklaters Talent Community, mit der wir engagierte Nachwuchsjuristen fördern und auf ihrem Weg zum Ziel begleiten wollen. Neben einem persönlichen Mentor, der Sie bei Fragen zu Studium, Karriere und anderen Ihnen wichtigen Anliegen berät, erhalten Sie regelmäßig Newsletter zu spannenden Themen sowie exklusive Einladungen zu Workshops, Infoveranstaltungen und Stipendiatentreffen. Mit einem Büchergutschein für Fachliteratur und der Möglichkeit, an einem Online-Repetitorium teilzunehmen, unterstützen wir Sie zusätzlich in der Vorbereitung auf das Erste Staatsexamen.

Ihr Einstieg als Praktikant: Wir möchten Ihnen frühzeitig die Möglichkeit geben, Einblicke in die Tätigkeit und Arbeitsatmosphäre einer internationalen Sozietät zu erhalten. Dafür haben wir für die Semesterferien unser sechswöchiges Praktikantenprogramm „Experience@Linklaters“ entwickelt. Neben der täglichen Arbeit in Ihrem Fachbereich bieten wir Ihnen die Möglichkeit, durch Vorträge, Workshops und Social-Skills-Trainings über den juristischen Tellerrand zu blicken und zu erfahren, wie wir in anderen Fachbereichen beraten. „Experience@Linklaters“ wird durch attraktive Rahmenveranstaltungen begleitet, und jedes Jahr können ehemalige Praktikanten an einem internationalen Praktikantenprogramm in London teilnehmen.

Ihr Einstieg als Referendar: Haben Sie bereits die erste große Etappe in Ihrer juristischen Ausbildung erreicht, bieten wir Ihnen mit unserem Referendarprogramm „Colleagues of Tomorrow“ eine exzellente Einstiegsmöglichkeit. Sie können ähnlich anspruchsvolle Aufgaben wie die eines Associate erwarten, denn genau das bedeutet für uns Training-on-the-Job. Der wichtigste Ansprechpartner ist dabei neben dem Leitpartner der persönliche Mentor, ein erfahrener Associate, der Sie unter anderem durch regelmäßiges Feedback unterstützt, die Arbeitswelt von Linklaters kennenzulernen sowie die täglichen Herausforderungen zu meistern. Während der gesamten Zeit haben Sie zusätzlich die Möglichkeit, an Fachvorträgen, Workshops und Networking-Veranstaltungen teilzunehmen. Darüber hinaus haben interessierte Referendare die Chance, ihre Wahlstation in einem der internationalen Büros zu absolvieren.

Ihr Einstieg als Associate: Ihr Berufseinstieg ist der nächste große Schritt, vor dem Sie möglicherweise noch weitere interessante Erfahrungen im Rahmen eines LL.M.-Studiums oder einer Promotion gesammelt haben. Ihr Leitpartner begleitet Sie dabei von Anfang an und fördert Ihre fachliche und persönliche Entwicklung. Unterstützt wird diese durch maßgeschneiderte Weiterentwicklungsangebote der Linklaters Law & Business School, bei denen wir Sie für Ihre aktuelle Karrierestufe fit machen und Sie auch auf zukünftige Positionen vorbereiten, ob als Associate, Managing Associate oder Partner. Rotationen und Secondments bieten Ihnen darüber hinaus die Chance, Einblicke in andere Beratungsfelder und andere nationale sowie internationale Linklaters-Büros zu gewinnen.

YourLink – das alternative Karrieremodell: YourLink richtet sich an hoch qualifizierte angehende und ausgebildete Juristen (m/w/d), die sich besser planbare Arbeitszeiten innerhalb des anspruchsvollen Arbeitsfelds einer Wirtschaftskanzlei wünschen – um Familie und Beruf besser miteinander zu verbinden, mehr Freizeit zu haben oder persönliche Herausforderungen meistern zu können. YourLink ermöglicht eine neue Form der Work-Life-Balance: Arbeit an den Mandaten einer Top-Kanzlei bei besser planbaren Arbeitszeiten.

Team Linklaters

Adriana
von Hardenberg

Jahrgang 1987

Managing Associate
im Bereich Gesellschaftsrecht/M&A

Perfekter Einstieg

Den ersten Kontakt zu Linklaters habe ich auf einer Karrieremesse geknüpft. Dort war ich direkt nach dem Ersten Staatsexamen auf der Suche nach einer Stelle als wissenschaftliche Mitarbeiterin. Vorher hatte ich mit Großkanzleien noch keine Berührungspunkte und wollte nun testen, ob es etwas für mich sein könnte. Ich bekam eine Stelle in dem Team, in dem ich nun als Associate arbeite. Ich war dort bis zum Start meines Referendariats in Vollzeit für fast sechs Monate tätig – ideal, um das Team, weitere Kollegen und die Arbeitsweise kennenzulernen. Der Einstieg war sehr angenehm, und ich war schnell ein fester Bestandteil des Teams. Gekrönt wurde meine Ausbildung bei Linklaters schließlich von einer Wahlstation in unserem New Yorker Büro, wo ich für drei Monate Teil unseres Gesellschaftsrecht/M&A-Teams war. Für mich war dies die mit Abstand beste Zeit im Referendariat, und die Entscheidung für einen Berufseinstieg bei Linklaters war schnell gefallen. In jedem Ausbildungsstadium und an jedem Standort wurde ich freundlich empfangen und integriert, und auch ohne spezielle Vorkenntnisse konnte ich schnell einen Beitrag leisten und mich einarbeiten.

Ein wahrhaft internationales Arbeitsumfeld

Gleich nach meinem Berufseinstieg vor dreieinhalb Jahren fand ich mich inmitten einer öffentlichen Übernahme wieder und dadurch im direkten Austausch mit Kollegen aus anderen Büros aus dem In- und Ausland. Das war zwar ein Sprung ins kalte Wasser nach langen Jahren der eher trockenen Ausbildung, jedoch auch ein Sprung, der einem leicht gemacht wurde. Von Tag eins an lernt man dazu und steuert bereits einen erheblichen Beitrag zur Mandatsarbeit bei, wird dabei aber nie alleine gelassen, sondern kann sich stets austauschen. Besonders im Rahmen von Transaktionen hat man die Möglichkeit, sich mit seinen Kollegen aus allen Bereichen und Jurisdiktionen auszutauschen. Die Arbeit in einem so motivierten und fachlich exzellenten Umfeld erleichtert nicht nur den Berufseinstieg, sondern macht noch heute, als erfahrene Associate, großen Spaß.

Ausbildung und Karriereentwicklung

Linklaters legt großen Wert auf die Ausbildung und Karriereentwicklung, und das unabhängig vom Ausbildungsstadium. Unsere Praktikantinnen und Praktikanten werden mit einer Vielzahl von Workshops, Vorträgen, Networking-Veranstaltungen sowie der Mitarbeit in den Fachbereichen an die Arbeit in unseren Teams herangeführt und können so einen Einblick in unsere Tätigkeit gewinnen. Im Rahmen der weiteren Ausbildung kann man als wissenschaftliche(r) oder juristische(r) Mitarbeiter(in) einsteigen, oder auch während der Stationen im Referendariat (In- oder Ausland). Auch hier bieten wir ähnliche Weiterbildungsmöglichkeiten, bei denen es über die tägliche Arbeit hinaus zum Austausch mit Anwältinnen und Anwälten kommt. Für unsere Anwältinnen und Anwälte gibt es ebenfalls ein großes Spektrum an Fortbildungsveranstaltungen, sowohl innerhalb des jeweiligen deutschen Fachbereichs, als auch fachbereichs- und länderübergreifend. Besonders hervorheben möchte ich unser neues Programm für weibliche Associates ab dem zweiten Berufsjahr: „Unlocking your potential". Ich durfte im letzten Jahr bereits an dem Pilotprogramm teilnehmen und habe sehr davon profitiert: Hier lernt man über einen Zeitraum von sechs Monaten gemeinsam mit einer Trainerin und einer erfahrenen Anwältin, dass man sich bereits früh und gezielt mit der eigenen Karriereentwicklung auseinandersetzen kann und sollte. Darüber hinaus kann man sich mit anderen Kolleginnen, die sich auf der gleichen Karrierestufe befinden, in einem vertrauensvollen Umfeld austauschen.

Milbank, Tweed, Hadley & McCloy LLP

Standorte in Deutschland:
Frankfurt am Main, München

Standorte weltweit: Hongkong, London, Los Angeles, New York, Peking, Singapur, São Paulo, Seoul, Tokio, Washington D.C.

Spezialisierungen: Bank- und Finanzrecht, Compliance, Gesellschaftsrecht/M&A, Kartellrecht, Private Equity, Steuerrecht, Restrukturierung

Berufsträger in Deutschland: ca. 45

Berufsträger weltweit: über 700

Geplante Neueinstellungen 2020: 8–10

Milbank, Tweed, Hadley & McCloy LLP wurde 1866 als eine der ersten Wall-Street-Kanzleien in New York City gegründet und zählt heute zu den führenden international tätigen Wirtschaftskanzleien. Mit zwölf Standorten in Europa, den USA, Lateinamerika und Asien sind wir an den wichtigsten Finanz- und Wirtschaftszentren der Welt präsent. Wir haben den Anspruch, nur bestqualifizierte Anwälte einzustellen und ihnen als Associates außergewöhnliche Erfahrungen, erstklassige Aus- und Weiterbildungsmöglichkeiten und eine angenehme Atmosphäre zu bieten.

Milbank

Dr. Thomas Ingenhoven, LL.M.
Neue Mainzer Straße 74
60311 Frankfurt am Main
+49 69 71914-3436
tingenhoven@milbank.com

Dr. Thomas Kleinheisterkamp
Maximilianstraße 15
80539 München
+49 89 25559-3676
tkleinheisterkamp@milbank.com

www.milbank.com

Wodurch unterscheiden Sie sich von anderen Anwaltssozietäten? Natürlich ergibt sich im Vergleich mit vielen anderen Sozietäten ein grundlegender Unterschied bereits aus unserem Tätigkeitsfeld: Anders als sogenannte Full-Service-Kanzleien haben wir uns auf wirtschaftsrechtliche Transaktionen (M&A, Private Equity) und High-End-Beratung von Unternehmen in den Gebieten Gesellschafts-, Steuer-, Finanz- und Kartellrecht spezialisiert. Kennzeichnend für die Tätigkeit unserer Sozietät sind die enge Verzahnung und die integrierte Beratung in unseren Kernkompetenzen sowie die enge Vernetzung unserer Standorte weltweit. Daneben sind die bei uns tätigen Anwälte durchwegs hervorragend juristisch qualifiziert, hoch motiviert und kreativ. Sie arbeiten in kleinen Teams an spannenden Mandaten für entsprechend hochkarätige Mandanten - dies selbstverständlich bei entsprechender Vergütung. Zudem bieten wir unter anderem mit Milbank@Harvard ein einzigartiges Fortbildungsprogramm in Kooperation mit der Harvard University.

Wie viele Anwälte und Referendare stellen Sie pro Jahr ein? In unseren deutschen Büros - Frankfurt am Main und München - stellen wir pro Jahr acht bis zehn Rechtsanwälte und ca. 22 Referendare (im Rahmen einer regulären Station oder Nebentätigkeit) ein.

Kann man bei Ihnen auch schon während des Studiums Erfahrungen sammeln? Interessierte Studierende haben die Möglichkeit, uns während unseres Gruppenpraktikums „Summer@Milbank", das jedes Jahr im September an unseren Standorten in Frankfurt und München durchgeführt wird, kennenzulernen. Mit einer vielseitigen Kombination aus Praxisvorträgen und Einbindung in das Alltagsgeschäft geben wir Jurastudenten damit bereits nach der Zwischenprüfung einen umfassenden Einblick. Ein intensives Programm bringt Themen aus unseren Fachbereichen Finanzrecht, M&A, Gesellschaftsrecht, Private Equity, Kartellrecht und Steuerrecht nahe. Zwei zuständige Mentoren pro Praktikant, die nach zwei Wochen wechseln, sorgen dafür, dass die Praktikanten persönlich und fachlich in unser Team eingebunden werden. Sie geben Einblick in ihre Arbeit, übertragen eigene Aufgaben und integrieren die Praktikanten in Meetings mit Kollegen und Mandanten. Gemeinsame Veranstaltungen, u. a. auch ein Besuch im Unternehmen eines Mandanten, runden das Praktikum ab.

Wie läuft das Bewerbungsverfahren ab? Sie können sich bevorzugt per E-Mail mit einem Anschreiben, Ihrem Lebenslauf und Zeugniskopien direkt bei einem der beiden genannten Partner in Frankfurt am Main oder München bewerben.

Und wen laden Sie ein? Schauen Sie nur auf die Examensnoten, oder gibt es noch andere Kriterien, die Ihnen wichtig(er) sind? Wir legen allergrößten Wert darauf, dass Bewerber ihr juristisches Handwerkszeug beherrschen, und das wird nach unserer Erfahrung mit den Examensnoten in aller Regel zutreffend belegt. Deshalb sind zwei mit mindestens vollbefriedigend bestandene Examina für uns wichtig, ebenso wie möglichst Promotion und im Ausland erworbene Englischkenntnisse. Für deren Erwerb ist ein LL.M.-Studium eine hervorragende Gelegenheit. Darüber hinaus sollten Sie Spaß an der Arbeit mit wirtschaftlichen Sachverhalten haben und hierfür Verständnis und ein gutes Judiz mitbringen, am besten gepaart mit Humor und einer optimistischen Grundeinstellung.

Wie entscheiden Sie, welcher Bewerber zu Ihnen passt? Im Rahmen einer Gesprächsrunde, die durchaus mehr als einen halben Tag dauern kann, haben Sie – gleich ob Sie als Referendar oder Berufseinsteiger zu uns kommen möchten – Gelegenheit, möglichst viele Anwälte eines Büros und unsere Arbeit kennenzulernen. Am Ende dieses Tages sollten Sie ein Gefühl dafür entwickelt haben, ob die Chemie stimmt und Sie sich vorstellen können, künftig in unserem Team mitzuarbeiten. Und genauso entscheiden auch wir – und zwar alle Anwälte, die Sie im Laufe des Tages gesehen haben – anhand des vermuteten „Fit" ohne weitere formale Kriterien: Es passt, oder es passt nicht. So sollten auch Sie Ihre Entscheidung fällen.

Welche Tipps können Sie Nachwuchsjuristen für ihre Ausbildung geben? Natürlich stehen die Examensprüfungen immer im Vordergrund – bei hervorragenden Ergebnissen stehen Ihnen ja in der Regel alle Möglichkeiten offen. Mit einem guten Ersten Staatsexamen können Sie während des Referendariats schon Erfahrungen in renommierten Kanzleien sammeln, Referendarsstationen im Ausland absolvieren, nebenher promovieren und/oder ein LL.M.-Studium in Angriff nehmen.

Und welche Aus- und Weiterbildungsmöglichkeiten gibt es bei Ihnen? Unser Aus- und Weiterbildungsprogramm besteht aus verschiedenen Komponenten. Sein Herzstück ist sicherlich Milbank@Harvard, eine von der Harvard Business School und der Harvard Law School exklusiv für uns ausgearbeitete und gehaltene Fortbildungsveranstaltung zu wirtschaftlichen und unternehmerischen Themen. Diese findet in vier jeweils einwöchigen Veranstaltungsblocks auf dem Campus der Harvard University statt und wird von allen unseren Associates ab dem dritten Berufsjahr besucht. Darüber hinaus bieten wir – neben dem unseres Erachtens enorm wichtigen Training-on-the-Job – ein umfassendes Programm an maßgeschneiderten internen Aus- und Weiterbildungsveranstaltungen mit großer Praxisnähe an, das um den regelmäßigen Besuch externer Seminare ergänzt wird. Zu nennen sind hier zum einen unsere Ausbildungsserie „Die 20 Grundelemente", eine Präsentations- und Workshop-Reihe für unsere jüngeren Associates, bei der praxisnahe Themen erarbeitet werden, die man auf dem Weg zum Wirtschaftsanwalt beherrschen sollte. Zum anderen findet halbjährlich – meist am Starnberger See – unsere intern entwickelte Tax Academy statt, eine Blockveranstaltung, die allen unseren Associates sowie in der Regel auch unseren Referendaren einen auf die Bedürfnisse unserer Beratungspraxis zugeschnittenen Überblick zum Steuerrecht und ein Problembewusstsein in diesem wichtigen Rechtsgebiet vermittelt.

DEN BLICK AUF'S GROSSE GANZE HAT MAN AM BESTEN AUF AUGENHÖHE.
Milbank
unbore-your-life@milbank.com

Noerr LLP

Standorte in Deutschland: Berlin, Dresden, Düsseldorf, Frankfurt am Main, Hamburg, München

Standorte weltweit: Alicante, Bratislava, Brüssel, Budapest, Bukarest, London, Moskau, New York, Prag, Warschau

Spezialisierungen: nationales und internationales Wirtschaftsrecht: Gesellschaftsrecht, M&A, Finanzierungen, Bank- und Kapitalmarktrecht, Private Equity/Venture Capital, Restrukturierungen, Insolvenzrecht, IP-, IT- und Medienrecht, Urheber- und Wettbewerbsrecht, Regulierte Industrien, Kartellrecht, Vergaberecht, Öffentliches Recht, Bau- und Immobilienrecht, Vertriebsrecht, Arbeitsrecht, Produkthaftungsrecht, Litigation, Dispute Resolution, Steuerrecht, Stiftungsrecht

Berufsträger in Deutschland: 400

Berufsträger weltweit: 530

Geplante Neueinstellungen 2020: 60–70

Wer seine Stärken aktiv einbringen und weiter entfalten kann, erlebt einen erfüllenden Arbeitsalltag. Das erfahren bei uns Mitarbeiter aller Karrierestufen und Einsatzbereiche. Und das halten wir für einen unserer wichtigsten Erfolgsfaktoren. Wertvolle Wegbereiter sind eine breite Aufgabenlandschaft, abwechslungsreiche Einsatzbereiche, aber vor allem die Chance, sehr früh selbstverantwortlich zu arbeiten. Das ist unser Vertrauensvorschuss an Sie. Steigen Sie mit Noerr in die erste Liga der Kanzleien ein und lassen Sie sich durch unsere dynamische Entwicklung nicht nur anspornen – wirken Sie daran mit!

Noerr

Brienner Straße 28
80333 München
noerr.com/karriere

Lorenz Kiefer
Head of Human Resources
+49 89 28628-255
lorenz.kiefer@noerr.com

Was uns als Arbeitgeber auszeichnet: „Super Perspektiven und Weiterbildungsmöglichkeit." „Beim Thema Teilzeit herrscht Respekt und Verständnis für die persönliche Situation jedes Einzelnen." „Die Strategie trägt Früchte und die Entwicklung zur Spitzenkanzlei geht voran." (Quelle: azur 100 2019, Noerr belegt Platz 6)

Kultur und Werte: Die Basis unseres beruflichen Miteinanders sind unsere Unternehmenswerte: Exzellenz, Vertrauen, Leidenschaft und Teamgeist. Wir haben mit diesem Wertekanon einen Kompass für unsere tägliche Arbeit entwickelt, der jeden Einzelnen von uns leitet und unser Zusammenspiel besonders erfolgreich macht. Es erwarten Sie herausragende juristische Persönlichkeiten und eine Atmosphäre geprägt von hoher Kollegialität. Mehr in unserem Wertefilm unter noerr.com/karriere.

Entwicklung: Wir bieten alle Vorteile einer Full-Service-Kanzlei mit internationaler Ausrichtung und Präsenz. Entscheidungen über die Entwicklung der Kanzlei und damit Ihren Karrierepfad liegen allein in unseren Händen und werden nicht extern bestimmt. Da Noerr weiter wächst, können wir exzellenten Beratern realistische Partnerperspektiven bieten. Begleitend zum Training-on-the-Job werden Ihre fachlichen, sozialen wie auch unternehmerischen Kompetenzen mit dem umfangreichen Noerr Campus Weiterbildungsangebot sehr systematisch und doch individuell gefördert. Die Mitwirkung unserer Partner ist dabei Garant für die Relevanz der Inhalte und die Nachhaltigkeit der Vermittlung.

Internationalität: Eigene Büros in elf Rechtsordnungen und die Zugehörigkeit zum Lex-Mundi-Netzwerk eröffnen Ihnen die Mitarbeit an internationalen Mandaten sowie einen fachlichen wie persönlichen Austausch mit ausländischen Kollegen. Wir bieten Ihnen ein Secondment bei einer Lex-Mundi-Partnerkanzlei bzw. einem Unternehmen im Ausland an und ermöglichen Auslandsstationen auch für Referendare und Praktikanten.

Work-Life-Balance: Wir unterstützen Ihren persönlichen Freiraum durch ein modernes Teilzeit- und Familienprogramm. Sie können zwischen verschiedenen Teilzeitmodellen wählen (aktuell sind über 30 Prozent der Beraterinnen in Teilzeit) und im Rahmen von „Noerr Family" Unterstützung in der Betreuung Ihres Nachwuchs oder pflegebedürftiger Angehöriger in Anspruch nehmen. Trotz Teilzeit können alle Karrieresteps vollzogen werden – in 2018 sind z. B. vier Frauen Equity Partner geworden, darunter zwei in Teilzeit. Urlaub muss auch tatsächlich genommen werden, und Wochenenden sind bei uns – von wenigen Ausnahmen abgesehen – Tabu.

Wen wir suchen: Juristen bei Noerr sind ambitioniert, denken eine Windung weiter und sehen auch die unternehmerische Herausforderung hinter den juristischen Fragen. Zur Spitze gehören wollen, Neugier auf Neues, Spaß an Herausforderungen, Aufgeschlossenheit und Teamfähigkeit – das alles beschreibt unsere Anwälte. Promotion und LL.M. sind willkommen, unentbehrlich sind belastbare Englischkenntnisse. Viele Associates waren zuvor als Praktikant oder Referendar bei Noerr – ein Beleg dafür, dass wir nicht nur die „Besten", sondern tatsächlich die „Richtigen" für uns gewinnen können.

Lernen Sie uns kennen! Nutzen Sie neben den Informationsmöglichkeiten auf unserer Webseite vor allem auch die Gelegenheit, uns bei unserer internen Veranstaltungsreihe Noerr Practice kennenzulernen. Termine unter noerr.com/karriere.

Kenny Koa
Jahrgang 1990
Senior Associate

Corporate in Teilzeit – Fiktion oder Realität?

Großkanzlei und Teilzeit - zwei Begriffe, die einem nicht selbstverständlich zusammen über die Lippen gehen. Doch die Ansprüche von Berufseinsteigern wandeln sich, und die Kanzleien wandeln sich mit ihnen.

Mein Weg bei Noerr begann 2016. Ich kam frisch aus dem Referendariat und hatte zweierlei im Sinn: Ich wollte promovieren und gleichzeitig Berufserfahrung als Anwalt sammeln. Aber war das überhaupt realistisch? Schnell stieß ich bei der Suche nach einer passenden Kanzlei auf Noerr. Schon im Bewerbungsgespräch wurde mir signalisiert, ein Einstieg in Teilzeit sei ohne Weiteres möglich. Auch wenn ich mir zunächst unsicher war, ob es sich dabei um eine realistische Perspektive oder nur um wohlklingende Versprechungen handelte, sagte ich zu. Ich startete mit einer 60-Prozent-Stelle: drei Tage die Woche in der Kanzlei, die übrige Zeit in der Bibliothek. Zu meiner Überraschung wurden die arbeitsfreien Tage tatsächlich von allen Kollegen respektiert, sodass ich mich währenddessen voll auf meine Dissertation konzentrieren konnte.

Mit der Zeit habe ich gemerkt, dass die Dissertation längere Phasen der Aufmerksamkeit einforderte. Ich habe also das Gespräch mit der Kanzlei gesucht und vorgeschlagen, auf ein Blockmodell umzustellen. Auch dies wurde ohne Umschweife zugesagt. Fortan arbeitete ich im Wechsel sechs Wochen in Vollzeit, um mich dann für vier Wochen ausschließlich der Promotion widmen zu können. Und wieder: Es funktionierte wirklich. Für die Kanzlei bedeutete es freilich Mehraufwand, die laufende Mandatsarbeit so zu strukturieren, dass ich in verantwortungsvoller Position eingebunden war, die Arbeit an der Dissertation in den entsprechenden Phasen aber gleichwohl nicht beeinträchtigt wurde. Dieser Mehraufwand aber wurde im Team bereitwillig und effektiv aufgefangen.

Wenige Zeit später wurde mein Leben abermals auf den Kopf gestellt: Meine Frau und ich erwarteten unser erstes Kind. Und wieder die Frage: Kann daneben die Tätigkeit in einer Großkanzlei funktionieren? Kann ich spannende Mandate begleiten, anspruchsvolle Aufgaben wahrnehmen und zugleich meiner Vaterrolle gerecht werden? Mit diesen Gedanken im Kopf habe ich erneut eine Änderung meiner Arbeitszeiten vorgeschlagen, und auch diesmal wurde meinen Wünschen entsprochen. Meine Arbeits- und Dissertationsblöcke wurden verlängert, zudem habe ich für ein halbes Jahr Elternzeit genommen. In dieser Zeit konnte ich für meine Tochter da sein und der Dissertation den letzten Feinschliff geben.

Mittlerweile arbeite ich - zum ersten Mal - in Vollzeit. Ob es dabei bleibt? Beruf und Familie sinnvoll zu vereinbaren und dabei jedem der beiden Bereiche einen angemessenen Raum zu verschaffen, bleibt eine Herausforderung, für die es keine definitive Lösung geben kann. Mit Noerr weiß ich aber einen Arbeitgeber an meiner Seite, für den flexible Arbeitsmodelle nicht bloß Lippenbekenntnisse sind, der auf die Wünsche seiner Arbeitnehmer eingeht und im ständigen Dialog gemeinsame Lösungen ermöglicht.

PwC Legal

Standorte in Deutschland: Berlin, Bielefeld, Bremen, Düsseldorf, Essen, Frankfurt am Main, Hamburg, Hannover, Kassel, Köln, Leipzig, Mannheim, München, Nürnberg, Osnabrück, Saarbrücken, Stuttgart

Standorte weltweit:
über 220 in 100 Ländern

Spezialisierungen: Öffentliches Wirtschaftsrecht (Kartellrecht, Gesundheitsrecht, Beihilfenrecht, Umwelt- und Planungsrecht, Energierecht, ÖPNV, Vergaberecht, Waste & Water); Steuer- und Wirtschaftsstrafrecht; Arbeits- und Migrationsrecht; Bank-, Versicherungs- und Investmentrecht; Corporate/ M&A; Immobilienrecht; IP, IT, Commercial; Nachfolgeberatung und Stiftungen

Berufsträger in Deutschland: >230

Berufsträger weltweit: >3.500

Geplante Neueinstellungen 2020:
ca. 100

In unserer globalen Wirtschaftswelt sind Kooperation, Umstrukturierung, Transaktion, Finanzierung und gesellschaftliche Verantwortung Themen, die unsere Mandanten zunehmend beschäftigen. Für verschiedenste komplexe Aufgabenbereiche benötigen sie rechtliche Handlungssicherheit. Deshalb beraten wir sie ganzheitlich und in enger Zusammenarbeit mit den Steuer-, Human-Resources- und Finanzexperten von PwC und unserem internationalen Legal-Netzwerk in über 100 Ländern. Fundiertes fachliches Know-how und ein praxisorientiertes wirtschaftliches Verständnis kennzeichnen unsere Arbeitsweise.

pwc

Friedrich-Ebert-Anlage 35–37
60327 Frankfurt am Main
pwclegal.de

Nadine Trautwig
Personalmarketing & Recruiting
+49 69 9585-3851
personalmarketing@de.pwc.com

Unternehmenskultur. Als global agierendes Unternehmen leben und lieben wir Vielfalt. Eine tolerante, offene Unternehmenskultur ist für uns selbstverständlich. Wir schätzen den wertvollen Beitrag eines jeden Mitarbeiters. Denn unsere Innovationskraft und unsere Marktführerschaft verdanken wir in besonderem Maße auch der Diversität unserer Mitarbeiter. Sie alle bringen ihre Persönlichkeit und ihre individuellen kulturellen und fachlichen Erfahrungen und Sichtweisen ein.

Teamwork. Um von- und miteinander zu lernen, fördern wir multidisziplinäre Teams und interdisziplinäre Zusammenarbeit intensiv. Der stetige Austausch und ein engagiertes Mit- und Füreinander sind maßgeblich, um neue Wege einzuschlagen und ein persönliches Netzwerk aufzubauen. Dabei bekommt jeder Mitarbeiter die Möglichkeit, sein Potenzial voll zu entfalten. Schließlich ist das Zusammenspiel persönlicher Fähigkeiten und Besonderheiten mehr als eine Steigerungsmöglichkeit für die Leistungsfähigkeit unseres Unternehmens: Es ist der Kern unseres Erfolgs.

Internationales Arbeiten. Wir entsenden jedes Jahr im Rahmen von Secondments Mitarbeiter ins Ausland, damit sie internationale Arbeitserfahrung sammeln können. Das PwC Legal-Netzwerk in über 100 Ländern bietet dafür beste Perspektiven.

Entwicklungsmöglichkeiten. Um unsere Kunden erfolgreich beraten zu können, geben wir unseren Mitarbeitern mithilfe der Academy@PwC das nötige Rüstzeug mit auf den Weg. Durch die Teilnahme an Fortbildungsmodulen wie Fach- und Verhaltensseminaren, webbasierten Trainings sowie Coachings entwickeln sie sich stetig weiter und vermeiden Routine. Für jede Praxisgruppe steht dabei ein individuelles Kursangebot zur Verfügung.

Work-Life-Balance. PwC zählt zu den rund 500 deutschen Unternehmen, die mit dem Zertifikat „auditberufundfamilie“ ausgezeichnet wurden. Das Zertifikat beinhaltet Maßnahmen, mit deren Hilfe familiäre und berufliche Bedürfnisse miteinander in Einklang gebracht werden können. Und damit Arbeit auch wirklich nur das halbe Leben ist, können unsere Mitarbeiter die persönliche Balance zwischen Büro und Privatleben selbst gestalten. Gerade so, wie es die jeweilige Arbeitssituation und der persönliche Bedarf erfordern. So ermöglicht das umfassende Work-Life-Choice-Modell die Flexibilisierung der Arbeitszeit (z. B. in Form von Teilzeitarbeitsmodellen oder Sabbaticals) und des Arbeitsortes.

Studium und PwC. Wir sind der Meinung, dass Theorie nicht alles ist. Daher bieten wir engagierten Studierenden, die das Berufsleben erproben wollen, schon während des Studiums Einsatzmöglichkeiten an. Im Rahmen eines Praktikums, einer Anwalts- bzw. Wahlstation oder einer Nebentätigkeit können sie unsere Rechtsanwaltsgesellschaft und ihre Praxisgruppen umfassend kennenlernen. Neben spannenden Aufgaben profitieren sie zudem von unserem Bindungsprogramm Keep in Touch (KIT), in dessen Rahmen wir auch ein Repetitorium zur Vorbereitung auf die Abschlussprüfung anbieten.

Bewerbungsverfahren. Unser Bewerbungsprozess ist transparent und schnell. Die Bewerbung erfolgt online und ist jederzeit möglich. Passt das Profil zu einer unserer Vakanzen, findet das Interview statt. Hier geht es darum, sich gegenseitig kennenzulernen, um herauszufinden, ob man zueinander passt. Die Gespräche führen in der Regel die einstellenden Partner und weitere Führungskräfte des Bereichs.

Jasmin Kluike

Jahrgang 1989

Rechtsanwältin im Bereich Corporate/M&A

Interdisziplinär, international, kollegial

Mein Weg ins Team: Vom Referendariat zum Festeinstieg

PwC Legal lernte ich während der Wahlstation meines Referendariats kennen. Nach der theorielastigen Zeit des Ersten Staatsexamens freute ich mich besonders auf meine ersten Berufserfahrungen in der Praxisgruppe Corporate/M&A. Von Anfang an wurde ich als fester Bestandteil des Teams wahrgenommen und in spannende Mandate eingebunden. Die Abwechslung der verschiedenen gesellschaftsrechtlichen Problematiken haben mich auf inhaltlicher Ebene überzeugt. Doch als besonders positiv habe ich den Zusammenhalt unter den Kollegen wahrgenommen: Ich habe selten eine so offene Teamdynamik erlebt! Das Arbeitsklima und der respektvolle Umgang miteinander haben sehr dazu beigetragen, dass ich mich schnell in die Arbeitsabläufe eingefunden habe und früh viel Verantwortung übernehmen konnte.

Neben der fachlichen und menschlichen Komponente sind mir die angebotenen Weiterbildungsmaßnahmen bei einem Arbeitgeber sehr wichtig. Schon während meines Referendariats profitierte ich vom umfangreichen Schulungsangebot bei PwC Legal. Weil das Rundum-Paket für mich stimmte, war ich schnell überzeugt: Meine berufliche Reise wird nach dem Examen bei PwC Legal weitergehen.

Meine Mandate: International und abwechslungsreich

Gesagt, getan. Heute bin ich als Rechtsanwältin bei PwC Legal Teil eines Teams, das sich um M&A Transaktionen, gesellschaftsrechtliche Strukturierungen und Klageverfahren kümmert. Schon aus der Vielzahl der Themen wird deutlich: Einen klassischen Arbeitsalltag gibt es für mich nicht. Jeder Tag ist anders und bringt neue Herausforderungen mit sich. Aber genau diese Abwechslung macht für mich den Reiz meiner Tätigkeit aus. Gemeinsam mit meinem Team arbeite ich an vielseitigen und internationalen Mandaten. Dabei wird jeder Mitarbeiter, ob Praktikant oder Partner, bei uns gleichermaßen anerkannt, denn wir profitieren vom gegenseitigen Austausch und den Synergien untereinander. Eine starke Zusammenarbeit erlebe ich auch über mein Team hinaus. Es ist gerade das globale Netzwerk und die umfassende Zusammenarbeit zwischen den verschiedenen Praxisgruppen, die ich bei PwC Legal besonders schätze. Durch diese Struktur wird eine Kanzlei geschaffen, in der sich Personen mit derselben Passion für Recht zu aktuellen Fragestellungen global vernetzen und interkulturell austauschen können.

Internationales Arbeiten genau wie Netzwerken wird bei uns auch durch die Möglichkeit eines Secondments unterstützt. So können wir für einige Monate im Ausland arbeiten und den Arbeitsalltag vor Ort besser kennenlernen. Aber auch mit den Kollegen aus der Wirtschaftsprüfung, Steuer- und Unternehmensberatung stehen wir in engem Austausch, was meine Arbeit sehr interdisziplinär gestaltet. Durch die fachübergreifende Zusammenarbeit gewährleisten wir für unsere Mandanten die bestmögliche Betreuung und Interessenwahrnehmung und können auch nichtjuristische Fragestellungen in kürzester Zeit beantworten.

Eine Kanzlei der neuen Generation

Schnittker Möllmann Partners

Standorte in Deutschland:
Berlin, Hamburg, Köln

Spezialisierungen: Digital Assets/Blockchain, Fintech, Fonds, Gesellschaftsrecht, gesellschaftsrechtliche Prozessführung, Mergers & Acquisitions, Steuern, Venture Capital/Private Equity

Berufsträger in Deutschland: ca. 50

Geplante Neueinstellungen 2020:
ca. 10–15

Eine moderne Kanzlei, ein familiäres Team, eine exzellente Ausbildung, außergewöhnliche berufliche Perspektiven – auf all das kannst du dich bei SMP freuen. Unser Ziel ist, dass sich dein besonderes Talent bei uns voll entfalten kann – deshalb unterstützen wir dich in jeder Phase deiner Karriere. Unser Anspruch: Wir möchten allen, die bei uns arbeiten, ein erfülltes Umfeld bieten – nicht nur beruflich, sondern auch privat.

SCHNITTKER
MÖLLMANN
PARTNERS

Hardenbergstraße 27
10623 Berlin
www.smp.law

Marie Groth
Senior HR Manager
+49 30 7675975-28
karriere@smp.law

Warum es sich lohnt, bei SMP anzufangen: Damit du dein volles Talent entfalten kannst, binden wir dich vom ersten Tag an in die Mandatsarbeit ein. Auf jeder Etappe deiner Karriere wirst du von unseren Experten gefördert. Dafür steht dir neben dem persönlichen Mentor das gesamte Team zur Seite. Besonders wichtig ist uns, dass du nicht nur Teilaspekte eines Mandats bearbeitest, sondern das große Ganze verstehen lernst. Bei SMP erhältst du nicht nur die Wertschätzung, die du verdienst, sondern auch ein Gehalt auf dem Niveau einer Großkanzlei. Wenn du dich bei SMP zum Partner entwickeln möchtest, unterstützen wir dich gern dabei, dieses Ziel zu erreichen.

Warum die Arbeit bei SMP Freude macht: Bei SMP trifft die Expertise einer großen Wirtschaftskanzlei auf den Geist junger Gründer. Erfolg heißt für uns: nicht nur erstklassige Berater, sondern vor allem ein starkes Team zu sein. Wir lösen komplexe Fälle gemeinsam, um für unsere Mandanten neue und nachhaltige Lösungen zu schaffen. Weil wir fair und offen miteinander umgehen, brauchen wir keine Hierarchien. Wir legen Wert auf eine inspirierende Arbeitsatmosphäre, in der jeder sein Bestes geben kann.

Warum beste Beratung ein erfülltes Privatleben braucht: Unsere Arbeit an anspruchsvollen Mandaten ist in der Regel kein Nine-to-Five-Job. Dennoch kannst du dich darauf verlassen, dass wir dir ausreichend Freiraum für Familie und Freizeit bieten. Wir möchten, dass du dich auch privat nach deinen Vorstellungen verwirklichen und neue Inspiration schöpfen kannst. Unsere Überzeugung: Wer exzellent beraten will, muss nicht nur fachlich überzeugend, sondern ein zufriedener und ausgeglichener Mensch sein.

Warum wir uns auf dich freuen: Wir suchen nach klugen Köpfen, die uns persönlich und fachlich begeistern. Doch ebenso wichtig ist uns, dass du dich in unserer Unternehmenskultur wiederfindest. Das heißt auch, dass du Erfolge am liebsten gemeinsam feierst. Wir freuen uns darauf, dich persönlich kennenzulernen. Ob per Mail oder telefonisch: Sprich uns gern an!

Dr. Adrian Haase

Jahrgang 1986

Senior Associate

Meine Entscheidung für eine Spezialkanzlei

Während meiner Ausbildung habe ich, wie die meisten Juristen, bereits einige mittelständische Kanzleien sowie deutsche und internationale Großkanzleien kennengelernt. In dieser Zeit habe ich gemerkt, dass es für mich und meine Entwicklung besonders wichtig ist, mit menschlich und fachlich herausragenden Kollegen zusammenzuarbeiten, vielfältigen Fallgestaltungen zu begegnen und möglichst früh interessante Mandate eigenverantwortlich zu bearbeiten. Ausschlaggebend für meine Entscheidung für die Spezialkanzlei Schnittker Möllmann Partners war insbesondere die Aussicht, nicht nur ein kleines Rädchen im Getriebe eines riesigen M&A-Teams zu sein und oftmals wochenlang repetitive Aufgaben zu erledigen, sondern bei allen Projekten eingebunden zu sein und sie von Anfang an mitzugestalten.

Von Anfang an perfekt eingebunden

Meine Hoffnungen an die Arbeitsweise, die Einbindung ins Team und in die Mandate wurden direkt erfüllt. Sehr schnell habe ich die Möglichkeit bekommen, bei Mandaten eigene Verantwortungsbereiche zu übernehmen und dadurch eine eigene Mandant-Anwalt-Beziehung aufzubauen. Nach knapp drei Jahren habe ich erheblich mehr gesehen und gelernt, als es in einer Großkanzlei jemals möglich gewesen wäre – auch weil viele Mandate und Transaktionen in einer Boutique und im Venture Capital innerhalb weniger Wochen erfolgreich abgeschlossen sind.

Eine besondere Kanzleikultur voller Wertschätzung

Obwohl ich als Jurist während der Ausbildung viele verschiedene Stationen durchlaufen und Arbeitgeber kennengelernt habe, war ich kaum darauf vorbereitet, was es heißt, ein festes und gleichberechtigtes Teammitglied zu sein. Durch diesen etwas abrupten Sprung ins berüchtigte kalte Wasser habe ich nicht nur viele neue Verantwortlichkeiten erhalten, sondern vor allem eine ganz besondere Wertschätzung meiner juristischen und persönlichen Fähigkeiten seitens der Partner und Kollegen erfahren. Vom ersten Tag an spürte ich die Freude der etablierten Kollegen, mit uns jungen Rechtsanwälten zusammenzuarbeiten und ihr Interesse an unserem Beitrag, eine moderne Kanzleikultur mitzugestalten. Das macht Schnittker Möllmann Partners für mich zu einem Arbeitsumfeld, in dem ich mich sehr wohl fühle und auf die nächsten Herausforderungen und Karriereschritte freue.

Shearman & Sterling LLP

Standorte in Deutschland:
Frankfurt am Main, Team in München

Standorte weltweit: Abu Dhabi, Austin, Brüssel, Dubai, Hongkong, Houston, London, Mailand, Menlo Park, New York, Paris, Riad, Peking, Rom, San Francisco, São Paulo, Seoul, Schanghai, Singapur, Tokio, Toronto, Washington D.C.

Spezialisierungen: Mergers & Acquisitions, Private Equity, Gesellschaftsrecht, Finanzierungen, Restrukturierungen, Aufsichtsrecht, Internationale Schiedsgerichtsbarkeit, Kartellrecht, Wettbewerbsrecht, Litigation, Compliance, Steuerrecht

Berufsträger in Deutschland: ca. 25

Berufsträger weltweit: ca. 850

Geplante Neueinstellungen 2020:
Berufseinsteiger: ca. 4–5
Referendare: ca. 10–15
Praktikanten: ca. 10–15

Wir sind eine internationale Wirtschaftskanzlei und betreuen unsere Mandanten weltweit bei Transaktionen und wirtschaftsrechtlichen Fragestellungen. Unsere Mandate setzen in Bezug auf Deal-Volumen und Komplexität seit jeher Standards. In Deutschland arbeiten ca. 25 deutsche und in anderen Rechtsordnungen qualifizierte Anwälte zusammen, um nationale wie internationale Unternehmen, Banken, Private-Equity-Investoren und andere Kunden umfassend zu beraten.

Shearman SHEARMAN & STERLING

Bockenheimer Landstraße 2–4
60306 Frankfurt am Main
www.shearman.com
www.germany.shearman.com

Kristina Trutin
Human Resources Manager
+49 69 9711-1000
kristina.trutin@shearman.com

Wodurch zeichnet sich die Arbeitsatmosphäre in Ihrer Kanzlei aus? Auch wenn wir regelmäßig in große, internationale Headline-Deals eingebunden sind – Beratung ist für uns immer ein Geschäft von Mensch zu Mensch. Deshalb legen wir besonderen Wert auf eine kollegiale und professionelle Arbeitsatmosphäre sowie ein freundschaftliches Miteinander. Praxisübergreifende Teamarbeit wird bei uns großgeschrieben und auch gelebt. Gemeinsame wöchentlich stattfindende Drop-in-Lunches und monatliche Get-togethers sollen folglich nicht nur einen regelmäßigen fachlichen Austausch, sondern und insbesondere auch das persönliche Miteinander fördern.

Was bieten wir Associates? Als Associate arbeiten Sie unmittelbar an bedeutenden Transaktionen mit und entwickeln sich dabei zu einer echten Anwaltspersönlichkeit. Sie stehen vom ersten Tag an in Kontakt mit unseren Mandanten und arbeiten in einem hoch motivierten Team mit direkter Partneranbindung. Der Partner ist zugleich auch Mentor und begleitet aktiv Ihren Lernprozess. Die enge Einbindung unserer deutschen Praxis in unser globales Netzwerk bietet Ihnen die Gelegenheit, regelmäßig mit Kollegen aus unseren internationalen Büros zusammenzuarbeiten. Auch Ihre Weiterbildung ist uns ein großes Anliegen. Unser international vernetztes Weiterbildungsprogramm „GROW@Shearman" umfasst neben der Ausbildung in rechtlichen Themen auch den regelmäßigen Austausch zu aktuellen wirtschaftlichen Themen und Transaktionen sowie die Vermittlung von Soft Skills. Auch unterstützen wir Sie dabei, Praxiserfahrung im internationalen Ausland zu sammeln und bieten Ihnen die Möglichkeit der individuellen Rotation in eines unserer ausländischen Büros bzw. eines mehrmonatigen Secondments bei einem unserer Mandanten.

Was bieten wir Referendaren? Wir bieten Ihnen eine umfangreiche und praxisnahe Ausbildung in einem professionellen und sehr kollegialen Arbeitsumfeld. Ihre fachliche Ausbildung wird von zwei Mentoren begleitet (Partner und erfahrener Associate), die unter anderem Ihre unmittelbare Einbeziehung in unsere laufende Mandatsarbeit sicherstellen. Daneben unterstützen wir Sie in Ihrer Vorbereitung auf das Zweite Staatsexamen durch ein auf Ihre Bedürfnisse abgestimmtes internes Repetitorium und die Teilnahme am Klausurenkurs des Anbieters Kaiserseminare im Rahmen unseres Referendarprogramms. Zusätzlich nehmen Sie, zusammen mit unseren Anwälten, an unserem umfangreichen Weiterbildungsprogramm und einem Englischkurs speziell für Referendare teil. Nach Ihrer Anwaltsstation in Deutschland besteht die Möglichkeit, internationale Erfahrungen an einem unserer ausländischen Standorte während Ihrer Wahlstation zu sammeln. Unser Ziel ist es, Ihnen einen authentischen Einblick in die Arbeit des Wirtschaftsanwalts zu ermöglichen, und wir sind stolz darauf, dass sich die meisten unserer Referendare für einen Berufseinstieg bei uns entscheiden.

Was bieten wir Praktikanten? Als Student mit bestandener Zwischenprüfung haben Sie die Möglichkeit, an unserem fünfwöchigen Praktikantenprogramm „Student meets Practice" im Sommer jeden Jahres teilzunehmen. Mehr Informationen und Erfahrungsberichte zu diesem Programm finden Sie unter www.studentmeetspractice.com. Zudem bieten wir ganzjährig die Möglichkeit an, für mindestens vier Wochen ein individuelles Praktikum bei uns zu absolvieren.

Sven Oppermann

Familiarität in einem sehr internationalen Umfeld

Nachdem ich im Herbst 2015 die Anwaltsstation im Frankfurter Büro von Shearman & Sterling LLP absolviert und den schriftlichen Teil des Zweiten Staatsexamens hinter mich gebracht hatte, ermöglichte mir die Kanzlei, die Wahlstation im New Yorker Büro zu absolvieren. Die Zeit, die ich während der Wahlstation dort verbringen durfte, empfand ich in jeder Hinsicht als überaus wertvoll. Nach Ablegen der mündlichen Prüfung des Zweiten Staatsexamens begann ich Mitte Februar 2016 meine Tätigkeit als Associate in der Praxisgruppe Mergers & Acquisitions bei Shearman & Sterling LLP in Frankfurt.

Was mich während meiner Zeit als wissenschaftlicher Mitarbeiter und Referendar an Shearman begeistert und schlussendlich auch dazu bewegt hat, den Berufsstart bei Shearman zu wagen, sind insbesondere die außergewöhnliche Kollegialität und positive Arbeitsatmosphäre in der alltäglichen Zusammenarbeit. Durch die Größe des Frankfurter Büros und der Teams in den jeweiligen Praxisgruppen kennt man sich im Büroalltag, was das Gefühl einer gewissen Familiarität hervorruft. Verstärkend und fördernd wirken dabei Aktivitäten wie gemeinsame Lunches, After Work Drinks und andere Freizeitaktivitäten, die aktiv zum Teambuilding beitragen.

Dr. Aliresa Fatemi

Flexibilität in der Großkanzlei – geht das?

Es ist kein Geheimnis, dass grenzüberschreitende Transaktionen sehr arbeitsintensiv sein können und manchmal eine Dynamik bekommen, die nicht planbar ist. Das fordert meiner Familie viel Spontaneität und mir zeitliche Flexibilität ab. Umso wichtiger ist es mir, dass ich in diesem Arbeitsumfeld im Gegenzug auch die Flexibilität bekomme, die meinen persönlichen Bedürfnissen gerecht wird. Dazu gehören für mich feste Homeoffice-Tage in Düsseldorf genauso wie die – selbstverständliche – Auszeit, die ich mir für meine beiden Kinder genommen habe. „Face-Time“ kommt im Shearman-Vokabular übrigens nicht vor.

Unsere Referendare finden bei uns sehr offene und flexible Arbeitsbedingungen. Ob während der Anwaltsstation oder einer Nebentätigkeit – Arbeitszeiten und Arbeitstage werden immer transparent mit den Partnern besprochen und an die Bedürfnisse der Referendare angepasst. Shearman ist es wichtig, dass die Prioritäten richtig gesetzt werden: die Praxiserfahrung ist Teil unserer Referendarsausbildung – entscheidend ist aber, unseren Referendaren die besten Bedingungen für ein erfolgreiches Zweites Staatsexamen zu bieten.

Sidley Austin (CE) LLP

Standort in Deutschland: München

Standorte weltweit: Boston, Brüssel, Century City, Chicago, Dallas, Genf, Hongkong, Houston, London, Los Angeles, New York, Peking, San Francisco, Schanghai, Silicon Valley, Singapur, Sydney, Tokio, Washington D.C.

Spezialisierungen: Private Equity/M&A, Corporate, Restructuring, Finance, Tax

Berufsträger in Deutschland: ca. 30

Berufsträger weltweit: mehr als 2.000

Geplante Neueinstellungen 2020: ca. 4–6

2016 hat Sidley Austin, eine der führenden international wirtschaftsrechtlich beratenden Anwaltssozietäten, ein Büro in München eröffnet. Damit bietet Sidley in München die Möglichkeit für Juristen, sich sowohl in einem boutique-ähnlichen Arbeitsumfeld wohlzufühlen und zeitgleich Teil eines weltweiten Karrierenetzwerks zu sein. Zudem zeichnet sich Sidley durch ein kleines, fachlich höchst kompetentes und dynamisches Team aus – mit sehr guten Aufstiegschancen und der Gelegenheit, ein Büro im Aufschwung aktiv mitzugestalten.

SIDLEY

Maximilianstraße 35
80539 München
www.sidley.com

Patrizia Plé
Legal Recruiting Manager
+49 89 2444 09100
munichrecruitment@sidley.com

Welche internationalen Einsatzmöglichkeiten bieten Sie? Als weltweit agierende Wirtschaftskanzlei mit Büros in den USA, Asien, Europa und Australien ist Sidleys Geschäft stark international ausgerichtet. Cross-Border-Transaktionen stehen an der Tagesordnung, d. h. wir arbeiten größtenteils mit internationalen Mandanten an grenzübergreifenden Projekten. Ab dem vierten Jahr bieten wir unseren Associates auch die Gelegenheit, ein Secondment in einem unserer internationalen Büros abzuleisten.

Im Rahmen der Wahlstation besteht für Referendare die Möglichkeit, diese an einem unserer internationalen Standorte zu absolvieren, vorausgesetzt, man war bereits in der Anwaltsstation oder als wissenschaftlicher Mitarbeiter bei uns tätig. Bei unseren internationalen Einsatzmöglichkeiten wird Associates und Referendaren zum einen die Möglichkeit geboten, in den lokalen Teams eingebunden über den Tellerrand hinauszuschauen und sich bei internationalen Transaktionen einzubringen, und zum anderen auch die Arbeitsweise und Kultur vor Ort kennenzulernen. Zudem bietet Sidley ein sehr attraktives Package an, welches neben der überdurchschnittlichen Vergütung für die Station auch den Flug sowie eine Unterkunft vor Ort inkludiert.

Was sind die Herausforderungen in diesem Beruf? Es liegt in der Natur des Transaktionsgeschäfts, dass sich meist kurzfristig entscheidet, wie viel Arbeit anfällt. Bei Cross-Border-Transaktionen muss man sich des Öfteren der Zeitverschiebung anpassen. Unsere Anwälte sind alle bereit, bei Bedarf die „Extra Mile" zu gehen, um die Transaktion damit erfolgreich über die Ziellinie zu bringen – auch wenn dies im Einzelfall bedeutet, dass sich die Arbeitszeit in den Abend oder in die Nacht verlagert. Als Ausgleich legen wir großen Wert darauf, dass unsere Associates während ruhigerer Phasen frühzeitig das Büro verlassen und morgens auch später zur Arbeit erscheinen können.

Was erwarten Sie in fachlicher und persönlicher Hinsicht? Wir erwarten von unseren Associates die Motivation, juristisch auf höchstem Niveau und in einem internationalen Umfeld arbeiten zu wollen. Dieser Ehrgeiz bildet sich bei Absolventen durch herausragende Examina ab, auf welche wir bei der Einstellung achten. Neben der Papierform entscheidet letztlich aber die Persönlichkeit, da wir großen Wert darauf legen, dass die Atmosphäre stimmt und alle auf einer Wellenlänge liegen. Somit geht auch bei Spitzenbelastungen die positive Stimmung nicht verloren. Sidley sucht starke Persönlichkeiten, die zudem Interesse für wirtschaftliche Zusammenhänge im internationalen Kontext mitbringen und sich durch Teamfähigkeit, geistige Flexibilität und Kreativität auszeichnen.

Was sind drei Dinge, die Sie von Ihren Konkurrenten abheben? Unser Büro in Deutschland ist noch recht neu, und der Großteil der Anwälte ist erst 2017 zu uns gestoßen, weshalb wir uns noch in einer Aufbau- und Wachstumsphase befinden. Die Stimmung ist vergleichbar mit einem neugegründeten, dynamischen Unternehmen im Silicon Valley. Es gibt keine festgefahrenen Strukturen, und jeder kann sich unabhängig von seiner Seniorität einbringen – die beste Idee zählt. Auch auf der Karriereleiter bietet unser kleines Büro Associates, die in nächster Zeit einsteigen, hervorragende Aufstiegschancen. Last but not least sind der Umgangston und der Dresscode sehr informell. Sidley zeichnet sich somit durch eine lockere, für die Großkanzleiwelt wohl einzigartige, Unternehmenskultur aus.

Jennifer Geng

Jahrgang 1986

Associate
Private Equity

Next Step

Zu Sidley kam ich als Lateral mit drei Jahren Berufserfahrung. Dieser Schritt war einerseits klein, da ich aus dem Private-Equity-Bereich einer anderen US-Kanzlei kam. Andererseits war es aber auch ein großer Schritt, von einer in Deutschland seit vielen Jahren etablierten Kanzlei zu einer Einheit, die sich noch im Aufbau befindet.

Alles richtig gemacht.

Bold Move

Die Eröffnung und die rasante Entwicklung des Münchner Büros von Sidley gingen auch an mir nicht vorbei – weder aus Konkurrenten-, noch aus Bewerbersicht. Ein nicht unerheblicher Entscheidungsfaktor für meine Bewerbung bei Sidley war die Überlegung, dass eine Gruppe von Partnern, die einen solchen Schritt wagt, mit großer Wahrscheinlichkeit ein Team bildet und weiter ausbaut, das auch tatsächlich das Attribut Team verdient. Dieser Gedanke war vollkommen zutreffend und zeigt sich nicht nur in der täglichen Arbeit, sondern auch in jedem Bewerbungsprozess, in den alle Partner und Associates eingebunden sind.

Entwicklung

Mein persönlicher bold move hat an genau den richtigen Stellen Veränderung mit sich gebracht. Fachlich liegt der Schwerpunkt auch bei Sidley auf Private-Equity-Transaktionen, die durch die starke US-amerikanische Präsenz der Kanzlei häufig eine wesentliche internationale Komponente haben. Signifikante Unterschiede zeigen sich aber bei den Gestaltungs- und Entwicklungsmöglichkeiten, die ein Associate hat. Der Umstand, dass sich die deutsche Präsenz der Kanzlei noch im Aufbau befindet, erfordert und ermöglicht, dass das (noch) kleine Team notwendige Strukturen etabliert. Den vielbesungenen und tatsächlich gelebten flachen Hierarchien folgend, können sich alle Associates unabhängig von ihrer Seniorität in den unterschiedlichsten Bereichen einbringen. Die Einbindung in diesen Prozess schafft eine Nähe zu wirtschaftlichen Themen und Managementaufgaben einer Kanzlei, die man als Associate in der Riege etablierter Kanzleien wohl vergeblich sucht. Gleichzeitig ist Sidley aber eben kein Start-up, sondern in das globale Netzwerk der Kanzlei integriert. Das bringt nicht nur interessante Mandate mit sich, sondern auch viele Gelegenheiten, sich auf internationaler Ebene zu vernetzen, z. B. bei den regelmäßig stattfindenden Treffen in den USA oder im Rahmen eines Secondments. Diese Kombination aus fachlich-juristischen, ökonomischen und persönlichen Entwicklungsmöglichkeiten eröffnet aus meiner Sicht großartige Chancen.

Alles neu

Sidley ist nicht nur für mich, sondern nach wie vor für alle, die dort sind, ein Neustart. Das bringt eine sehr positive Dynamik mit sich, die viel Spaß macht (und die bei den wöchentlichen Friday Drinks auch regelmäßig gefeiert wird). Für den Berufseinstieg oder eine Station in der juristischen Ausbildung ist das Sidley-Team (!) aus meiner Sicht das perfekte Umfeld.

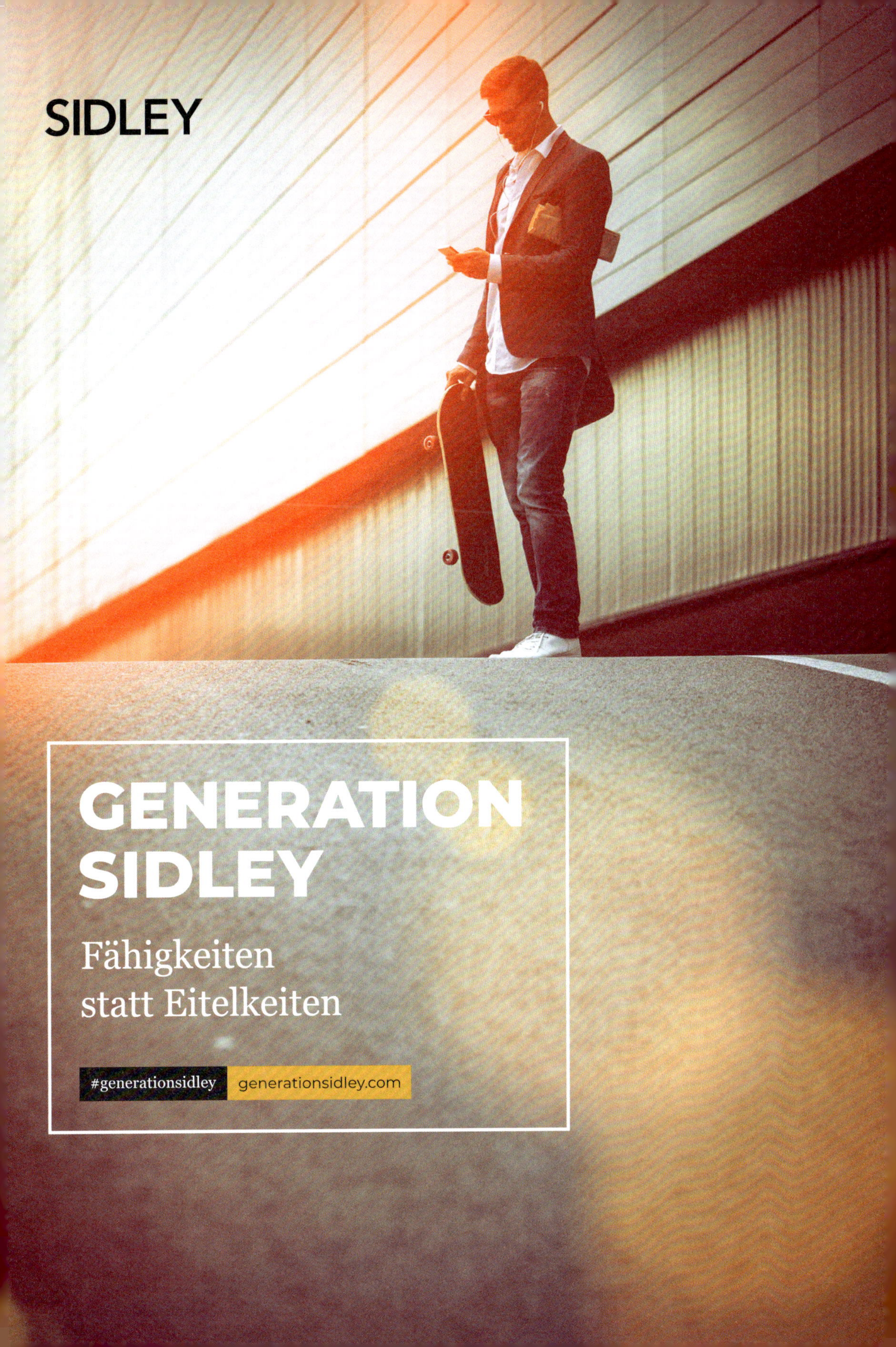
SIDLEY
GENERATION SIDLEY
Fähigkeiten statt Eitelkeiten
#generationsidley
generationsidley.com

Siemens AG

Standorte der Rechtsabteilung in Deutschland: u. a. Berlin, Bocholt, Bonn, Duisburg, Hamburg, München, Nürnberg/Erlangen

Standorte der Rechtsabteilung weltweit: mehr als 60

Spezialisierungen: u. a. Finanzrecht, IP-/IT-Recht, Gesellschaftsrecht, Kartellrecht, Litigation, M&A-Recht, Immobilienrecht, allg. Wirtschaftsrecht, Personal- und Steuerrecht, Compliance

Berufsträger in der Rechtsabteilung in Deutschland: ca. 240

Berufsträger in der Rechtsabteilung weltweit: mehr als 600

Geplante Neueinstellungen 2020: nach Bedarf

Als weltweit tätiger Technologiekonzern stellen wir uns jeden Tag neuen Herausforderungen, auch in rechtlicher Hinsicht. Erleben Sie hautnah das Arbeitsfeld eines Syndikusrechtsanwalts in unserem Haus. Sie arbeiten in einem hoch qualifizierten juristischen Team und werden von Anfang an auch in internationale Projekte eingebunden. Mit uns sind Sie mitten im Geschehen.

SIEMENS
Ingenuity for life

Werner-von-Siemens-Straße 1
80333 München
www.siemens.com/rechtsreferendariat

Viktoria Firtser
Human Resources Germany
– Talent Acquisition –
Recruiter
+49 9131 7-35335
viktoria.firtser@siemens.com

Was zeichnet Ihre Unternehmenskultur aus? Siemens steht seit mehr als 170 Jahren für technische Leistungsfähigkeit, Innovation, Qualität, Zuverlässigkeit und Internationalität. Das Unternehmen ist weltweit aktiv auf den Gebieten Stromerzeugung und -verteilung, intelligente Infrastruktur bei Gebäuden und dezentralen Energiesystemen sowie Automatisierung und Digitalisierung in der Prozess- und Fertigungsindustrie. Durch das eigenständig geführte Unternehmen Siemens Mobility gestaltet Siemens zudem den Weltmarkt für Personen- und Güterverkehr. Und über die Mehrheitsbeteiligungen an Siemens Healthineers und Siemens Gamesa Renewable Energy gehört das Unternehmen darüber hinaus zu den weltweit führenden Anbietern von Medizintechnik und digitalen Gesundheitsservices sowie umweltfreundlichen Lösungen für die On- und Offshore-Windkrafterzeugung.

Wie sieht ein typischer Arbeitstag bei Ihnen aus? Die Aufgaben eines Unternehmensjuristen bei Siemens sind so vielfältig wie unsere Geschäftsfelder. Unter anderem umfassen sie die Beratung des Konzerns sowie der verschiedenen Geschäftsbereiche der Siemens AG in allen Rechtsfragen, der diesbezüglichen Rechtsentscheidung, der Rechtsgestaltung und der Rechtsvermittlung.

Wie verhält es sich mit den Aufstiegsmöglichkeiten bzw. Langzeitperspektiven? Mit einer internationalen „Development Landscape" zeigt Siemens Legal klar definierte Karrierepfade auf, die auch den Wechsel zwischen den Rechtsabteilungen im In- und Ausland ermöglichen. Im jährlichen „Performance Management Process" wird der Mitarbeiter in seiner beruflichen Entwicklung anhand eines individuellen Entwicklungsplans beraten und unterstützt. Darüber hinaus umfasst das Kompetenzmanagement ein breites Trainingsportfolio von fachlichen und personenbezogenen individuellen Trainings bis hin zu Führungstrainings. Für Neueinsteiger werden u. a. ein Mentoringprogramm sowie Legal-Trainingsmodule angeboten.

Welche Angebote und Förderungen gibt es für Rechtsreferendare? Vom ersten Arbeitstag an wird dem Referendar ein persönlicher Mentor zur Seite gestellt, der ihn während seiner anspruchsvollen Tätigkeit im Unternehmen betreut. Der Referendar arbeitet selbstständig an interessanten Aufgaben und erhält einen Überblick über die vielschichtigen Tätigkeiten eines Syndikusrechtsanwalts in einem internationalen Großkonzern.

Wie läuft das Bewerbungsverfahren in Ihrem Unternehmen ab? Auf unserer Webseite finden Interessenten aktuelle Stellenangebote. Der Bewerbungsprozess wird online gestartet. Nachdem die Bewerbung bei uns eingegangen ist, erhält der Interessent eine Bestätigungs-E-Mail. Da sich der Bewerber Zeit für die Bewerbung genommen hat, nehmen wir uns auch Zeit für die gründliche Prüfung der Unterlagen. Bei Eignung laden wir den Bewerber ein und führen je nach Funktionslevel mehrere persönliche Interviews mit Führungskräften und HR-Vertretern.

Sabrina Hailer

Jahrgang 1984

Rechtsanwältin (Syndikusrechtsanwältin) Banking and Finance

München

Einstieg bei Siemens – vom Referendar zum Syndikusrechtsanwalt

Als Referendarin musste auch ich mich entscheiden: Wie soll mein Berufseinstieg aussehen? Generalist oder Spezialist, die weite Welt kennenlernen oder in der Heimat tätig sein, von Anfang bis Ende bei einem Projekt dabei sein oder als Beraterin im Hintergrund wirken? In meiner Wahlstation bei Siemens zeigte sich schnell, dass es eine Alternative gibt: Siemens bietet all das und vieles mehr.

Die Wahlstation als erster Einblick und Sprungbrett zum Syndikusrechtsanwalt

An Siemens faszinierte mich die Vielfalt und Komplexität der Projekte, die der Konzern in seinen verschiedenen Geschäftsbereichen auf der ganzen Welt erfolgreich durchführt. Im Studium hatte ich bereits erste Erfahrungen im Bank- und Finanzrecht gesammelt, daher entschied ich mich, diesen Bereich der Siemens-Rechtsabteilung kennenzulernen. Besonders beeindruckte mich, wie eng die Kollegen von Anfang an als Teil eines eingespielten interdisziplinären Teams aus Fach-, Vertriebs-, Steuer- und Accounting-Experten in Projekte bis in die Durchführungsphase involviert waren. Nach drei spannenden Monaten war mir klar: Falls sich die Chance ergibt, möchte ich zurückkommen.

Rechtlicher Begleiter des Managements und Experte für Bank- und Finanzrecht

Nach ersten Berufsjahren in Großkanzlei und Finanzbranche bin ich nun seit über einem Jahr als Syndikusrechtsanwältin wieder bei Siemens im Bereich Banking and Finance tätig. Als Beraterin für viele – nicht nur finanzrechtliche – Rechtsfragen der von mir betreuten Finanzgesellschaften stehe ich dem verantwortlichen Management bei Geschäftsentscheidungen zur Seite. Als Ansprechpartnerin in der zentralen Rechtsabteilung unterstützte ich Legal-Kollegen in den Landesgesellschaften weltweit und betreue übergreifende Themen. Als Expertin berate ich zu bank- und finanzrechtlichen Fragestellungen, die den Siemens-Konzern insgesamt betreffen.

Vielfältige Entwicklungsperspektiven in einem internationalen Großkonzern

Dieser Einstieg bietet vielfältige Entwicklungsperspektiven in und außerhalb der Abteilung Banking and Finance. Kollegen, die ich in der Wahlstation kennengelernt hatte, sind mittlerweile rechtsberatend für eine der Siemens Strategic Companies oder Operating Companies tätig oder beraten zu neuen Themenfeldern wie Exportkontrolle. Andere haben sich in der Abteilung weiterentwickelt oder Aufgaben in Finanzrechtsabteilungen in London oder Singapur übernommen.

Siemens als flexibler und starker Partner für die Zukunft

Auch für meinen weiteren Weg sehe ich mich mit einem Partner wie Siemens an meiner Seite gut aufgestellt. Ich erlebe Siemens als Unternehmen, das mir Möglichkeiten bietet, meine Entwicklung und Karriere selbst in die Hand zu nehmen und flexibel mit privaten Interessen in Einklang zu bringen. Ich sehe in Siemens einen Partner, der Leistung und Flexibilität fordert, diese aber auch honoriert und mir als Mitarbeiter gewährt.

SKW Schwarz Rechtsanwälte

Standorte in Deutschland: Berlin, Düsseldorf, Frankfurt am Main, Hamburg, München

Spezialisierungen: Wir beraten in allen Rechtsgebieten, die von Unternehmen und Unternehmern im Tagesgeschäft benötigt werden. Darüber hinaus haben wir einige klare Fokusbereiche, in denen es unser Anspruch ist, zu den führenden Kanzleien in Deutschland zu gehören: Medien/ Entertainment, IT & Digital Business, Gewerblicher Rechtsschutz und Wettbewerbsrecht sowie Corporate/M&A.

Berufsträger in Deutschland: rund 140, davon rund 60 Partner

Geplante Neueinstellungen 2020:
Berufsträger: ca. 15
Referendare: ca. 20

SKW Schwarz ist eine der führenden, unabhängigen Wirtschaftskanzleien – mit fünf Standorten in Deutschland. Wir legen großen Wert auf die Förderung Ihrer fachlichen und unternehmerischen Fähigkeiten. Sie haben von Anfang an direkten Mandantenkontakt und arbeiten bei internationalen Mandanten mit den Anwälten unserer ausländischen Partnerkanzleien zusammen. Wir bieten „best of both worlds“: professionelles Arbeiten wie in der Großkanzlei und zugleich Freiräume einer kleineren Kanzlei zur persönlichen Entwicklung. Bei SKW Schwarz arbeiten Sie auf höchstem Niveau – mit allen Freiheiten und Entfaltungsmöglichkeiten.

SKW
Schwarz
Rechtsanwälte

Wittelsbacherplatz 1
80333 München
www.skwschwarz.de

Dr. Matthias Nordmann, M.A.
Partner Human Resources
+49 89 28640-149
m.nordmann@skwschwarz.de

Welche Möglichkeiten zur Weiterqualifizierung bieten Sie? Es gibt auf verschiedensten Ebenen Weiterqualifizierungsmöglichkeiten bei SKW Schwarz. So bieten wir für Referendare in Kooperation mit dem Repetitorium Hemmer Fortbildungsveranstaltungen an. Daneben fördert SKW Schwarz die fachliche Weiterbildung, indem die Fachanwaltsausbildung für Anwälte in der Regel bezahlt wird. Auch können in bestimmten Fällen die Kosten für ein LL.M.-Programm übernommen werden. Nicht zuletzt werden bei uns Soft Skills, die im Studium oft zu kurz kommen, in Kooperation mit der Bucerius Law School geschult. Hier bietet SKW Schwarz unter anderem Trainings in den Bereichen Präsentationstechnik, Verhandlungstechnik und erfolgreiches Pitching an. Besondere Förderung erfährt unser weiblicher Nachwuchs: So findet regelmäßig eine Veranstaltung zum Thema Selbstmarketing für Anwältinnen statt.

Why us? Warum sollten Bewerber gerade bei Ihnen einsteigen? SKW Schwarz wird von international operierenden Unternehmen in vielen Bereichen als „local expert" wahrgenommen. Daher ist es kein Wunder, dass etwa die Hälfte der Tätigkeit bei SKW Schwarz in englischer Sprache stattfindet und auf internationaler Ebene erfolgt. Daneben setzen wir unsere Anwälte auch ganz gezielt auf internationaler Ebene ein. Dies geschieht durch Secondments bei internationalen Mandanten sowie bei Partnerkanzleien.

Wie sieht die Work-Life-Balance bei Ihnen aus? Bei SKW Schwarz besteht große Flexibilität bei den Arbeitszeiten, und es gibt keine übertriebenen Vorgaben für die „billable hours". Urlaub steht bei SKW Schwarz nicht nur auf dem Papier, sondern soll auch genommen werden. Schließlich gibt es flexible Teilzeitmodelle, und deren Inanspruchnahme ist bei uns kein Karrierestopp.

Wie sieht der Berufsalltag konkret aus? Die Tätigkeit als Anwalt hängt natürlich von dem konkreten Bereich ab, in dem man bei SKW Schwarz arbeitet. In der Regel kommen unsere Berufseinsteiger aber ab ihrem ersten Tag direkt mit Mandanten in Kontakt. Neben dem Filmbereich, in dem SKW Schwarz zu den führenden Kanzleien in Deutschland gehört, sind wir unter anderem sehr stark in den Bereichen IT sowie Digital Business. Beide Bereiche unterliegen raschen technischen und rechtlichen Veränderungen. Die sich daraus ergebenden juristischen und wirtschaftlichen Fragestellungen sind alles andere als standardisiert.

Haben Sie Insider-Tipps für die Bewerbung? Sie können uns Ihre Bewerbungsunterlagen gerne per E-Mail zusenden. Die digitalen Unterlagen schicken Sie am besten im PDF-Format an uns. Wichtig ist für uns das Anschreiben. Dabei interessiert uns besonders, warum gerade die Stelle, auf die Sie sich bewerben, interessant für Sie ist. Und natürlich, warum Sie für diese Stelle geeignet sind. Wenn Sie das dann noch mit ein paar Punkten aus Ihrem Lebenslauf belegen können – umso besser. Ihr Lebenslauf sollte kurz und knapp formuliert sein und auf eine, höchstens zwei Seiten passen. Idealerweise steht die aktuellste Tätigkeit an erster Stelle.

Elisabeth Noltenius, LL.M.

Counsel

Mein Arbeitstag bei SKW Schwarz

Da ich spannende und abwechslungsreiche Aufgaben bearbeite, sieht jeder Tag bei SKW Schwarz anders aus. Es folgt ein Einblick in einen meiner Arbeitstage.

7:45 Uhr

Ich verabschiede mich von meiner kleinen Tochter und starte ins Büro. Auf dem Weg lese ich mich schon einmal in die ersten E-Mails ein, um im Büro mit meiner Assistentin gleich den Tag und die heute dringend zu erledigenden Themen besprechen zu können. Meistens habe ich die erste Telefonkonferenz des Tages gegen 9:00 Uhr. Heute bespreche ich mit einem internationalen Mandanten aus der Online-Reisebranche den Launch eines neuen Produkts in Deutschland und fasse anschließend das Wichtigste in einer E-Mail zusammen. Um 11:00 Uhr habe ich dann die nächste Telefonkonferenz mit einer Mandantin aus dem Fashion-Bereich, die dringend einen Testimonial-Vertrag für einen Basketballspieler benötigt. Im Anschluss an das Telefonat briefe ich eine Kollegin, die darauf basierend einen ersten Vertragsentwurf vorbereitet, den wir dann vor Versendung an die Mandantin noch einmal gemeinsam besprechen.

13:00 Uhr

Um 13:00 Uhr treffe ich eine Mandantin zum Mittagessen und wir tauschen uns zu aktuellen rechtlichen Themen aus.

14:00 Uhr

Es folgt eine interne Besprechung mit einer Kollegin und die Arbeit an einem Regievertrag für eine große Filmproduktion.

15:00 Uhr

Es gibt einen „Brandfall" bei einer Mandantin, die dringend Hilfe benötigt. Ich lasse alles andere stehen und liegen und bespreche die Situation zunächst am Telefon. Sodann bereite ich zusammen mit einem Kollegen alles Notwendige für die Mandantin vor. Ich schaffe es gerade noch rechtzeitig, sodass ich gegen 17:45 Uhr meinen Computer herunterfahre und mich auf den Nachhauseweg mache.

18:00 Uhr

Ich versuche, jeden Tag um 18:00 Uhr zu Hause zu sein, um noch ein wenig Zeit mit meiner Tochter zu verbringen und sie ins Bett zu bringen. Danach setze ich mich oft noch an den Computer und beantworte E-Mails oder bearbeite Anfragen von Mandanten. Aus dem Homeoffice und zeitlich flexibel zu arbeiten, ist bei SKW Schwarz kein Problem, und ich kann mich auf die Unterstützung meiner Kollegen verlassen.

SZA Schilling, Zutt & Anschütz Rechtsanwaltsgesellschaft mbH

Standorte in Deutschland:
Frankfurt am Main, Mannheim, München

Standorte weltweit: Brüssel

Spezialisierungen: Gesellschaftsrecht, M&A, Kapitalmarktrecht, Steuerrecht, Compliance, Kartellrecht, Arbeitsrecht, Gewerblicher Rechtsschutz, Private Clients, Prozessrecht, Öffentliches Recht, Immobilienrecht, Restrukturierung, Banken- und Finanzrecht, Insolvenzrecht, China Desk

Berufsträger in Deutschland: 85

Berufsträger weltweit: 5

Geplante Neueinstellungen 2020: 10–12

Wir sind seit vielen Jahrzehnten eine der angesehensten deutschen Wirtschaftssozietäten. Mit derzeit 90 Rechtsanwälten (davon 24 Partner und neun Counsel) beraten wir nationale und internationale Mandanten in allen wesentlichen Bereichen des Wirtschaftsrechts. Zu ihnen gehören 14 der 30 im DAX notierten Unternehmen sowie weitere führende Industrie- und Handelsunternehmen, Banken, Versicherungen und Finanzdienstleister, Familiengesellschaften sowie vermögende Privatpersonen. Nach unserer Überzeugung hängt die Qualität anwaltlicher Beratung nicht von der Größe der Sozietät, sondern von der Qualifikation der Berater ab.

SZA
SCHILLING, ZUTT & ANSCHÜTZ

Taunusanlage 1, 60329 Frankfurt am Main
Otto-Beck-Straße 11, 68165 Mannheim
Maximilianstraße 30a, 80539 München
www.sza.de

Dr. Christoph Nolden, Frankfurt am Main
christoph.nolden@sza.de
+49 69 9769601-535

Dr. Thomas Liebscher, Mannheim
thomas.liebscher@sza.de
+49 621 4257-219

Berufliche Entwicklung bei SZA Schilling, Zutt & Anschütz: Wir sind der Überzeugung, dass wir den hohen Ansprüchen unserer Mandanten am besten durch die Arbeit in kleinen, überschaubaren und effektiven Teams gerecht werden können. Folglich unterscheidet sich die berufliche Entwicklung bei uns von dem beruflichen Umfeld in vielen führenden Wirtschaftssozietäten. Wir streben ein zahlenmäßiges Verhältnis von Partnern zu angestellten Anwälten von nicht mehr als 1:2 an. Die unmittelbare Anbindung an einen Partner bedeutet für Sie als Berufsanfänger einen hohen Lerneffekt, und Sie übernehmen von Anfang an ein hohes Maß an Verantwortung. In unserem Team sind Sie mehr als ein Rädchen im Getriebe. Sie lernen schnell, das Ganze in den Blick zu nehmen und mit wachsender Erfahrung immer eigenverantwortlicher zu arbeiten. Wir verfolgen das Ziel, alle Bewerber, die wir einstellen, an die Partnerschaft heranzuführen. Wir sind ehrgeizig und wollen wachsen. Mit Ihnen.

Anforderungen: Wir erwarten von Ihnen eine herausragende juristische Qualifikation sowie Teamfähigkeit. Sie denken unternehmerisch, sowohl im Interesse unserer Mandanten als auch bei der weiteren Entwicklung unserer Sozietät. Sie verfügen über eine gute Kommunikationsfähigkeit, auch auf Englisch. Ebenso wichtig ist uns Ihre soziale Kompetenz. Wir sind stolz auf unsere offene und freundschaftliche Kanzleikultur.

Ihre Ausbildung bei uns: Prägend für unsere traditionell ausgezeichnete Ausbildungskultur ist ein intensives Learning-on-the-Job. Sie werden von Anfang an in die Bearbeitung hoch anspruchsvoller Mandate eingebunden. Sie arbeiten intensiv mit einem oder mehreren Partnern zusammen und nehmen sofort an Mandantenbesprechungen, Vertragsverhandlungen, Gerichtsterminen u. Ä. teil. Resonanz bekommen Sie bei uns täglich in der Diskussion mit Kollegen sowie bei der Besprechung Ihrer Arbeitsergebnisse. Abgerundet wird unser Ausbildungsangebot durch zahlreiche Luncheons und Workshops zu aktuellen juristischen Fragestellungen sowie zu Ihrer persönlichen Weiterentwicklung. Charakteristisch für unser Fortbildungsprogramm ist der starke Praxisbezug unserer Ausbildungsveranstaltungen.

Referendariat: Referendaren bieten wir die Möglichkeit, die Arbeit in unserer Sozietät im Rahmen einer Station oder einer Nebentätigkeit neben dem Referendariat oder der Promotion umfassend kennenzulernen. Dabei werden Sie von einem unserer Partner als Mentor betreut. Im Zentrum unserer Referendarausbildung steht die Einbindung in konkrete Mandate. Dabei achten wir ganz bewusst und gezielt darauf, Ihnen möglichst viel Einblick in die Praxis zu bieten. Daneben steht Ihnen unser gesamtes Aus- und Fortbildungsprogramm offen. Für Studenten bieten wir Praktika an. Schauen Sie einem unserer Anwälte direkt über die Schulter, und lernen Sie die vielseitige und herausfordernde Tätigkeit eines Anwalts in unserer Sozietät unmittelbar kennen.

Julian Schwalm

Jahrgang 1988

Rechtsanwalt/
Associate

Mannheim

Im Wesentlichen gleich, aber doch entscheidend anders

Die Berufsperspektiven für qualifizierte Bewerber sind zur Zeit exzellent. Sämtliche Arbeitgeber konkurrieren um den talentierten Nachwuchs. Doch wer die Wahl hat, hat bekanntlich auch die Qual. Beim Berufseinstieg als Rechtsanwalt in einer Wirtschaftskanzlei gilt dies in besonderem Maße. Wenn sich „harte Faktoren" wie Gehälter, Urlaubstage und Einsatzfelder ähneln oder bisweilen gar gleichen, rückt die Suche nach Unterscheidungsmerkmalen in den Vordergrund. Früher oder später sucht man dann nach seiner individuellen Antwort: Welcher Arbeitgeber passt zu mir und warum?

Mein Weg zu SZA Schilling, Zutt & Anschütz und zur Praxisgruppe Private Clients

Praktikant, Wissenschaftlicher Mitarbeiter, Referendar, Associate. Diese Entwicklungsstufen, allesamt innerhalb der Praxisgruppe Private Clients, sind wohl die eines „Überzeugungstäters". Gleichwohl habe ich mich zwischen den einzelnen Engagements immer bewusst auch anderweitig orientiert – auch in Sozietäten unterschiedlicher Ausrichtung –, insbesondere, um spätere Vergleichsmöglichkeiten und etwaige Entscheidungsalternativen aufzubauen. Rückblickend waren diese Erfahrungen sehr bereichernd und ganz überwiegend positiv. Als schließlich aber der Berufseinstieg näher rückte, habe ich mir dann die oben aufgeworfene Frage gestellt. Zusammengefasst waren für mich aus den gesammelten Erfahrungen letztlich vier Faktoren für meinen Berufseinstieg bei SZA entscheidend. **Erstens:** Die Sozialsphäre. Bereits im Praktikum war ich vom sehr kollegialen, respektvollen und vor allem menschlichen Umgang angetan. Bis heute, fünf Jahre später, hat unser Team kein Berufsträger im Unfrieden verlassen. Im Gegenteil: Wir sind in einem gesunden Maße gewachsen, so wie die gesamte Sozietät. Diese Kontinuität drückt für mich unsere besondere Mitarbeiterzufriedenheit aus. **Zweitens:** Die individuellen Entfaltungsmöglichkeiten. So wird z. B. mein berufsbegleitendes Promotionsvorhaben ausdrücklich begrüßt und fachlich gefördert. Im kommenden Jahr profitiere ich etwa von einer Freistellungsphase, in der ich mich voll und ganz der Dissertation widmen kann. Daneben sind auch alle weiteren Publikationsvorhaben oder Dozenten- und Vortragstätigkeiten ausdrücklich willkommen. Durch individuell wählbare, fachbezogene Fortbildungen kann ich meinen beruflichen Interessenschwerpunkt weiter vertiefen. **Drittens:** Renommee, fachliche Exzellenz und ein breites, interessenabdeckendes Tätigkeitsfeld. Unsere Praxisgruppe generiert durch ihren ausgezeichneten Ruf im Markt – wie viele unserer weiteren Praxisgruppen auch – sehr spannende, komplexe und abwechslungsreiche Mandate aus den unterschiedlichsten Rechtsbereichen und Schnittstellen des Erb-, Familien-, Gesellschafts-, Steuer-, Stiftungs-, Gemeinnützigkeits- sowie Kunst- und Kulturgüterschutzrechts. Oft setzen die Zielvorstellungen der Mandanten kreative Gestaltungsoptionen und die Beherrschung vieler unterschiedlicher rechtlicher Zusammenhänge voraus, was nahezu täglich zu neuen, nicht selten auch zu rechtswissenschaftlich „unerforschten" Herausforderungen führt. **Viertens:** Flexibilität und Eigenverantwortlichkeit. Unsere Arbeitsweise basiert auf Vertrauen und einer selbstbestimmten Arbeitsweise. Dies ermöglicht einen optimierten Ausgleich zwischen beruflichen und privaten Belangen, was ich als einen nicht hoch genug einzuschätzenden Vorteil in einem herausfordernden und zeitintensiven Beruf – und somit als Privileg – empfinde. Letztlich hat sich also mein „Bauchgefühl" nach den gesammelten Eindrücken bestätigt und sich meine Entscheidung bewährt.

SZA Schilling, Zutt & Anschütz

TaylorWessing

Taylor Wessing Partnerschaftsgesellschaft mbB

Standorte in Deutschland: Berlin, Düsseldorf, Frankfurt am Main, Hamburg, München

Standorte weltweit: Amsterdam, Bratislava, Brünn, Brüssel, Budapest, Cambridge, Dschidda, Dubai, Eindhoven, Hanoi, Ho-Chi-Minh-Stadt, Hongkong, Kiew, Klagenfurt, Liverpool, London, New York, Paris, Peking, Prag, Riad, Seoul, Shanghai, Silicon Valley, Singapur, Warschau, Wien

Tätigkeitsschwerpunkte: Banking & Finance; Capital Markets; China Group; Commercial Real Estate; Commercial Agreements & Distribution; Competition, EU & Trade; Compliance; Corporate/M&A; Employment, Pensions & Mobility; Environmental, Planning & Regulatory; Insurance; Disputes & Investigations; Patents Technology & Life Sciences; Projects; Private Client; Restructuring & Insolvency; Tax; Trademarks, Advertising & Design; Technology, Media & Telecoms, Venture Capital

Mitarbeiter in Deutschland: ca. 340 Anwälte

Mitarbeiter weltweit: ca. 1.100 Anwälte, mehr als 350 Partner

Geplante Neueinstellungen 2020: ca. 50 Praktikanten, ca. 50 Referendare, ca. 40–45 wissenschaftliche Mitarbeiter, ca. 40 Berufseinsteiger/Anwälte

Bei uns stehen Sie und Ihre Entwicklung im Mittelpunkt. Sie werden bei uns von Beginn an durch einen erfahrenen Partner als Mentor begleitet. Wir bieten Ihnen eine Teilnahme an unserem Ausbildungsprogramm RISE sowie fachbereichsbezogene externe Weiterbildungsmöglichkeiten. Wir legen Wert auf eine offene Feedbackkultur. Deswegen erhalten Sie regelmäßig eine transparente und professionelle Rückmeldung zu Ihrer fachlichen und persönlichen Entwicklung.

TaylorWessing

Am Sandtorkai 41
20457 Hamburg
www.taylorwessing.com

Saskia Beyer
Talent Acquisition Manager
+49 40 3680-30
karriere@taylorwessing.com

Was können Referendare bei Ihnen erwarten? Als Referendar nehmen Sie an unserem „Talents for Future“-Programm teil. Das Programm beinhaltet die folgenden zehn Stationen:
Station 01 – Kick-off Dialogue: In einem Startgespräch stimmen Sie Ihr individuelles Ausbildungsprogramm mit Ihrem Mentor ab. Station 02 – Training-on-the-Job: Direkt an Ihrem Arbeitsplatz lernen Sie den Alltag eines Wirtschaftsanwalts kennen. Station 03 – Legal Presentation: Wir bieten Ihnen die Möglichkeit, eine Präsentation zu einem rechtlichen Thema vorzubereiten, vorzustellen und ein professionelles Feedback zu erhalten. Station 04 – Legal & Soft Skill Training: Sie haben Zugang zu unserem Ausbildungsprogramm RISE Talents, unseren Legal-Englisch-Kursen sowie zu unserem KAISER-Seminarangebot. Station 05 – Social Events & Networking: Gern laden wir Sie zu unseren Social Events und Networking-Veranstaltungen ein. Station 06 – Legal Cases: Ihr Mentor nimmt sich die Zeit, Ihnen die anwaltliche Prozess- oder Projektführung und mandatsbezogene Verhandlungstechnik anhand aktueller Mandate aufzuzeigen. Station 07 – Practice Area Crossing: Als Full-Service-Kanzlei können Sie bei uns auch andere Fachbereiche während Ihres Referendariats kennenlernen. Station 08 – Career Advice: Wir zeigen Ihnen im Gespräch mit einem unserer HR-Ansprechpartner Ihre Karrieremöglichkeiten auf. Station 09 – Individual Feedback: Sie erhalten regelmäßig eine transparente und konstruktive Rückmeldung zu Ihren fachlichen Leistungen und Ihrem Auftreten als Nachwuchsjurist. Station 10 – Talent Alumni Network: Wir bieten Ihnen eine Aufnahme in unser „Talent Alumni Network“ an und informieren Sie auf Wunsch über aktuelle Vakanzen, Veranstaltungen und Interessantes aus unserer Kanzleiwelt.

Welche sind Ihre Einstellungskriterien? Wir suchen für den Einstieg Volljuristen, die exzellente juristische Qualitäten mitbringen. Sie haben Ihre Fähigkeiten durch zwei Prädikatsexamina, idealerweise einen LL.M.-Abschluss oder eine Promotion unter Beweis gestellt. Sie verfügen über verhandlungssicheres Englisch sowie die Begeisterung für wirtschaftliche Fragestellungen. Zudem legen wir Wert auf echte Charaktere, Offenheit, Teamfähigkeit und eigenverantwortliches Arbeiten.

Welche Karrieremöglichkeiten bieten Sie? Sie starten bei uns direkt als Rechtsanwalt mit einem erfahrenen Partner als Mentor an Ihrer Seite. Dabei arbeiten Sie von Beginn an in direktem Kontakt mit den Mandanten innerhalb eines Teams aus erfahrenen Anwälten. In den ersten drei Berufsjahren in unserer Kanzlei geben wir Ihnen den nötigen Raum für Ihre fachliche Orientierung und den Aufbau Ihres juristischen Know-hows. Ab dem vierten Berufsjahr durchlaufen Sie als Senior Associate unser einzigartiges Evaluierungsprogramm (EVA-Verfahren). Während dieses Verfahrens möchten wir gemeinsam mit Ihnen herausfinden, ob Sie eher der Typ „Unternehmer“ oder der Typ „Experte“ sind. Auch möchten wir Sie dabei unterstützen, Ihre persönliche „Nische“ als Rechtsanwalt zu finden. Mit dem Evaluierungsverfahren haben Sie die Chance, sich zum „Salary Partner Unternehmer“ oder „Salary Partner Experten“ bei Taylor Wessing weiterzuentwickeln. Nach der Evaluierung bieten wir Ihnen die Option einer dauerhaften Anstellung als Salary Partner oder eine intensive Förderung auf dem Weg in die Equity-Partnerschaft.

Wie sind die Verdienstmöglichkeiten in Ihrem Unternehmen? Gehalt als Associate I/II: 100.000 Euro; Gehalt als Associate III: 110.000 Euro; Gehalt als Senior Associate I: 120.000 Euro; Gehalt als Senior Associate II: 125.000 Euro; Option auf einen Leistungsbonus in Höhe von bis zu 45.000 Euro ab dem ersten Berufsjahr.

Private Client bei Taylor Wessing – von Beginn an in alle Überlegungen einbezogen

Pia Thress
Salary Partnerin
München

Seit Beginn meiner beruflichen Laufbahn, im Februar 2013, bin ich bei Taylor Wessing im Bereich Private Client tätig. Die Entscheidung für Taylor Wessing fiel mir aufgrund des professionellen und gleichzeitig herzlichen Umgangs sehr leicht. Die folgenden Jahre haben diesen ersten, sehr positiven Eindruck ohne Einschränkungen bestätigt.

Die Tätigkeit im Private Client Team von Taylor Wessing ist nicht nur sehr abwechslungsreich, da sie verschiedene Rechtsgebiete (vom Gesellschafts- über das Erb- und Familien- bis hin zum Stiftungs- und Steuerrecht) umfasst. Sie bietet aufgrund der immer wieder unterschiedlichen Konstellationen, die häufig Bezüge zum Ausland aufweisen, auch immer neue Herausforderungen.

Unsere Mandanten sind Familienunternehmen und Familienunternehmer sowie vermögende Privatpersonen. Der Schwerpunkt unserer Beratung liegt auf der Unternehmensnachfolge, d. h. der Vorbereitung und Umsetzung eines steueroptimierten und reibungslosen Übergangs des Familienunternehmens von einer Generation zur nächsten. Neben den zivilrechtlichen Aspekten sind dabei stets die steuerlichen Folgen (im In- und Ausland) zu berücksichtigen. Ein zentraler Punkt ist es, die Ziele unserer Mandanten genau zu verstehen und maßgeschneiderte Lösungen für sie zu entwickeln. Vor allem im unternehmerischen Bereich ist eine reibungslose Nachfolge für den zukünftigen Erfolg des Unternehmens und den Familienfrieden unverzichtbar.

Der Mandantenkontakt findet entweder direkt mit den Gesellschaftern des Familienunternehmens oder über das Family-Office der Familie statt. In beiden Fällen hatte ich bei Taylor Wessing von Anfang an die Gelegenheit, die unmittelbaren Ansprechpartner persönlich kennenzulernen; zu keinem Zeitpunkt war ich lediglich „Zuarbeiterin" oder nur mit der Prüfung isolierter Rechtsfragen betraut. Im Gegenteil: Von Anfang an war ich in alle Überlegungen, die letztlich für die Entwicklung des Gesamtkonzepts unserer Beratung maßgeblich waren, einbezogen.

Hervorzuheben ist weiterhin das Karrieremodell von Taylor Wessing, das vor nunmehr vier Jahren implementiert wurde. Dieses hält nicht nur Associates ab dem vierten Berufsjahr dazu an, sich über die eigene Marktpositionierung Gedanken zu machen und diese in Form eines Business-Plans zu konkretisieren. Es ist auch eine Aufforderung an die Mentoren, d. h. den betreuenden Equity Partner, die Marktpositionierung des Mentees aktiv zu unterstützen. Aus eigener Erfahrung kann ich sagen, dass dieses Modell sehr gut funktioniert. Die frühe, sehr konkrete Befassung mit der eigenen Karriere ist ein entscheidender Schritt für die erfolgreiche Umsetzung der eigenen Ziele innerhalb der Sozietät. Wegen meiner Spezialisierung auf internationale Nachfolgegestaltungen hatte ich 2017 beispielsweise die Möglichkeit, meine Expertise in diesem Bereich während eines Secondments im Londoner Büro von Taylor Wessing zu vertiefen.

Linie
Ziel
Abfahrt
TaylorWessing

White & Case LLP

Standorte in Deutschland: Berlin, Düsseldorf, Frankfurt am Main, Hamburg

Standorte weltweit: Abu Dhabi, Astana, Boston, Bratislava, Brüssel, Chicago, Doha, Dubai, Genf, Helsinki, Hongkong, Houston, Istanbul, Jakarta, Johannesburg, Kairo, London, Los Angeles, Madrid, Mailand, Melbourne, Mexiko-Stadt, Miami, Moskau, New York, Paris, Peking, Prag, Riad, São Paulo, Schanghai, Seoul, Silicon Valley, Singapur, Stockholm, Sydney, Taschkent, Tokio, Warschau, Washington D.C.

Spezialisierungen: Wir beraten in allen Fragen des nationalen und internationalen Wirtschaftsrechts.

Berufsträger in Deutschland: ca. 210

Geplante Neueinstellungen 2020: ca. 25–35

Als Mitarbeiter von White & Case öffnen sich Ihnen Türen zu einem globalen Netzwerk, in dem Sie internationale Erfahrungen und interkulturelle Kompetenzen sammeln und Ihre persönliche Karriere vorantreiben können – in welche Richtung Sie sich auch immer weiterentwickeln möchten.

WHITE & CASE

Bockenheimer Landstraße 20
60323 Frankfurt am Main
www.whitecase.com/careers

Verena Szulczyk
Legal Recruitment
+49 69 29994-0
germanylegalrecruiting@whitecase.com

Was zeichnet Ihre Unternehmenskultur aus? Als eine der größten Kanzleien in Deutschland sind wir Teil des weltweiten White & Case Netzwerks. Unsere internationale Präsenz ist nahezu einzigartig. Bei White & Case arbeiten Sie in einem der stärksten Kanzleinetzwerke über Länder und Kontinente hinweg: Moskau und London gehören dabei ebenso selbstverständlich dazu wie unsere Standorte in New York, Sydney oder Tokio. Was uns besonders macht, ist unsere Kanzleikultur: Wir fordern und fördern unsere Mitarbeiter. Dazu zählen Offenheit und kollegiales Miteinander ebenso wie Freiraum für persönliche Stärken und individuelle Entfaltung. Wir stehen für Innovationsstärke: Mit Engagement, Kreativität und Persönlichkeit entwickeln unsere Associates und Partner Ideen und innovative Lösungen für unsere Mandanten.

Was bieten Sie Referendaren und Praktikanten? Talentierte Nachwuchskräfte integrieren wir bereits in einer frühen Ausbildungsphase in unsere Mandatsarbeit und führen sie durch persönliches Mentoring an die Tätigkeiten eines Wirtschaftsanwalts heran. Neben der praxisorientierten Ausbildung bieten wir in monatlichen Fortbildungsveranstaltungen Einblicke in die Arbeitsweisen verschiedener Rechtsbereiche. Referendare unterstützen wir bei der examensrelevanten Vorbereitung durch maßgeschneiderte Angebote. Dazu gehören neben Inhouse-Kaiser-Repetitorien auch ein Online-Klausurenkurs in Kooperation mit Alpmann Schmidt. Ergänzt werden unsere fachlichen Angebote durch eine Reihe von Events und Netzwerkveranstaltungen.

Wodurch zeichnet sich die Arbeitsatmosphäre bei Ihnen aus? Unsere Mitarbeiter sind für uns Mitdenker, Mitmacher, Mitstreiter. Uns ist es wichtig, dass unsere jungen Anwälte zu Anwaltspersönlichkeiten heranwachsen. Kennzeichnend für unsere Arbeitsatmosphäre ist, dass unsere Partner stets ein offenes Ohr für ihre Mitarbeiter und deren Anregungen haben – unsere flache Hierarchie erlaubt uns eine Politik der offenen Tür. Wir sind Teamplayer: Lösungen, die wir in einem offenen Dialog gemeinsam erarbeiten, setzen wir auch gemeinsam um.

Wen suchen Sie? Wir betreuen weltweit erstklassige und anspruchsvolle Mandate. Unsere Ansprechpartner sind Führungspersönlichkeiten: Experten in Unternehmen, Verwaltung und Justiz – auf europäischem und internationalem Top-Level. Der hohe Qualitätsstandard unserer Arbeit basiert auf dem Können unserer Mitarbeiter. Deshalb sind gute Noten und exzellentes Englisch für uns wichtig. Eine Promotion, ein LL.M. und Auslandserfahrung unterstreichen zudem Ihre besondere Qualifikation. Als Mitarbeiter passen Sie zu uns, wenn Sie nicht nur fachlich überzeugen, sondern auch von Mensch zu Mensch. Als Anwalt bei White & Case sind Sie Unternehmer, deshalb suchen wir Persönlichkeiten mit Unternehmergeist: Wir binden unsere Mitarbeiter von Anfang an in große und spannende Mandate ein. Denn wir wollen, dass Sie mit uns etwas bewegen. Dazu brauchen wir kreative Köpfe mit Tatkraft, Verantwortungsgefühl und unternehmerischem Ehrgeiz. Kurzum: Wir suchen Mitarbeiter, die mit fachlicher Exzellenz und Leidenschaft im Team große Dinge voranbringen.

Dr. Karl Ömer Rösch

Jahrgang 1987

Associate –
Rechtsanwalt

Rechtsanwalt in einer Großkanzlei – ist das denn noch ein „Freier Beruf"?

Schon im Studium hat mich diese Frage beschäftigt. Denn die Erkenntnis, dass Rechtsanwälte rechtlich gesehen „Freiberufler" sind, ließ sich kaum mit der Vorstellung eines Drittsemestlers über das Berufsleben eines Großkanzleianwalts vereinbaren. Mit Blick auf den temporeichen Arbeitsrhythmus in Großkanzleien passten für mich damals die Begriffe „Frei" und „Großkanzlei" schon rein terminologisch nicht zueinander. Der Widerspruch lag bereits darin, dass alle Großkanzleien nach meiner damaligen Vorstellung über feste hierarchische Strukturen verfügten und damit die Bezeichnung „Freiberuf" zumindest linguistisch nicht sehr kompatibel erschien. Nachfolgend werde ich in aller Kürze versuchen, zwei potenzielle Fragen von ähnlich denkenden Studenten, Referendaren oder auch Berufseinsteigern zu beantworten.

Warum habe ich mich für eine Großkanzlei entschieden?

Als jemand, der den Großteil seines Lebens im Ausland verbracht hat, war für mich schon immer wichtig, keinem rein lokalen Beruf nachzugehen. Durch das Jurastudium schränkt man sich im Hinblick auf die erlernte Expertise geografisch recht stark ein - dachte ich ursprünglich. Nach einem Gespräch mit dem Partner des Berliner Litigation-Teams von White & Case im Rahmen der Planung meines Referendariats wurde mir jedoch relativ schnell klar, dass mein Jurastudium mir doch ein internationales Arbeitsumfeld ermöglichen könnte. Ich fragte den Partner, ob ich meine Anwaltsstation teilweise im Stockholmer Büro von White & Case absolvieren könne. Als er darauf mit „Warum Stockholm und nicht Tokio oder New York?" antwortete, wusste ich genau, dass die Internationalität dieser Kanzlei ein großer Pluspunkt sein würde.

Die Anwaltsstation in Stockholm war ein Erlebnis - ich habe nicht nur mit schwedischen Rechtsanwälten zusammenarbeiten dürfen, sondern auch im Rahmen des „W&C World Cups" in Wien mit Kollegen aus der ganzen Welt Fußball gespielt. Dennoch fragte ich mich, ob man über eine Ref-Station im Ausland hinaus auch als First-Year-Associate etwas von der globalen Aufstellung von W&C hat, oder ob man doch im Hinterzimmer eines deutschen Standorts Akten bearbeiten müsse. Doch die Weisheit des Volksmunds gilt auch mit Blick auf die Entscheidung über den Berufseinstieg: Probieren geht über Studieren!

Was ist aus meiner anfänglichen Skepsis gegenüber Großkanzleien geworden?

Auch nach meinem Einstieg als Associate im Berliner Büro bewahrte sich mein positiver Eindruck von der Internationalität von White & Case. Die ersten Monate zeichneten sich durch Seminare im Ausland und eine tägliche Korrespondenz mit Kollegen aus anderen Kontinenten aus - noch nie hatte ich einen so guten Überblick über die unterschiedlichen Zeitzonen der USA. Gerade als Prozessanwalt denkt man nicht, dass man mit so viel Auslandsbezug arbeiten wird. Dies mitsamt einer flachen Hierarchie und einer pragmatischen Arbeitsphilosophie führen dazu, dass man seine Arbeitsweise bei W&C flexibel gestalten kann, solange man die Aufgaben erledigt. Da kein anderer Anwaltsjob mir diese Vorteile einräumt und für mich die geografische und kulturelle Vielfalt, eine flache Hierarchie sowie flexible Arbeitsbedingungen das Konzept der beruflichen Freiheit ausmachen, habe ich die im Titel gestellte Frage für mich mittlerweile beantworten können: Als Rechtsanwalt bei White & Case bin ich nicht nur im rechtlichen, sondern auch im linguistischen Sinne ein „Freiberufler".

Der LL.M.

Aktuelle Ausgabe: Der LL.M. 2019
ISBN (Print): 978-3-946706-36-6
ISBN (E-Book): 978-3-946706-37-3

Zielgruppe: Studierende, Doktoranden und Referendare der Rechtswissenschaften
Inhalt: Ist der LL.M. die richtige Wahl? Das Buch hilft bei der Entscheidung und der Suche nach dem geeigneten LL.M.-Studium. Persönliche Erfahrungsberichte und Praxistipps für die Bewerbung an Unis und für Stipendien helfen dem Leser bei der Planung des Studiums. Namhafte Hochschulen und große Kanzleien stellen ihre Angebote für Juristen vor.
Nächster Erscheinungstermin: März 2020

Perspektive Unternehmensberatung

Aktuelle Ausgabe: Perspektive Unternehmensberatung 2020
ISBN (Print): 978-3-946706-50-2
ISBN (E-Book): 978-3-946706-51-9

Zielgruppe: Studierende aller Fachrichtungen
Inhalt: Das Expertenbuch liefert Antworten auf wichtige Fragen rund um den Beruf des Unternehmensberaters. Wie gestaltet sich die Work-Life-Balance, welche Arten von Beratungen gibt es, und vor allem: Wie absolviert man Bewerbungsgespräche und Fallstudien erfolgreich? Studenten und Consultants berichten von ihren Erfahrungen, und Beratungen stellen sich als Arbeitgeber vor.
Nächster Erscheinungstermin: Oktober 2020

Traumjob IT

Aktuelle Ausgabe: Traumjob IT 2020
ISBN (Print): 978-3-946706-41-0
ISBN (E-Book): 978-3-946706-45-8

Zielgruppe: Informatiker, Mathematiker und IT-Affine
Inhalt: Das IT-Studium ist abgeschlossen, die Jobmöglichkeiten sind nahezu unbegrenzt, doch wie geht es jetzt weiter? Dieses Buch liefert praxisnahe Antworten: Informatiker aus verschiedenen Branchen schildern ihren Arbeitsalltag und stellen Projekte vor, die für ihren Beruf typisch sind. Alumni von e-fellows.net berichten von ihrem beruflichen Werdegang, und Experten geben Tipps zu Einstieg und Bewerbung.
Nächster Erscheinungstermin: Oktober 2020

Weiblich, erfolgreich, MINT

Aktuelle Ausgabe: Weiblich, erfolgreich, MINT 2019
ISBN (Print): 978-3-946706-44-1
ISBN (E-Book): 978-3-946706-45-8

Zielgruppe: Studentinnen und Absolventinnen von MINT-Fächern
Inhalt: Absolventinnen von MINT-Fächern werden in jeder Branche gesucht. Dieses Buch hilft bei der Entscheidung für den persönlichen Traumjob: Praktikerinnen aus verschiedenen Wirtschaftszweigen erklären, was ihre Branche speziell für Frauen zu bieten hat. Außerdem gibt es viele Tipps zu Einstieg, Bewerbung und Vereinbarkeit von Beruf und Familie sowie Erfahrungsberichte von e-fellows.net-Alumnae.
Nächster Erscheinungstermin: März 2020

Startschuss Abi

Aktuelle Ausgabe: Startschuss Abi 2019/2020
ISBN (Print): 978-3-946706-39-7
ISBN (E-Book): 978-3-946706-40-3

Zielgruppe: Oberstufenschüler und Abiturienten
Inhalt: Das Buch bietet Informationen zur Wahl des richtigen Studienfachs und der passenden Hochschule ebenso wie zu Studienfinanzierung, Praktika und Auslandsaufenthalten. Hochschulen, Unternehmen und Stipendiaten von e-fellows.net stellen wirtschaftswissenschaftliche, technische und juristische Studiengänge vor und informieren über Anforderungen, Bewerbungsprozedere und Studienaufbau.
Nächster Erscheinungstermin: Oktober 2020

Perspektive Trainee

Aktuelle Ausgabe: Perspektive Trainee 2018
ISBN (Print): 978-3-946706-13-7
ISBN (E-Book): 978-3-946706-14-4

Zielgruppe: Studierende aller Fachrichtungen
Inhalt: Das Buch liefert einen Überblick über Trainee-Programme als attraktive Alternative zum Direkteinstieg: Welche Programme gibt es, was sollten sie bieten, und welche Karriereperspektiven bestehen danach? Darüber hinaus geben (ehemalige) Trainees ihre persönlichen Eindrücke wieder, und Unternehmen präsentieren ihre Programme.